みんなが欲しかった！

宅建士の教科書

滝澤ななみ

巻頭企画①

目で見る用途地域

本編 CHAPTER03 **法令上の制限** の SECTION01 **都市計画法** で、「用途地域」というものを学習します。
…が、この用途地域、説明文だけではわかりづらいので、写真を使ってここでちょっとご紹介!!

用途地域とは？

建物の用途に一定の制限が付けられた地域
住居系、商業系、工業系に分けられ、
全部で13種類がある

工業地域と住宅街が混在したら、
街がぐちゃぐちゃになるよね
だから、地域を分けて、
「ここには工場を建ててよい」とか、
「ここには工場は建てちゃダメ」
といった制限を付けているんだ

石井クン

住居系（8種類）

第一種低層住居専用地域

低層住宅に係る
良好な住居の環境を
保護するための地域

閑静な住宅街
だけど、この地域には
幼稚園、小学校、
中学校、高等学校
を建てることが
できるんだ

木本クン

第二種低層住居専用地域

主に低層住宅に係る
良好な住居の環境を
保護するための地域

閑静な住宅街だけど、
小規模な店舗等
（コンビニや喫茶店など）を
建てることができる地域！

第二種中高層住居専用地域

主に中高層住宅に係る良好な住居の環境を保護するための地域

第一種住居地域

住居の環境を保護するための地域

(次頁へツヅク)

この地域には、中規模のスーパーやホテルも建てられるよ

この地域には、2階以下＆一定面積以下の事務所も建てられるよ

第一種中高層住居専用地域

中高層住宅に係る良好な住居の環境を保護するための地域

第一種中高層住居専用地域

上から見ると、こんな感じの地域

3階建て以上の中高層マンションがあるような地域だね

田園住居地域

農業の利便の増進を図りつつ、これと調和した低層住宅の良好な住居の環境を保護するための地域

閑静な住宅街だけど、農業用施設や、生産された農産物を販売したり、料理して提供するお店も建てられるよ！

第二種住居地域

主に住居の環境を保護するための地域

住居系だけど、大きめの店舗や事務所、ホテル、パチンコ屋、カラオケボックスも建てられる地域

準住居地域

道路の沿道として、地域の特性にふさわしい業務の利便の増進を図りつつ、これと調和した住居の環境を保護するための地域

自動車のショールームなどがあるところだね！ここには、小さめの映画館なども建てられるんだ

商業系 〔2種類〕

近隣商業地域

本屋さん

近隣の住宅地の住民に対する日用品の供給を行うことを主な内容とする商業その他の業務の利便を増進するための地域

お花屋さんで花を買っているお客さん

いわゆる商店街だね
ちょっと和むよね〜

商業地域

銀座・三越

主として商業その他の業務の利便を増進するための地域

「商業地域」は繁華街やオフィスビル街のイメージだけど、商店街のような場所でも、用途地域は「商業地域」ってことが多いよ。「○○商店街」となっていても、駅前などは「商業地域」ってことがあるんだ

各種商業施設やオフィスビルが立ち並ぶ地域だね〜

工業系（3種類）

準工業地域

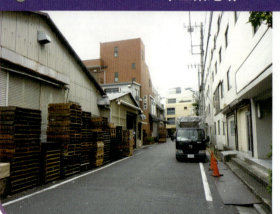

主として環境の悪化をもたらすおそれのない工業の利便を増進するための地域

いわゆる町工場だね〜

工業地域

主として工業の利便を増進するための地域

あれれ〜
風景が「準工業地域」とあんまり変わらないねえ

ホテルや旅館は、「準工業地域」には建てられるけど、「工業地域」には建てられない、という違いがあるよ

工業専用地域

工業の利便を増進するための地域

うわっ！
まさに工業のための地域！こんなところには、住めないね

この地域には、住宅を建てることはできないよ

いっぱい見てきたね 楽しかったね

13種類の用途地域のイメージはできたかな？

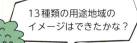

次は補助的地域地区を見に行こう！

巻頭企画② 目で見る補助的地域地区

「用途地域」の次は、「補助的地域地区（一部）」をご紹介！

補助的地域地区とは❓

用途地域をベースとして、これに地域の特性を出すために定められる地域

用途地域がベースとなり、そのトッピングとして補助的地域地区が用意されているんだ たくさんある補助的地域地区のうち、ここでは5種類をご紹介！

特別用途地区

用途地域内の一定の区域において、当該地区の特性にふさわしい土地利用の増進、環境の保護等の特別の目的のために、当該用途地域の指定を補完して定める地区

これは有名な文教地区のひとつ東京・国立の駅前通り

ここの用途地域は「商業地域」。「商業地域」には、パチンコ屋やマージャン屋なども建てることができるのだけど、文教地区に指定されているから、教育上、好ましくないこれらの建物は建てることができないんだ

一橋大学前

特別用途地区は、文教地区とか、商業地区とか、特別の目的のために定められる地域だよ

高度利用地区

用途地域内の市街地における土地の合理的かつ健全な高度利用と都市機能の更新を図るため、❶容積率の最高限度、最低限度、❷建蔽率の最高限度、❸建築面積の最低限度、❹壁面の位置の制限を定める地区

大きな建物がドンと建つことによって、土地が高度に（効率的に）利用されることになる

これは神奈川県の武蔵小杉駅前 ここの用途地域は「商業地域」だよ

ベースが「商業地域」で、トッピングが「高度利用地区」ということだね！

小さい建物がチマチマ並んでいる地域を再開発して、大きな建物をドンと建てよう！という地域

行こう、行こう〜！

次はなんだろ〜？

高層住居誘導地区

住居と住居以外の用途とを適正に配分し、利便性の高い高層住宅の建設を誘導するため、一定の用途地域で、建築物の容積率が $\frac{40}{10}$ または $\frac{50}{10}$ と定められた地域において、❶容積率の最高限度、❷建蔽率の最高限度、❸建築物の敷地面積の最低限度を定める地区

住居系の用途地域のうち、住居と店舗・事務所等が混在する地域や近隣商業・準工業地域

これは東京・芝浦アイランド
ここの用途地域は「第二種住居地域」だから、ベースが「第二種住居地域」、トッピングが「高層住居誘導地区」ということだね

「高層住居誘導地区」は、「第一種中高層住居専用地域」など、「住居専用地域」には定められないんだ

特定街区

市街地の整備改善を図るため、街区の整備または造成が行われる地区について、❶容積率、❷建築物の高さの最高限度、❸壁面の位置の制限を定める街区

これは東京・西新宿(エルタワー近辺)
ここの用途地域は「商業地域」

こんな超高層ビルが建っている地域だよ

風致地区

都市の風致（自然美）を維持するために定める地区

景観地区

←ちなみに道の反対側は景観地区

第２種風致地区×歴史的風土特別保存地区

これは鎌倉。鎌倉市は55％が風致地区なんだって。だからきれいなんだねえ

JR御茶ノ水駅

風致地区は、都心にもあるよ 東京・御茶ノ水駅周辺も風致地区に指定されているよ

緑や水があると癒されるよね…

補助的地域地区はこれ以外にもあるけど…

主なものはこんな感じだね。残りは本編で！

こんにちは。滝澤ななみです。
この『**宅建士の教科書**』のほか、『**簿記の教科書**』や『**FPの教科書**』も執筆しております。

そもそも私が(数年前に)宅建を学習・受験したのは、『FPの教科書』の執筆・改訂に役立つ知識を補充するためでした。
FPの試験範囲に「不動産」というものがあるのですが、この知識が薄いような気がしまして。その知識を補充するため、宅建を学習・受験することにしたのです(あ、合格もしています、念のため)。

私の場合、「受かるため」というより、「教えるため」「知識を補充するため」に勉強するのが目的だったので、それはそれは、たくさんの書籍(市販書)を買って、読み込みました。
そして、いろいろな書籍を読んでいるとき、ふと疑問に思うことがあったのです。

「なんで、講義調の本(文字が多い)ばっかりなんだろう？」…❶
「なんで、こんなにゴロ合わせが多いんだろう？」…❷
「なんで、こんなにわかりにくい表現を使っているんだろう？」…❸
「なんで、図や表、イラストが少ないんだろう？」…❹
「テキストを読んでも、問題が解けないんだよね、なんで？」…❺
…と。

❶については、多分、宅建の試験対策本では、そういう書き方がスタンダードなんだろうな、と。だけど、私は文字を読むより、パッと見てわかるほうが好き。

❷については、おそらく「ゴロ合わせ」を特徴に打ち出しているから、その数がある程度多くないとダメなんだろうな、と。だけど、私はそんなにゴロ合わせを覚えるアタマを持ちあわせてないぞ。

❸については、なるほど、法律科目だから条文の文言に従って書いているんだな、と。でも、司法試験ではないんだし、そこまで条文の文言にこだわる必要があるのかな。

❹については…う～ん、なんでだろう？

❺については、テキストを読んだ直後に、問題を解ける仕組みになっていないからではなかろうか…？

…という感じで、当初の目的は「知識を補充するため」だったのに、いつの間にか「こうやったら、もっとわかりやすい本にならないかな」という、テキストの企画のほうに目が向いていったのです。

そして考えたのが、

❶ 「読む」というより「見て」わかる本
　　→ぱっと見てわかるほうがいいよね

❷ ゴロ合わせは本当に必要なものだけ＆イメージしやすいものに限定
　　→ゴロ合わせを覚えるのに時間を使ってどーするの⁉

❸ 法律用語をなるべくかみくだく。どうしても条文どおりに記載するときは、「要するに、こんなこと」と補助的な説明を入れる！
　　→理解すれば記憶に残る！

❹ できる限り図解化する
　　→試験前は表や図を見ただけで内容を確認できるといいよね

❺ テキストを読んだあとに、関連問題を解けるような仕組みにする
　　→「試験ではこう出たよ」というのがあれば、イヤでもその内容を覚えるでしょ？

ついでに

❻ 気持ちよく読めるように、フルカラーにする
　　→フルカラーでさらに見やすく！

❼ 持ち運びしやすいように、分冊化する
　　→宅建士のテキストって分厚い…。私は章ごとに裂いて持ち歩いていたけど、はじめから切り分けられるつくりだったらよかったのに。

というものでした。
それらを具現化したものが、この本です。

　なお、いくらわかりやすく、法律用語等をかみくだいて書いても、その内容が間違えていたら意味がありません。そこで、あらゆる人…具体的には、司法書士の方、司法修習生、すでに宅建士として実務についている方、不動産鑑定士の方、宅建士の講師の方、税理士の方、そしてそれらの受験生…にご協力（正確にはツッコミ）をいただき、内容のチェックをしていただいております。

　そのため、**内容、わかりやすさ、見やすさ、読みやすさの面から現時点で一番良いもの、**ひいては**現時点で、初心者が一番合格しやすい本**ができたのではないかな、と思っています。

　本書をご活用いただき、効率的に宅建士試験に合格されて、実務でその知識を十分発揮され、不動産業界においてご活躍されることを心よりお祈り申し上げます。

2020年9月
滝澤ななみ

『みんなが欲しかった！宅建士の教科書』の手引

勉強の質と効率が劇的に上がる　6つの工夫
こんなわかりやすい教科書があったのか！

その①　まずチェック「このSECTIONで学習すること」

学ぶにあたって、該当単元の全体を把握しましょう。

はじめに輪郭をつかみ、知識を整理することで、勉強が効率的にできます。

目的意識が明確になり学習効果も上がります。

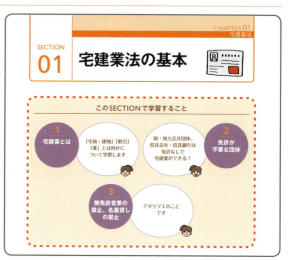

その②　シンプルで読みやすい「本文」

論点をやさしい言葉でわかりやすくまとめ、文字量を少なくしています。

図表も多数掲載しているので、初めて勉強する人や法律知識が少ない人も安心して学べます。

その③ 「板書」で理解を確実なものにする

フルカラーの図解やイラストを用いてわかりにくいポイントを徹底的に整理しています。

苦手な論点は、②の本文と「セット」で反復学習してください。テンポ良く納得しながら学べます。時間がない人は、板書だけ覚えていくのもおすすめです。

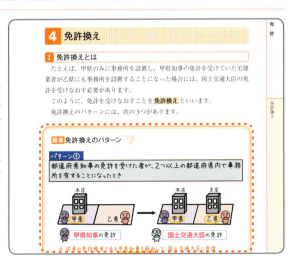

その④ 一歩合格に近づく「ひとこと」

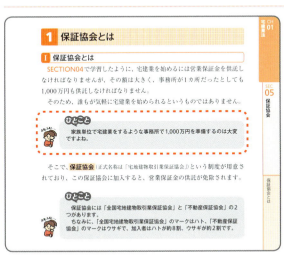

本文を理解するためのヒントや用語の意味、応用知識など、補足情報を掲載しています。＋αの知識で理解がいっそう深まります。

その⑤　すぐに問題演習できる「例題」

例題は過去問から選択肢を厳選しました。

重要論点・頻出論点・ひっかけ等、受験生の実力アップに役立つものを多数収録しています。「ココみて」マークで示してある直前の学習内容と関連した問題がすぐ解けるので、知識の定着に役立ちます。

その⑥　こんなのはじめて!!　写真を見て学ぶ「巻頭企画」

キャラクターの石井クンと木本クンが説明だけではわかりにくいポイントを紹介。

「用途地域」と「補助的地域地区」について、現地の写真をセレクト。楽しく学べる特集企画です。

※「用途地域」「補助的地域地区」は**CHAPTER03 法令上の制限**の**SECTION01 都市計画法**で学習する内容です。

※なお、本文、板書、図表、例題などの赤い太字は赤シートで消えます。学習するさいの助けにしてください。

さらに…こだわりのポイント

❶ ココみて！マーク

「この例題が、本文中のどこの内容に対応するものかわからない！」…そんな方のために、例題とその内容(本文)を対応させるマークをつけました。

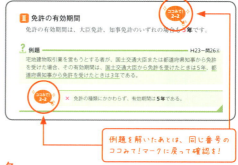

❷ Reviewマーク、参照マーク

1度学習した項目については *Review* を、あとの頁で詳しく学習する項目については、→参照 を入れました。該当箇所を確認しましょう。

❸ 抜き取り可能な「3分冊」

分野別3分冊のセパレートタイプの書籍です。分けてしまえば、「問題集」とあわせて持ち運びがラクになるので、いつでもどこでも学習できます。

❹ 例題と一問一答がスマホで確認できる！【無料】

本書の例題と問題練習用の一問一答問題がスマホで確認できます。本書と併せて活用することで、実力アップにつながります。

スマホ学習用 ダウンロードページへのアクセス方法

TAC出版
TAC出版書籍販売サイト CyberBookStore
読者様限定 書籍連動ダウンロードサービス

ダウンロードページのアクセスには下記のパスワードが必要です。
パスワード **21109405**
ダウンロード期限：2021年10月31日

カンタンアクセスはこちらから

宅建士試験の概要

 日時、出題形式

日　時	10月の第3日曜日　午後1時～3時
出題形式	4肢択一式50問 ※登録講習*修了者は下記の科目（計5問）が免除される 　　　　CH04　SECTION04　住宅金融支援機構法 　　　　　　　　SECTION05　景品表示法 　　　　　　　　SECTION06　土地・建物 　　本書に記載なし　　統計 　　＊登録講習…国土交通大臣の登録を受けた機関が宅建業 　　　　　　　の従事者に対して行う講習

 受験資格、試験地

受験資格	なし
試験地	47都道府県　会場は申込み受付時に指定

 申込方法、申込受付期間、受験手数料、合格発表

申込方法	インターネットまたは郵送により行う
申込受付期間	インターネット：7月上旬～7月中旬頃 郵送：7月上旬～7月下旬頃
受験手数料	7,000円（2020年）
合格発表	例年試験後の11月下旬～12月上旬

 試験実施団体

一般財団法人不動産適正取引推進機構
https://www.retio.or.jp/

※上記は出版時のデータです。詳細は試験実施団体にお問い合わせください。

宅建士試験の状況

 過去5年間の受験者数等

	申込者数	受験者数	合格者数	合格点	合格率
2019年	276,019人	220,797人	37,481人	35点	17.0%
2018年	265,444人	213,993人	33,360人	37点	15.6%
2017年	258,511人	209,354人	32,644人	35点	15.6%
2016年	245,742人	198,463人	30,589人	35点	15.4%
2015年	243,199人	194,926人	30,028人	31点	15.4%

※合格基準の決まりはなく、毎年異なりますが、おおよそ31点（問題が難しい年）から37点（問題がやさしい年）となっています。

 科目別出題数

科目		出題数	目標点
宅建業法 （本書：CHAPTER01）		20問 （第26問〜第45問）	18点
権利関係 （本書：CHAPTER02）		14問 （第1問〜第14問）	8〜10点
法令上の制限 （本書：CHAPTER03）		8問 （第15問〜第22問）	5点
税・その他 （本書：CHAPTER04）	不動産に関する税金 不動産鑑定評価基準 地価公示法	3問 （第23問〜第25問）	2点
	住宅金融支援機構法 景品表示法 統計 土地・建物	5問 （第46問〜第50問）	3点

xix

科目別ワンポイントアドバイス

宅建業法（本書：CHAPTER01）

☆ 他の科目に比べると標準的な出題が多く、得点しやすい科目。宅建業法で高得点を狙おう

権利関係（本書：CHAPTER02）

☆ 「民法」「借地借家法」「区分所有法」「不動産登記法」から出題される
☆ はっきり言って難しい。高得点を狙おうとムキになって勉強しすぎないほうがいい。基本的なことだけおさえよう
☆ 他の科目で得点できていないなら、まずは他の科目の勉強に力を注ごう

法令上の制限（本書：CHAPTER03）

☆ 「都市計画法」「建築基準法」「国土利用計画法」「農地法」「宅地造成等規制法」「土地区画整理法」等から出題される
☆ 宅建業法の次に力を入れたい科目
☆ 暗記ものが多いため、苦労する人もいるけれど、問題集を繰り返し解いて地道に知識を蓄えよう

税・その他（本書：CHAPTER04）

【不動産に関する税金、不動産鑑定評価基準、地価公示法】

☆ 「税金」は、学習量は多くないが、種類が多いため、混乱することがあるかも…。出題される箇所はある程度決まっているので、問題集を解いて慣れよう

【住宅金融支援機構法、景品表示法、統計、土地・建物】

☆ 「景品表示法」や「土地・建物」は、教科書をざっと読んだら、問題を解きながら覚えるようにしよう
☆ 不動産業界に関する統計問題が毎年１問出題されている。最新の統計データを試験直前に確認しておこう。データは土地総合ライブラリー等で確認できるが、直前模試等を受講して、確認するほうが効率的

合格が近づく勉強のコツ

step1 教科書を何度も読み込む！

教科書は最低でも2回は読みましょう。

内容がわからなくても、1回目は全体を掴むことを意識してどんどん読み進めてみてください。2回目以降は理解しにくいところを中心に深く読み込みます。宅建士試験は法律を中心に相当広い分野から出題されます。法律独特の言い回しに慣れるという意味でも、複数回教科書を読むようにしましょう。

step2 教科書の例題で知識定着と問題演習を一気に行う！

教科書で学んだ知識をしっかり頭に定着させるために必ず例題は解くようにしましょう。例題は本文と「セットでやる」という意識を持ってください。例題はスマホ学習対応なので、通勤時間やスキマ時間をうまく活用すれば、効果的に勉強を進められます。

step3 『宅建士の問題集』(別売り)で論点別過去問をたくさん解こう！

教科書を読んだら、問題集を解きましょう。教科書と問題集は完全リンクしているので、解けなかったところは教科書に戻って復習しましょう。

step4 『宅建士の問題集』(別売り)の最新過去問に挑戦！

問題集は最新年度の過去問題がダウンロードできるしくみになっています。本試験と同じ2時間で解いてみてください。本試験と同じ問題数(50問)の分量が体感できます。終了したら自己採点して、自分の実力を客観的に分析し、得意分野・不得意分野を理解しましょう。その上で一番早く50問を解き終わる解き順のシミュレーションができれば中身の濃い学習となります。

3冊に分けられ、持ち運びラクラク！
セパレートBOOK

　『みんなが欲しかった！　宅建士の教科書』は、かなりページ数が多いため、「1冊のままだと、バッグに入れて持ち運びづらい」という方もいらっしゃると思います。

　そこで、本書は分野別3分冊とし、3冊に分解して分野ごとに使うことができるつくりにしました。また、『みんなが欲しかった！　宅建士の問題集』（別売）と分冊の分野をそろえてあるので、分野ごとにインプットとアウトプットを同時に学習するのに便利です。

 コンパクトに持ち歩きたい人：次のページのように本を分解して使用できる！

 全科目をまとめて持ち歩きたい人：ばらさず一冊で使える！

　読者のみなさんは自分が使いやすいように、本を自由にカスタマイズして、自分だけの「本当に欲しかった教科書」を作り上げてください！

★法改正情報は「サイバーブックストア」で!!★

宅建士本試験は、例年4月1日現在施行中の法令等に基づいて出題されます。本書執筆基準時(2020年8月1日)以後に施行が判明した法改正情報は、TAC出版ウェブページ「サイバーブックストア」内「法改正情報」ページにてPDFを公開いたします(2021年7月下旬予定)。

また、「TAC宅建士　情報会員」にご登録いただいた方へは、TAC宅建士講座より、「法律改正点レジュメ」冊子をお送りいたします(2021年7月ごろ発送予定)。
【ご登録の方法】
　TAC　情報会員 で検索／お手元に書籍をご用意ください。
　登録用パスワード＝当書籍の奥付一番下右側に記載の13桁の数字
　　　　　　　　　(例 000-0000-0000-00)
【ご登録期限】
2021年9月30日まで

分野別3分冊の使い方

下記の手順に沿って本を分解してご利用ください。

①色紙から、各冊子を取り外します。

※色紙と各冊子が、のりで接着されています。乱暴に扱いますと、破損する危険性がありますので、丁寧に取り外すようにしてください。

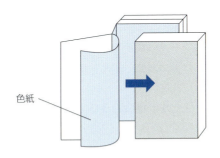

色紙

②カバーを裏返しにして、抜き取った冊子にあわせてきれいに折り目をつけて使用してください。

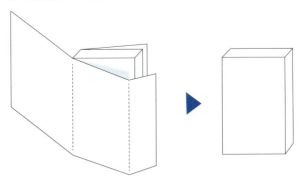

※抜き取るさいの損傷についてのお取替えはご遠慮願います。

目 contents 次

第 1 分冊

基本編

CHAPTER 01 宅建業法

01 宅建業法の基本	2
02 免　許	8
03 宅地建物取引士	23
04 営業保証金	39
05 保証協会	48
06 事務所、案内所等に関する規制	61
07 業務上の規制	72
08 自ら売主となる場合の8つの制限(8種制限)	101
09 報酬に関する制限	118
10 監督・罰則	135
11 住宅瑕疵担保履行法	148

第 2 分冊

基本編

CHAPTER 02 権利関係

01 制限行為能力者	158
02 意思表示	168
03 代　理	179
04 時　効	195
05 債務不履行、解除	206
06 危険負担	218
07 弁済、相殺、債権譲渡	222
08 売　買	234
09 物権変動	245
10 抵当権	255

11 連帯債務、保証、連帯債権 ……………………… 269

12 賃貸借 …………………………………………… 285

13 借地借家法（借地） ……………………………… 299

14 借地借家法（借家） ……………………………… 315

15 請　負 …………………………………………… 331

16 不法行為 ………………………………………… 335

17 相　続 …………………………………………… 343

18 共　有 …………………………………………… 355

19 区分所有法 ……………………………………… 360

20 不動産登記法 …………………………………… 373

第 3 分冊

基本編

CHAPTER 03　法令上の制限

01 都市計画法 ……………………………………… 382

02 建築基準法 ……………………………………… 424

03 国土利用計画法 ………………………………… 464

04 農地法 …………………………………………… 476

05 宅地造成等規制法 ……………………………… 482

06 土地区画整理法 ………………………………… 492

07 その他の法令上の制限 ………………………… 503

CHAPTER 04　税・その他

01 不動産に関する税金 …………………………… 506

02 不動産鑑定評価基準 …………………………… 536

03 地価公示法 ……………………………………… 541

04 住宅金融支援機構法 登録講習修了者は免除項目 ……… 546

05 景品表示法（不当景品類及び不当表示防止法）
登録講習修了者は免除項目 …… 552

06 土地・建物 登録講習修了者は免除項目 …………… 562

参考編

CHAPTER 01 | 宅建業法の参考論点

1 弁済業務保証金準備金、特別弁済業務保証金分担金 ……576
2 8種制限について ……………………………………………577

CHAPTER 02 | 権利関係の参考論点

1 担保物権の基本 ……………………………………………579
2 抵当権以外の担保物権 …………………………………580
3 根抵当権 …………………………………………………583
4 債権者代位権、詐害行為取消権 ………………………584
5 債務引受 …………………………………………………589
6 定型約款 …………………………………………………590
7 使用貸借 …………………………………………………592
8 居住用建物の賃借権の承継 ……………………………594
9 委　任 ……………………………………………………594
10 相隣関係 …………………………………………………595
11 遺産分割 …………………………………………………597
12 配偶者の居住の権利 ……………………………………598

CHAPTER 03 | 法令上の制限の参考論点

1 地区整備計画 ……………………………………………601
2 集団規定❽敷地面積の最低限度 ………………………602
3 仮換地 ……………………………………………………602

【著　者】

滝澤ななみ（たきざわ・ななみ）

簿記、ＦＰなど多くの資格書を執筆している。本書が初の法律系国家資格書の執筆となる。本書『みんなが欲しかった！宅建士の教科書』および『問題集』は、刊行以来６年連続売上№１※1を記録。その他にも売上№１著作を多数輩出。一例として『スッキリわかる日商簿記』３級～１級、『みんなが欲しかった！ＦＰの教科書』３級～２級※2など。

※１　紀伊國屋書店　2015年度版～2020年度版（毎年度10月～９月で集計）
※２　紀伊國屋書店／三省堂書店／TSUTAYA／丸善・ジュンク堂書店（各社調べ、50音順）
　　　2019年１月～12月累計

〈ブログ〉『滝澤ななみ　簿記とか、FPとか・・・書いて□』
URL：http://takizawa773.blog.jp/

・装丁：Nakaguro Graph（黒瀬章夫）
・本文デザイン：Malpu Design（大胡田友紀）
・巻頭デザイン：Malpu Design（李生美＋宮崎萌美）
・巻頭写真（一部）：ユニフォトプレス
・装画：matsu（マツモト　ナオコ）

みんなが欲しかった！　宅建士シリーズ

2021年度版
みんなが欲しかった！　宅建士の教科書

（2015年度版　2014年10月31日　初　版　第１刷発行）
2020年10月25日　初　版　第１刷発行
2021年５月15日　　　　　　第３刷発行

著　者	滝　澤　な　な　み	
発行者	多　田　敏　男	
発行所	ＴＡＣ株式会社　出版事業部	
		（ＴＡＣ出版）

〒101-8383
東京都千代田区神田三崎町3-2-18
電　話　03(5276)9492（営業）
ＦＡＸ　03(5276)9674
https://shuppan.tac-school.co.jp

組　版	株式会社　グ　ラ　フ　ト
印　刷	株式会社　光　　　邦
製　本	東京美術紙工協業組合

© Nanami Takizawa 2020　　　　Printed in Japan

ISBN 978-4-8132-9405-4
N.D.C. 673

本書は、「著作権法」によって、著作権等の権利が保護されている著作物です。本書の全部または一部につき、無断で転載、複写されると、著作権等の権利侵害となります。上記のような使い方をされる場合、および本書を使用して講義・セミナー等を実施する場合には、小社宛許諾を求めてください。

乱丁・落丁による交換、および正誤のお問合せ対応は、該当書籍の改訂版刊行月末日までといたします。なお、交換につきましては、書籍の在庫状況等により、お受けできない場合もございます。また、各種本試験の実施の延期、中止を理由とした本書の返品はお受けいたしません。返金もいたしかねますので、あらかじめご了承くださいますようお願い申し上げます

『ＴＡＣ情報会員』登録用パスワード：005-2021-9404-05

宅地建物取引士

2021年度版 宅地建物取引士への道

宅地建物取引士証を手に入れるには、試験に合格し、宅地建物取引士登録を経て、宅地建物取引士証の交付申請という手続

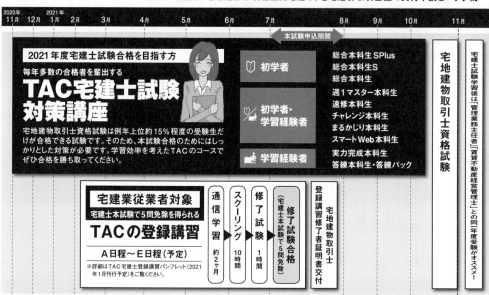

"実務の世界で活躍する皆さまを応援したい"そんな思いから、TACでは試験合格のみならず宅建業で活躍されている方、活躍したい方を「登録講習」「登録実務講習」実施機関として国土交通大臣の登録を受け、サポートしております。

宅建業従業者対象 登録講習 [登録番号(6)第003号]　　宅建士試験で5問免除

登録講習とは？
国土交通大臣の登録を受けた講習実施機関が、宅建業に従事している方に対し、その業務の適正化ならびに資質の向上を図るために必要な基礎的知識の習得を目的として実施する講習です。登録講習を受講し、講習内で実施する修了試験に合格した登録講習修了者は、修了者証明書交付日から3年以内に実施される宅建士試験において、一部科目が免除となります。免除科目は「その他関連知識」という科目の一部で、例年問46〜50で出題される5問です。「5問免除」は宅建士試験合格へ大きなアドバンテージとなります。

登録講習受講のススメ
注目すべき点としては、全体の合格率に対して、登録講習修了者の合格率が高いということです。5問免除により、2019年度試験では全体合格率よりも5.9パーセントも高くなっています。

■TAC登録講習カリキュラム
TACの登録講習は国土交通省令に基づき「通信学習」及び「スクーリング」により行われます。なお、通信学習・スクーリング実施後「修了試験」を行い、一定水準をクリアすることで「講習修了」となります。

通信学習 約2ヶ月間	スクーリング 10時間	修了試験 1時間
ご自宅にテキスト一式をお届けします。スクーリング開始日までに一通りの学習を修了してください。なお、提出課題はありません。	通信学習の内容をもとに、教室での講義を行います。これにより必要な知識の定着と、修了試験の突破を目指します。	4肢択一式、全20問の試験です。14問以上の正解で合格となり、登録講習が修了となります。

※当ページ記載の「登録講習」の内容は2020年8月末時点のものです。予めご了承ください。

過去5年間の年度別試験結果

	平成27年度 (2015年度)	平成28年度 (2016年度)	平成29年度 (2017年度)	平成30年度 (2018年度)	令和元年度 (2019年度)
登録講習修了者合格率(%)	20.2	20.0	19.9	20.6	22.9
全体合格率(%)	15.4	15.4	15.6	15.6	17.0

宅建業従業者にお得な割引あります！
宅地建物取引士試験に合格するためには、登録講習で学んだ知識だけでは不十分であり、各分野について+αの知識が必要となります。宅建業従業者には、TACの試験対策コースをお得な割引受講料でお申込みいただける特典がございます。※詳細はTAC宅建士講座総合パンフレットにてご確認ください。

資格の学校 TAC

きが必要です。

期間	12月	2022年 1月		30日〜60日			15日〜30日	

賃貸不動産経営管理士試験（例年11月中旬実施／翌年1月中旬合格発表）

宅地建物取引士資格試験 合格

管理業務主任者試験（例年12月初旬実施／翌年1月下旬合格発表）

宅建士試験合格者対象
実務経験2年未満の方が資格登録をするために必要
TACの登録実務講習
第1日程〜第9日程（予定）
※詳細はTAC宅建士登録実務講習パンフレット（2021年12月刊行予定）をご覧ください。

通信学習 約1ヶ月 → スクーリング 12時間 → 修了試験 1時間 → 修了試験合格

宅地建物取引士 登録実務講習 修了証交付

宅地建物取引士 資格登録

宅建士試験合格後1年以内の方
宅地建物取引士試験合格後1年以内に宅地建物取引士証の交付申請をする場合は、「法定講習」の受講は不要です。

宅建士試験合格後1年超の方
「法定講習」受講

法定講習とは？
宅地建物取引士証の交付・更新を受けるにはあらかじめ各都道府県知事が指定する機関が実施する講習（おおむね6時間）を受講する必要があります。

1. 宅地建物取引士証の更新の方
2. 宅地建物取引士証の有効期限が切れた後、新たに宅地建物取引士証の発行を希望される方（なお、宅地建物取引士証の有効期限が切れた場合、宅地建物取引士としての仕事はできませんが、宅地建物取引士の登録自体が無効になることはありません）
3. 宅地建物取引士資格試験合格後、宅地建物取引士証の交付を受けずに1年が経過した方

法定講習を受講した場合は全科目終了後、当日に宅地建物取引士証が交付されます。

宅地建物取引士証交付申請

宅地建物取引士証交付

登録実務講習
宅建士試験合格者で実務経験2年未満の方対象　[登録番号(5)第4号]　**合格後の宅建士資格登録に必要**

登録実務講習とは？
登録実務講習は、宅建士試験合格者で宅建業の実務経験が2年に満たない方が資格登録をする場合に、この講習を受講・修了することにより「2年以上の実務経験を有する者と同等以上の能力を有する者」と認められ、宅地建物取引業法第18条第1項に規定する宅地建物取引士資格の登録要件を満たすことができる、というものです。登録実務講習では、設定事例に基づき、不動産取引実務に必要な知識を契約締結・決済・引渡しに至るまでの流れに沿って学習していきます。特にスクーリング（演習）では、重要事項説明、契約書作成等の事例をもとに演習していきます。

宅地建物取引士証交付手続きのススメ
登録の消除を受けない限り、宅地建物取引士登録は一生有効です。しかし、宅地建物取引士証の交付を受ける際に、試験合格後1年を経過した場合には「法定講習」を受講する必要があるため、合格してから1年以内に宅地建物取引士証交付の手続きをするのがオススメです。

※当ページ記載の「登録実務講習」の内容は2020年8月末時点のものです。予めご了承ください。

■ TAC登録実務講習カリキュラム
TACの登録実務講習は国土交通省令に基づき「通信学習」及び「スクーリング（演習）」により行います。なお、通信学習・スクーリング（演習）実施後「修了試験」を行い、一定水準をクリアすることで「講習修了」となります。

通信学習 約1ヶ月間	→	スクーリング（演習） 12時間	→	修了試験 1時間
ご自宅にテキスト等をお届けします。スクーリング開始日までに一通りの学習を修了してください。なお、提出課題はありません。		実務上必要な重要事項説明・契約書の作成等の事例をもとに、教室にて演習します。		一問一答式及び記述式の試験を実施します。一問一答式及び記述式試験の各々で8割以上の得点を取ると合格となり、登録実務講習が修了となります。

登録講習及び登録実務講習の詳細は専用パンフレットをご覧ください。
（2020年12月〜2021年1月刊行予定）

各パンフレットのご請求はこちらから
通話無料 0120-509-117
受付時間　月〜金 9:30〜19:00　土・日・祝 9:30〜18:00

TACホームページ
https://www.tac-school.co.jp/　[TAC 宅建士] 検索

[資料請求バーコード]

宅地建物取引士

試験ガイド

>> 試験実施日程
（2020年度例）

試験案内配布
例年7月上旬より各都道府県の試験協力機関が指定する場所にて配布（各都道府県別）

【2020年度】
7/1(水)～7/31(金)

試験申込期間
■郵送（消印有効）
例年7月上旬～7月下旬
■インターネット
例年7月上旬～7月中旬

【2020年度】
■郵送
7/1(水)～7/31(金)消印有効
■インターネット
7/1(水)9時30分～
7/15(水)21時59分

試　験
毎年1回
原則として例年10月第3日曜日時間帯／午後1時～3時(2時間)
※登録講習修了者
午後1時10分～3時(1時間50分)

【2020年度】
10/18(日)

合格発表
原則として例年12月の第1水曜日または11月の最終水曜日

合格者受験番号の掲示および合格者には合格証書を送付

【2020年度】
12/2(水)

>> 試験概要 （2020年度例）

受験資格	原則として誰でも受験できます。また、宅地建物取引業に従事している方で、国土交通大臣から登録を受けた機関が実施する講習を受け、修了した人に対して試験科目の一部（例年5問）を免除する「登録講習」制度があります。
受験地	試験は、各都道府県別で実施されるため、受験申込時に本人が住所を有する都道府県での受験が原則となります。
受験料	7,000円
試験方法・出題数	方法：4肢択一式の筆記試験（マークシート方式）　出題数：50問（登録講習修了者は45問）
試験内容	法令では、試験内容を7項目に分類していますが、TACでは法令をもとに下記の4科目に分類しています。 | 科　目 | 出題数 | |---|---| | 民法等 | 14問 | | 宅建業法 | 20問 | | 法令上の制限 | 8問 | | その他関連知識 | 8問 | ※登録講習修了者は例年問46～問50の5問が免除となっています。

試験実施機関	**（一財）不動産適正取引推進機構** 〒105-0001 東京都港区虎ノ門3-8-21　第33森ビル3階 03-3435-8111　http://www.retio.or.jp/

受験資格または願書の配布時期及び申込受付期間等については、必ず各自で事前にご確認ください。
願書の取り寄せ及び申込手続も必ず各自で忘れずに行ってください。

詳しい資料のご請求・お問い合わせは 通話無料 **0120-509-117** ゴウカク イイナ TAC 検索
受付時間 月〜金 9:30〜19:00 土日祝 9:30〜18:00

資格の学校 TAC

8・9月開講 答練パック

学習経験者対象 学習期間の目安 **1〜2ヶ月**

アウトプット重視 / 講義ペース 週**1〜2**回（時期により回数が異なる場合がございます。）/ 途中入学OK!

実戦感覚を磨き、出題予想論点を押さえる！
学習経験者を対象とした問題演習講座

学習経験者を対象とした問題演習講座です。
試験会場の雰囲気にのまれず、時間配分に十分気を配る予行練習と、TAC講師陣の総力を結集した良問揃いの答練で今年の出題予想論点をおさえ、合格を勝ち取ってください。

カリキュラム〈全8回〉

8・9月〜		10月上旬	10月中旬	12月上旬
応用答練(3回) 答練+解説講義	**直前答練(4回)** 答練+解説講義	**全国公開模試※(1回)**	宅建士本試験	合格!
1回30問の本試験同様4肢択一の応用問題を、科目別で解いていきます。ここでは本試験に通用する応用力を身に付けていただきます。	出題が予想されるところを重点的にピックアップし、1回50問を2時間で解く本試験と同一形式の答練です。時間配分や緊張感をこの場でつかみ、出題予想論点をも押さえます。	本試験約2週間前に、本試験と同一形式で行われる全国公開模試です。本試験の擬似体験として、また客観的な判断材料としてラストスパートの戦略にお役立てください。		

------ 本試験形式 ------

※ 全国公開模試は、ビデオブース講座の場合、ご登録地区の教室受験となります。

開講一覧

教室講座
8・9月開講予定
札幌校・仙台校・水道橋校・新宿校・池袋校・渋谷校・八重洲校・立川校・町田校・横浜校・大宮校・津田沼校・名古屋校・京都校・梅田校・なんば校・神戸校・広島校・福岡校

Web通信講座
8月中旬より順次講義配信開始予定
8月上旬より順次教材発送開始予定

DVD通信講座
8月上旬より順次教材発送開始予定

ビデオブース講座
札幌校・仙台校・水道橋校・新宿校・池袋校・渋谷校・八重洲校・立川校・町田校・横浜校・大宮校・津田沼校・名古屋校・京都校・梅田校・なんば校・神戸校・広島校・福岡校
8月中旬より順次講義視聴開始予定

通常受講料 〈教材費・消費税10%込〉

教室講座	¥33,000
ビデオブース講座	¥33,000
Web通信講座	¥33,000
DVD通信講座	¥34,000

答練パックのみお申込みの場合は、TAC入会金（¥10,000・10%税込）は不要です。なお、当コースのお申込みと同時もしくはお申込み後、さらに別コースをお申込みの際にTAC入会金が必要となる場合があります。予めご了承ください。
※ なお、上記内容はすべて2020年8月時点での予定です。詳細につきましては2021年合格目標のTAC宅建士講座パンフレットをご参照ください。

宅地建物取引士

全国公開模試

受験の有無で差がつきます!

TACの全国公開模試は、高水準の的中実績と母集団の多さから証明される信頼性の高さによって毎年非常に多くの受験生に選ばれ続けています!!

TAC単独で日本最大級の申込者数!これが信頼の証です。

2019年度 全国公開模試申込者数※
TAC単独で 12,678名!

TACの全国公開模試は実施会場が多く、母集団が非常に大きいのが特長です。受験者が多いからこそ提供できる緻密なデータからは全受験者の傾向を掴むことができるだけでなく、「全国レベルの中の自分の位置」を把握することもできます。

◆全国公開模試の詳細は2021年7月下旬に発表予定となります。

※申込者数とは、全国公開模試、全国公開模試を含めた答練パック・本科生等の申込人数です。

"高精度"の個人別成績表!!

TACの全国公開模試は、全国ランキングはもとより、精度の高い総合成績判定、科目別得点表示で苦手分野の最後の確認をしていただけるほか、復習方法をまとめた学習指針もついています。本試験合格に照準をあてた多くの役立つデータ・情報を提供いたします。

"ズバリ的中"の予想問題!!

毎年本試験でズバリ的中を続出しているTACの全国公開模試は、宅建士試験を知り尽くした講師陣の長年にわたる緻密な分析の積み重ねと、叡智を結集して作成されています。TACの全国公開模試を受験することは最高水準の予想問題を受験することと同じなのです。

下記はほんの一例です。もちろん他にも多数の的中がございます!

全国公開模試【問7】肢4 ○

〔取消し後の第三者〕(AがA所有の甲土地をBに売却した場合に関して)当該売買契約に基づきBが所有権移転登記を備えた後、BがFに甲土地をFに売却し、Fが所有権移転登記を備えたが、BF間の売買契約締結前にAがBの強迫を理由にAB間の売買契約を取り消していた場合、Fは、Aに対して甲土地の所有権を主張することができる。

令和元年度本試験【問2】肢1 ○

〔取消し後の第三者〕(AがBに甲土地を売却し、Bが所有権移転登記を備えた場合に関して)AがBとの売買契約をBの詐欺を理由に取り消した後、CがBから甲土地を買い受けて所有権移転登記を備えた場合、AC間の関係は対抗問題となり、Aは、いわゆる背信的悪意者ではないCに対して、登記なくして甲土地の返還を請求することができない。

全国公開模試【問34】肢2 ×

〔37条書面〕(宅地建物取引業者A社が自ら売主となる建物の売買契約が成立した場合)Aは、当該建物に係る租税その他の公課の負担に関する定めがあるときでも、その内容を37条書面に記載する必要はない。

令和元年度本試験【問34】肢3 ×

〔37条書面〕宅地建物取引業者は、その媒介により売買契約を成立させた場合、当該土地又は建物に係る租税その他の公課の負担に関する定めについて、37条書面にその内容を記載する必要はない。

全国公開模試【問17】肢2 ×

〔開発許可〕準都市計画区域内の土地において、9,500㎡の野球場を建設する目的で行う土地の区画形質の変更を行おうとする者は、都道府県知事の許可を受ける必要がある。

令和元年度本試験【問16】肢3 ×

〔開発許可〕市街化調整区域において、野球場の建設を目的とした8,000㎡の土地の区画形質の変更を行おうとする者は、あらかじめ都道府県知事の許可を受けなければならない。

令和元年度宅建士試験合格者のTAC全国公開模試「受験のススメ」

古澤 綾さん

本試験に近い雰囲気で受験ができました

全国公開模試は、受験者数が多く、本試験に近い雰囲気で受験することができました。模試の結果は、その時点で自分がどの位置にいるのかを把握することができ、また、分野別に細かく分析してもらえたため、復習や弱点の克服にも大変役立ちました。

田邉 知宣さん

弱点項目や自分の順位を把握することができました

試験科目の時間配分、どの科目から解答していくか等の自分のやりやすい方法のシミュレーションができ、本試験では落ち着いて臨めました。また、弱点項目の発見や順位を把握することでモチベーションアップにつながりました。

詳しい資料のご請求・お問い合わせは
通話無料 **0120-509-117** ゴウカク イイナ TAC 検索
受付時間 月〜金 9:30〜19:00 土日祝 9:30〜18:00

資格の学校 TAC

直前対策シリーズ

※直前対策シリーズの受講料等詳細につきましては、2021年7月中旬刊行予定のご案内をご確認ください。

ポイント整理、最後の追い込みに大好評!

TACでは、本試験直前期に、多彩な試験対策講座を開講しています。
ポイント整理のために、最後の追い込みのために、毎年多くの受験生から好評をいただいております。
周りの受験生に差をつけて合格をつかみ取るための最後の切り札として、ご自身のご都合に合わせてご活用ください。

9月開講　直前対策講義 〈全4回／合計10時間〉　講義形式

🏫 教室講座　📺 ビデオブース講座　💻 Web通信講座　💿 DVD通信講座

直前の総仕上げとして重要論点を一気に整理!
この講義のテキスト(非売品)は本試験当日の最終チェックに最適です!

対象者
- よく似たまぎらわしい内容や表現が「正確な知識」として整理できていない方
- 重要論点ごとの総復習や内容の整理を効率よくしたい方
- 問題を解いてもなかなか得点に結びつかない方

特色
- 直前期にふさわしく「短時間(合計10時間)で重要論点の総復習」ができる
- 重要論点ごとに効率良くまとめられた教材で、本試験当日の最終チェックに最適
- 多くの受験生がひっかかってしまうまぎらわしい出題ポイントをズバリ指摘

カリキュラム (全4回)
第1回　民法等①
第2回　民法等②・その他関連知識
第3回　宅建業法
第4回　法令上の制限

※2021年合格目標宅建士講座「総合本科生SP」「総合本科生S」「総合本科生」をお申込みの方は、カリキュラムの中に「直前対策講義」が含まれておりますので、別途「直前対策講義」のお申込みの必要はありません。

10月開講　やまかけ3日漬講座 〈全3回／合計7時間30分〉　問題演習+解説講義

🏫 教室講座　💻 Web通信講座　💿 DVD通信講座

TAC宅建士講座の精鋭講師陣が2021年の宅建士試験を
完全予想する最終直前講座!

対象者
- 本試験直前に出題予想を押さえておきたい方

特色
- 毎年多数の受験生が受講する大人気講座
- TAC厳選の問題からさらに選りすぐった「予想選択肢」を一挙公開
- リーズナブルな受講料
- 一問一答形式なので自分の知識定着度合いが把握しやすい

使用テキスト
● やまかけ3日漬講座レジュメ
　(問題・解答 各1冊)

申込者限定配付

「宅建士 TAC情報会員(Vクラブ)」に 無料
登録しませんか!!

● 宅建士 TAC情報会員(Vクラブ) とは

宅建士試験に合格することを目指して独学で学習している方へ
「法改正情報」などのお得な情報をお伝えし、試験合格に向けてのサポートをするサービスです。

「宅建士 TAC情報会員」に登録すると以下を無料で送付いたします!

① 法改正情報冊子(2021年7月末発送予定)
② お得な情報満載の無料公開セミナーや試験直前対策講座のご案内

● 宅建士 TAC情報会員(Vクラブ) 登録方法

登録期限
2021年9月30日まで

インターネットの下記「情報会員登録ページ」からご登録ください(要パスワード)。

TAC 情報会員　検索

※なお、インターネットでのご登録の際に必要なパスワードは、当書籍の奥付下段13桁の番号となります。

◆バーコード読取機能で読み取ってアクセスしてください。
※機種によっては読み取れない場合がございます。

※なお、上記直前対策シリーズの内容はすべて2020年8月中旬時点での予定です。詳細につきましては2021年合格目標のTAC宅建士講座直前対策シリーズのご案内をご参照ください。

宅建士とのW受験に最適！

宅地建物取引士試験と管理業務主任者試験の同一年度W受験をオススメします！

宅建士で学習した知識を活かすには同一年度受験!!

　宅建士と同様、不動産関連の国家資格「管理業務主任者」は、マンション管理のエキスパートです。管理業務主任者はマンション管理業者に必須の資格で独占業務を有しています。**現在、そして将来に向けてマンション居住者の高齢化とマンションの高経年化は日本全体の大きな課題となっており、今後「管理業務主任者」はより一層社会から求められる人材として期待が高まることが想定されます。** マンションディベロッパーをはじめ、宅建業者の中にはマンション管理業を兼務したりマンション管理の関連会社を設けているケースが多く見受けられ、宅建士とのダブルライセンス取得者の需要も年々高まっています。

　また、**試験科目が宅建士と多くの部分で重なっており、宅建士受験者にとっては資格取得に向けての大きなアドバンテージになります。** したがって、宅建士受験生の皆さまには、**同一年度に管理業務主任者試験とのW合格のチャレンジをオススメします！**

◆各資格試験の比較 ※受験申込受付期間にご注意ください。

	宅建士	共通点	管理業務主任者
受験申込受付期間	例年 7月初旬〜7月末		例年 9月初旬〜9月末
試験形式	四肢択一・50問	↔	四肢択一・50問
試験日時	毎年1回、10月の第3日曜日		毎年1回、12月の第1日曜日
	午後1時〜午後3時（2時間）	↔	午後1時〜午後3時（2時間）
試験科目（主なもの）	◆民法 ◆借地借家法 ◆区分所有法 ◆不動産登記法 ◆宅建業法 ◆建築基準法 ◆税金	↔	◆民法 ◆借地借家法 ◆区分所有法 ◆不動産登記法 ◆宅建業法 ◆建築基準法 ◆税金
	◆都市計画法 ◆国土利用計画法 ◆農地法 ◆土地区画整理法 ◆鑑定評価 ◆宅地造成等規制法 ◆統計		◆標準管理規約 ◆マンション管理適正化法 ◆マンションの維持保全（消防法・水道法等） ◆管理組合の会計知識 ◆標準管理委託契約書 ◆建替え円滑化法
合格基準点	35点/50点（令和元年度）		34点/50点（令和元年度）
合格率	17.0%（令和元年度）		23.2%（令和元年度）

※管理業務主任者試験を目指すコースの詳細は、2021年合格目標 管理業務主任者講座パンフレット（2020年12月刊行予定）をご覧ください。

宅建士からのステップアップに最適!

ステップアップ・ダブルライセンスを狙うなら…

宅地建物取引士の本試験終了後に、不動産鑑定士試験へチャレンジする方が増えています。なぜなら、これら不動産関連資格の学習が、不動産鑑定士へのステップアップの際に大きなアドバンテージとなるからです。宅建の学習で学んだ知識を活かして、ダブルライセンスの取得を目指しませんか?

▶ 不動産鑑定士

2020年度不動産鑑定士短答式試験
行政法規　出題法令・項目

難易度の差や多少の範囲の相違はありますが、一度学習した法令ですから、初学者に比べてよりスピーディーに合格レベルへと到達でき、非常に有利といえます。
なお、論文式試験に出題される「民法」は先述の宅建士受験者にとっては馴染みがあることでしょう。したがって不動産鑑定士試験全体を通じてアドバンテージを得ることができます。

宅建を学習された方にとっては
見慣れた法令が
点在しているはずです。

問題	法律		問題	法律
1	土地基本法		21	マンションの建替え等の円滑化に関する法律
2	不動産の鑑定評価に関する法律		22	不動産登記法
3	不動産の鑑定評価に関する法律		23	住宅の品質確保の促進等に関する法律
4	地価公示法		24	宅地造成等規制法
5	国土利用計画法		25	宅地建物取引業法
6	都市計画法	総合	26	不動産特定共同事業法
7	都市計画法	地域地区	27	土地収用法
8	都市計画法	地域地区等	28	土壌汚染対策法
9	都市計画法	開発許可	29	文化財保護法
10	都市計画法	開発行為	30	自然環境保全法
11	土地区画整理法		31	農地法
12	土地区画整理法		32	森林法
13	都市再開発法		33	道路法
14	都市緑地法		34	国有財産法
15	景観法		35	所得税法
16	建築基準法	総合	36	法人税法
17	建築基準法	総合	37	租税特別措置法
18	建築基準法	集団規定	38	固定資産税
19	建築基準法	総合	39	相続税
20	建築基準法	建蔽率	40	投資信託及び投資法人に関する法律

さらに　宅地建物取引士試験を受験した経験のある方は割引受講料にてお申込みいただけます!

詳細はTACホームページ、パンフレットをご覧ください。

TAC出版 書籍のご案内

TAC出版では、資格の学校TAC各講座の定評ある執筆陣による資格試験の参考書をはじめ、資格取得者の開業法や仕事術、実務書、ビジネス書、一般書などを発行しています！

TAC出版の書籍
*一部書籍は、早稲田経営出版のブランドにて刊行しております。

資格・検定試験の受験対策書籍

- 日商簿記検定
- 建設業経理士
- 全経簿記上級
- 税理士
- 公認会計士
- 社会保険労務士
- 中小企業診断士
- 証券アナリスト
- ファイナンシャルプランナー(FP)
- 証券外務員
- 貸金業務取扱主任者
- 不動産鑑定士
- 宅地建物取引士
- マンション管理士
- 管理業務主任者
- 司法書士
- 行政書士
- 司法試験
- 弁理士
- 公務員試験(大卒程度・高卒者)
- 情報処理試験
- 介護福祉士
- ケアマネジャー
- 社会福祉士　ほか

実務書・ビジネス書

- 会計実務、税法、税務、経理
- 総務、労務、人事
- ビジネススキル、マナー、就職、自己啓発
- 資格取得者の開業法、仕事術、営業術
- 翻訳書 (T's BUSINESS DESIGN)

一般書・エンタメ書

- エッセイ、コラム
- スポーツ
- 旅行ガイド (おとな旅プレミアム)
- 翻訳小説 (BLOOM COLLECTION)

(2018年5月現在)

書籍のご購入は

1 全国の書店、大学生協、ネット書店で

2 TAC各校の書籍コーナーで

資格の学校TACの校舎は全国に展開！
校舎のご確認はホームページにて

資格の学校TAC ホームページ
https://www.tac-school.co.jp

3 TAC出版書籍販売サイトで

CYBER BOOK STORE TAC出版書籍販売サイト

TAC 出版 で 検索

24時間ご注文受付中

https://bookstore.tac-school.co.jp/

- 新刊情報をいち早くチェック！
- たっぷり読める立ち読み機能
- 学習お役立ちの特設ページも充実！

TAC出版書籍販売サイト「サイバーブックストア」では、TAC出版および早稲田経営出版から刊行されている、すべての最新書籍をお取り扱いしています。
また、無料の会員登録をしていただくことで、会員様限定キャンペーンのほか、送料無料サービス、メールマガジン配信サービス、マイページのご利用など、うれしい特典がたくさん受けられます。

サイバーブックストア会員は、特典がいっぱい！(一部抜粋)

 通常、1万円(税込)未満のご注文につきましては、送料・手数料として500円(全国一律・税込)頂戴しておりますが、1冊から無料となります。

 専用の「マイページ」は、「購入履歴・配送状況の確認」のほか、「ほしいものリスト」や「マイフォルダ」など、便利な機能が満載です。

 メールマガジンでは、キャンペーンやおすすめ書籍、新刊情報のほか、「電子ブック版TACNEWS(ダイジェスト版)」をお届けします。

 書籍の発売を、販売開始当日にメールにてお知らせします。これなら買い忘れの心配もありません。

宅建士 独学道場

TAC出版の人気「宅建士 独学スタイル」をご案内します！

人気シリーズ書籍を使用
独学道場の教材は、TAC出版の人気シリーズ書籍！
6年連続書店売上No.1★の人気と実績のある書籍で学習できる！

書籍に合わせた専用のWeb講義
実力派講師が各書籍専用の講義をわかりやすく展開！
書籍での学習効果をさらに引き上げる！

お得！
「独学」だからこその価格設定！
直前期専用の教材や模試まで付いてこの値段！

★「みんなが欲しかった！宅建士の教科書／問題集」2015年度～2020年度版（毎年度10月～8月で集計）
宅建士受験対策書籍 紀伊國屋PubLlneを基に冊数ベースで当社にて集計

TAC出版＋TAC宅建士講座による独学者向けコース

村田 隆尚 講師の みんなが欲しかった！コース

私が担当します！
村田 隆尚 講師
TAC宅建士講座 講師

学習のポイントとして、知識の正確性も大事ですが、まずは細かいことにとらわれず、全体のイメージを理解することが大切です。
合格するうえで必要なポイントを全て盛り込んだフルカラーのななみ先生の渾身の「教科書」＆「問題集」を使って独学で合格を手に入れましょう。

講義担当講師	村田 隆尚 講師（TAC宅建士講座 専任講師）
料 金 (10%税込)	みんなが欲しかった！コース　フルパック　29,000円
	「教科書」「問題集」なしパック　25,000円
申込受付期間	2020年10月15日(木) ～ 2021年8月31日(火)

※「教科書・問題集なしパック」は、すでに「2021年度版 みんなが欲しかった！宅建士の教科書」および「2021年度版 みんなが欲しかった！宅建士の問題集」をお持ちの方で、これらが含まれないパックです。

宅建士 独学道場

1 「みんなが欲しかった！宅建士の教科書」と「みんなが欲しかった！宅建士の問題集」を読む

試験に必要な知識を身につける

つぎに！

2 「ズバッとポイントWeb講義」を視聴する

1回約15分〜30分 / 講義トータル約30時間 / 短期学習を可能に！独学専用カリキュラム

合格に欠かせないポイントをズバッと解説

さらに！

4 TAC宅建士講座「全国公開模試」で演習

実力が実戦力に

学習効果をさらに引き上げる！

3 「みんなが欲しかった！宅建士の直前予想問題集」「法律改正点レジュメ」で直前対策！

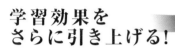

独学では不足しがちな法律改正情報や最新試験対策もフォロー！

「独学で合格」のポイント 受講中のサポート
学習中の疑問を解決！ 質問カード

「教科書」を読んだだけでは、理解しにくい箇所や重要ポイントは、Web講義で解説していますが、それでも不安なところがある場合には「質問カード」を使って解決することができます。
専門スタッフが質問・疑問に回答いたしますので、「理解があっているだろうか？」など、独学の不安から解放されて、安心して学習を進めていただくことができます。

コンテンツPickup！
「ズバッとポイントWeb講義」

1回約15分〜30分

Web講義のポイント

- 1回が短い（約15分〜30分）ので、スキマ時間に見られる！
- 合格にとって最も重要なポイントを押さえられる！
- Webで配信だからいつでもどこでも講義が聴ける！

パソコンのほか、スマートフォンやタブレットから、受講期間内なら繰り返し視聴可能！
専用のアプリで動画のダウンロードが可能です！

※ 電波のない環境でも、速度制限を気にすることなく再生できます。
ダウンロードした動画は1週間視聴可能です。

お申込み・最新内容の確認

📱 インターネットで
TAC出版書籍販売サイト「サイバーブックストア」にて

TAC出版　検索

https://bookstore.tac-school.co.jp/

詳細は必ず、TAC出版書籍販売サイト「サイバーブックストア」でご確認ください。

※本広告の記載内容は、2020年8月現在のものです。
やむを得ず変更する場合もありますので、詳細は必ず、TAC出版書籍販売サイト「サイバーブックストア」の「独学道場」ページにてご確認ください。

書籍の正誤についてのお問合わせ

万一誤りと疑われる箇所がございましたら、以下の方法にてご確認いただきますよう、お願いいたします。

なお、正誤のお問合わせ以外の書籍内容に関する解説・受験指導等は、**一切行っておりません。**
そのようなお問合わせにつきましては、お答えいたしかねますので、あらかじめご了承ください。

1 正誤表の確認方法

TAC出版書籍販売サイト「Cyber Book Store」の
トップページ内「正誤表」コーナーにて、正誤表をご確認ください。

CYBER TAC出版書籍販売サイト
BOOK STORE

URL:https://bookstore.tac-school.co.jp/

2 正誤のお問合わせ方法

正誤表がない場合、あるいは該当箇所が掲載されていない場合は、書名、発行年月日、お客様のお名前、ご連絡先を明記の上、下記の方法でお問合わせください。
なお、回答までに1週間前後を要する場合もございます。あらかじめご了承ください。

文書にて問合わせる

●郵 送 先　　〒101-8383 東京都千代田区神田三崎町3-2-18
　　　　　　　TAC株式会社 出版事業部 正誤問合わせ係

FAXにて問合わせる

●FAX番号　　**03-5276-9674**

e-mailにて問合わせる

●お問合わせ先アドレス　**syuppan-h@tac-school.co.jp**

※お電話でのお問合わせは、お受けできません。また、土日祝日はお問合わせ対応をおこなっておりません。
※正誤のお問合わせ対応は、該当書籍の改訂版刊行月末日までといたします。

乱丁・落丁による交換は、該当書籍の改訂版刊行月末日までといたします。なお、書籍の在庫状況等により、お受けできない場合もございます。
また、各種本試験の実施の延期、中止を理由とした本書の返品はお受けいたしません。返金もいたしかねますので、あらかじめご了承くださいますようお願い申し上げます。

TACにおける個人情報の取り扱いについて
■ お預かりした個人情報は、TAC(株)で管理させていただき、お問い合わせへの対応、当社の記録保管および当社商品・サービスの向上にのみ利用いたします。お客様の同意なしに業務委託先以外の第三者に開示、提供することはございません(法令等により開示を求められた場合を除く)。その他、個人情報保護管理者、お預かりした個人情報の開示等及びTAC(株)への個人情報の提供の任意性については、当社ホームページ(https://www.tac-school.co.jp)をご覧いただくか、個人情報に関するお問い合わせ窓口(E-mail:privacy@tac-school.co.jp)までお問合せください。

(2020年10月現在)

1 宅建業とは

宅建業(宅地建物取引業)とは、「宅地・建物」の「取引」を「業」として行うことをいいます。宅建業を営むためには、**免許**(後述)を受けなければなりません。

Ⅰ 「宅地・建物」とは

宅地建物取引業法(宅建業法)において、「**宅地・建物**」とは、次のものをいいます。

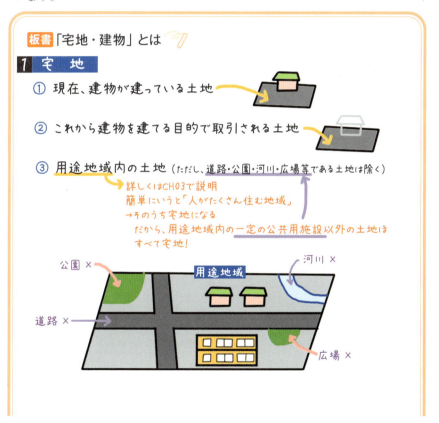

2 建物

屋根と柱(壁)がある工作物

ポイント
- ☆ 住宅だけでなく、別荘、倉庫なども建物
- ☆ マンションの一室など、建物の一部も建物

Ⅱ 「取引」とは

宅建業の対象となる「取引」とは、次に該当するものをいいます。

板書「取引」とは

宅建業の対象となる取引
① 自ら当事者となって、売買、交換を行う
② 他人を代理して、売買、交換、貸借を行う
③ 他人間を媒介して、売買、交換、貸借を行う

表にまとめると‥

	売買	交換	貸借
① 自ら	○	○	×
② 代理	○	○	○
③ 媒介	○	○	○

自分でアパートを建てて、自分で賃貸する場合は取引に該当しない
→免許がなくてもできる！
大家さんがアパート経営をしやすいように…

取引に該当しない行為(宅建業に該当しない行為)
- ☆ 自ら宅地・建物を賃貸する行為 …不動産賃貸業
- ☆ 建物の建築を請け負う行為 …建設業
- ☆ 宅地の造成を請け負う行為 …宅地造成業
- ☆ ビルの管理行為 …不動産管理業

Ⅲ 「業」とは

「業」とは、不特定多数の人に対して、反復継続的に取引を行うことをいいます。

板書 「業」とは

業 … { ① 不特定多数の人を相手方として / ② 反復継続して } 取引を行うこと

- 自社の社員に限定した宅地の分譲販売は「業」にあてはまらない
- 1回限りの販売は「業」にあてはまらない

「業」にあたるかどうか

a. Aさんが自分の土地（宅地）を、20区画に区画割りして、不特定多数の人に4年間、毎年春と秋に限って販売する行為
  → 1回限りの取引ではない
  → 反復継続している
  答え 宅建業に該当する

b. Bさんが自分の土地（宅地）を、20区画に区画割りして、宅建業者甲に一括して売却する行為
  → 1回限りの取引 → 反復継続していない
  答え 宅建業に該当しない

c. Cさんが自分の土地（宅地）を、20区画に区画割りして、宅建業者乙に販売代理を依頼する行為
  → 代理の効果は本人（Cさん）に帰属するため、本人（Cさん）が不特定多数の人と反復継続して取引したことになる！
  答え 宅建業に該当する

ココみて！1-1

例題　　　　　　　　　　　　　　　　　　　H15－問30①

建設会社Aが、所有宅地を10区画に分割し、宅地建物取引業者Bの代理により、不特定多数に継続して販売する場合、Aは免許を受ける必要がない。

ココみて! 1-1

✗　BがAを代理して販売した場合、その効果はAに帰属する（＝Aが自分で売主となって販売したことになる）ので、Aは免許が必要。

2　免許が不要な団体

　前述の宅建業に該当する行為をするためには、原則として免許を受けなければなりませんが、例外として、下記の団体は免許なしで宅建業を営むことができます。

板書　免許が不要な団体

① 国、地方公共団体等 …とは？

→ 独立行政法人都市再生機構、地方住宅供給公社など
　ただし、農協は含まれない
　　　　　　　　　　→ 農協は免許が必要！

ココみて! 1-2

② 信託会社、信託銀行
　　　↑これらには信託業法で規定があるから。
　　　　ただし、**国土交通大臣に届出**が必要

ココみて! 1-3

例題　　　　　　　　　　　　　　　　　　　H15－問30③

甲県住宅供給公社Dが、住宅を不特定多数に継続して販売する場合、Dは免許を受ける必要がない。

ココみて! 1-2

○　住宅供給公社は、国、地方公共団体等に含まれるので、Dは免許は不要。

❓ 例題　　　　　　　　　　　　　　　　　　　H15−問30②

農業協同組合Cが、所有宅地を10区画に分割し、倉庫の用に供する目的で、<u>不特定多数</u>に<u>継続</u>して販売する場合、Cは免許を受ける必要がない。

× 農業協同組合が「宅地・建物」の「取引」を「業」として行う場合には、免許が必要。

3 無免許営業の禁止、名義貸しの禁止

Ⅰ 無免許営業の禁止

免許を受けずに宅建業を営むことはできません。また、実際に宅建業を営んでいなくても、「宅建業を営む旨」の表示や、宅建業を営む目的で広告をすることも禁止されています。

Ⅱ 名義貸しの禁止

宅地建物取引業者(宅建業者)が、自分の名義を他人に貸して宅建業を営ませることや、「宅建業を営む旨」を表示させること、宅建業を営む目的で広告をさせることも禁止されています。

ここはアタリマエのことを言っているだけなので、軽く流して！

CHAPTER 01
宅建業法

SECTION 02 免許

このSECTIONで学習すること

1 免許の種類
国土交通大臣免許と都道府県知事免許がある！

2 事務所
本店は、宅建業を行っていなくても常に宅建業法上の「事務所」となる！

免許の有効期間は5年！更新は90日〜30日前まで

3 免許の申請

4 免許換え
知事免許から大臣免許に変更となる場合等について学習します

5 宅建業者名簿
宅建業者名簿の登載事項が変更となった場合の届出について学習します

6 廃業等の届出
宅建業を廃業した場合等の届出について学習します

7 欠格事由
過去に悪いことをした人や破産者等は免許を受けることはできない！

1 免許の種類

宅建業を営むためには、免許を受けなければなりません。

宅建業の免許は、**都道府県知事**または**国土交通大臣**から受けます。どちらの免許を受けるかは、事務所の場所で決まります。

板書 免許の種類

1つの都道府県内のみに事務所を設置する場合	2つ以上の都道府県内に事務所を設置する場合
➡ その**都道府県知事**の免許	➡ **国土交通大臣**の免許

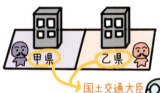

ポイント

☆ 同じ県でいくつ事務所を設けても、1つの都道府県内のみに事務所があるならば、**知事**免許

☆ 知事免許、大臣免許のいずれの免許の場合でも、全国で宅建業を営むことができる

> **例題**　　　　　　　　　　　　　　　　　　　　H23−問26①
>
> 宅地建物取引業を営もうとする者は、<u>同一県内に2以上の事務所</u>を設置してその事業を営もうとする場合にあっては、<u>国土交通大臣の免許</u>を受けなければならない。

✗　2以上の事務所を設置する場合でも、同一県内に事務所があるならば、その県の**知事免許**となる。

2 事務所

宅建業法における事務所とは、次のいずれかにあてはまるものをいいます。

板書　事務所

事務所 ┣ ① 本店（主たる事務所）
　　　 ┣ ② 宅建業を行っている支店（従たる事務所） → つまり、テント張りの施設などは事務所ではない！
　　　 ┗ ③ <u>継続的に業務を行うことができる施設を有する場所で、契約を締結する権限を有する使用人</u>が置かれている場所
　　　　　　→ 支店長とか支配人とか…

10

ポイント
☆ 案内所、モデルルームなどは事務所とはならない
☆ 本店は常に宅建業法上の事務所となる

たとえば、本店では建設業のみを行い、支店で宅建業を営んでいるという場合であっても、その本店は宅建業法上の事務所となる

→「支店が宅建業をやっているということは、支店を管理している本店も宅建業に携わっているでしょ」ということ　このケース

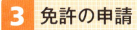

3 免許の申請

I 免許の申請手続

　宅建業の免許を受けるためには、免許申請書等を国土交通大臣または都道府県知事に提出しなければなりません。
　なお、国土交通大臣に申請する場合には、主たる事務所(本店)の所在地の**都道府県知事**を経由して申請することになります。

　国土交通大臣に、直接申請するわけではありません。

Ⅱ 免許の有効期間

免許の有効期間は、大臣免許、知事免許のいずれの場合も **5年**です。

> **例題**　　　　　　　　　　　　　　　　　　　　H23-問26④
>
> 宅地建物取引業を営もうとする者が、国土交通大臣または都道府県知事から免許を受けた場合、その有効期間は、<u>国土交通大臣から免許を受けたときは5年、都道府県知事から免許を受けたときは3年</u>である。

　　✕　免許の種類にかかわらず、有効期間は**5年**である。

Ⅲ 免許の更新

1 更新の申請期間

免許の有効期間満了後も宅建業を続ける場合には、有効期間満了の日の**90日前**から**30日前**までの間に、免許の更新手続を行わなければなりません。

「免許更新組(ぐみ)」と覚えておこう！

2 有効期間の延長

更新の申請期間内に免許の更新申請があった場合で、有効期間満了日までに免許権者(大臣または知事)から更新するかどうかの処分がされないときは、有効期間満了後も、その処分がされるまでの間は、旧免許は有効となります。

宅建業者はきちんと手続していて、落ち度がないわけだから、このような場合には有効期間が延長されます。

なお、更新処分がなされたときは、更新後の免許の有効期間(5年)は、**旧免許の有効期間満了**の日の翌日から起算されます。

更新処分がなされた日から起算されるのではありません。

4 免許換え

I 免許換えとは

たとえば、甲県のみに事務所を設置し、甲県知事の免許を受けていた宅建業者が乙県にも事務所を設置することになった場合には、国土交通大臣の免許を受けなおす必要があります。

このように、免許を受けなおすことを **免許換え** といいます。

免許換えのパターンには、次の3つがあります。

板書 免許換えのパターン

パターン①
都道府県知事の免許を受けた者が、2つ以上の都道府県内で事務所を有することになったとき

甲県知事の免許 → 国土交通大臣の免許

☆ 従来の免許権者である甲県知事を経由して、国土交通大臣に申請

パターン②
都道府県知事の免許を受けた者が、その都道府県内の事務所を廃止して、他の1つの都道府県内のみに事務所を有することとなった場合

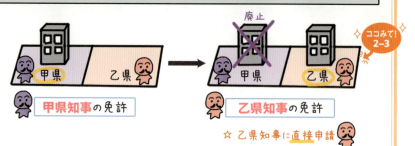

パターン③
国土交通大臣の免許を受けた者が、1つの都道府県内のみに事務所を有することとなった場合

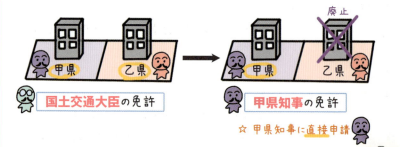

例題　　　　　　　　　　　　　　　　　　H20-問30④

B社（甲県知事免許）は、甲県の事務所を廃止し、乙県内で新たに事務所を設置して宅地建物取引業を営むため、甲県知事へ廃業の届けを行うとともに、乙県知事へ免許換えの申請を行った。

✗　乙県知事に対して免許換えの申請を行う必要があるが、廃業したわけではないので、甲県知事への廃業の届出は不要である。

Ⅱ 免許換えによる免許の有効期間

免許換えによって取得した新しい免許の有効期間は、新しい免許が交付された日から**5年**です。

5 宅建業者名簿

Ⅰ 宅建業者名簿の登載事項

国土交通省や都道府県には、宅建業者名簿が備え付けられます。
宅建業者名簿には次の事項が記載されます。

宅建業者名簿の登載事項　※ ○をつけたものだけおさえておけばOK

❶ 免許証番号、免許の年月日　　ココみて！ 2-4

❷ **商号**または**名称**

❸ 法人の場合…**役員**(非常勤役員を含む)、**政令で定める使用人の氏名**
　　　　　　　→取締役とか監査役　→支店長とか営業所長

❹ 個人の場合…その者、政令で定める使用人の氏名

❺ **事務所の名称、所在地**

❻ **事務所ごと**に置かれる**専任の取引士**(宅地建物取引士)**の氏名**

❼ 宅建業以外の事業を行っているときは、その事業の種類

❽ 指示処分や業務停止処分があったときは、その年月日、その内容

Ⅱ 変更の届出

上記の宅建業者名簿の登載事項のうち、❷～❻に変更があった場合は、**30日以内**に免許権者(免許を受けた国土交通大臣または都道府県知事)に変更の届出をしなければなりません。

> **例題** H18-問31②改
>
> 取引士ではないCがA社（宅地建物取引業者－甲県知事免許）の非常勤の取締役に就任したとき、A社はその旨を甲県知事に届け出る必要はない。

> ✕ 役員（非常勤役員）の氏名に変更があった場合には、30日以内に免許権者に届け出る必要がある。

6 廃業等の届出

　宅建業者が死亡したり、廃業した場合には、その旨を免許権者に届け出なければなりません。
　廃業等の届出が必要な場合の届出義務者、届出期限、免許の失効時点は次のとおりです。

板書 廃業等の届出のポイント

注 「合併した会社（残る会社）」ではなく、「消滅した会社（なくなった会社）」

	届出義務者	届出期限	免許の失効時点
死亡（個人）	相続人	死亡の事実を**知った**日から**30日以内**	死亡時
合併による消滅（法人）	<u>消滅した</u>会社の代表者	その日から**30日以内**	消滅時
破産（個人・法人）	破産管財人		届出時
解散（法人）	清算人		
廃業（個人・法人）	個人…本人 法人…会社の代表者		

❓ 例題 ────────────── H16−問32①

宅地建物取引業者Ａ（甲県知事免許）が死亡した場合、Ａの相続人は、<u>Ａの死亡の日から30日以内に</u>、その旨を甲県知事に届け出なければならない。

× 「死亡の日から」ではなく、「死亡の事実を**知った**日から」30日以内である。

7 欠格事由

免許の申請をしても、以下の欠格事由に該当する人は宅建業者としてふさわしくないとして、免許を受けることができません。

板書 欠格事由1

1 心身の故障がある一定の者、破産者で復権を得ない者

たとえば：成年被後見人や被保佐人でも一律に欠格事由に該当することとせず、人権尊重の見地から個別に審査される

{ ・心身の故障により宅建業を適正に営むことができない者として国土交通省令で定めるもの
・破産者で復権を得ない者 } は免許を受けることができない

ポイント
☆ 破産者は復権を得れば直ちに免許を受けることができる

 破産者は、復権を得たあと5年間は免許を受けることができない

板書 欠格事由2

2 一定の刑罰に処せられた者

① 禁錮以上の刑
② 宅建業法違反により罰金の刑
③ 暴力的な犯罪※、背任罪により罰金の刑

に処せられた者で、刑の執行が終わった日から**5年**を経過しない者は免許を受けることができない

刑罰の種類
重← 死刑 懲役 禁錮 | 罰金 | 拘留 科料 没収 →軽
　　　　　　　　①↑　　②③の場合のみ → だから、道路交通法違反で罰金の場合には欠格事由に該当しない

暴力的な犯罪とは？ …※
傷害罪、傷害現場助勢罪、暴行罪、凶器準備集合罪、脅迫罪、「暴力団員による不当な行為の防止等に関する法律」に違反 等

ポイント
☆ 執行猶予がついた場合、その執行猶予期間中は免許を受けることができないが、執行猶予期間が満了すれば直ちに免許を受けられる
　→ 5年待つ必要はない！

板書 欠格事由3

3 暴力団員等

暴力団員
または
暴力団員でなくなった日から**5年**を経過しない者

は免許を受けることができない

基本編

CH 01 宅建業法

板書 欠格事由4

4 一定の理由で免許取消処分を受けた者

その1

以下の理由 で免許取消処分を受けた者で、免許取消しの日から **5** 年を経過しない者は免許を受けることができない

① **不正の手段** により免許を取得した
② 業務停止処分に該当する行為をし、**情状が特に重い**
③ 業務停止処分に**違反した**

これ以外の理由による免許取消しの場合は5年待つ必要はない!

宅建業者に対する監督処分の種類

軽 指示処分 → 業務停止処分 → 免許取消処分 **重**

…とは? 免許権者が処分にあたって、宅建業者の言い訳を聴く機会

法人の場合 … 免許取消しに係る **聴聞** 公示の日前 **60** 日以内にその法人の **役員** であった者は、その取消しの日から **5** 年間は免許を受けることができない

宅建業者だけでなく、役員であった者もダメ!

たとえば

A社が不正の手段で免許を取得したとする…
その裏には役員が絡んでいるよね…
…にもかかわらず、そんな役員を野放しにしておいたら、
免許取消しになったA社を辞めて、自分ですぐにB社を
設立して営業してしまうカモ…(そしてまた悪いことをするカモ…)
→それを防ぐために、この規定がある!

SEC 02 免許

欠格事由

19

その2

いわゆる「かけこみ廃業」があった場合には、廃業等の届出の日から**5**年間は免許を受けることができない

もう少し専門的にいうと…

その1の理由による免許取消処分に係る聴聞公示があった日以後、処分の日（または処分しないことを決定した日）までの間に、廃業等の届出があった場合（かけこみ廃業）には、その届出の日から**5**年間は免許を受けることができない

その1の理由で免許が取り消されそうになると、「免許を取り消される前に自主的に廃業しちゃえば、免許取消しにならないよね そしたら5年待たなくても免許もらえるよね!」と考える悪い人もいる
…このような抜け道をふさいだのがこの規定

廃業等の届出をした者が法人の場合

…免許取消しに係る聴聞公示の日前**60**日以内にその法人の**役員**であった者は、その届出の日から**5**年間は免許を受けることができない
宅建業者だけでなく、役員であった者もダメ!

板書 欠格事由5

5 過去に悪いことをした者、悪いことをするのが明らかな者

① 免許の申請前**5**年以内に宅建業に関し、不正または著しく不当な行為をした者

② 宅建業に関し、不正または不誠実な行為をするおそれが明らかな者

は免許を受けることができない

板書 欠格事由6

6 未成年者の法定代理人が欠格事由 1～5 に該当する場合

…とは? ふつうの未成年者

営業に関し、成年者と同一の行為能力を有しない未成年者で、その法定代理人が前記 1 ～ 5 の欠格事由に該当する場合は、免許を受けることができない

営業に関し、成年者と同一の行為能力を有する未成年者とは?
① 婚姻した未成年者 ➡ 一人前(成年者)として扱われる
② 法定代理人から営業の許可を受けた未成年者

①、②の場合は、本人が欠格事由に該当しなければ免許を受けられる

板書 欠格事由7

7 役員等が1～5の欠格事由に該当する場合

…とは? 取締役等   …とは? 事務所の代表者(支店長など)

法人 …役員または政令で定める使用人が前記 1 ～ 5 の欠格事由に該当する場合、その法人は免許を受けることができない

個人 …政令で定める使用人が前記 1 ～ 5 の欠格事由に該当する場合、免許を受けることができない

たとえば①
A社の役員甲は、過去に宅建業法の規定に違反したことにより、罰金の刑に処せられ、その刑の執行が終わった日から5年を経過していない

宅建業法違反で罰金の刑に処せられた者は刑の執行が終わった日から
5年間は免許を受けることができない[欠格事由2]
⬇
役員(甲)が欠格事由2に該当する
⬇
A社は免許を受けることができない

基本編

宅建業法 CH 01

SEC 02 免許

欠格事由

21

たとえば②
H社の役員乙は、破産手続開始の決定がなされたあと、復権を得てから5年を経過していない

破産者は**欠格事由1**に該当するが、復権を得ていれば**欠格事由1**に該当しない

役員(乙)は**欠格事由1**に該当しない

H社は免許を受けることができる

 つまり 5年待たなくてOK!

板書 欠格事由8

8 暴力団員等がその事業活動を支配する者

｛暴力団員等がその事業活動を支配する者｝は免許を受けることができない

板書 欠格事由9

9 取引士の設置要件を欠く者

事務所について専任の取引士の設置要件を欠く者は免許を受けることができない　→SEC.06 **3 1** 参照

CHAPTER 01
宅建業法

SECTION 03 宅地建物取引士

このSECTIONで学習すること

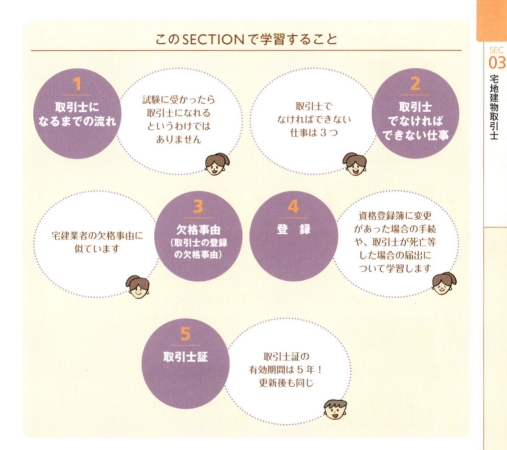

1 取引士になるまでの流れ
試験に受かったら取引士になれるというわけではありません

2 取引士でなければできない仕事
取引士でなければできない仕事は3つ

3 欠格事由（取引士の登録の欠格事由）
宅建業者の欠格事由に似ています

4 登録
資格登録簿に変更があった場合の手続や、取引士が死亡等した場合の届出について学習します

5 取引士証
取引士証の有効期間は5年！更新後も同じ

1 取引士になるまでの流れ

取引士(宅地建物取引士)とは、取引士証の交付を受けた者をいいます。
取引士になるまでの流れは以下のとおりです。

取引士になるまでの流れ

取引士試験合格 有効期間：一生	**取引士試験の合格者** ☆ 不正受験者は合格を取り消されることがある また、**3年以内**の受験を禁止されることもある ☆ 旧宅建試験に合格した者は取引士試験に合格した者とみなす

登録の申請【任意】：試験合格地の**都道府県知事**に申請

取引士資格登録 有効期間：一生	登録の条件 ❶ 欠格事由に該当しない ❷ **2年以上**の実務経験がある または **国土交通大臣** の 登録実務講習 を修了した

交付の申請【任意】：登録地の**都道府県知事**に申請

取引士証の交付 有効期間：**5**年	交付の条件 ■**原則**■ **都道府県知事**の 法定講習 を受講する ■**例外**■ 試験合格後**1年以内**に取引士証の交付を受ける場合は法定講習は免除される

覚え方 大臣、実務を放置

国土交通大臣	登録実務講習	法定講習	都道府県知事

取引士資格登録　　取引士証の交付

24

2 取引士でなければできない仕事

以下の3つの仕事は、取引士でなければできません。

板書 取引士でなければできない仕事

① 重要事項の説明
② 35条書面(重要事項説明書)への記名押印
③ 37条書面(契約書)への記名押印

ポイント
☆ 上記の仕事を行うには、「取引士」であればよく、
「専任の取引士」である必要はない！ → そもそも「専任」でなければできない仕事というものはナイ！

3 欠格事由(取引士の登録の欠格事由)

登録の申請をしても、以下の欠格事由に該当する人は取引士として登録することができません。

ひとこと

宅建業者の免許の欠格事由(SEC.02 **7**)と共通するものが多いです。
取引士の登録の欠格事由特有のもの(宅建業者の免許の欠格事由と異なるもの)をおさえておきましょう。

板書 欠格事由①（宅建業者の免許の欠格事由と共通するもの）

1 心身の故障がある一定の者、破産者で復権を得ない者
心身の故障により取引士の事務を適正に行うことができない者として国土交通省令で定めるもの、破産者で復権を得ない者は、登録を受けることができない

2 一定の刑罰に処せられた者

 ココみて! 3-1

｛
① 禁錮以上の刑
② 宅建業法違反により罰金の刑
③ 暴力的な犯罪、背任罪により罰金の刑
｝に処せられ、刑の執行が終わった日から5年を経過しない者は登録を受けることができない

ポイント
☆ 執行猶予がついた場合、その執行猶予期間中は登録を受けることができないが、執行猶予期間が満了すれば直ちに登録を受けられる

3 暴力団員等

｛
暴力団員
または
暴力団員でなくなった日から5年を経過しない者
｝は登録を受けることができない

4 一定の理由で免許取消処分を受けた者

その1

以下の理由 で免許取消処分を受けた者で、免許取消しの日から5年を経過しない者は登録を受けることができない

→ ① 不正の手段により免許を取得した
② 業務停止処分に該当する行為をし、情状が特に重い
③ 業務停止処分に違反した

法人の場合 …免許取消しに係る聴聞公示の日前60日以内にその法人の役員であった者は、その取消しの日から5年間は登録を受けることができない

> その2

いわゆる「かけこみ廃業」があった場合で、廃業等の届出の日から**5年**を経過しない者は登録を受けることができない

> その1 の理由による免許取消処分に係る聴聞公示があった日以後、処分の日（または処分をしないことを決定した日）までの間に、廃業等の届出をした者で、その届出の日から**5年**を経過していない者

> 廃業等の届出をした者が法人の場合

…免許取消しに係る聴聞公示の日前**60日**以内にその法人の**役員**であった者は、その届出の日から**5年間**は登録を受けることができない

板書 欠格事由②（宅建業者の免許の欠格事由と*異なる*もの）

5 一定の理由で登録消除処分を受けた者

> その1

以下の理由で登録消除処分を受けた者で、登録消除処分の日から**5年**を経過していない者は登録を受けることができない

① 不正の手段で登録を受けた
② 不正の手段で取引士証の交付を受けた
③ 事務禁止処分に該当し、情状が特に重い
④ 事務禁止処分に違反した
⑤ 取引士登録をしたが、取引士証の交付を受けていない者が不正の手段で取引士登録を受けた
⑥ 取引士登録をしたが、取引士証の交付を受けていない者が取引士としての事務を行い、情状が特に重い

これ以外の理由による登録消除の場合は5年待つ必要はない！

取引士に対する監督処分の種類

【軽】指示処分 → 事務禁止処分 → 登録消除処分【重】

その2

ココみて！3-2

いわゆる「かけこみ消除」をした者で、消除された日から**5年**を経過しない者は登録を受けることができない

もう少し専門的にいうと…

> その1 の理由による登録消除処分に係る聴聞公示があった日以後、消除処分の日（または処分をしないことを決定した日）までの間に、自ら登録の消除の申請をした者で、消除がされた日から**5年**を経過しない者

6 事務禁止処分中に自らの申請で登録が消除された者

事務禁止処分を受け、その禁止期間中に、自らの申請により登録が消除された者で、まだ**事務禁止期間**（最長**1年**）を経過していない者は登録を受けることができない

要するに「事務禁止期間中は再登録できませんよ」ということ

ココみて！3-3

7 フツウの未成年者

宅建業に係る営業に関し、**成年者と同一の行為能力を有しない未成年者**は登録を受けることができない

→ 宅建業を営むことについて、法定代理人から許可をもらっていない未成年者

ポイント

☆ 法定代理人が欠格事由に該当しているかどうかは関係なく、登録を受けることができない

成年者と同一の行為能力を有しない未成年者
- 宅建業免許：法定代理人が欠格事由に該当しなければ○
- 取引士の登録：法定代理人に関係なく×

28

例題 ──────────────── H20-問33①改

禁錮以上の刑に処せられた取引士は、登録を受けている都道府県知事から登録の消除の処分を受け、その処分の日から5年を経過するまで、取引士の登録をすることはできない。

× 「その処分の日から5年」ではなく、「**刑の執行が満了した日から5年**」である。

例題 ──────────────── H16-問34③

Fは、不正の手段により登録を受けたとして、登録の消除の処分の聴聞の期日及び場所が公示された後、自らの申請により、登録が消除された。Fは、登録が消除された日から5年を経過せずに新たに登録を受けることができる。

× 不正の手段により登録を受けたとして、いわゆる「かけこみ消除」をした者は、登録が消除された日から5年間は登録を受けることはできない。

例題 ──────────────── H22-問30①

婚姻している未成年者は、登録実務講習を修了しても、法定代理人から宅地建物取引業を営むことについての許可を受けなければ登録を受けることができない。

× 婚姻している未成年者は成年者とみなされるため、法定代理人から宅建業を営むことについて許可を受けなくても、登録を受けることができる。

4 登　録

I 資格登録簿の登載事項

取引士として登録すると、<mark>宅地建物取引士資格登録簿(資格登録簿)</mark>に一定の事項が記載されます。

登録簿の登載事項は次のとおりです。

資格登録簿の主な登載事項　※ ○をつけたものだけおさえておけばOK

❶ 登録番号、登録年月日
❷ 氏名
❸ 生年月日、性別
❹ **住所、本籍**
❺ 宅建業者に勤務している場合…その宅建業者の**商号**または**名称、免許証番号**
❻ 試験合格年月日、合格証書番号
❼ 指示処分、事務禁止処分があったときは、その年月日、その内容

（ココみて! 3-4）

ひとこと

宅建業者名簿の登載事項(SEC.02 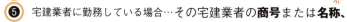)との違いに注意！

宅建業者名簿の登載事項
❶ 免許証番号、免許の年月日
❷ **商号**または**名称**
❸ 法人の場合…**役員**(非常勤役員を含む)、政令で定める使用人の氏名
❹ 個人の場合…その者、政令で定める使用人の氏名
❺ 事務所の名称、所在地
❻ 事務所ごとに置かれる**専任の取引士の氏名**
❼ 宅建業以外の事業を行っているときは、その事業の種類
❽ 指示処分、業務停止処分があったときは、その年月日、その内容

→ 住所や本籍は登載されない!

　資格登録簿は都道府県知事に知らせる取引士のプロフィール(他人に見られないもの)なので、個人の住所や本籍が登載されます。一方、宅建業者名簿は他人に見られるものなので、個人情報の観点から、役員の住所や本籍は登載されません(氏名は登載されます)。

Ⅱ 変更の登録

前記の資格登録簿の登載事項のうち、❷**氏名**、❹**住所**、**本籍**、❺**勤務先**の宅建業者の**商号**または**名称**、**免許証番号**に変更があった場合は、(たとえ事務禁止処分を受けている場合でも)**遅滞なく**変更の登録を申請しなければなりません。

資格登録簿の登載事項の変更→「遅滞なく」
宅建業者名簿の登載事項の変更→「30日以内」

❓ **例題** ─────────────── H16-問33①改

【前提】宅地建物取引業者Ａ社(甲県知事免許)の取引士は、専任の取引士であるＢのみである。
Ａ社が有限会社から株式会社に商号変更を行った場合、❶Ａ社は甲県知事に対して宅地建物取引業者名簿の変更の届出が必要であるが、❷Ｂは宅地建物取引士資格登録簿の変更の登録を申請しなくてもよい。

× ・有限会社から株式会社に事務所の名称を変更
　→「宅建業者名簿」の変更の届出が必要→❶は正しい。
・有限会社から株式会社に事務所の名称(勤務先の名称)を変更
　→「資格登録簿」の変更の登録の申請が必要→❷は誤り。

Ⅲ 登録の効力

登録は一生有効です。また、登録は試験合格地の都道府県で行わなければなりませんが、どの都道府県で登録しても日本全国で取引士としての業務を行うことができます。

Ⅳ 登録の移転

ある県(たとえば甲県)で登録したとしても、ほかの県(たとえば乙県)に登録を移転することができます。これを**登録の移転**といいます。

ひとこと

　取引士証の有効期間は5年で、その更新のたびに登録地の都道府県知事の指定する講習を受けなければなりません。
　そのため、たとえば「東京で登録をしたけど、沖縄に転勤となった」という場合、そのままだと更新のたびに沖縄から東京まで講習を受けに行かなければならず、不便です。そこで登録の移転が認められているのです。

　ただし、どんな場合でも登録の移転ができるわけではなく、下記の場合のみ認められています。

板書 登録の移転の申請ができる場合

【登録の移転の申請ができる場合】

登録を受けている者が、登録している都道府県知事が管轄している都道府県以外の都道府県に所在する事務所に勤務し、または勤務しようとするとき

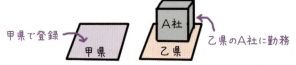

甲県で登録 → 甲県
乙県のA社に勤務 → A社 乙県
→ 登録の移転ができる！

【ポイント】

☆ 登録の移転は義務ではなく、任意
　　　↪ あくまでも「移転の申請ができる」
　　　　別にしなくてもよい

☆ 単に自宅の住所が変わっただけでは、「登録の移転」はできない
　　↪「変更の登録」は必要
　　　　要するに「引っ越したから、うつそう」は✕
　　　　　　　　勤務先が他県であることが条件

登録の移転に関するその他のポイントは、次のとおりです。

板書 登録の移転に関するその他のポイント

☆ 登録の移転の申請は、現在登録している都道府県知事(甲県知事)を経由して、移転先の都道府県知事(乙県知事)に対して行う

☆ 事務禁止期間中は登録の移転はできない
　　　変更の登録…事務禁止期間中でも「しなければならない」
　　　登録の移転…事務禁止期間中は「できない」

☆ 登録の移転後の新しい取引士証は移転先の都道府県知事から交付されるが、この場合の新しい取引士証の有効期限は<u>移転前の有効期限を引き継ぐ</u>
　↳ つまり 有効期間が延長するわけではない！

☆ 有効な古い取引士証の交付を受けている者が新しい取引士証の交付を受ける場合、その交付は、古い取引士証と引き換えで行われる

Ⅴ 死亡等の届出

登録を受けている者が死亡したり、破産した場合等には、その旨を登録している**都道府県知事**に届け出なければなりません。

死亡等の届出が必要な場合の届出義務者、届出期限は次のとおりです。

板書 死亡等の届出のポイント

注 宅建業者の「廃業等の届出」の場合は「破産管財人」だったよね…(SEC.02) 違いに注意!

	届出義務者	届出期限
死亡	相続人	死亡の事実を知った日から30日以内
心身の故障がある一定の者に該当することとなったとき	本人 法定代理人 同居の親族	その日から30日以内
破産	本人	
禁錮、懲役等の一定の欠格事由	本人	
暴力団員等に該当することとなったとき	本人	

例題　　　　　　　　　　　　　　　　H15-問33①改

A（甲県知事の宅地建物取引士登録を受けている取引士）が破産者で復権を得ないものに該当することとなったときは、破産手続開始の決定を受けた日から30日以内にAの破産管財人が甲県知事にその旨を届け出なければならない。

× 「破産管財人」ではなく、「**本人**」である。

5 取引士証

I 交付申請

取引士の登録を受けている者は、登録している**都道府県知事**に対し、取引士証の交付を申請することができます。

なお、取引士証の交付を受けようとする者は、原則として、登録している都道府県知事が指定する講習（法定講習）で、交付の申請前**6カ月以内**に行われるものを受講しなければなりません。

ただし、試験に合格した日から**1年以内**に取引士証の交付を受けようとする者などは、例外的に法定講習の受講が免除されます。

II 有効期間、更新

取引士証の有効期間は**5年**です。

この有効期間を更新するためには、法定講習で、交付の申請前**6カ月以内**に行われるものを受講しなければなりません。

なお、更新後の有効期間も**5年**です。

❓ 例題 ─────────────── H18-問32③改

A（甲県知事の登録を受けており、乙県内の宅地建物取引業者の事務所に勤務している）は、宅地建物取引士証の有効期間の更新を受けようとするときは、必ず甲県知事が指定する講習で交付の申請前1年以内に行われるものを受講しなければならない。

✕ 「申請前1年以内」ではなく、「申請前**6カ月**以内」である。

III 取引士証の提示

次の場合には、取引士証の提示が必要となります。

> 板書 取引士証の提示が必要な場合
>
> ① 取引の関係者から請求があったとき
> ② 重要事項の説明(35条の説明)をするとき
> 　↳ こちらは「相手から請求されなくても」提示しなければならない!

IV 取引士証の記載事項

取引士証には、以下の事項が記載されます。

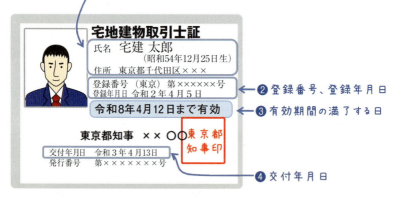

❶ 取引士の氏名(申請すれば旧姓も併記)、生年月日、**住所**
❷ 登録番号、登録年月日
❸ 有効期間の満了する日
❹ 交付年月日

> **ひとこと**
> 取引士証の氏名で、旧姓を使用したい人は、取引士証に旧姓を併記することができるようになりました。この場合、旧姓が併記された取引士証の交付を受けた日以降は、書面の記名押印等に旧姓を使用することができます。

V 書換え交付

取引士は、**氏名**または**住所**を変更したときは、変更の登録が必要ですが、さらに取引士証の書換え交付を申請しなければなりません。

書換え交付の方法
◆取引士証の書換え交付は、従来の取引士証と交換で新しい取引士証が交付される形で行われる
◆**住所**のみを変更した場合には、**裏書き**によることができる
　→ 従来の取引士証の裏に変更後の住所を記載すること

Ⅵ 再交付の申請

　取引士証をなくしたり、破損した場合等には、再交付を申請することができます。

　なお、取引士証をなくし、再交付を受けたあとに、従来の取引士証を発見した場合には、すみやかに、**発見したほう（古いほう）**の取引士証を、交付を受けた都道府県知事に返納しなければなりません。

例題　　　　　　　　　　　　　　　　　　　　　　H19-問31④改

丁県知事から取引士証の交付を受けている取引士が、取引士証の亡失によりその再交付を受けた後において、亡失した取引士証を発見したときは、速やかに、再交付された取引士証をその交付を受けた丁県知事に返納しなければならない。

× 返納するのは、「再交付された取引士証（新しいほう）」ではなく、「**発見した取引士証（古いほう）**」である。

Ⅶ 返納と提出

1 返納

返納とは、交付を受けた都道府県知事に取引士証を返すことをいいます。以下の場合には、取引士証を返納しなければなりません。

> 返納が必要な場合
> ❶ 取引士証が効力を失ったとき
> ❷ 登録が消除されたとき

2 提出

　取引士が、事務禁止処分を受けたときには、交付を受けた都道府県知事に取引士証を **提出** しなければなりません。

　取引士証の提出のポイントは、次のとおりです。

板書 取引士証の提出のポイント

☆ 取引士証の提出先は、交付を受けた都道府県知事

　　甲県知事から交付を受け、乙県知事から事務禁止処分を受けた場合
　　→提出先は**甲**県知事

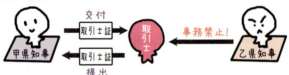

☆ 事務禁止期間（最長1年）が満了した場合、提出した者が返還請求を行えば、直ちに取引士証を返してもらえる

 請求しなければ返してもらえない！

 ひとこと

「返納」…取引士証は返してもらえない
「提出」…取引士証は（請求すれば）返してもらえる

SECTION 04 営業保証金

CHAPTER 01
宅建業法

このSECTIONで学習すること

1 営業保証金制度とは
宅地・建物の取引は多額のお金がかかる
→トラブルがあったら、損失が大きい
→その損失を補償する仕組みが必要！

2 営業保証金の供託
営業保証金を供託し、届け出たあとでなければ事業を開始できない！

3 営業保証金の還付
宅建業者と宅建業に関する取引をした人しか補償されない

4 営業保証金の追加供託
不足額が生じたときの追加供託期限は、通知を受けた日から2週間以内

5 営業保証金の取戻し
宅建業をやめた等の場合には、営業保証金を返してもらえるけど、すぐに返してもらえるわけではない！

1 営業保証金制度とは

営業保証金制度とは、宅建業者と取引をし、損失を被った相手方（宅建業者を除く）がいる場合に、その損失を補償する制度です。

営業保証金制度の全体像は次のとおりです。

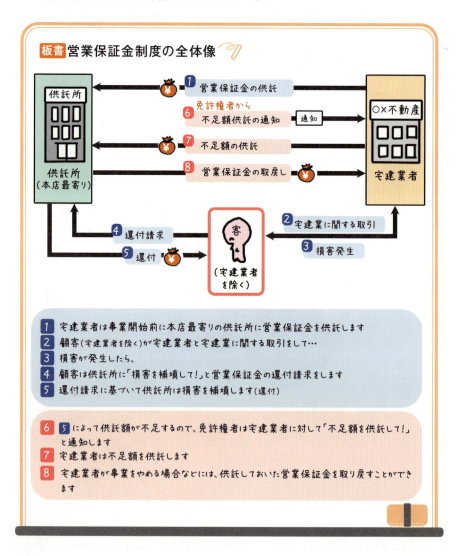

ひとこと
以下、営業保証金制度について重要な点を解説していきます。

2 営業保証金の供託…①

I 営業保証金の供託

宅建業者は、営業保証金を本店(主たる事務所)最寄りの供託所(法務局)に供託しなければなりません。

板書 営業保証金の供託

営業保証金の供託　　　いつまでに？　　　どこに？
宅建業者は、<u>事業を開始するまでに</u>、営業保証金を<u>本店</u>(主たる事務所)の<u>最寄りの供託所</u>に供託しなければならない

供託する額は？ …いくら？
① 本店(主たる事務所)につき **1,000万円**
② 支店1カ所につき **500万円**

　例 本店と支店2カ所の場合は…
　　1,000万円+500万円×2カ所=2,000万円

供託するモノは？ …なにを？
金銭のほか、有価証券でもOK
　↓
ただし 有価証券の場合は次の評価額となる

① 国債 ⇒ 額面金額の **100%**
② 地方債・政府保証債 ⇒ 額面金額の **90%**
③ それ以外の国土交通省令で定める有価証券 ⇒ 額面金額の **80%**

II 営業保証金の供託の届出

宅建業者は、営業保証金を供託した旨を免許権者(国土交通大臣または都道府県知事)に届け出たあとでなければ事業を開始することができません。

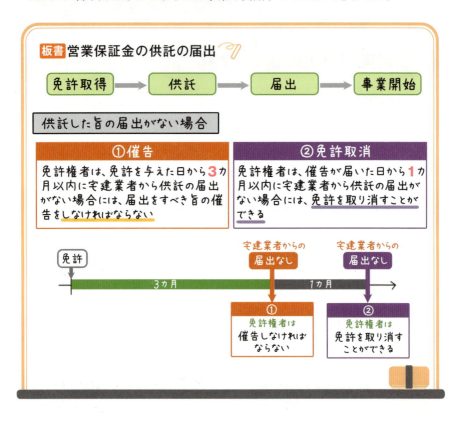

III 事務所を新設した場合の営業保証金の供託

宅建業者が事務所(支店)を新設したときには、新設した事務所ごとに**500万円**を**本店**最寄りの供託所に供託しなければなりません。

> **ひとこと**
> 事務所（支店）を新設した場合も、「供託」→「届出」のあとでなければ、その新設した事務所（支店）で事業を開始することはできません。

Ⅳ 保管替え等

本店を移転したことにより、最寄りの供託所が変更した場合、従来の供託所に預けている営業保証金を新たな供託所（新たな本店の最寄りの供託所）に移転等しなければなりません。

ひとこと

たとえば、埼玉にあった本店を東京に移した場合、埼玉の供託所に営業保証金を金銭のみで預けていた場合、その営業保証金を東京の供託所に移転します。

保管替え等の方法は、❶金銭のみで供託している場合と、❷それ以外の場合で異なります。

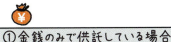

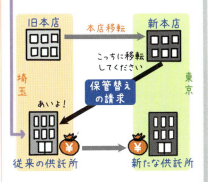

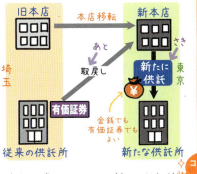

❓例題　　　　　　　　　　　　　　　　　　　　H25-問27③

宅地建物取引業者は、本店を移転したためその最寄りの供託所が変更した場合、国債証券をもって営業保証金を供託しているときは、遅滞なく、従前の本店の最寄りの供託所に対し、営業保証金の保管換えを請求しなければならない。

> ✕　国債証券(有価証券)を供託している場合は、移転後の本店最寄りの供託所に新たに供託する(その後、従来の供託所に供託している営業保証金を返してもらう)。

3 営業保証金の還付…5

　宅建業者と宅建業に関する取引をした人(宅建業者を除く)は、その債権について営業保証金の還付を受けることができます。
　還付のポイントは次のとおりです。

板書　営業保証金の還付のポイント

還付を受けられる人

宅建業者と宅建業に関し取引した人(宅建業者を除く)で、その取引によって生じた債権を有している人

　だから
- 宅地・建物を売買した人
- 宅地・建物の売買の代理・媒介を依頼した人　など　は OK (還付を受けられる)

- 宅建業者の依頼で、広告を作った広告代理店
- 宅建業者にお金を貸した銀行　など　は ✕ (還付を受けられない)

還付額

供託されている営業保証金の範囲内

例題 H17-問33③

印刷業者Cは、A（宅地建物取引業者）が行う宅地建物の売買に関する広告の印刷依頼を受け、印刷物を作成し納品したが、AがCに対しその代金を支払わなかった。この場合、Cは、Aが供託した営業保証金からその債権の弁済を受ける権利を有する。

× 広告の作成、印刷は宅建業に関する取引ではないので、Cは営業保証金から弁済を受けることはできない。

4 営業保証金の追加供託…⑥⑦

営業保証金の還付が行われると、供託している額に不足が生じるため、その不足額を追加で供託する必要があります。

宅建業者は、**免許権者**から不足額供託の通知を受けた日から**2週間以内**に供託所に追加供託をしなければなりません。

また、追加供託した日から**2週間以内**に、その旨を免許権者に届け出なければなりません。

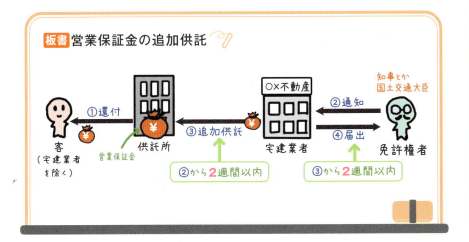

5 営業保証金の取戻し…8

Ⅰ 取戻しとは

宅建業者が営業保証金を供託所から返してもらうことを（営業保証金の）**取戻し**といいます。

Ⅱ 取戻しの方法

営業保証金を取り戻すときは、原則として**6カ月**を下らない一定期間（要するに**6カ月以上**の期間）を定めて、**公告**（「債権を持っている人は申し出てください」というお知らせ）をしなければなりません。

そして、その期間の経過後でなければ営業保証金を取り戻すことはできません。

ただし、一定の場合には公告せずに（直ちに）取り戻すことができます。

板書 営業保証金の取戻し

取戻し事由	公告の要否
免許の有効期間が満了した	**6カ月以上の期間を定めて公告が必要**※
廃業・破産等の届出により免許が失効した	
免許取消処分を受けた	
一部の事務所を廃止した たとえば、支店を1つ閉鎖したら、その分の営業保証金（500万円）を取り戻せる！	
（有価証券による供託をしている場合で）本店の移転により、最寄りの供託所を変更した	**公告不要**
保証協会の社員になった	

※ ただし、取戻し事由が発生したときから**10年**を経過したときは公告不要

ココみて！ 4-3

ひとこと
公告が不要な場合を覚えておこう。

例題 ─────────────── H16−問35②

A（宅地建物取引業者）が2つの支店を廃止し、その旨の届出をしたときは、営業保証金の額が政令で定める額を超えることとなるので、その超過額1,000万円について公告をせずに直ちに取り戻すことができる。

✕ 支店を2つ廃止するので、1,000万円（500万円×2カ所）の営業保証金を取り戻すことができる。この点は正しい。しかし、支店（一部の事務所）を廃止する場合には、公告が必要なため、この点が誤っている。

Ⅲ 届出

営業保証金を取り戻すための公告をした場合には、遅滞なく、その旨を免許権者に届け出なければなりません。

SECTION 05 保証協会

CHAPTER 01
宅建業法

このSECTIONで学習すること

1 保証協会とは
保証協会に加入すれば、営業保証金の供託は免除される！

宅建業者と供託所の間に保証協会が入って、いろいろやってくれるよ

2 保証協会の弁済業務の流れ

まずは宅建業者が保証協会にお金（分担金）を納付する

3 弁済業務保証金分担金の納付

4 弁済業務保証金の供託

続いて、保証協会から供託所にお金が流れる

5 弁済業務保証金の還付

宅建業者が保証協会の社員になる前に取引した人も還付を受けられる！

還付によって減ってしまった分の補充は、まずは保証協会が行う

6 弁済業務保証金の不足額の供託

保証協会が仮払いしてくれている額を宅建業者が支払う（納付する）

7 還付充当金の納付

8 弁済業務保証金の取戻し等

一部の事務所を廃止した場合の取戻しは公告不要（営業保証金の取戻しでは公告必要）

1 保証協会とは

Ⅰ 保証協会とは

SECTION04で学習したように、宅建業を始めるには営業保証金を供託しなければなりませんが、その額は大きく、事務所が1カ所だったとしても1,000万円も供託しなければなりません。

そのため、誰もが気軽に宅建業を始められるというものではありません。

家族単位で宅建業をするような事務所で1,000万円を準備するのは大変ですよね。

そこで、**保証協会**（正式名称は「宅地建物取引業保証協会」）という制度が用意されており、この保証協会に加入すると、営業保証金の供託が免除されます。

保証協会には「全国宅地建物取引業保証協会」と「不動産保証協会」の2つがあります。
ちなみに、「全国宅地建物取引業保証協会」のマークはハト、「不動産保証協会」のマークはウサギで、加入者はハトが約8割、ウサギが約2割です。

Ⅱ 保証協会の業務

保証協会が行う業務には、次のようなものがあります。

保証協会の業務

必須業務 ← 必ず行わなければならない業務

❶ 苦情の解決
❷ 宅建業に関する研修
❸ **弁済業務** ← これがメイン
　…社員（保証協会に加入している宅建業者）と取引をした
　　相手方（宅建業者を除く）の債権について弁済

任意業務 ← 国土交通大臣の承認を受けて行うことができる業務

❹ 一般保証業務
　…宅建業者が受領した預り金の返還債務等を連帯して保証
❺ 手付金等保管事業
　…宅建業者を代理して手付金等を受領し、保管
❻ 研修実施に要する費用の助成業務
　…全国の宅建業者を直接または間接の社員とする一般社団法人に対する宅建士
　　等への研修の実施に要する費用の助成

ひとこと

　宅建業者を直接または間接の社員とする一般社団法人は、宅建士等（宅建士その他宅建業の業務に従事し、または従事しようとする者）がその職務に関し必要な知識・能力を効果的・効率的に習得できるよう、法令、金融その他の多様な分野に係る体系的な研修を実施するよう努めなければなりません。
　そこで、この研修を資金面からバックアップするために、❻が保証協会の任意業務とされました。

Ⅲ 社員とは

保証協会に加入している人（宅建業者）を **社員** といいます。

保証協会に加入するかどうかは任意ですが、一つの保証協会の社員となったら、他の保証協会の社員とはなれません。

例題　　　　　　　　　　　　　　　　　　　　　H15-問35③

一の宅地建物取引業保証協会の社員である宅地建物取引業者Dは、自らが取引の相手方に対し損害を与えたときに備え、相手方の損害を確実に補填できるよう、<u>他の宅地建物取引業保証協会に加入した</u>。この行為は宅地建物取引業法の規定に違反しない。

× 宅建業者は、複数の保証協会の社員となることはできない。

2 保証協会の弁済業務の流れ

保証協会のメイン業務である弁済業務の流れは、次のとおりです。

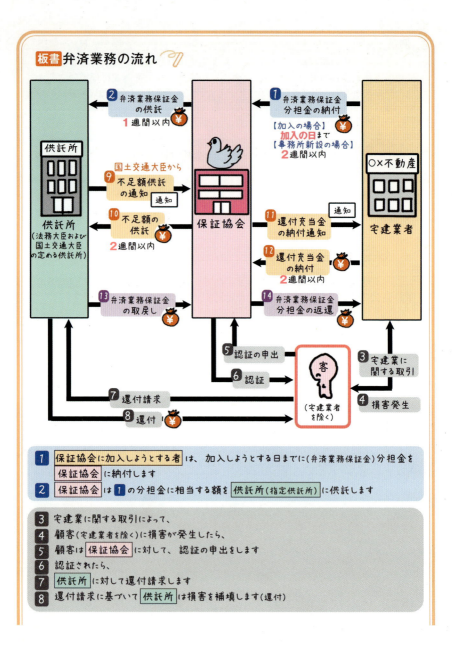

9 8によって供託額が不足するので、国土交通大臣は 保証協会 に対して「不足額を供託して！」と通知します
10 保証協会 は 供託所 に不足額を供託します
11 保証協会 は 宅建業者 に、「あなたがかかわった損害金を供託してあげた（立て替えた）のだから、その分を充当して！」と通知します
12 宅建業者 は 保証協会 に還付充当金を納付します

13 & 14 宅建業者 が事業をやめる場合などには、保証協会 を通じて分担金を取り戻すことができます

ひとこと

板書の図からもわかるように、宅建業者と供託所は直接やりとりをすることはありません。必ず間に保証協会が入ります。
以下、保証協会の弁済業務について重要な点を解説していきます。

3 弁済業務保証金分担金の納付…1

宅建業者が保証協会に加入するには、**加入しようとする**日までに、加入後に新たに事務所を設置したときには、新たに事務所を設置した日から**2週間以内**に、**弁済業務保証金分担金**（以下、「分担金」）を**保証協会**に納付しなければなりません。

板書 弁済業務保証金分担金の納付

分担金の納付

以下の①、②の場合には、分担金（弁済業務保証金分担金）をそれぞれの期限までに**保証協会**に納付しなければならない

いつまでに？　どこに？

① 宅建業者が保証協会に加入しようとする場合
　→ **加入しようとする**日まで
② 加入後に新たに事務所を設置する場合
　→ 新たに事務所を設置した日から**2**週間以内

ココみて！ 5-2

納付する額は？ …いくら？

① 本店（主たる事務所）につき**60**万円
② 支店1カ所につき**30**万円

営業保証金は「本店1,000万円、支店1カ所につき500万円」だから、営業保証金に比べて相当安い！

納付するモノは？ …なにを？

金銭のみ
　営業保証金は有価証券もOKだったけど、分担金は有価証券は×
　（「金額が小さいから金銭で払えるでしょ」ということ）

? 例題　　　　　　　　　　　　　　　　　　　　H19-問44②

宅地建物取引業者で保証協会に加入しようとする者は、その加入の日から2週間以内に、弁済業務保証金分担金を保証協会に納付しなければならない。

× 加入時については、「2週間以内」ではなく、「**加入しようとする日まで**」である。

4 弁済業務保証金の供託…2

保証協会は、宅建業者から納付された分担金(全額)を、納付から **1週間以内**に **法務大臣および国土交通大臣が定める供託所**(以下、「**指定供託所**」)に供託しなければなりません。

ひとこと
現在は「東京法務局」が指定供託所となっています。

板書 弁済業務保証金の供託

【弁済業務保証金の供託】
保証協会は、分担金の納付を受けたときは、その納付の日から**1週間以内に指定供託所**(法務大臣および国土交通大臣が定める供託所)に供託しなければならない
→宅建業者の本店最寄りの供託所ではない!

【供託するモノは?】
金銭または有価証券
→営業保証金と同様

	金　銭	有価証券
営業保証金の供託　SEC.04 (宅建業者→供託所)	○	○
弁済業務保証金分担金の納付 (宅建業者→保証協会)	○	×
弁済業務保証金の供託 ❷ (保証協会→供託所)	○	○

【届　出】
保証協会は、供託後、社員である宅建業者の免許権者に供託に係る届出をしなければならない

5 弁済業務保証金の還付…3〜8

　保証協会の社員(宅建業者)と宅建業に関する取引をした人(宅建業者を除く)は、その債権について弁済業務保証金から還付を受ける権利があります。
　還付のポイントは次のとおりです。

板書 弁済業務保証金の還付のポイント

還付を受けられる人

保証協会の社員(宅建業者)と宅建業に関し取引した人(宅建業者を除く)で、その取引によって生じた債権を有している人

ココみて！5-3

ポイント

☆ その宅建業者が保証協会の社員になる**前**に取引した人(宅建業者を除く)**も**還付を受けられる

還付額

その宅建業者が保証協会の社員でなかったとしたら、その者が供託しているはずの営業保証金の範囲内

　例 宅建業者Aは保証協会の社員で、本店と支店2つがあるという場合は…
　→ 還付限度額：1,000万円+500万円×2カ所=2,000万円
　　（Aが保証協会の社員でなかったとしたら、供託しているはずの営業保証金）
　　Aは加入時に120万円(60万円+30万円×2カ所)しか納付していないのに、
　　Aの客は2,000万円を限度として還付を受けられる！

還付請求の手続

☆ 弁済業務保証金から還付を受けるには、弁済を受けることができる額について、**保証協会**の認証を受けなければならない

〈ひっかけ注意！〉
「宅建業者の免許権者」が認証するのではない！

☆ 還付請求は**供託所**に対して行う

例題　　　　　　　　　　　　　　　　　H17－問45①改

【前提】宅地建物取引業者Ａは、宅地建物取引業保証協会（以下「保証協会」）に加入している。

Ａが保証協会に加入する前に、Ａと宅地建物取引業に関し取引をした者（宅地建物取引業者を除く）は、弁済業務保証金について弁済を受けることができない。

× 宅建業者が保証協会に加入する前の取引についても、弁済業務保証金の還付の対象となる。

6 弁済業務保証金の不足額の供託… 9 10　保証協会 → 供託所

弁済業務保証金の還付が行われると、指定供託所内の弁済業務保証金が減少してしまうため、その不足分を補充（充当）する必要があります。

その補充は、まずは保証協会が行います。

ひとこと
保証協会が、宅建業者に代わって仮払いしておきます。

保証協会は、国土交通大臣から還付の通知を受けた日から **2週間以内**に、還付された額と同額の弁済業務保証金を指定供託所に供託しなければなりません。

7 還付充当金の納付… 11 12　宅建業者 → 保証協会

保証協会が仮払いしている額は、最終的には（取引の相手方に損害を与えた）宅建業者が負担します。

宅建業者は、保証協会から還付充当金を納付すべき通知を受けた日から **2週間以内**に、還付充当金を保証協会に納付しなければなりません。

なお、宅建業者が期限内に納付しないときには、保証協会の社員の地位を失います。

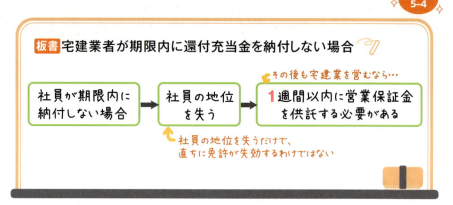

例題　　　　　　　　　　　　　　　　　　　　　　　H17-問45④

【前提】宅地建物取引業者Ａは、宅地建物取引業保証協会（以下「保証協会」）に加入している。

Ａが、保証協会から弁済業務保証金の還付に係る還付充当金を納付すべき旨の通知を受けた日から2週間以内に、通知された額の還付充当金を保証協会に納付しない場合、保証協会は納付をすべき旨の催告をしなければならず、催告が到達した日から1月以内にＡが納付しない場合は、Ａは社員としての地位を失う。

　✕　期限内（還付充当金を納付すべき旨の通知を受けた日から2週間以内）に納付しない場合には、Ａは社員の地位を失う。保証協会に催告の義務はない。

　余裕がある人は、このあとに参考編の「弁済業務保証金準備金、特別弁済業務保証金分担金」を一読しておきましょう。

8 弁済業務保証金の取戻し等…13 14

I 弁済業務保証金の取戻し　供託所 → 保証協会

　宅建業者が保証協会の社員でなくなったときや、社員が一部の事務所を廃止したときには、保証協会は指定供託所から弁済業務保証金を取り戻すことができます。

II 弁済業務保証金分担金の返還　保証協会 → 宅建業者

　保証協会は、前記 I で取り戻した弁済業務保証金と同額の分担金を宅建業者に返還します。

　なお、宅建業者が保証協会の社員でなくなったために弁済業務保証金を取り戻すときは、保証協会は **6カ月**を下らない一定期間（要するに**6カ月以上の期間**）を定めて、**公告**（「債権を持っている人は申し出てください」というお知らせ）をしなければなりません。

ひとこと

ちなみに、社員が一部の事務所を廃止したために取り戻すときは、公告は不要です。営業保証金のときは、この場合でも公告が必要なので、違いに注意してください。

板書 弁済業務保証金の取戻し等

取戻し事由	公告の要否
社員でなくなった	**6カ月以上の期間を定めて公告が必要**（保証協会が行う）
一部の事務所を廃止した	公告不要（営業保証金の場合は「公告必要」）

Ⅲ 社員の地位を失った場合

　宅建業者が保証協会の社員の地位を失った場合で、その後も宅建業を営むときは、社員の地位を失った日から**1週間以内**に営業保証金を供託しなければなりません。

SECTION 06 事務所、案内所等に関する規制

CHAPTER 01 宅建業法

このSECTIONで学習すること

1. 宅建業者が業務を行う場所
   事務所のほか、モデルルームなどがあります

2. 案内所等の届出
   申込み・契約をする案内所等を設ける場合には届出が必要！

3. 事務所、案内所等に備え付けなければならないもの
   標識は、事務所、すべての案内所等に備え付けなければならない！

4. 従業者証明書の携帯義務
   パートさんやアルバイトさんも携帯していないとダメ！

1 宅建業者が業務を行う場所

　宅建業者が業務を行う場所には、事務所のほか、モデルルームや現地販売センターなど(以下、「案内所等」)があります。

> **ひとこと**
> すでに学習したとおり、宅建業法でいう事務所は❶本店、❷支店、❸継続的に業務を行うことができる施設を有する場所で、契約を締結する権限を有する使用人が置かれている場所をいいます。
> *Review SEC.02* 2

　案内所等については、そこで申込みを受けたり、契約を締結するかどうかによって、規制が変わってくるので、ここでは**1 事務所**、**2 申込み・契約をする案内所等**、**3 申込み・契約をしない案内所等**の3つに分けてみていきます。

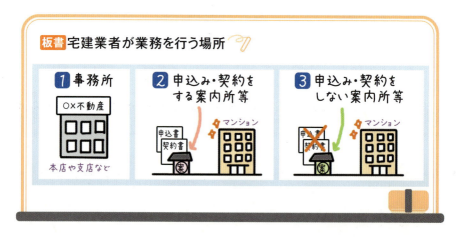

2 案内所等の届出

　申込み・契約をする案内所等を設ける場合には、業務を開始する**10日前**までに「免許権者」と「案内所等の所在地を管轄する都道府県知事」の両方に届出をしなければなりません。

板書 案内所等の届出

案内所等の届出 ←どういうことは… → 申込み・契約をしない案内所等の場合は届出不要

申込み・契約をする案内所等を設ける場合には、
① **免許権者**と
② **案内所等**の所在地を管轄する**都道府県知事**
の両方に届出が必要

→ ① 免許権者が
　　　　都道府県知事の場合
　　　　　→ 知事に直接届出
　　　　国土交通大臣の場合
　　　　　→ 案内所等の所在地を管轄する都道府県知事を経由して届出

→ ② 案内所等の所在地を管轄する都道府県知事には直接届出

届出の期限
業務を開始する日の**10日**前まで

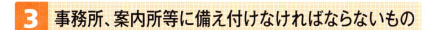

3 事務所、案内所等に備え付けなければならないもの

I 専任の取引士

①事務所と**②申込み・契約をする案内所等**については、国土交通省令で定める数の成年者である専任の取引士を設置しなければなりません。

板書 専任の取引士の設置

設置すべき成年者である専任の取引士の数
（国土交通省令で定める数）

1 事務所	2 申込み・契約をする案内所等	3 申込み・契約をしない案内所等
業務に従事する者の**5**人に1人以上	**1人以上**（ココみて！6-1）	不要

「成年者」とは？

■原則■
20歳以上の人

■例外■ 下記①②の場合は、未成年者でも成年者である取引士とみなされる
① 婚姻した人
② 宅建業者となった人
　（法人の場合は役員）

「専任」とは？

その事務所や案内所等に常勤していること

不足する場合

① 取引士の数が不足する場合は、その事務所等を開設することはできない

② 既存の事務所等で、取引士の数が不足するに至った場合は、**2**週間以内に補充等しなければならない

ココみて！6-2

例題 ────────────── H21-問42④改

宅地建物取引業者は、業務に関して展示会を実施し、当該展示会場において契約行為等を行おうとする場合、当該展示会場の従業者数 5人に対して1人以上の割合となる数の専任の取引士を置かなければならない。

× 「契約等を行う案内所等」には、専任の取引士は1人以上いればよい。

例題 ────────────── H24-問36①改

宅地建物取引業者A社は、その主たる事務所に従事する唯一の専任の取引士が退職したときは、30日以内に、新たな専任の取引士を設置しなければならない。

× 「30日以内」ではなく、「**2週間以内**」である。

Ⅱ 標識

すべての事務所、案内所等には、公衆の見やすい場所に 標識 を掲示しなければなりません。

なお、標識の記載事項は業務を行う場所ごとに異なります。

板書 標識の掲示

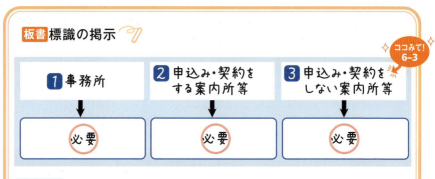

ポイント

☆ 宅建業者が一団の宅地建物の分譲を行う場合には、その宅地や建物が存在する場所(現地)にも標識が必要 ⓐ

☆ ⓐの場合で、案内所を設置して行う場合には、その案内所にも標識が必要

宅建業者(A)が案内所を設置して自分で建てたマンションの分譲を自分でする場合には、現地と案内所に標識が必要

☆ 宅建業者が一団の宅地建物の分譲の代理または媒介を案内所を設置して行う場合には、その案内所にも標識が必要

宅建業者(B)が、他社(A)の建てたマンションの分譲の代理を案内所を設置して行う場合には、現地にAの標識、案内所にBの標識が必要

共通記載事項

1 事務所	2 申込み・契約をする案内所等	3 申込み・契約をしない案内所等

↓(共通)

- 免許証番号
- 代表者の氏名
- 免許の有効期間
- 本店の所在地
- 商号または名称

個別記載事項（一部抜粋）

1 事務所
- 専任の取引士の氏名

2 申込み・契約をする案内所等
- 専任の取引士の氏名
- 土地に定着している案内所等以外はクーリング・オフ制度の適用がある旨
  └ テント張りの案内所など

3 申込み・契約をしない案内所等
- クーリング・オフ制度の適用がある旨

- 他の宅建業者が行う一団の分譲マンションの代理や媒介を案内所を設けて行う場合は、売主の「商号または名称」、「免許証番号」

宅建業者(B)が、他社(A)の建てたマンションの分譲の代理を案内所を設置して行う場合は…

Aのマンション（現地）

Bの標識　Aの標識
Bの案内所

標識
B（代理人）の情報
＆
A（売主）の
「商号または名称」
「免許証番号」

例題　　　　　　　　　　　　　　　　　　　　H23-問42①

A社（宅地建物取引業者）は、売買契約の締結をせず、契約の申込みの受付も行わない案内所を設置する場合、法第50条第1項に規定する標識を掲示する必要はない。

✕　申込み・契約をしない案内所等にも標識の掲示が必要である。

Ⅲ　帳簿

宅建業者は、**1 事務所ごと**に、取引の内容を記載した**帳簿**を備え付けなければなりません。

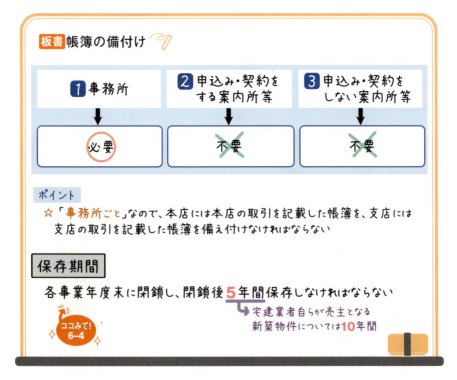

例題 — R1-問40②

宅地建物取引業者は、その業務に関する帳簿を、<u>各取引の終了後5年間</u>、当該宅地建物取引業者が自ら売主となる新築住宅に係るものにあっては10年間、保存しなければならない。

× 帳簿の保存期間は、「各取引の終了後5年間」ではなく、「**各事業年度末の閉鎖後**5年間(自ら売主となる新築住宅に係るものは10年間)」である。

Ⅳ 従業者名簿

宅建業者は、**❶事務所ごと**に従業者の情報を記載した**従業者名簿**を備え付けなければなりません。

板書 従業者名簿の備付け

❶ 事務所	❷ 申込み・契約をする案内所等	❸ 申込み・契約をしない案内所等
必要	不要	不要

ポイント
☆「事務所ごと」なので、本店には本店の従業者の情報を記載した名簿を、支店には支店の従業者の情報を記載した名簿を備え付けなければならない
☆ 従業者名簿には、従業者の氏名・生年月日等のほか、<u>取引士であるか否か</u>も記載される

保存期間
最終の記載をした日から**10年間**

→ 帳簿は5年、従業者名簿は10年。だから…
覚え方 名刀5丁
（名簿10年／帳簿5年）

閲　覧
取引の関係者から請求があった場合には、閲覧させなければならない

注 従業者名簿は閲覧あり
　　帳簿は閲覧なし

例題　　　　　　　　　　　　　　　　　　　　H15-問40③

宅地建物取引業者は、国土交通省令に定める事項を記載した従業者名簿を、最終の記載をした日から5年間保存すればよい。

× 「5年間」ではなく、「**10年間**」である。

V 報酬額の掲示

宅建業者は、**1事務所ごと**に**報酬額**を掲示しなければなりません。

ひとこと
報酬額については、SEC.09で詳しく学習します。　→参照 SEC.09

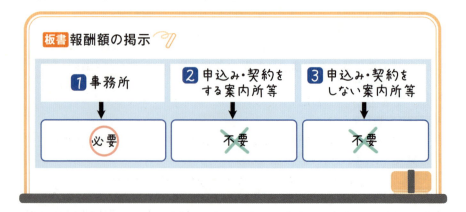

板書　報酬額の掲示

1 事務所	2 申込み・契約をする案内所等	3 申込み・契約をしない案内所等
↓	↓	↓
必要	不要	不要

以上の設置義務を一覧にすると、次のとおりです。

板書まとめ

	事務所	申込み・契約を する案内所等	申込み・契約を しない案内所等
専任の取引士	○ (従業者5人に つき1人以上)	○ (1人以上)	×
標識	○	○	○
帳簿	○	×	×
従業者名簿	○	×	×
報酬額	○	×	×

4 従業者証明書の携帯義務

宅建業者は、従業者に **従業者証明書**(従業員であることを証する証明書)を携帯させなければなりません。

板書 従業者証明書のポイント

☆「従業者」には、正社員のほか、社長、非常勤の役員、パート・アルバイト等も含まれる
☆ 従業者は、取引の関係者の請求があったときは、従業者証明書を提示しなければならない
☆ 従業者証明書には、取引士であるか否かは記載されない

SECTION 07 業務上の規制

CHAPTER 01
宅建業法

このSECTIONで学習すること

1. 媒介契約・代理契約 — 媒介契約の種類には一般・専任・専属専任の3つがある
2. 広告に関する規制 — 「誇大広告はダメ」とか、「許可が下りる前の広告はダメ」とか…そういう話です
3. 重要事項の説明（35条書面）— これは、とても重要。しっかり学習を！
4. 供託所等の説明 — 供託所等の説明は、口頭でもOKだし、説明者は取引士でなくてもOK
5. 契約書（37条書面）の交付 — 35条書面との相違を確認しておこう！
6. その他の業務上の規制 — 割と常識でわかるものが多い！

1 媒介契約・代理契約

Ⅰ 媒介と代理

媒介とは、宅建業者が宅地・建物の売主(または買主)から依頼を受けて、買主(または売主)を探すことをいいます。

一方、**代理**とは、宅建業者が当事者に代わって売買契約等を締結することをいいます。

宅建業法では、媒介契約と代理契約について、同じような規制をしていますので、ここでは媒介契約を例に、その規制についてみていきます。

> **ひとこと**
>
> 媒介契約・代理契約の規制は、宅地・建物の売買・交換の場合について適用され、貸借の場合(貸借の媒介・代理)には適用されません。

Ⅱ 媒介契約の種類

媒介契約には、一般媒介契約、専任媒介契約、専属専任媒介契約 の3つがあります。

板書 **媒介契約の種類**

たとえば、Aさんが「自宅を売却したいから、買主を探して」と甲宅建業者に依頼したとする…

この場合において…

	一般媒介契約	専任媒介契約	専属専任媒介契約
依頼者は他の宅建業者に重ねて媒介を依頼できるか? Aさんは乙宅建業者にも「買主を探して」と依頼できるか?	○ できる ※	✕ できない	✕ できない
依頼者は宅建業者が探した相手方以外の人と契約することができるか? Aさんは甲宅建業者が探してきた買主Bさんではなく、自分で探してきたCさんと契約すること(=自己発見取引)ができるか?	○ できる	○ できる	✕ できない

※ 一般媒介契約では、依頼者(A)が他の宅建業者(乙宅建業者)に重ねて依頼したときに、「他の宅建業者(乙宅建業者)」を明示する義務がある明示型と、その義務がない非明示型がある

Ⅲ 媒介契約の規制

一般媒介契約以外の媒介契約(専任媒介契約と専属専任媒介契約。以下「専任媒介契約等」)においては、❶有効期間、❷業務処理状況の報告、❸指定流通機構への登録について規制があります。

また、すべての媒介契約において、❹宅地・建物の売買・交換の申込みが

あった場合の報告について規制があります。

1 有効期間

専任媒介契約等を締結した場合、その契約の有効期間は**3カ月**を超えることができません。もし、3カ月を超える期間を定めた場合には、強制的に3カ月となります。

> **ひとこと**
> 専任媒介契約等では、他の宅建業者に重ねて依頼できないため、契約の有効期間が長すぎると、依頼者はいつまでたっても、他の宅建業者に依頼できなくなってしまいます。そのため、有効期間の制限があるのです。

なお、有効期間が満了したあとは、依頼者からの申出がある場合のみ、契約を更新することができます（自動更新は不可）。
更新後の有効期間も最長**3カ月**となります。 ココみて！7-1

❓例題　　　　　　　　　　　　　　　　　　　　　　　　　　H19-問39④

【前提】宅地建物取引業者であるAは、BからB所有の宅地の売却について媒介の依頼を受けた。

Aは、Bとの間で有効期間を2か月とする専任媒介契約を締結する際、「Bが媒介契約を更新する旨を申し出ない場合は、有効期間満了により<u>自動更新するものとする</u>」旨の特約を定めることができる。

ココみて！7-1　× 自動更新は不可である。

2 業務処理状況の報告

専任媒介契約等を締結した場合、宅建業者は依頼者に対し、業務の内容を定期的に報告しなければなりません。

報告の頻度は、専任媒介契約の場合は**2週間に1回以上**、専属専任媒介契約の場合は**1週間に1回以上**となります。

❓例題　　　　　　　　　　　　　　　　　　　　　　　H21-問32③

【前提】宅地建物取引業者Ａが、Ｂ所有の甲宅地の売却の媒介を依頼され、Ｂと専任媒介契約を締結した。

ＡがＢに対して、当該専任媒介契約に係る業務の処理状況を **14日**（ただし、Ａの休業日は含まない。）に1回報告するという特約は有効である。

> ✗ 休業日を含まないで14日ということは、休業日を含んだ場合、2週間を超える。Ａの休業日が週1だとするとプラス2日になるので、16日に1回の報告となり、「2週間に1回以上の報告」ではなくなる。したがって、この特約は無効である。
> なお、下記❸の指定流通機構への登録は、休業日を除いてカウントするので、違いに注意！

❸ 指定流通機構への登録

専任媒介契約等を締結した場合、国土交通大臣の指定する流通機構（不動産の流通情報システム。**レインズ**ともいう）への登録が義務付けられています。

指定流通機構への登録期間は、専任媒介契約の場合は契約日から **7日以内**（休業日を **除く**）、専属専任媒介契約の場合は契約日から **5日以内**（休業日を **除く**）です。

❹ 宅地・建物の売買・交換の申込みがあった場合の報告

媒介契約（一般・専任・専属専任媒介契約）を締結した宅建業者は、媒介契約の目的物である宅地・建物の売買または交換の申込みがあったときは、**遅滞なく**、その旨を依頼者に報告しなければなりません。

そして、これに反する特約は **無効** となります。

板書 媒介契約の種類と規制のまとめ

覚え方

専任さんになる
3　2　7
カ　週　日
月　間

専属さん、いい子
3　1　5
カ　週　日
月　間

		一般媒介契約 （明示型・非明示型）	専任 媒介契約	専属専任 媒介契約
内容	同時に複数の 業者に依頼	○	×	×
	自己発見取引	○	○	×
規制	有効期間	規制なし	3カ月以内 ※1 ※2	3カ月以内 ※1 ※2
	依頼者への 業務処理状況 の報告義務	義務なし	2週間に1回以上 口頭でも可	1週間に1回以上 口頭でも可
	指定流通機構 への登録義務	規制なし 登録しても、 しなくてもよい	契約日から 7日以内 休業日を除く	契約日から 5日以内 休業日を除く
	宅地・建物の 売買・交換の 申込みがあった 場合の報告義務	遅滞なく	遅滞なく	遅滞なく

※1　3カ月超の場合は強制的に3カ月となる
※2　依頼者からの申出により、更新可能（自動更新は不可）

指定流通機構について

☆ 指定流通機構に登録する内容は **次のとおり**

◆ 宅地・建物の所在、規模、形質、売買すべき価額（交換の場合は評価額）
◆ 宅地・建物に係る都市計画法その他の法令にもとづく制限で主要なもの
◆ 専属専任媒介契約の場合は、その旨

☆ 指定流通機構に登録した宅建業者は、指定流通機構が発行する登録を
証する書面を、**遅滞なく**、依頼者に引き渡さなければならない

☆ 宅建業者は、登録した宅地・建物の売買や交換の契約が成立したときは、**遅滞なく**、その旨を指定流通機構に**通知**しなければならない

通知事項
- ◆ （登録を証する書面の）登録番号
- ◆ 宅地・建物の取引価格
- ◆ 売買または交換の契約が成立した年月日

Ⅳ 媒介契約書面（34条の2書面）

宅建業者は、宅地・建物の売買または交換の媒介契約を締結したときは、遅滞なく、その内容を記載した書面（**媒介契約書面**）を作成し、依頼者に交付しなければなりません。

> **ひとこと**
> 媒介契約の種類にかかわらず（一般媒介契約だとしても）、媒介契約書面の作成・交付が義務付けられています。

媒介契約書面（34条の2書面）のポイントと記載事項をまとめると、次のとおりです。

板書 媒介契約書面（34条の2書面）のポイントと記載事項

ポイント

☆ 宅地・建物の売買・交換の媒介の場合に交付が必要
　　→ 注 貸借の媒介の場合は不要

☆ 媒介契約書面には、宅建業者の**記名押印**が必要
　　→ 注 「取引士」ではない

☆ 交付場所はどこでもよい
　　→ 注 宅建業者の事務所である必要はない

記載事項

① 宅地・建物を特定するために必要な表示 → 所在、地番、面積等

② 売買すべき**価額**または**評価額**（媒介価格）

> **ポイント** 宅建業者が媒介価格に意見を述べるときは、その根拠を明らかにしなければならない
>
> **注** 媒介価格より高くても、低くても

③ 媒介契約の**種類** → 一般or専任or専属専任

④ **報酬**に関する事項

⑤ **有効期間**および解除に関する事項

⑥ 契約違反があった場合の措置

⑦ 媒介契約が**標準媒介契約約款**にもとづくものかどうか

> **…とは?** 国土交通大臣が定めたひな形のこと。このひな形にもとづいていなくてもよいが、もとづいているか、もとづいていないかは記載しないとダメ

⑧ **指定流通機構**への登録に関する事項

> **ポイント** 一般媒介契約の場合でも省略は不可
>
> **注** 一般媒介契約は、指定流通機構への登録義務はないが、登録しても、しなくても、その旨の記載が必要

⑨ 既存の建物の場合、依頼者に対する**建物状況調査** ◇ **ココみて! 7-3** ◇
（インスペクション）を実施する者のあっせんに関する事項

> **…とは?** 建物の構造耐力上主要な部分・雨水の浸入を防止する部分として国土交通省令で定めるものの状況の調査であって、経年変化その他の建物に生じる事象に関する知識および能力を有する者として国土交通省令で定める者（建築士であり、かつ、国土交通大臣が定める講習修了者）が実施するもの。

❓ 例題　　　　　　　　　　　　　　　　　　　　　　　　H20-問35㋐

宅地建物取引業者Ａが、Ｂから自己所有の宅地の売却の媒介を依頼され、Ａが、Ｂとの間に<u>一般媒介契約</u>（専任媒介契約でない媒介契約）を締結したときは、当該宅地に関する所定の事項を必ずしも指定流通機構へ登録しなくてもよいため、当該媒介契約の内容を記載した書面に、<u>指定流通機構への登録に関する事項を記載する必要はない。</u>

✕　一般媒介契約の場合でも指定流通機構への登録に関する事項の記載は必要である。

2　広告に関する規制

Ⅰ　誇大広告等の禁止

宅建業者は、その業務について広告をするときは、宅地・建物に関し、著しく事実に相違する表示または実際のものよりも著しく優良・有利であると誤認させるような表示をすること（誇大広告等）は禁止されています。

これはアタリマエのことですよね。

板書 誇大広告等の禁止

☆ 広告の手段は、新聞やチラシ、インターネット等も含む
☆ おとり広告も禁止されている
　→ …とは？ 実際にはない物件や、取引できない物件、取引するつもりがない物件を広告すること
☆ 誇大広告等を行った場合、取引の相手方が実際に誤認していないときや、実際に損害を受けた人がいないときでも、宅建業法違反となる
　→ 試験でよく出る！

例題 ──────────────── H29-問42⑦

顧客を集めるために売る意思のない条件の良い物件を広告することにより他の物件を販売しようとした場合、取引の相手方が実際に誤認したか否か、あるいは損害を受けたか否かにかかわらず、監督処分の対象となる。

○ 本問のような、いわゆる「おとり広告」も禁止されている。おとり広告は、取引の相手方が実際に誤認したかどうか、損害を受けたかどうかにかかわらず、監督処分の対象となる。

II 広告の開始時期、契約締結の時期の制限

宅建業者は、未完成物件について、開発許可（宅地の造成工事の場合）や建築確認（建物の建築工事の場合）を受ける前は、その物件にかかる**広告**をすることはできません。

「開発許可」と「建築確認」については、**CH03法令上の制限**で学習します。

また、開発許可や建築確認を受ける前は、**契約**をすることもできません。ただし、**貸借**（貸借の代理・媒介）の場合には、開発許可や建築確認を受ける前でも、契約をすることができます。

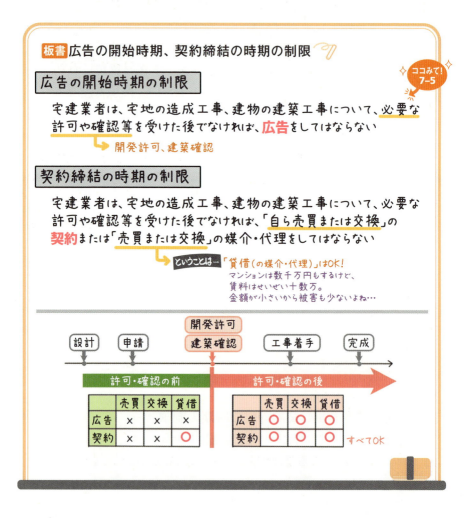

❓ 例題　　　　　　　　　　　　　　　　　　　　　H17－問34②

宅地建物取引業者Ａは、宅地造成工事規制区域内における宅地造成工事の許可が必要とされる場合において、当該宅地の売買に関する広告は、宅地造成等規制法第13条に規定する宅地造成工事の<u>完了検査を受けた後</u>でなければしてはならない。

× 「完了検査を受けた後」まで待つ必要はない。「**宅地造成工事の許可を受けた後**」なら、広告を行うことができる。

Ⅲ 取引態様の明示義務

宅建業者は、宅建業に関する広告をするさいには、取引態様（自ら売買・交換、売買・交換・貸借の代理、売買・交換・貸借の媒介）を広告に記載しなければなりません。

また、宅建業者は、宅建業に関する注文を受けたさいには、遅滞なく、取引態様を明示しなければなりません。

板書 取引態様の明示義務

宅建業者は

{ **広告**をするとき / **注文**を受けたとき（遅滞なく） } に取引態様を明示しなければならない

ポイント
☆ 広告をするときに取引態様を明示していても、注文を受けたときには、再度明示が必要
☆ 明示の方法は書面でも**口頭**でもよい

83

3 重要事項の説明（35条書面）

I 重要事項の説明・交付

　宅建業者は、契約が成立するまでに、お客さん（宅建業者を除く）に対して、一定の重要事項を**書面**を用いて**説明**しなければなりません。

> 重要事項の説明は、宅建業法第35条に規定されているので、この書面（重要事項説明書）を35条書面ともいいます。

　なお、お客さんが宅建業者である場合には、35条書面の**交付**は必要ですが、**説明**は不要です。

板書 重要事項の説明・交付

誰が説明する？	取引士 ☆ 専任の取引士でなくてよい …というか、「専任」でなければできない業務はない
誰に説明する？	**売買**の場合…**買**主 **貸借**の場合…**借**主 **交換**の場合…両当事者 ☆ 売主、貸主には説明しなくてもよい ☆ 買主、借主等が宅建業者の場合には、基本的には説明不要 （宅地・建物に係る信託で宅建業者を委託者とするものの受益権の売買のときは説明が必要）
いつ説明する？	契約が成立するまで

どのように 説明・交付する？	宅建業者以外に対しては… ☆ **取引士**の記名押印がある重要事項説明書（35条書面）を交付して説明 ☆ 説明のさい、**取引士証**を提示する必要がある 　　↳ 注 相手から提示を求められなくても、必ず提示しなければならない！ 　　　→違反すると**10万円以下**の過料に処せられる（罰則） ☆ 説明をテレビ会議等のITを活用して行うこと（IT重説）は、宅地・建物の**貸借**の代理・媒介の場合、一定の要件を満たせばできる ↳ **売買**はダメ 宅建業者に対しては… ☆ 取引士の記名押印がある重要事項説明書（35条書面）の交付のみでよい ↳ 取引士が交付する必要はない
どこで説明する？	規制なし（どこでもよい）

II 重要事項の説明の内容

重要事項説明書（35条書面）の記載事項は次のとおりです。

> **ひとこと**
> 一覧を示したあと、重要な箇所だけポイントを説明していきます。
> ここは問題集を解きながら、出た箇所を確認していくほうがいいかも。

① 取引物件に関すること

	売買・交換		貸 借	
	宅地	建物	宅地	建物
❶ 登記された権利の種類・内容等	●	●	●	●
❷ 法令上の制限	●	●	●※1	※2
❸ 私道負担に関する事項	●	●	●	
❹ 電気、ガス、水道等の供給施設、排水施設の整備状況	●	●	●	●
❺ 既存建物の場合、建物状況調査の結果の概要、建物の建築・維持保全の状況に関する書類の保存の状況		●		●※3
❻ 未完成物件の場合、完了時の形状・構造等	●	●	●	●
❼ 造成宅地防災区域内か否か	●	●	●	●
❽ 土砂災害警戒区域内か否か	●	●	●	●
❾ 津波災害警戒区域内か否か	●	●	●	●
❿ 水害ハザードマップにおける、取引の対象となる宅地・建物の所在地	●	●	●	●
⓫ 石綿使用の調査の内容		●		●
⓬ 耐震診断の内容		●		●
⓭ 住宅性能評価を受けた新築住宅		●		

※1 土地所有者に限って適用されるものは説明事項とはされない
※2 建物の賃借人に適用されるものが説明事項とされる
※3 建物の建築・維持保全の状況に関する書類の保存の状況は、売買・交換に限る

〈説明〉--

❶ 登記された権利の種類・内容等	登記された権利の種類・内容・登記名義人、登記簿の表題部に記録された所有者の氏名

❷ 法令上の制限	都市計画法、建築基準法その他の法令にもとづく制限で、契約内容の別に応じて政令で定めるものに関する事項の概要

ポイント ☆ 建物の賃借の場合には、建物の賃借人に適用されるものが説明事項となり、建物の賃借人に適用されない **建蔽率、容積率** などの建築基準法や都市計画法に関する説明は不要となる
↳ すでに存在する建物を借りて住むのだから、建物を建てるときに考慮するべきこれらの制限については説明不要

❸ 私道負担に関する事項	当該契約が建物の貸借の契約以外のものであるときは、私道に関する負担に関する事項

ポイント
☆ 私道負担がない場合にも、「私道負担がない旨」を説明しないとダメ
☆ 建物の貸借の場合には、説明不要

❹ 電気、ガス、水道等の供給施設、排水施設の整備状況	飲用水・電気・ガスの供給施設、排水施設の整備の状況(これらの施設が整備されていない場合においては、その整備の見通しおよびその整備についての特別の負担に関する事項)

ポイント
☆ これらの設備が未整備の場合でも、「見通し」と「整備についての特別の負担」について説明が必要

❺ 既存建物の場合、建物状況調査の結果の概要、建物の建築・維持保全の状況に関する書類の保存の状況	既存の建物であるときは、①建物状況調査(実施後1年を経過していないものに限る)を実施しているかどうか、および実施している場合は、その結果の概要、②設計図書、点検記録その他の建物の建築および維持保全の状況に関する書類で国土交通省令で定めるものの保存の状況

❻ 未完成物件の場合、完了時の形状・構造等	当該宅地・建物が宅地の造成または建築に関する工事の完了前のものであるときは、その完了時における形状・構造等

❼ 造成宅地防災区域内か否か	当該宅地・建物が<u>造成宅地防災区域内</u>にあるときは、その旨

がけ崩れが起こりそうな場所

❽ 土砂災害警戒区域内か否か	当該宅地・建物が土砂災害警戒区域内にあるときは、その旨

❾ 津波災害警戒区域内か否か	当該宅地・建物が津波災害警戒区域内にあるときは、その旨

❿ 水害ハザードマップにおける、取引の対象となる宅地・建物の所在地	水害ハザードマップ(宅地・建物が所在する市町村の長が提供するもの)に、取引の対象となる宅地・建物の位置が表示されているときは、当該水害ハザードマップにおける当該宅地・建物の所在地

ひとこと

❼～❿は、要するに「危なそうな場所にある物件については、売買・交換・貸借問わず、しっかり説明しましょう」ということです。

⓫ 石綿使用の調査の内容	当該建物について、石綿(アスベスト)の使用の有無の調査結果が記録されているときは、その内容

ポイント ☆ あくまでも「石綿の使用の有無の調査結果が記録されているとき」に、その内容を説明すればOK。調査結果の記録がない場合に、わざわざ調査をする必要はない

⓬ 耐震診断の内容	当該建物(昭和56年〈1981年〉6月1日以降に新築工事に着手したものを除く)が、『耐震改修促進法』に規定する一定の耐震診断を受けたものであるときは、その内容

⓭ 住宅性能評価を受けた新築住宅	建物の売買・交換において、当該建物が『住宅の品質確保の促進等に関する法律』に規定する住宅性能評価を受けた新築住宅であるときは、その旨

ポイント ☆ 貸借の場合は、説明不要
☆ 新築住宅の場合のみ、説明が必要

❓ 例題　　　　　　　　　　　　　　　　　　H24-問30①改

宅地建物取引業者ではない者を相手方として建物の貸借の媒介を行う場合、当該建物が住宅の品質確保の促進等に関する法律に規定する住宅性能評価を受けた新築住宅であるときは、その旨について説明しなければならないが、当該評価の内容までを説明する必要はない。

　✕ 「貸借」の場合には、住宅性能評価を受けた新築住宅だとしても、その旨の説明は不要である。

❷ 区分所有建物(マンション等)における追加説明

	区分所有建物(マンション等)	
	売買・交換	貸借
❶ 敷地に関する権利の種類・内容	●	
❷ 共用部分に関する規約	●	
❸ 専有部分の用途その他の利用の制限に関する規約	●	●
❹ 専用使用権に関する規約	●	
❺ 建物の所有者が負担すべき費用を特定の者にのみ減免する旨の規約	●	
❻ 修繕積立金の内容、すでに積み立てられている額	●	

	区分所有建物（マンション等）	
	売買・交換	貸借
❼ 通常の管理費用の額	●	
❽ 管理の委託先	●	●
❾ 建物の維持修繕の実施状況	●	

〈説明〉

❶ 敷地に関する権利の種類・内容	当該建物を所有するための一棟の建物の敷地に関する権利の種類および内容 所有権、地上権、賃借権など

❷ 共用部分に関する規約 エレベーター、集会室など	共用部分に関する規約の定め（「案」を含む）があるときは、その内容

ポイント ☆ 規約が「案」の段階でも、説明が必要

❸ 専有部分の用途その他の利用の制限に関する規約	専有部分の用途その他の利用の制限に関する規約の定め（「案」を含む）があるときは、その内容 【例】ペットの飼育禁止など

❹ 専用使用権に関する規約	当該一棟の建物または敷地の一部を特定の者にのみ使用を許す旨の規約（「案」を含む）があるときは、その内容

ポイント ☆ 専用で使用している者（特定の者）の名前等は説明不要

❺ 建物の所有者が負担すべき費用を特定の者にのみ減免する旨の規約	当該一棟の建物の計画的な維持修繕のための費用、通常の管理費用その他の当該建物の所有者が負担しなければならない費用を特定の者にのみ減免する旨の規約の定め（「案」を含む）があるときは、その内容

ポイント ☆ 減免される者（特定の者）の名前等は説明不要

❻ 修繕積立金の内容、すでに積み立てられている額	当該一棟の建物の計画的な維持修繕のための費用の積立てを行う旨の規約の定め（「案」を含む）があるときは、その内容およびすでに積み立てられている額

ひとこと

「すでに積み立てられている額」も説明が必要というのは、試験でよく狙われます。しっかり覚えておいて！

| ❼ 通常の管理費用の額 | 当該建物の所有者が負担しなければならない通常の管理費用の額 |

| ❽ 管理の委託先 | 当該一棟の建物およびその敷地の管理が委託されているときは、その委託を受けている者の氏名(法人の場合は商号または名称)および住所(法人の場合は主たる事務所の所在地) |

ポイント ☆ 管理の委託先の「氏名」と「住所」について、説明が必要

| ❾ 建物の維持修繕の実施状況 | 当該一棟の建物の維持修繕の実施状況が記録されているときは、その内容 |

例題　　　　　　　　　　　　　　　　　　　　　H16-問37①改

宅地建物取引業者でない者を買主とする売買契約の対象となる区分所有建物に、計画的な維持修繕費用の積立てを行う旨の規約の定めがある場合は、その旨を説明すれば足り、既に積み立てられている額を説明する必要はない。

✕　すでに積み立てられている額も説明する必要がある。

❸ 取引条件に関すること

	売買・交換		貸借	
	宅地	建物	宅地	建物
❶ 代金、交換差金、借賃以外に授受される金銭	●	●	●	●
❷ 契約の解除	●	●	●	●
❸ 損害賠償額の予定、違約金	●	●	●	●
❹ 手付金保全措置の概要	●	●		
❺ 支払金、預り金の保全措置の概要	●	●	●	●
❻ 代金、交換差金に関する金銭の貸借のあっせんの内容、貸借不成立時の措置	●	●		
❼ 一定の担保責任の履行に関する措置の概要	●	●		

〈説明〉

❶ 代金、交換差金、借賃以外に授受される金銭	代金、交換差金、借賃以外に授受される金銭の額および当該金銭の授受の目的　手付金、敷金、礼金など
❷ 契約の解除	契約の解除に関する事項
❸ 損害賠償額の予定、違約金	損害賠償額の予定または違約金に関する事項
❹ 手付金保全措置の概要	手付金等を受領しようとする場合における手付金保全措置の概要
❺ 支払金、預り金の保全措置の概要	支払金または預り金を受領しようとする場合において（❹の保全措置が講じられている手付金等を除く）、保全措置を講ずるかどうか、その措置を講ずる場合におけるその措置の概要
❻ 代金、交換差金に関する金銭の貸借のあっせんの内容、貸借不成立時の措置	代金、交換差金に関する金銭の貸借（住宅ローン）のあっせんの内容および当該あっせんに係る金銭の貸借が成立しないときの措置
❼ 一定の担保責任の履行に関する措置の概要	当該宅地・建物が種類・品質に関して契約の内容に適合しない場合におけるその不適合を担保すべき責任の履行に関し保証保険契約の締結その他の措置で国土交通省令・内閣府令で定めるものを講ずるかどうか、およびその措置を講ずる場合におけるその措置の概要

ポイント ☆ 「講じない場合」でも、「講じないよ」という説明が必要

❓ 例題　　　　　　　　　　　　　　　　H19－問35④改

宅地の売買の媒介において、当該宅地が種類又は品質に関して契約の内容に適合しない場合におけるその不適合を担保すべき責任の履行に関し保証保険契約の締結等の措置を講じないときは、その旨を買主（宅地建物取引業者に該当する者を除く）に説明しなくてもよい。

✕ 一定の担保責任の履行に関する措置を講じない場合にも、その旨を説明しなければならない。

4 賃貸借契約における追加説明

	貸借 宅地	貸借 建物
❶ **台所、浴室、便所**その他の当該建物の設備の整備状況		●
❷ **契約期間、契約の更新**に関する事項	●	●
❸ 当該宅地・建物の**用途**その他の利用の**制限**に関する事項 【例】ペット飼育禁止、事務所使用禁止など	●	●
❹ 当該宅地・建物の**管理が委託**されているときは、**委託先の氏名**（法人の場合は商号または名称）および**住所**（法人の場合は主たる事務所の所在地）	●	●
❺ **敷金**その他契約終了時に精算されることとされている金銭の**精算**に関する事項	●	●
❻ 定期借地権である場合はその旨	●	
❼ 定期建物賃貸借である場合はその旨		●
❽ 高齢者の居住の安定確保に関する法律に規定する<u>終身建物賃貸借</u>をしようとするときはその旨 借主が死ぬまで借り続けられる物件		●
❾ 契約終了時における宅地上の**建物の取壊し**に関する事項を定めようとするときは、その内容	●	

> **ひとこと**
>
> このほか、「割賦販売において追加すべき事項」もありますが、重要度が低いので説明を省略します。

4 供託所等の説明

　宅建業者は、**契約が成立する**までに、お客さんに対して、供託所等に関する事項について説明しなければなりません。
　なお、お客さんが宅建業者である場合には、供託所等に関する事項について説明する必要はありません。

板書 供託所等の説明

【説明事項】

宅建業者が保証協会に加入していない場合	営業保証金を供託した供託所（主たる事務所の最寄りの供託所）とその所在地
宅建業者が保証協会に加入している場合	① 保証協会の社員である旨 ② 保証協会の名称、住所、事務所の所在地 ③ 保証協会が弁済業務保証金を供託している供託所、所在地

ポイント
☆ 供託所等について、契約が成立するまでに説明しなければならない
☆ 説明の方法は、文書でも**口頭**でもよい
☆ 取引士が説明する必要はない
☆ 宅建業者に対しては説明不要

5 契約書（37条書面）の交付

I 契約書（37条書面）の交付

宅建業者は、契約が成立したあと、契約内容を記載した書面（**37条書面**）を交付しなければなりません。

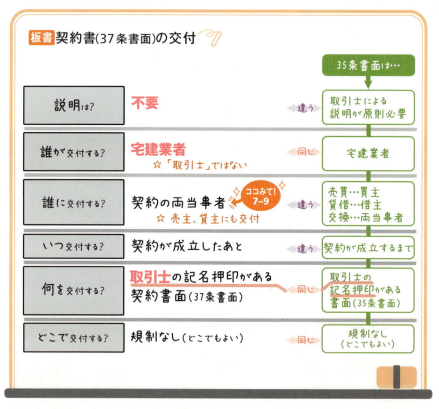

例題　　　　　　　　　　　　　　　　　　　　　　　　　　H21-問35②

建物の売買契約において、宅地建物取引業者が売主を代理して買主と契約を締結した場合、当該宅地建物取引業者は、買主にのみ37条書面を交付すれば足りる。

× 37条書面は、契約の両当事者（買主と売主）に交付しなければならない。

Ⅱ 契約書（37条書面）の記載事項

契約書（37条書面）の記載事項は次のとおりです。

ひとこと

ここは35条書面とからめてよく出題されます。
37条書面の記載事項は少ないので、こちらはある程度、覚えてしまいましょう。

		売買・交換	貸借
必ず記載する事項	❶ 当事者の**氏名**（法人の場合は名称）および住所	●	●
	❷ 宅地・建物を特定するのに必要な表示 （宅地…所在、地番等／建物…所在、種類、構造等）	●	●
	❸ 代金・交換差金・借賃の額、その支払時期、支払方法	●	●
	❹ 宅地・建物の**引渡時期**	●	●
	❺ **移転登記の申請の時期**	●	
	❻ 既存の建物の構造耐力上主要な部分等の状況について当事者の双方が確認した事項	●	
その定めがあるときに記載が必要な事項	❼ **代金・交換差金・借賃以外**の金銭の授受に関する定めがあるとき　　←手付金、敷金、礼金など ➡その額、金銭の授受の時期、目的	●	●
	❽ **契約の解除**に関する定めがあるとき ➡その内容	●	●
	❾ **損害賠償額の予定、違約金**に関する定めがあるとき ➡その内容	●	●
	❿ **天災その他不可抗力による損害の負担**に関する定めがあるとき ➡その内容	●	●
	⓫ 代金・交換差金についての金銭の貸借（**ローン**）のあっせんに関する定めがある場合 ➡当該あっせんに係る金銭の貸借が成立しないときの措置	●	
	⓬ 一定の**担保責任**（当該宅地・建物が種類・品質に関して契約の内容に適合しない場合におけるその不適合を担保すべき責任）または当該責任の履行に関して講ずべき保証保険契約の締結その他の措置についての定めがあるとき ➡その内容	●	
	⓭ 当該宅地・建物に係る**租税その他の公課の負担**に関する定めがあるとき ➡その内容	●	

ひとこと
貸借の場合に、記載不要なものはどれかをおさえておきましょう。

板書 37条書面の記載と35条書面の記載の比較

	35条書面	37条書面
手付金保全措置の概要	● 貸借は不要	×
支払金、預り金の保全措置の概要	●	×
①建物状況調査の結果の概要、②建物の建築・維持保全の状況に関する書類の保存の状況	● ②につき貸借は不要	×

	35条書面	37条書面
代金等の額、支払時期、支払方法	×	●
宅地・建物の引渡時期	×	●
移転登記の申請の時期	×	● 貸借は不要
天災その他不可抗力による損害の負担について	×	定めがあれば ●
租税公課の負担について	×	定めがあれば ● 貸借は不要
既存の建物の構造耐力上主要な部分等の状況について当事者の双方が確認した事項	×	定めがあれば ● 貸借は不要

	35条書面	37条書面
契約の解除	●	定めがあれば ●
代金・交換差金・借賃以外の金銭の授受について	●	定めがあれば ●
損害賠償額の予定、違約金	●	定めがあれば ●
代金等に関するローンのあっせんについて貸借が不成立のときの措置	● 貸借は不要	定めがあれば ● 貸借は不要
一定の担保責任の履行に関する措置	● 貸借は不要	定めがあれば ● 貸借は不要

● …必要 × …不要

ココみて! 7-10
ココみて! 7-11

ひとこと

まずは、「代金等の額」や支払時期、引渡時期などの「時期」、「租税公課」は、35条書面では記載が不要（重要事項ではない）、37条書面では記載が必要ということをおさえ、それ以外は問題を解きながらだんだん覚えていくようにしましょう。

❓例題 ────────────────── H22-問34①

宅地建物取引業者が建物の貸借の媒介を行う場合、借賃以外に金銭の授受があるときは、その額及び授受の目的について、法第35条に規定する重要事項を記載した書面に記載しているのであれば、法第37条の規定により交付すべき書面（「37条書面」）に記載する必要はない。

× 「借賃以外の金銭の授受」については、35条書面と37条書面の両方に記載が必要である。

❓例題 ────────────────── R1-問34①

宅地建物取引業者が自ら売主として建物の売買を行う場合、当事者の債務の不履行を理由とする契約の解除に伴う損害賠償の額として売買代金の額の10分の2を超えない額を予定するときは、37条書面にその内容を記載しなくてよい。

× 損害賠償額の予定、違約金に関する定めがあるときは、37条書面にその内容を記載しなければならない。

6 その他の業務上の規制

Ⅰ 業務に関する禁止事項

宅建業者の業務に関する禁止事項として、以下のようなものがあります。

[板書] 業務に関する禁止事項

1 重要な事実の不告知、不実のことを告げる行為の禁止

契約の締結の勧誘をするさい、または契約の申込みの撤回・解除、債権の行使をさせないようにするため、重要な事項について、わざと事実を告げなかったり、ウソを言ってはいけない

要するに 「契約を取りたいからといって、重要なことを言わなかったり、ウソを言って契約を取り付けてはいけませんよ」ということ

重要な事項
① 第35条の重要事項
② 供託所等に関する事項
③ 第37条の契約書面の記載事項
④ その他、相手方の判断に重要な影響を及ぼすこととなる事項

2 不当に高額な報酬を要求する行為の禁止

宅建業者は、不当に高額な報酬を要求することはできない

ポイント
☆ 実際に受け取っていなくても、要求したらアウト！ ココみて！ 7-12

3 手付貸与等の禁止

宅建業者が手付金を貸したり、立て替えたりすることによって、契約の締結を誘導してはいけない

要するに 「手付金が足りなければ、ウチでお貸ししますよ」と言って勧誘してはダメということ

禁止される行為	認められる行為
× 手付金の貸付け・立替え × 手付金の後払い・分割払い	○ 手付金の借入れについて銀行等をあっせんすること ○ 手付金の減額

ポイント
☆ 実際に契約していなくても、誘導したらアウト！

4 断定的判断の提供の禁止

契約の締結の勧誘にさいし、利益が生じることが確実であると誤解させるような断定的判断の提供をしてはいけない

たとえば 「5年後には、価格が2倍になるのは確実ですよ」など

ポイント

☆ 実際に契約していなくても、断定的判断を提供したらアウト!

☆ 過失でもアウト!

5 威迫行為の禁止

契約の締結の勧誘をするため、または契約の申込みの撤回・解除をさせないようにするため、相手方を威迫してはいけない

…とは? 威力でおさえつけること

6 その他の禁止事項

① 宅地・建物の将来の環境や交通などの利便について、誤解させるべき断定的判断の提供をすること

② 正当な理由なしに、契約を締結するかどうかを判断するために必要な時間を与えることを拒むこと

③ 勧誘に先立って、宅建業者の商号・名称、当該勧誘を行う者の氏名や、契約の締結について勧誘する目的であることを告げずに勧誘を行うこと

④ 迷惑を覚えさせるような時間に電話したり、訪問すること

「午後2時～5時には電話しないでくれ」と言われているのに、「むしろ夕方だと迷惑だろう」と考え、「午後3時に電話した」という場合……
……アウト!

⑤ 深夜または長時間の勧誘、その他の私生活または業務の平穏を害するような方法で、その者を困惑させること

⑥ 相手方が契約の申込みの撤回を行うのにさいし、すでに受け取っている預り金の返還を拒むこと

⑦ 相手方が手付を放棄して契約を解除しようとしているのに、正当な理由なしに、契約の解除を拒んだり、妨げたりすること

例題　H18-問40②

建物の販売に際して、不当に高額の報酬を要求したが、実際には国土交通大臣が定める額を超えない報酬を受け取った場合、宅地建物取引業法の規定に違反しない。

✕ 「不当に高額の報酬を要求した」時点で、宅建業法違反。実際に受け取ったかどうかは関係ない。

II その他の一般的な禁止事項

上記以外の一般的な禁止事項として、以下のようなものがあります。

1 守秘義務

宅建業者やその従業員は、正当な理由なしに、業務上知り得た秘密をほかに漏らしてはいけません。宅建業者が廃業したり、従業員が退職したあとでも、同様の守秘義務が課せられます。

> **正当な理由の例**
> ❶ 本人（お客さん等）の承諾がある場合
> ❷ 裁判で証人として証言を求められた場合
> ❸ 取引の相手方に真実を告げなければならない場合　など

2 不当な履行遅延の禁止

宅建業者は、その業務に関してなすべき、宅地・建物の❶登記、❷引渡し、❸代金の支払い等の行為を不当に遅延してはいけません。

III 宅建業の業務に関し行った行為の取消しの制限

宅建業者（個人に限る、未成年を除く）が宅建業の業務に関し行った行為は、行為能力の制限によって取り消すことができません。

CHAPTER 01 宅建業法

SECTION 08 自ら売主となる場合の8つの制限（8種制限）

このSECTIONで学習すること

1 自ら売主となる場合の8つの制限（8種制限）

この制限は売主が宅建業者（プロ）、買主が一般人（素人）の場合に適用される！

冷静な判断ができない場所で買受けの申込み等をした場合にはクーリング・オフできる

2 クーリング・オフ制度

民法の規定より買主に不利となる特約をつけることはできない！

3 一定の担保責任の特約の制限

4 損害賠償額の予定等の制限

損害賠償額の予定等を定めるときは、物件代金の20%以下でなければならない

5 手付の性質、手付の額の制限

相手方が履行に着手していなければ、手付を用いて売買契約を解約することができる

宅建業者は一定額以上の手付金を受け取る前に保全措置を講じなければならない

6 手付金等の保全措置

7 自己の所有に属しない物件の売買契約の制限

他人物売買は原則、禁止！

1 自ら売主となる場合の8つの制限（8種制限）

宅建業法では、宅建業者が自ら売主となって取引する場合に適用される、特別な制限を8つ設けています（ 8種制限 ）。

8種制限

1. クーリング・オフ制度
2. 一定の担保責任の特約の制限
3. 損害賠償額の予定等の制限
4. 手付の性質、手付の額の制限
5. 手付金等の保全措置
6. 自己の所有に属しない物件の売買契約（他人物売買）の制限
7. 割賦販売契約の解除等の制限 →参考編
8. 所有権留保等の禁止 →参考編

なお、この制限は、売主が宅建業者（プロ）、買主が宅建業者以外の一般人（素人）となる場合にのみ適用されます。

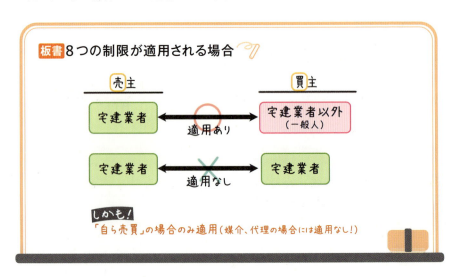

2 クーリング・オフ制度…❶

クーリング・オフ制度とは、お客さんがいったん行った契約や申込みをキャンセルすることをいいます。

I クーリング・オフができない場所

ただし、どんな場合にもクーリング・オフができるわけではなく、以下の場所で契約を締結したり、申込みをした場合には、クーリング・オフは適用されません。

> **ひとこと**
>
>
> クーリング・オフは、冷静な判断をできない場所で契約や申込みを行ってしまったお客さんを保護するための制度です。だから、冷静な判断ができる場所で行った場合には適用されないのです。

板書 クーリング・オフができない場所

① 事務所 ← 事務所に行くということは、買う気で行くわけだから保護する必要はないよね→クーリング・オフできない

② 以下の場所で**専任の取引士**を設置する義務がある場所

 a. 事務所以外で、継続的に業務を行うことができる施設を有する場所 → 営業所など

 b. 一団の宅地建物の分譲を行う、土地に定着する案内所

  だから → モデルルーム、モデルハウスなど…クーリング・オフ**できない**
  テント張りの案内所…クーリング・オフ**できる**

 c. 宅建業者(A)が売主となり、他の宅建業者(B)に媒介または代理の依頼をしたときは、他の宅建業者(B)の①②a.b.に該当する場所

③ 買主が自ら申し出た場合の自宅、勤務先

たとえば　宅建業者が申し出た場合の買主の自宅や勤務先…クーリング・オフできる

たとえば　買主が自ら申し出た場合の喫茶店やホテルのロビー…クーリング・オフできる

II 申込みの場所と契約締結の場所が異なる場合

　たとえば、宅建業者の事務所で買受けの申込みを行い、後日、喫茶店で契約を締結した、というように、買受けの申込みの場所と契約を締結した場所が異なる場合、クーリング・オフ制度が適用されるかどうかは、**申込みの場所**で判断します。

板書　申込みの場所と契約締結の場所が異なる場合

ここで判断

申込みの場所	契約の場所	クーリング・オフは？
事務所…×	喫茶店…○	できない
喫茶店…○	事務所…×	できる

○…クーリング・オフできる場所
×…クーリング・オフできない場所

III クーリング・オフができなくなる場合

　以下の場合には、たとえ買受けの申込みの場所がクーリング・オフできる場所に該当していても、クーリング・オフができなくなります。

板書 クーリング・オフができなくなる場合

① クーリング・オフができる旨、方法を宅建業者から**書面**で告げられた日から起算して**8**日を経過した場合

　↳ 口頭で告げられた場合には、いつまでもクーリング・オフできる！

たとえば
右のカレンダーで
2/18(月)に書面で告げられた場合は、
2/25(月)までクーリング・オフできる！

			2月			
日	月	火	水	木	金	土
					1	2
3	4	5	6	7	8	9
10	11	12	13	14	15	16
17	18¹	19²	20³	21⁴	22⁵	23⁶
24⁷	25⁸	26	27	28		

② 買主が { 宅地・建物の引渡しを受け **かつ** 代金の**全額**を支払った } 場合

「物件の引渡しを受けただけ」とか
「代金を支払っただけ」ならクーリング・オフできる
「物件の引渡しを受けた」&「代金の**一部**を支払った」場合も
クーリング・オフできる

IV クーリング・オフの方法

　クーリング・オフは必ず**書面**で行わなければなりません。また、買主が**書面を発した****とき**にクーリング・オフの効果が生じます(発信主義)。

? 例題　　　　　　　　　　　　　　　　　　　　H21-問34①

宅地建物取引業者が自ら売主となる場合において、宅地建物取引業者でない買主が、法第37条の2の規定に基づくいわゆるクーリング・オフによる契約の解除をするときは、その旨を記載した書面が当該宅地建物取引業者に到達した時点で、解除の効力が発生する。

　　× クーリング・オフの効果は「宅建業者に到達した時点」ではなく、**「買主が書面を発した時点」**で生じる。

V クーリング・オフの効果

適正にクーリング・オフがされた場合、売主(宅建業者)は、すでに受け取った手付金や代金等をすべて返さなければなりません。

また、宅建業者はクーリング・オフに伴う損害賠償や違約金の支払いを請求することはできません。

例題　H23-問35㋐

【前提】宅地建物取引業者A社が、自ら売主として宅地建物取引業者でない買主Bとの間で投資用マンションの売買契約を締結した。

A社は、契約解除に伴う違約金の定めがある場合、クーリング・オフによる契約の解除が行われたときであっても、違約金の支払いを請求することができる。

ココみて！8-2　✕　クーリング・オフによる契約の解除が行われたときは、違約金の支払いを請求することはできない。

3　一定の担保責任の特約の制限…❷

担保責任とは、たとえば完成したばかりの新築住宅を購入したが、その品質が契約の内容に適合していない(雨漏りなど)場合に売主が負うべき一定の責任のことです。

I　民法の規定

民法の規定によると、売買において、引き渡された目的物が種類・品質・数量に関して契約の内容に適合しないものである場合、あるいは、売主が買主に移転した権利が契約の内容に適合しないものである場合など、一定の要件を満たすときには、買主は、売主に対して、**追完**請求・**代金減額**請求・**損害賠償**の請求・**契約の解除**ができます。

しかし、売主が種類・品質に関して契約の内容に適合しない目的物を買主に引き渡した場合、**買主がその不適合を知った時から1年以内**にその旨を売

主に通知しないときは、買主は、原則として、その不適合を理由として、追完請求・代金減額請求・損害賠償の請求・契約の解除ができなくなります。

ただし、売主が引渡しの時にその不適合を知り、または重大な過失によって知らなかったときは、この期間制限はありません。

なお、民法では「契約の内容に不適合があっても売主は担保責任を負わない」等の特約を付けることもできるとしています。

「契約の内容に不適合があっても売主は担保責任を負わない」としていても、売主が知っていて、それを買主に告げなかった場合には、売主は責任を負わなければなりません。…ふつうに考えても、そこまであくどい売主は当然、責任を負うべきですよね。

Ⅱ 宅建業法の規定

　宅建業法では、宅建業者は、自ら売主となる宅地・建物の売買契約において、その目的物が、種類・品質に関して契約の内容に適合しない場合におけるその不適合を担保すべき責任について民法の規定よりも買主に不利となる特約をしてはならず、この規定に反する特約は無効とする、と規定しています。

　ただし、民法で規定する「買主がその不適合を知った時から1年以内にその旨を売主に通知」という期間制限の部分については、特約で**引渡しの時**から**2年以上**の期間を定めた場合、その特約は**有効**となります。

板書 特約の制限

ココみて! 8-3

■原則■
宅建業者が自ら売主となる宅地・建物の売買契約において、その目的物が種類・品質に関して契約の内容に適合しない場合におけるその不適合を担保すべき責任については、民法の規定より買主に不利な特約をしてはいけない

■例外■
民法で規定する「買主がその不適合を知った時から1年以内にその旨を売主に通知」という期間制限については、引渡しの時から2年以上の期間となる特約を定めることができる

→ 長期間、売主が責任から解放されないのは酷だから…

ポイント
☆ 移転した権利の場合や数量の場合は適用外
☆ 買主に不利な特約は原則無効 → 民法の規定に戻る
☆ 買主に有利な特約は有効

次の特約は有効か？（①②には売主が悪意・重過失の場合、特約が適用されない旨の記載がある）

特約① 買主が不適合を知った時から半年以内にその旨を売主に通知したときに限り、売主はその責任を負う
→ 民法よりキビシイ特約 → 特約は無効 → 民法の規定に戻る
→「その不適合を知った時から1年以内に通知」となる

特約② 買主が引渡しの日から3年以内にその旨を売主に通知したときに限り、売主はその責任を負う
→ 宅建業法では「引渡しの日から2年以上」ならOK
→ 特約は有効

特約③ 売主は売主の責めに帰すべき不適合のみその責任を負う
→ 担保責任のうち、買主の (1)追完請求権 (2)代金減額請求権 (3)契約解除 については、売主の責めに帰すべき事由の有無にかかわらず売主が負う
一方、買主の (4)損害賠償請求 については、売主の責めに帰すべき事由が必要となる
→ 特約のうち、(1)(2)(3)については無効
→ 民法の規定に戻り、売主は責任を負う

例題
H24-問39④改

【問題】 宅地建物取引業者A社が、自ら売主として建物の売買契約を締結する際の特約に関する次の記述は、宅地建物取引業法の規定に違反するか？

当該建物が新築戸建住宅である場合、宅地建物取引業者でない買主Fとの間で、「Fは、A社が当該建物の種類又は品質に関して契約の内容に適合しない場合におけるその不適合を担保すべき責任を負う期間内であれば、損害賠償の請求をすることはできるが、契約の解除をすることはできない」旨の特約を定めること。

違反する 民法の規定では、債務の全部の履行が不能であるなどの場合には、契約を解除することができるとしている。そのため「契約の解除をすることはできない」という特約は、民法の規定よりも買主に不利になるため、当該特約をつけることはできない。

4 損害賠償額の予定等の制限…❸

Ⅰ 民法の規定

事前に損害賠償額の取決めをしていなかった場合には、損害を被った側の実損額（実際に損をした額）が損害賠償額となります。

また、損害賠償額を事前に決めておくこともでき、これを **損害賠償額の予定** といいます。

ひとこと
損害賠償額を予定しておくと、実際の損害額を証明する手間が省けます。また、「損害賠償額はいくらだ！」「それは高すぎるのではないか？」といった争いも防げます。

民法では、損害賠償の予定額には制限がありません。

Ⅱ 宅建業法の規定

宅建業法では、宅建業者が自ら売主となる売買契約においては、損害賠償額を予定し、または違約金を定める場合には、これらを合算した額が代金の **10分の2** を超えることができないとしています。

なお、**10分の2**を超える定めをした場合には、その**超える**部分が**無効**となります。

損害賠償額を予定しない場合または違約金を定めない場合には、実損額となります（10分の2の制限はありません）。

板書 損害賠償額の予定等の制限

損害賠償額を予定し、または違約金の定めをする場合

→ ①と②の合計額は代金の**20％**まで。
　それを超える場合は、**超える**部分について**無効**

例 宅建業者が一般人に1,000万円の建物を売る場合で、損害賠償の予定額を250万円とした場合は…

→ 損害賠償の予定額は1,000万円×20％＝200万円でなければならない
　　　　↓
　200万円までは有効だけど、50万円（250万円－200万円）は無効

損害賠償額を予定しない、または違約金の定めがない場合

→ 実損額を請求できる

例題 H17-問43②

【前提】宅地建物取引業者Aが自ら売主としてマンション（販売価額3,000万円）の売買契約を締結した。
Aは、宅地建物取引業者でないCとの売買契約の締結に際して、当事者の債務不履行を理由とする契約の解除に伴う損害賠償の予定額を1,200万円とする特約を定めることができる。

 ✕ 損害賠償額の予定額は、600万円（3,000万円×20％）以下でなければならないため、この特約を定めることはできない。

5 手付の性質、手付の額の制限…4

I 手付の性質の制限

手付とは、売買契約において、買主が売主に対してあらかじめ交付する金銭等をいいます。

手付には、以下の3種類があります。

手付の種類

証約手付	契約の成立を証するために交付される手付
違約手付	契約違反があった場合に、没収されるものとして交付される手付
解約手付	売買契約を解除するときに用いられるものとして交付される手付 買主は…売主が履行に着手するまで、手付を放棄して契約を解除することができる 売主は…買主が履行に着手するまで、手付の**倍額**を現実に提供して契約を解除することができる

1 民法の規定

民法では、手付の種類は当事者の合意によって決められます。

なお、特段の定めがない場合の手付は、解約手付と推定されます。

2 宅建業法の規定

宅建業法では、手付がどんな種類であったとしても、解約手付とされます。

Ⅱ 手付の額の制限

1 民法の規定
民法では、手付の額は当事者で自由に決めることができます。

2 宅建業法の規定
宅建業法では、宅建業者が自ら売主となる売買契約においては、手付の額は代金の **10分の2** を超えることができないとしています。

> **ひとこと**
> たとえば、1,000万円の建物を買うのに、手付金が500万円もしたら、買主は「やっぱり買うのをやめたいな」と思っても、(500万円を捨てることになるので)契約を解除しづらいですよね。そのため、あまりにも高い額の手付金が設定されないようにしているのです。

なお、**10分の2** を超える定めをした場合には、その **超える** 部分が **無効** となります。

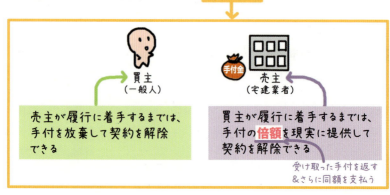

板書 手付の性質、手付の額の制限

【手付の性質の制限】
宅建業法では、どの種類の手付でも <u>解約手付</u> とされる

買主（一般人）：売主が履行に着手するまでは、手付を放棄して契約を解除できる

売主（宅建業者）：買主が履行に着手するまでは、手付の **倍額** を現実に提供して契約を解除できる
（受け取った手付を返す＆さらに同額を支払う）

☆ 買主に不利な特約は **無効**

| 手付の額の制限 |

☆ 手付の額は、代金の**20%**まで
☆ **20%**を超える定めをした場合は、**超える**部分につき**無効**

> 例 宅建業者が一般人に1,000万円の建物を売る場合で、手付の額を300万円とした場合は…
> → 手付の額は1,000万円×20%＝200万円でなければならない
> ↓
> 200万円までは有効だけど、100万円（300万円−200万円）は無効

6 手付金等の保全措置…5

Ⅰ 手付金等の保全措置の必要性

　手付金は、契約締結後、物件の引渡前に売主（宅建業者）に支払われます。

　不動産売買では、物件の代金が大きいので、手付金も何千万円になることがあります。もし、宅建業者が手付金を受け取ったあと、倒産してしまったら、買主は、物件は受け取れないわ、何千万円もの手付金は返してもらえないわ、と散々な目にあってしまいます。

　そのため、宅建業者は手付金等の保全措置をしたあとでなければ、手付金等を受け取れないことになっています。

Ⅱ 手付金等とは

　ここでいう 手付金等 とは、契約締結後、物件の引渡前に支払われる金銭をいいます。

ひとこと

　手付金等の「等」には、中間金（手付金を支払ったあと、物件の引渡前に支払われる金額）などが含まれます。

Ⅲ 保全措置の内容

　宅建業者が自ら売主となる売買契約においては、原則として、以下の保全措置をしたあとでなければ手付金等を受け取ることはできません。

板書 手付金等の保全措置 ✍

	未完成物件の場合	完成物件の場合
保全措置の方法 宅建業者が手付金等を返せなくなったら、誰が代わりに返してくれるの？	① 銀行等との保証委託契約 ② 保険会社との保証保険契約	① 銀行等との保証委託契約 ② 保険会社との保証保険契約 ③ 指定保管機関による保全措置 保証協会
例 外 保全措置が不要となる場合	① 買主への所有権**移転登記**がされたとき（または買主が所有権の登記をしたとき）	
	② 手付金等の額が代金の**5%**以下 かつ **1,000万**以下	② 手付金等の額が代金の**10%**以下 かつ **1,000万**以下

ココみて！8-5

ポイント

☆ 保全措置が必要にもかかわらず、宅建業者がそれをしなかった場合、買主は手付金等の支払いを拒絶することができる

板書 手付金等の保全措置の例

たとえば、宅建業者Aは、自ら売主となって、買主（宅建業者ではない）と工事完成前の建物（売買代金は6,000万円）の売買契約を締結した。その後、手付金200万円と中間金1,000万円を買主から受け取った、という場合は…

→ 保全措置が不要な金額：6,000万円×**5%**＝**300万円** ≦1,000万円

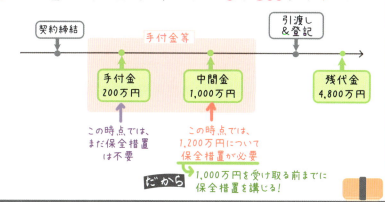

例題　H24－問34㋐

【問題】宅地建物取引業者A社は、自ら売主として宅地建物取引業者でない買主Bとの間で、中古マンション（代金2,000万円）の売買契約を締結し、その際、代金に充当される解約手付金200万円（以下「本件手付金」という。）を受領した。この場合におけるA社の行為に関する次の記述は宅地建物取引業法（以下「法」）の規定に違反するか？

引渡前に、A社は、代金に充当される中間金として100万円をBから受領し、その後、本件手付金と当該中間金について法第41条の2に定める保全措置を講じた。

違反する …中間金100万円の**受領前**に保全措置が必要。
保全措置が不要となる金額：2,000万円×**10%**＝200万円
　　　　　　　　中古マンション→完成物件

解約手付金と中間金の合計：200万円＋100万円＝300万円
以上より、中間金100万円の受領前に保全措置が必要となる。

7 自己の所有に属しない物件の売買契約の制限…6

I 民法の規定

民法では、他人のものを売る契約（他人物売買）は有効となります。

II 宅建業法の規定

宅建業者が自ら売主となる場合は、原則として他人物売買は禁止されています。

ただし、例外として他人物売買ができる場合があります。

板書 自己の所有に属しない物件の売買契約の制限

■原則■

宅建業者は、自ら売主として、自己の所有に属しない物件の
売買契約（売買予約契約を含む）を締結してはいけない ←…とは？
　　　　　　　　　　　　　　　　　　　　　　　　他人の土地や建物

■例外1■ 確実に自分（宅建業者）のものになるなら、他人のものでも売っていい！

自己の所有に属しない物件であっても、現在の所有者との間で、
宅建業者が物件を 取得する契約 を締結している場合には、
売買契約（売買予約契約 を含む）を締結してもよい

　① 取得する契約は予約契約でもよい ○ 　　　　　　ココみて！
　② 取得する契約は停止条件付契約ではダメ ✗ 　　　8-6
　　　　　　↓
　　　「転勤が決まったら売る」とか、
　　　「農地法の許可がおりたら売る」とか
　　　条件が生じたら効力が生じる契約

■例外2■ 未完成物件の場合

宅建業者は自ら売主として未完成物件を売ることはできない
ただし、以下の場合 には未完成物件を売ることができる

　① 手付金等の保全措置を講じているとき
　② 手付金等の保全措置を講じる必要がないとき

7割賦販売契約の解除等の制限と、8所有権留保等の禁止については、参考編で説明します。

 　　　　　　　　　　　　　　　　　　　　　　　　　　H17-問35④

【問題】宅地建物取引業者Aが自ら売主となって宅地建物の売買契約を締結する場合、以下の行為は宅地建物取引業法の規定に違反するか？

B（宅地建物取引業者ではない）の所有する宅地について、AはBと停止条件付で取得する売買契約を締結し、その条件が成就する前に当該物件についてC（宅地建物取引業者ではない）と売買契約を締結した。

違反する

売主（A）が現在の所有者から取得する契約があったとしても、それが**停止条件付契約**の場合には、他人物売買は認められない。

CHAPTER 01
宅建業法

SECTION 09
報酬に関する制限

このSECTIONで学習すること

1 報酬に関する制限の全体像

土地の取引には消費税はかからない

報酬額を計算させる問題が出題される。試験では電卓が使えないので、暗算または筆算で解く練習を！

2 売買・交換の媒介・代理における報酬限度額

貸借の媒介・代理の報酬限度額は、「1カ月分の借賃」

3 貸借の媒介・代理における報酬限度額

4 その他

報酬額の制限は、宅建業者間の取引にも適用される！

1 報酬に関する制限の全体像

Ⅰ 報酬の受取り

宅建業者は、宅地・建物の売買・交換・貸借の媒介や代理を行い、契約が成立したときは、依頼主から報酬を受け取ることができます。

ただし、受け取れる報酬額には制限があります。

Ⅱ 必要経費

宅建業者は、契約を成立させるために必要経費がかかったとしても、原則として報酬とは別に必要経費を請求することはできません。

ただし、例外として以下の場合には、報酬とは別に必要経費を請求することができます。

板書 必要経費

■**原則**■

報酬とは別に必要経費を請求することはできない

→…とは？ 広告費、出張費など

■**例外**■

以下の場合には、報酬のほかに別途請求することができる

① 依頼者から依頼されて行った**広告**の料金
② 依頼者からの特別の依頼により支出する特別の費用で、事前に依頼者の承諾があるもの

たとえば

遠隔地における現地調査や空き家の特別な調査などに要する実費相当額の金銭

119

Ⅲ 消費税

消費税とは、モノやサービスを消費したときにかかる税金をいい、税率は**10%**（消費税率7.8%、地方消費税率2.2%）です。

❶ 消費税の課税対象

宅地・建物の取引における、消費税がかかる取引（課税取引）と消費税がかからない取引（非課税取引）の区別は次のとおりです。

板書 消費税の課税対象（課税取引か非課税取引か）

		売買・交換 売買代金・交換の評価額	貸借 地代・賃料・権利金
土 地		非課税	非課税
建物	居住用	課税	非課税
	居住用以外 事務所、店舗など	課税	課税

❷ 報酬にかかる消費税

宅建業者が**課税業者**（消費税を納める義務がある者）である場合には、報酬額に**10%**の消費税額を上乗せした金額を受け取ることができます。

一方、宅建業者が**免税業者**（消費税を納める義務がない者）である場合には、報酬額に消費税額を上乗せすることはできません。しかし、宅建業者は広告代金等の費用を支払うさいに消費税額を負担しているため、これを考慮し、報酬額に**4%**を「仕入れにかかる消費税相当額」として上乗せすることができます。

ひとこと

ちょっとややこしいですが、ほとんどの場合、課税業者なので、「消費税10%を上乗せ」と考えておいてください。そして余裕があれば、免税業者は「4%を上乗せできる」をおさえておいてください。

2 売買・交換の媒介・代理における報酬限度額

I 報酬基本額

宅建業者が売買・交換の媒介・代理をしたときに受け取ることができる報酬限度額は、下記の基本公式によって求めた額(報酬基本額)をもとにして計算します。

板書 報酬基本額(税抜き価額)

代金額※	報酬の限度額
❶ 200万円以下	代金額※×5%
❷ 200万円超〜400万円以下	代金額※×4%+2万円
❸ 400万円超	代金額※×3%+6万円

※ 代金額とは?

売買の場合…売買の代金額から消費税額を除いた価額(税抜き価額)

交換の場合…交換の評価額から消費税額を除いた価額(税抜き価額)

　　交換する2つの物件の価額に差がある場合は…
　　　　　　　　　　　　　　　　　→いずれか高い価額

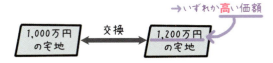

たとえば、宅建業者A(課税業者)が2,200万円(消費税相当額を含む)の建物の売買の媒介をした場合は…

① 税抜き価額：2,200万円÷1.1=2,000万円
② 報酬限度額(税抜き)：2,000万円×**3**％+**6**万円=66万円

より

たとえば、宅建業者A(課税業者)が2,200万円の土地の売買の媒介をした場合は…

非課税取引
→2,200万円は税抜き価額

① 土地の価額：2,200万円
② 報酬限度額(税抜き)：2,200万円×**3**％+**6**万円=72万円

より

ひとこと

試験では電卓が使えません。だから、問題集を解くときも電卓を使わないで解いて練習しておきましょう。

Ⅱ 売買・交換の媒介の報酬限度額

売買・交換の媒介において、依頼者の一方から受け取れる報酬限度額は、で求めた金額(プラス消費税相当額)となります。

なお、宅建業者が買主と売主の両方から媒介の依頼を受けた場合には、買主と売主の双方から報酬を受け取ることができます。

板書 売買・交換の媒介の報酬限度額

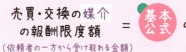

宅建業者A(課税業者)が売主甲と買主乙の双方から媒介の依頼を受け、甲の所有する土地3,000万円と建物2,200万円(消費税相当額を含む)の売買契約を成立させた場合は…

→土地の売買は非課税取引
→3,000万円は税抜き価額

■依頼者の一方から受け取れる報酬限度額■

① 土地:3,000万円
   建物(税抜き):2,200万円÷1.1=2,000万円
   合計(税抜き):5,000万円

② 基本公式 の額:5,000万円×**3**%+**6**万円=156万円

③ 報酬限度額(税込み):156万円×1.1=171万6,000円

   問題を解くときは、
   (1) 156万円×0.1=15万6,000円
       で消費税額を計算してから
   (2) 156万円+15万6,000円=171万6,000円
       と計算するとよいかも

■宅建業者Aが受け取れる報酬限度額の合計■

171万6,000円 + 171万6,000円 = 343万2,000円
から　から

Ⅲ 売買・交換の代理の報酬限度額

売買・交換の代理において、宅建業者が受け取れる報酬限度額は、で求めた金額の**2倍**（プラス消費税相当額）となります。

> **板書 売買・交換の代理の報酬限度額**
>
> 売買・交換の**代理**の報酬限度額 = 基本公式の額 × **2** × { 1.1（課税業者の場合） または 1.04（免税業者の場合） }
>
> 宅建業者A（課税業者）が売主甲から土地3,000万円と建物2,200万円（消費税相当額を含む）の売買の**代理**を依頼され、買主乙との間で契約を成立させた場合は…
>
>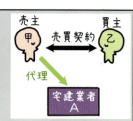
>
> ① 土地：3,000万円
>   建物（税抜き）：2,200万円÷1.1=2,000万円
>   合計（税抜き）：5,000万円
> ② 基本公式の額：5,000万円×**3**%+**6**万円=156万円
> ③ 報酬限度額（税抜き）：156万円×**2**=312万円
> ④ 報酬限度額（税込み）：312万円×1.1=343万2,000円

なお、一方から代理の依頼を、他方から媒介（または代理）の依頼を受けた場合、双方から受け取れる報酬の合計限度額は基本公式で求めた金額（プラス消費税相当額）の**2倍**となります。

> **ひとこと**
>
> たとえば、宅建業者Aが売主甲から土地・建物の売買の代理を依頼され、買主乙から土地・建物の購入の媒介を依頼された場合、甲からは「🍎×2倍」を限度として、乙からは「🍎」を限度として報酬を受け取ることができます。…ですが、双方から受け取れる報酬の合計限度額は「🍎×2倍」でなければなりません（「🍎×3倍」とはなりません）。

Ⅳ 複数の業者が関与する場合の報酬限度額

同一の取引において、複数の宅建業者が関与した場合、これらの宅建業者が受け取れる報酬の合計額は、1つの宅建業者が関与した場合の報酬限度額以内でなければなりません。

また、各宅建業者が受け取れる報酬額は、各宅建業者が受け取れる報酬限度額以内でなければなりません。

板書 複数の宅建業者が関与する場合の報酬限度額①

宅建業者A(課税業者)は売主甲から売却の代理を、宅建業者B(課税業者)は買主乙から購入の代理を依頼され、土地3,000万円と建物2,200万円(消費税相当額を含む)の売買契約を成立させた場合は…

■Aが売主甲から受け取れる報酬限度額■
① 土地：3,000万円
　建物(税抜き)：2,200万円÷1.1＝2,000万円
　合計(税抜き)：5,000万円
② 基本公式の額：5,000万円×**3**％＋**6**万円＝156万円
③ 報酬限度額(税抜き)：156万円×**2**＝312万円
④ 報酬限度額(税込み)：312万円×1.1＝343万2,000円

■Bが買主乙から受け取れる報酬限度額■
　上記Aと同じ…343万2,000円
■ただし！同一の取引なので…■
　AとBは合計で343万2,000円以内でしか、受け取ることができない
　　　　　　　　1人分

	Aが受け取る報酬額	Bが受け取る報酬額	AとBが受け取る報酬の合計	
パターンⅠ	343万2,000円	0円	343万2,000円	→ OK！
	Aが全額受け取って、Bは1円も受け取らない			
パターンⅡ	200万円	143万2,000円	343万2,000円	→ OK！
	Aが200万円、Bが143万2,000円を受け取る			
パターンⅢ	171万6,000円	171万6,000円	343万2,000円	→ OK！
	仲良く半分こ			
パターンⅣ	343万2,000円	343万2,000円	686万4,000円	→ ダメ！
	それぞれが1人分ずつ受け取る			

343万2,000円を超えたらダメ！

板書 複数の宅建業者が関与する場合の報酬限度額②

宅建業者A（課税業者）は売主甲から売買の媒介を、宅建業者B（課税業者）は買主乙から売買の代理を依頼され、土地3,000万円と建物2,200万円（消費税相当額を含む）の売買契約を成立させた場合は…

■Aが売主甲から受け取れる報酬限度額■ 媒介
① 土地：3,000万円
　建物(税抜き)：2,200万円÷1.1＝2,000万円
　合計(税抜き)：5,000万円
② 基本公式の額：5,000万円×3％＋6万円＝156万円
③ 報酬限度額(税込み)：156万円×1.1＝171万6,000円

■Bが買主乙から受け取れる報酬限度額■ 代理

① 土地＋建物（税抜き）の合計：5,000万円

② 基本公式 の額：5,000万円×**3**％＋**6**万円＝156万円

③ 報酬限度額（税抜き）：156万円×**2**＝312万円

④ 報酬限度額（税込み）：312万円×1.1＝**343万2,000円**

■ただし！同一の取引なので…■

AとBは合計で**343万2,000円**以内でしか、受け取ることができない

↳ そして、Aの上限は171万6,000円となる

171万6,000円
を超えたらダメ！

343万2,000円
を超えたらダメ！

	Aが受け取る報酬額	Bが受け取る報酬額	AとBが受け取る報酬の合計	
パターンⅠ	171万6,000円	171万6,000円	343万2,000円	➡ OK！
	171万6,000円ずつ受け取る			
パターンⅡ	0円	343万2,000円	343万2,000円	➡ OK！
	Bが343万2,000円受け取ったら、Aは1円も受け取れない			
パターンⅢ	171万6,000円	343万2,000円	514万8,000円	➡ ダメ！
	それぞれが本来の自分の受取分を受け取る			
パターンⅣ	343万2,000円	0円	343万2,000円	➡ ダメ！
	Aが343万2,000円を受け取り、Bは1円も受け取らない			

Ⅴ 低廉な空家等の売買・交換の媒介・代理における特例

　低廉な空家等の売買・交換の媒介・代理の場合には、一定の要件の下に、通常の報酬限度額に加えて、現地調査等に要する費用相当額も請求できます。

板書 低廉な空家等の売買・交換の媒介・代理における特例

要件

① 低廉な空家等であること

　とは？ → 売買代金額（消費税相当額を含まない）

　　　　　または

　　　　　交換の宅地・建物の価額（消費税相当額を含まない。宅地・建物の価額に差があるときは、いずれか多い価額）

　が400万円以下の宅地・建物

② 売買・交換の媒介・代理であること

③ 通常の売買・交換の媒介と比較して現地調査等の費用を要するものであること

④ 売主・交換を行う者である依頼者から受ける報酬であること
　→ 買主や交換の相手方から受ける報酬は入らない

⑤ 現地調査等に要する費用に相当する額であること
　→ あらかじめ依頼者に対して説明し、合意が必要

板書 低廉な空家等の売買・交換に係る媒介の場合に売主・交換を行う依頼者から受領できる報酬限度額

報酬限度額（消費税相当額を含む） ＝ 通常の売買・交換の媒介の報酬限度額（依頼者の一方から受け取れる金額） ＋ 現地調査等に要する費用相当額

↳ この報酬限度額は18万円×1.1（＝19万8,000円）を超えてはならない

宅建業者A（課税業者）が売主甲と買主乙の双方から媒介の依頼を受け、甲の所有する土地100万円と建物110万円（消費税相当額を含む）の売買契約を成立させた。
現地調査等に要する費用相当額（消費税相当額を含まない）は5万円である。この場合は…

■Aが売主甲から受け取れる報酬限度額■
① 土地：100万円
　建物（税抜き）：110万円÷1.1＝100万円
　合計（税抜き）：200万円

② 基本公式 の額：200万円×5％＝10万円

③ 通常の売買・交換の媒介の報酬限度額（依頼者の一方から受け取れる金額）
　：10万円×1.1＝11万円
　　↳ 買主乙から受け取れる報酬限度額

④ 現地調査等の費用（税込み）：5万円×1.1＝5万5,000円
⑤ 報酬限度額（税込み）：11万円＋5万5,000円＝16万5,000円
　　16万5,000円≦19万8,000円
　　　↳ 売主甲から受け取れる報酬限度額

■宅建業者Aが受け取れる報酬限度額の合計■
16万5,000円 ＋ 11万円 ＝27万5,000円
売主甲から　買主乙から

[板書] 低廉な空家等の売買・交換に係る代理の場合に売主・交換を行う依頼者から受領できる報酬限度額

報酬限度額 （消費税相当額を含む） ＝ 通常の売買・交換の媒介の報酬限度額（依頼者の一方から受け取れる金額） ＋ 低廉な空家等の媒介の場合に売主・交換を行う依頼者から受領できる報酬限度額

※宅建業者が売買・交換の相手方から報酬を受ける場合

相手方から受ける報酬額 ＋ 代理の依頼者から受ける報酬額 ≦ 通常の売買・交換の媒介の報酬限度額（依頼者の一方から受け取れる金額） ＋ 低廉な空家等の媒介の場合に売主・交換を行う依頼者から受領できる報酬限度額

宅建業者A（課税業者）が売主甲から土地100万円と建物110万円（消費税相当額を含む）の売買の代理を依頼され、買主乙との間で売買契約を成立させた。現地調査等に要する費用相当額（消費税相当額を含まない）は5万円である。この場合は…

① 通常の売買・交換の媒介の報酬限度額：10万円×1.1＝11万円
（依頼者の一方から受け取れる金額）　　　　　　　前の板書の①～③を参照
② 現地調査等に要する費用（税込み）：5万円×1.1＝5万5,000円
③ 低廉な空家等の媒介の場合に売主・交換を行う依頼者から受領できる報酬限度額：11万円＋5万5,000円＝16万5,000円
　　　16万5,000円≦19万8,000円 → 16万5,000円
　　　　　　　　　　　前の板書の⑤を参照
④ 報酬限度額（税込み）：11万円＋16万5,000円＝27万5,000円

3 貸借の媒介・代理における報酬限度額

I 貸借の媒介の報酬限度額

貸借の媒介において、依頼者の双方から受け取れる報酬の合計限度額は、**1カ月分の**借賃（プラス消費税相当額）となります。

板書 貸借の媒介の報酬限度額

貸借の媒介の報酬限度額（貸主・借主から受け取れる合計額） = **1**カ月分の借賃 × { 1.1（課税業者の場合） または 1.04（免税業者の場合） }

☆ 合計して1カ月分ならば、借主・貸主からいくらずつ受け取るかは原則として自由であるが、**居住用建物**の媒介の場合には下記の 特例 がある

居住用建物の特例 ← 居住用の建物の場合のみ。事業用はこの特例はない
土地の貸借もこの特例はない

☆ 報酬額について、依頼者の承諾を得ていない場合、依頼者の一方から受け取れる報酬額は $\frac{1}{2}$ カ月分が上限となる

宅建業者A（課税業者）が貸主甲と借主乙の双方から媒介の依頼を受け、1カ月の借賃33万円（消費税相当額を含む）で**店舗用建物**の賃貸借契約を成立させた場合は…
→ 居住用ではない！→ 特例 の適用はない
＆居住用ではない→借賃に消費税がかかる

① 1カ月分の借賃（税抜き）：33万円÷1.1＝30万円
② 甲と乙から受け取れる報酬の合計額（税込み）：30万円×1.1
　　　　　　　　　　　　　　　　　　　　　　＝**33万円**

☆ 店舗用建物（居住用建物以外）なので、報酬の合計額が33万円以内ならば、貸主と借主からどのような割合で受け取ってもよい

宅建業者A(課税業者)が貸主甲と借主乙の双方から媒介の依頼を受け、1カ月の借賃10万円で居住用建物の賃貸借契約を成立させた場合は…(ただし、報酬額について特別な定めはない)

居住用建物の貸借は非課税取引
→10万円は税抜き価額

① 1カ月分の借賃：10万円
　　居住用建物→非課税 → 税抜き計算は不要
② 依頼者の一方から受け取れる報酬額(税抜き)：10万円×$\frac{1}{2}$＝5万円
　「居住用建物の貸借の媒介」&「報酬額について依頼者から承諾を得ていない」
　→ 依頼者の一方から受け取れる報酬限度額は$\frac{1}{2}$カ月分
③ 依頼者の一方から受け取れる報酬額(税込み)：5万円×1.1
　　　　　　　　　　　　　　　　　　　　＝5万5,000円
④ 依頼者の双方から受け取れる報酬額(合計額)：
　　　　　5万5,000円＋5万5,000円＝11万円

II 貸借の代理の報酬限度額

貸借の代理において、宅建業者が依頼者から受け取れる報酬限度額は、**1カ月分の借賃**(プラス消費税相当額)となります。

III 権利金の授受がある場合

権利金とは、権利設定の対価として支払われる金銭で、**返還されない**ものをいいます。

居住用建物以外(宅地、事業用建物等)の賃貸借契約において、権利金の授受がある場合、権利金を売買代金とみなして報酬額を計算することができます。

板書 権利金の授受がある場合

居住用建物以外の賃貸借
↳宅地、事業用建物、店舗等
＆
権利金の設定がある場合
↳返還されない

→ 当該権利金を売買代金とみなして計算することができる

宅建業者A(課税業者)が貸主甲と借主乙の双方から媒介の依頼を受け、1カ月の借賃33万円(消費税相当額を含む)、権利金550万円(消費税相当額を含む)として**事業用建物**の賃貸借契約を成立させた場合は…

■通常の貸借の媒介として計算した場合の報酬限度額■…(1)
　① 1カ月分の借賃(税抜き):33万円÷1.1=30万円
　② 甲と乙から受け取れる報酬の合計額(税込み):30万円×1.1
　　　　　　　　　　　　　　　　　　　　　　　=33万円

■権利金を売買代金とみなして計算した場合の報酬限度額■…(2)
【依頼者の一方から受け取れる報酬限度額】
　① 権利金(税抜き):550万円÷1.1=500万円
　② 基本公式 の額:500万円×**3**%+**6**万円=21万円
　③ 報酬限度額(税込み):21万円×1.1=23万1,000円
【宅建業者Aが受け取れる報酬限度額】
　23万1,000円＋23万1,000円＝46万2,000円
　　甲から　　　乙から

■判定■
　(1)33万円 ＜ (2)46万2,000円 ←(1)と(2)のうち高いほう
　→ 報酬限度額:46万2,000円

Ⅳ 複数の業者が関与する場合の報酬限度額

同一の取引において、複数の宅建業者が関与した場合、これらの宅建業者が受け取れる報酬の合計額は、1つの宅建業者が関与した場合の報酬限度額以内でなければなりません。

> **ひとこと**
> これは、**2 売買・交換の媒介・代理における報酬限度額**で学習した内容と同様です。

4 その他

報酬に関するその他のポイントをまとめると、次のとおりです。

板書 報酬に関するその他のポイント

☆ 宅建業者は、事務所ごとに、公衆の見やすい場所に、国土交通大臣が定めた**報酬額を掲示**しなければならない

☆ 報酬額の制限は、宅建業者間の取引の場合にも**適用される**

> **ひとこと**
> 報酬額の掲示は、SEC.06 **事務所、案内所等に関する規制**でも学習しましたね。
> *Review* SEC.06 **3 Ⅴ**

SECTION 10 監督・罰則

このSECTIONで学習すること

1 宅建業者に対する監督処分
指示処分、業務停止処分、免許取消処分の3つがある

2 取引士に対する監督処分
宅建業者に対する監督処分とよく似ている！

3 監督処分の手続
業務停止処分、免許取消処分のときは、公告される

4 罰則
ここはサラッとみておけばOK

1 宅建業者に対する監督処分

I 監督処分の種類

宅建業者に対する監督処分には、処分が軽い順に、**指示処分**、**業務停止処分**、**免許取消処分**の3つがあります。

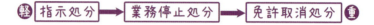

板書 宅建業者に対する監督処分の種類

軽 指示処分 → 業務停止処分 → 免許取消処分 重

II 指示処分の内容

1 対象事由

国土交通大臣または都道府県知事は、宅建業者が以下の対象事由（主なもの）に該当する場合、宅建業者に対して必要な指示をすることができます。

指示処分の対象事由（主なもの）

❶ 業務に関し、宅建業法以外の法令に違反し、宅建業者として不適当であると認められるとき
❷ 取引士が処分を受けた場合において、宅建業者の責めに帰すべき事由があるとき
❸ 業務に関し、取引の関係者に損害を与えたとき、または損害を与えるおそれが大であるとき
❹ 宅建業法の規定に違反したとき

---

2 処分権者

指示処分は、**免許権者**（その宅建業者に免許を与えた国土交通大臣または都道府県知事）のほか、宅建業者が処分の対象となる行為を行った都道府県の知事も行うことができます。

ココみて！ 10-1

?例題　　　　　　　　　　　　　　　　　　　　　　　　　　H19-問36②

宅地建物取引業者Ａ（甲県知事免許）が、乙県内で行う建物の売買に関し、取引の関係者に損害を与えるおそれが大であるときは、Ａは、甲県知事から指示処分を受けることはあるが、乙県知事から指示処分を受けることはない。

✕　指示処分は免許権者のほか、宅建業者が処分の対象となる行為を行った都道府県の知事（乙県知事）も行うことができる。

III 業務停止処分の内容

1 対象事由

国土交通大臣または都道府県知事は、宅建業者に対して**1年以内**の期間を定めて、その業務の全部または一部の停止を命ずることができます。

業務停止処分の対象事由（主なもの）

❶ 業務に関し、宅建業法以外の法令に違反し、宅建業者として不適当であると認められるとき
❷ 取引士が処分を受けた場合において、宅建業者の責めに帰すべき事由があるとき
❸ **指示処分に違反したとき**
❹ 宅建業に関し、不正または著しく不当な行為をしたとき
❺ 宅建業法の一定の規定に違反したとき

　・誇大広告等の禁止規定に違反したとき
　・取引態様の明示をしなかったとき
　・媒介契約書を交付しなかったとき
　・**重要事項の説明をしなかったとき、書面を交付しなかったとき**
　・**37条書面の交付義務に違反したとき**
　・**報酬額の限度を超えて報酬を受け取ったとき**
　・従業者に従業者証明書を携帯させなかったとき
　・守秘義務に違反したとき

　・**専任の取引士の設置義務に違反したとき**　←事務所以外／事務所…⭐
　・一定の営業保証金に関する規定に違反したとき…⭐
　・一定の保証協会に関する規定に違反したとき……⭐

❶と❷は、指示処分と同じ。❶や❷に該当する場合には、指示処分にしてもいいし、業務停止処分にしてもいい、ということです。

2 処分権者

　業務停止処分は、免許権者(その宅建業者に免許を与えた国土交通大臣または都道府県知事)のほか、宅建業者が処分の対象となる行為を行った都道府県の知事も行うことができます(ただし、前記★を理由として業務停止処分ができるのは免許権者に限られます)。

Ⅳ 免許取消処分の内容

1 対象事由

　国土交通大臣または都道府県知事は、宅建業者が以下の必要的取消事由に該当する場合には、その宅建業者の免許を取り消さなければなりません。

　　宅建業者が任意取消事由に該当するときは、必ずしも免許を取り消す必要はありません。

免許取消処分の対象事由(主なもの)

必要的取消事由 … 必ず免許を取り消さなければならないもの

❶ **不正の手段で免許を受けたとき**
❷ 業務停止処分に該当する行為をし、情状が特に重いとき
❸ 業務停止処分に違反したとき
❹ 心身の故障により宅建業を適正に営むことができない者として国土交通省令で定めるもの、破産者で復権を得ない者となったとき
❺ 禁錮以上の刑に処せられたとき
❻ **宅建業法の規定違反、暴力系の犯罪、背任罪により罰金の刑に処せられたとき**
❼ 暴力団員等になったとき
❽ 営業に関し、成年者と同一の行為能力を有しない未成年者である宅建業者の法定代理人(法定代理人が法人の場合はその役員)が一定の欠格事由に該当するに至ったとき
❾ 法人の役員、政令で定める使用人が一定の欠格事由に該当するに至ったとき
❿ 免許を受けてから **1**年以内に事業を開始しないとき(または1年以上事業を休止したとき)
⓫ 免許換えが必要であるにもかかわらず、新たに免許を受けていないことが判明したとき

任意的取消事由 … 必ずしも免許を取り消さなくてもいいもの

❶ 営業保証金を供託した旨の届出がないとき
❷ 宅建業者の所在地が不明となったとき…★

ひとこと

【★について】
　国土交通大臣または都道府県知事は、その免許を受けた宅建業者の事務所の所在地や、免許を受けた宅建業者の所在(法人の場合は、役員の所在)を確知できないときは、官報等で公告し、公告の日から**30**日を経過しても宅建業者から申出がない場合には、免許を取り消すことができます。

2 処分権者

免許取消処分は、免許権者(その宅建業者に免許を与えた国土交通大臣または都道府県知事)のみ行うことができます。

宅建業者に対する監督処分のまとめ

	指示処分	業務停止処分	免許取消処分
処分権者	免 他	免 他※	免
「できる」？「しなければならない」？	指示することができる	業務停止を命ずることができる	(必要的取消事由なら)免許を取り消さなければならない

免…免許権者(その宅建業者に免許を与えた国土交通大臣または都道府県知事)
他…免許権者以外の都道府県知事(宅建業者が業務を行った都道府県の知事)
※ 免許権者のみに限られる場合(処分対象事由)もある

V その他

1 指導等

国土交通大臣は、すべての宅建業者に対して、必要な指導、助言、勧告を行うことができます。

また、都道府県知事は、当該都道府県内において宅建業を営む宅建業者に対して、必要な指導、助言、勧告を行うことができます。

2 内閣総理大臣との協議

国土交通大臣が宅建業者に対して一定の監督処分をしようとするときは、あらかじめ内閣総理大臣と協議しなければなりません。

内閣総理大臣と協議が必要なもの

❶ 重要事項の説明義務違反
❷ 37条書面の交付義務違反
❸ 誇大広告等の禁止違反
❹ 取引態様の明示義務違反
❺ 守秘義務違反

ひとこと
都道府県知事が処分を行う場合には、内閣総理大臣との協議は不要です。

2 取引士に対する監督処分

I 監督処分の種類

取引士に対する監督処分には、処分が軽い順に、**指示処分**、**事務禁止処分**、**登録消除処分**の3つがあります。

板書 取引士に対する監督処分の種類

軽 指示処分 → 事務禁止処分 → 登録消除処分 重

II 指示処分の内容

1 対象事由

都道府県知事は、取引士が以下の対象事由に該当する場合、取引士に対して必要な指示をすることができます。

141

> **指示処分の対象事由**
> ❶ 宅建業者に対して、専任の取引士として従事している事務所（たとえば本店）以外の事務所（たとえば支店）においても、専任の取引士であることを表示することを許し、宅建業者がその旨を表示したとき
> ❷ 他人に名義を貸し、その他人がその名義を用いて取引士である旨の表示をしたとき
> ❸ 取引士の事務に関し、不正・著しく不当な行為をしたとき

ひとこと

❶について…
　たとえば、Aは本店の専任の取引士なのに、

宅建業者：「（人数が足りないから）支店でも専任の取引士ってことにしていい？」
　　A　：「いいっすよ」

と答えてしまった！ そして宅建業者が「Aさんは支店の専任の取引士ですよ」と表示した、という場合です。

2 処分権者

指示処分は、登録をしている都道府県知事のほか、取引士が処分の対象となる行為を行った都道府県の知事も行うことができます。

III 事務禁止処分の内容

1 対象事由

都道府県知事は、取引士に対して**1年以内**の期間を定めて、取引士としてすべき事務の全部または一部を禁止することができます。

> **事務禁止処分の対象事由**
> ❶ 指示処分の対象事由に該当するとき
> 　　指示処分の対象事由に該当したら、指示処分にしてもいいし、
> 　　事務禁止処分にしてもいい、ということ
> ❷ 指示処分に従わないとき

2 処分権者

事務禁止処分は、登録をしている都道府県知事のほか、取引士が処分の対象となる行為を行った都道府県の知事も行うことができます。

ひとこと
指示処分の場合と同じです。

IV 登録消除処分の内容

1 対象事由

都道府県知事は、取引士が以下の対象事由に該当する場合、その取引士の登録を消除しなければなりません。

> **登録消除処分の対象事由①**
> ❶ 取引士が登録の**欠格事由に該当**するに至ったとき
> ❷ 不正の手段により登録を受けたとき
> ❸ 不正の手段により取引士証の交付を受けたとき
> ❹ 事務禁止処分に該当する行為をし、情状が特に重いとき
> ❺ **事務禁止処分に違反**したとき

また、都道府県知事は、取引士の登録は受けているが、取引士証の交付を受けていない者が以下の対象事由に該当する場合、その登録を消除しなければなりません。

> **登録消除処分の対象事由②**
> ❶ 登録の欠格事由に該当するに至ったとき
> ❷ 不正の手段により登録を受けたとき
> ❸ 取引士としてすべき事務を行い、情状が特に重いとき

2 処分権者

登録消除処分は、登録をした都道府県知事のみ行うことができます。

板書 取引士に対する監督処分のまとめ

	指示処分	事務禁止処分	登録消除処分
処分権者	登 他	登 他	登
「できる」？「しなければならない」？	指示することが**できる**	事務禁止を命ずることが**できる**	登録を消除**しなければならない**

登…登録をしている都道府県知事
他…登録をしている都道府県知事以外の都道府県知事
　　（取引士が業務を行った都道府県の知事）

3 監督処分の手続

I 監督処分の手続（聴聞と公告）

監督処分の手続は、次のとおりです。

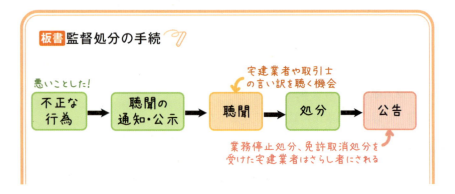

板書 監督処分の手続

悪いことした！　不正な行為 → 聴聞の通知・公示 → 聴聞 → 処分 → 公告

宅建業者や取引士の言い訳を聴く機会

業務停止処分、免許取消処分を受けた宅建業者はさらし者にされる

聴聞

国土交通大臣または都道府県知事は、宅建業者に対する監督処分や取引士に対する監督処分を行おうとするときは、公開の**聴聞**をしなければならない

宅建業者に対して：
- 指示処分
- 業務停止処分
- 免許取消処分

取引士に対して：
- 指示処分
- 事務禁止処分
- 登録消除処分

公告

国土交通大臣または都道府県知事は、**業務停止**処分または**免許取消**処分をしたときは、その旨を**官報**（国土交通大臣の処分の場合）や公報またはウェブサイトへの掲載その他の適切な方法（都道府県知事の処分の場合）で**公告**しなければならない

宅建業者に対する監督処分
- 指示処分 ……… ×
- 業務停止処分 …… ○
- 免許取消処分 …… ○

取引士に対する監督処分
- 指示処分 ……… ×
- 事務禁止処分 …… ×
- 登録消除処分 …… ×

○…公告される　×…公告する必要はない

例題　H21-問45④改

丙県知事は、丙県の区域内における宅地建物取引業者C（丁県知事免許）の業務に関し、Cに対して<u>指示処分</u>をした場合、遅滞なく、その旨を丙県の公報またはウェブサイトへの掲載その他の適切な方法により<u>公告しなければならない</u>。

　× 指示処分の場合は、公告は不要である。

Ⅱ 報告・通知

指示処分、業務停止処分をした都道府県知事は、遅滞なくその旨を、**国土交通大臣**に報告（処分を受けた宅建業者が国土交通大臣免許の場合）、または免許を与えた他の**都道府県知事**（処分を受けた宅建業者が他の都道府県知事の免許を受けている場合）に通知しなければなりません。

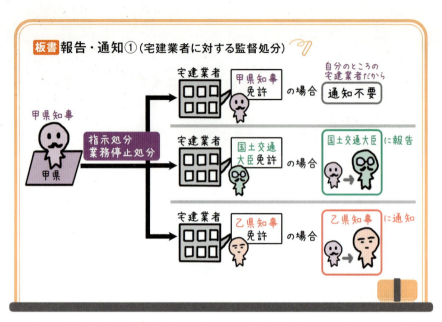

また、指示処分、事務禁止処分をした都道府県知事は、遅滞なくその旨を、処分を受けた取引士の登録をしている都道府県知事に通知しなければなりません。

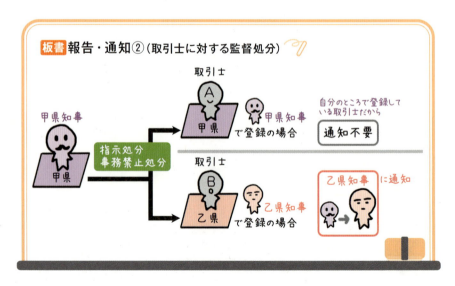

4 罰則

宅建業法に違反した場合、違反した者は罰金刑や懲役刑、過料（取引士に対する罰則）に処せられます。

罰則の内容（一部）

※ 併科 … 同時に2つ以上の刑を科すこと

罰則	対象
3年以下の懲役 もしくは 300万円以下の罰金 または これらの併科※	・不正の手段により免許を受けた者 ・無免許で事業をした者 ・名義貸しをして他人に宅建業を営ませた者 ・業務停止処分に違反して業務を営んだ者
2年以下の懲役 もしくは 300万円以下の罰金 または これらの併科※	・契約の勧誘をするとき等に、重要な事実を故意に告げなかったり、不実を告げた者
1年以下の懲役 もしくは 100万円以下の罰金 または これらの併科※	・不当に高額の報酬を要求した者
6カ月以下の懲役 もしくは 100万円以下の罰金 または これらの併科※	・営業保証金の供託の届出前に事業を開始した者 ・誇大広告等の禁止に違反した者 ・不当な履行遅延行為をした者 ・手付の貸付け等をすることにより、契約の締結を誘引した者
100万円以下の罰金	・無免許で宅建業者としての表示・広告をした者 ・名義貸しをして他人に宅建業の表示・広告をさせた者 ・専任の取引士の設置義務に違反した者 ・報酬限度額を超えて報酬を受領した者
50万円以下の罰金	・変更の届出をしなかったり、虚偽の届出をした者 ・37条書面を交付しなかった者 ・事務所に報酬の額を掲示しなかった者 ・従業者に従業者証明書を携帯させなかった者 ・標識を掲示しなかった者 ・守秘義務違反をした者 ・帳簿や従業者名簿を備え付けなかったり、記載すべき事項を記載しなかったり、虚偽の記載をした者
10万円以下の過料 取引士に対する罰則	・取引士証の返納義務に違反した者 ・取引士証の提出義務に違反した者 ・重要事項の説明時に、取引士証を提示しなかった者

CHAPTER 01
宅建業法

SECTION 11 住宅瑕疵担保履行法

1 住宅瑕疵担保履行法とは

　品確法（「住宅の品質確保の促進等に関する法律」）によって、**新築**住宅の売主には**10年間**の瑕疵担保責任が課されています。

　しかし、このような法律があったところで、売主に十分な資力がなければ瑕疵担保責任が履行されず、住宅の買主の保護が図れなくなります。

　そこで、品確法による瑕疵担保責任の履行を確保するため、**住宅瑕疵担保履行法**により、売主（宅建業者）に資力確保義務が課されました。

板書 住宅瑕疵担保履行法とは

品確法		住宅瑕疵担保履行法
新築住宅の売主は**10**年間、瑕疵担保責任を負わなければならない	← 履行実現のため	瑕疵担保責任を履行できるように資力を確保してね！

要するに いくら売主に瑕疵担保責任を追及しても、売主に資力がなければ意味がない……。だから、住宅瑕疵担保履行法という法律を定めて、売主に資力確保の措置を講じさせたんですよ、ということ

用語の意味

新築住宅・・・・・・・・・・新たに建築された住宅で、人の居住の用に供されたことがないもの（建設工事完了の日から**1年**を経過したものを除く）

新築後
- 1年以内 & 未使用 → 新築住宅
- 1年以内 & 使用済み → 新築住宅ではない
- 1年超 & 未使用 → 新築住宅ではない

瑕疵（か し）・・・・・・・・・・種類または品質に関して契約の内容に適合しない状態

特定住宅瑕疵担保責任 …品確法の規定による担保責任のこと

新築住宅の売主は、住宅の構造耐力上主要な部分または雨水の侵入を防止する部分の瑕疵について、引渡しの日から**10年間**、瑕疵担保責任を負わなければならない

← 屋根、外壁等

→ 基礎、土台、屋根、柱、壁等

2 資力確保措置が義務付けられる者

宅建業者が売主となり、宅建業者以外の者(買主)に新築住宅を引き渡す場合、資力確保措置が義務付けられます。

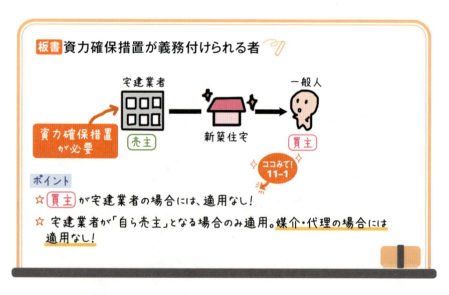

板書 資力確保措置が義務付けられる者

資力確保措置が必要 → 宅建業者(売主) ― 新築住宅 → 一般人(買主)

ココみて！11-1

ポイント
☆ 買主 が宅建業者の場合には、適用なし！
☆ 宅建業者が「自ら売主」となる場合のみ適用。媒介・代理の場合には適用なし！

ひとこと

住宅を新築する建設工事を請け負った建設業者についても、資力確保措置が義務付けられていますが、宅建業者の話だけおさえておけばOKです。

？例題　　　　　　　　　　　　　　　　　　　　H22-問45①

宅地建物取引業者は、自ら売主として宅地建物取引業者である買主との間で新築住宅の売買契約を締結し、当該住宅を引き渡す場合、資力確保措置を講ずる義務を負う。

× 買主が宅建業者である場合には、資力確保措置を講ずる義務はない。

3 資力確保措置の方法

資力確保措置の方法には、**保証金の供託**（住宅販売瑕疵担保保証金の供託）と**保険への加入**（住宅販売瑕疵担保責任保険契約の締結）の2つがあります。

ひとこと

新築住宅を一般人（宅建業者以外の人）に販売した宅建業者は、いずれかの方法によって資力確保措置を講じなければなりません。

I 保証金の供託（住宅販売瑕疵担保保証金の供託）

保証金を供託する場合の主なポイントは次のとおりです。

ひとこと

宅建業法の営業保証金制度に似ているので、**SEC.04 営業保証金**を参照＆比較しながら学習しましょう。　*Review* SEC.04

板書 保証金の供託のポイント

宅建業者は、各基準日(毎年**3**月**31**日と**9**月**30**日)において、基準日前**10**年間に引き渡した新築住宅について、住宅販売瑕疵担保保証金の供託をしていなければならない

ポイント

供託先は? ← 営業保証金制度と同じ

宅建業者の主たる事務所の最寄りの供託所

供託する額は? ← 営業保証金制度と異なる

基準日前**10**年間に引き渡した新築住宅の合計戸数をもとに計算した金額

↳ 新築住宅の床面積が**55**㎡以下のときは、**2**戸をもって**1**戸と数えることになる

供託するモノは? ← 営業保証金制度と同じ

金銭のほか、有価証券も OK

ただし! 有価証券の場合は次の評価額となる

① 国債 ━━━━━━━━━━━━━━━→ 額面金額の**100**%
② 地方債・政府保証債 ━━━━━━━→ 額面金額の **90**%
③ それ以外の国土交通省令で定める有価証券→ 額面金額の **80**%

保証金の還付によって、保証金が不足することになった場合は? ← 営業保証金制度と同じ

☆ 還付があった旨の通知書の送付を受けた日から**2**週間以内に、不足額を供託しなければならない

☆ 供託後**2**週間以内に、免許権者に届け出なければならない

Ⅱ 保険への加入（住宅販売瑕疵担保責任保険契約の締結）

住宅販売瑕疵担保責任保険契約（住宅瑕疵担保履行法が定める資力確保措置のための保険契約）と認められるための保険契約の要件は、次のとおりです。

> **板書 住宅販売瑕疵担保責任保険契約となる保険契約の主な要件**
>
> ① **宅建業者**（売主）が保険料を支払うものであること ココみて！11-2
>   注 買主が保険料を支払うのではない！
> ② 宅建業者が瑕疵担保責任を履行したことによって生じた当該宅建業者の損害を填補するものであること
> ③ 宅建業者が相当の期間を経過しても瑕疵担保責任を履行しない場合には、買主（宅建業者以外の者）の請求により損害を填補するものであること
> ④ 損害を填補するための保険金額が**2,000万円以上**であること
> ⑤ 有効期間が**10年以上**（買主が新築住宅の引渡しを受けたときから10年以上）であること
> ⑥ 国土交通大臣の承認を受けた場合を除き、変更・解除をすることができないこと

 例題 ─────────────────── H23-問45④

住宅販売瑕疵担保責任保険契約は、新築住宅の買主が保険料を支払うことを約し、住宅瑕疵担保責任保険法人と締結する保険契約であり、当該住宅の引渡しを受けた時から10年間、当該住宅の瑕疵によって生じた損害について保険金が支払われる。

 ✕ 保険料を支払うのは「買主」ではなく「**売主（宅建業者）**」である。

4 資力確保措置の状況に関する届出等

新築住宅を引き渡した宅建業者は、**基準日**ごとに、**免許権者**に対して、資力確保措置の状況について届出を行わなければなりません。

> **板書 資力確保措置の状況に関する届出等のポイント**
>
> 新築住宅を引き渡した宅建業者は、基準日ごと（毎年 **3月31日**と**9月30日**）に、保証金の供託および保険契約の締結の状況について免許権者に届け出なければならない
>
> **ポイント**
>
> 届出先は？
> 免許権者
>
> 届け出の期限は？（ココみて！11-3）
> 基準日から **3週間以内**
>
> 届け出をしなかったら？
> 基準日の翌日から **50日以後**は、新たに自ら売主となる新築住宅の売買契約を締結してはならない

例題　H24-問45①

自ら売主として新築住宅を宅地建物取引業者でない買主に引き渡した宅地建物取引業者は、当該住宅を引き渡した日から3週間以内に、その住宅に関する資力確保措置の状況について、その免許を受けた国土交通大臣又は都道府県知事に届け出なければならない。

× 「住宅を引き渡した日から3週間以内」ではなく、「**基準日から3週間以内**」である。

5 供託所の所在地等の説明

　新築住宅の売主である宅建業者が、保証金(住宅販売瑕疵担保保証金)の供託をしている場合には、**売買契約を締結する**までに、買主(宅建業者を除く)に対して、供託所の名称や所在地等を**書面**を交付して説明しなければなりません。

例題　　　　　　　　　　　　　　　　　　　　　　　　　H25-問45③

A（自ら新築住宅の売主となる宅建業者）は、住宅販売瑕疵担保保証金の供託をする場合、B（宅建業者ではない買主）に対する供託所の所在地等について記載した書面の交付及び説明を、Bに新築住宅を引き渡すまでに行えばよい。

× 「新築住宅を引き渡すまで」ではなく、「**売買契約を締結するまで**」である。

memo

第1分冊 さくいん

あ行

ＩＴ重説	85
案内所等	62,63
一般媒介契約	74,77
裏書き	37
営業保証金制度	40
営業保証金の取戻し	46

か行

解約手付	111
書換え交付	36
瑕疵	149
課税業者	120
監督処分	136,140
業	5
供託所	52,56
共通記載事項	67
業務停止処分	136,137,140
クーリング・オフ制度	103
区分所有建物	88
欠格事由	17,25
建蔽率	86
権利金	132
交換	4
公告	59,144
広告	80,119
国土交通大臣	9,13,14
個別記載事項	67

さ行

35条書面	25,84
37条書面	25,94
敷金	92
自己発見取引	74
指示処分	136,140,141,144
指定供託所	55
指定流通機構	76,79
私道負担に関する事項	87
事務禁止処分	28,141,142,144
事務所	10,42,62
社員	50
従業者証明書	71
従業者名簿	69
従業者名簿の保存期間	69
住宅瑕疵担保履行法	149
住宅性能評価	88

住宅の品質確保の促進等に関する法律	149
重要事項の説明	84
守秘義務	100
消費税	120
証約手付	111
資力確保措置	150
心身の故障がある一定の者	17,26
成年者	64
専属専任媒介契約	74,77
専任の取引士	63,64,103
専任媒介契約	74,77
専有部分	88
損害賠償額の予定	95,109

た行

貸借	4
代理	73
宅地・建物	3
宅地建物取引士	24
宅地建物取引士資格登録簿	30
宅建業	3
宅建業者	5,7
宅建業者名簿	15
建物状況調査（インスペクション）	79
担保責任	91,95,106
帳簿	68
聴聞	144
低廉な空家等	128
手付	111
手付金等	113
手付金保全措置	90
登録実務講習	24
登録消除処分	27,141,143,144
登録の移転	31
都道府県知事	9,11,35
取引	4
取引士	24,64,85,94
取引士証	24,35,85
取引士証の提出	38
取引条件	90
取引態様	83

は行

媒介	4,73
媒介契約	77
媒介契約書面	78
廃業	16
背任罪	18
売買	4
破産者	17,26

罰金	18,26
8種制限	102
罰則	147
標識	66
品確法	149
分担金	53
弁済業務	50,52
弁済業務保証金分担金	53
返納	37
報告・通知	145
報酬	119
報酬額	70
報酬基本額	121
報酬限度額	121
法定講習	24
法定代理人	21,28
法務大臣および国土交通大臣が定める供託所	55
保管替え	43
保険への加入	151,153
保証協会	49,52,55
保証金の供託	151
保全措置	114

ま行

未成年者	28
免許	3
免許換え	13
免許権者	45,63
免許取消処分	19,138,140
免税業者	120

や行

役員	19,20,26
容積率	86
用途地域	3

ら行

レインズ	76

1 刑罰行為能力の種類

I 刑罰行為能力の種類とは

刑罰行為能力とは、刑罰権がマイナスであるため、単独で、有効な法律
行為を行うことができる能力（行為能力）を刑罰限定された人をいいます。

II 「人」に関する3つの能力

権利能力、意思能力、行為能力について上げると、次のとおりです。

「人」に関する3つの能力

権利能力	権利・義務の主体となることのできる資格
	ポイント ☆ （自然人）であれば、生まれたときから死ぬまで権利能力を有する ☆ 取引や法律行為による権利義務や、相続・遺贈については権利能力を有する
意思能力	自分が行った法律行為の結果を判断（認識・判断）することができる能力
	ポイント 意思能力がないまま行った法律行為は無効 → 意思能力（ものごとを判断できる）のない人による、その状態での行為は、...その状態の効力
行為能力	単独で有効な法律行為を行うことができる能力 → この行為能力について、一定の制限をつけられた人を制限行為能力者という

III 刑罰行為能力の種類

刑罰行為能力者には、未成年者、成年被後見人、被保佐人、被補助人の4
種類があります。

2 制限行為能力者の保護

I 未成年者の保護

※未成年者が単独で法律行為をするときには、法定代理人（保護者＝親権者が…）

板書 制限行為能力者の種類

1 未成年者

20歳未満の者
ただし、婚姻した未成年者は成年に達したものとみなされる

（保護者）親権者・未成年後見人

※ここだけ！ 1-1

2 成年被後見人

精神上の障害により、事理を弁識する能力を欠く常況にある者で、家庭裁判所の後見開始の審判を受けた者

（保護者）成年後見人

→「ほとんど判断できない人」
→「誰かに入って保護される人」

3 被保佐人

精神上の障害により、事理を弁識する能力が著しく不十分である者で、家庭裁判所の保佐開始の審判を受けた者

（保護者）保佐人

→「簡単なことの判断は自分でできる」という人

4 被補助人

精神上の障害により、事理を弁識する能力が不十分である者で、家庭裁判所の補助開始の審判を受けた者

（保護者）補助人

→「だいたいのことは自分でできるけど…」という人

成年後見人）の**同意**が必要です。また、法定代理人が未成年者を**代理**して法律行為をすることもできます。

> **ひとこと**
> 未成年者の保護者のように、法律により代理権を有するとされた者を**法定代理人**といいます。

そして、未成年者が法定代理人の同意を得ずに単独で行った行為は、原則として取り消すことができます。

板書 未成年者の保護

■**原則**■
未成年者が法定代理人の同意を得ないで行った行為は**取り消す**ことができる
　→ …とは？ 法律により代理権を有するとされた者
　　　　　　（未成年者の場合には親権者など）

ポイント
☆ 本人（未成年者）、法定代理人のいずれも取り消せる

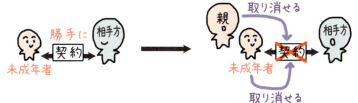

☆ 取消しは、第三者（善意・悪意を問わない）に対して**対抗**できる

法律用語	
取消し	取り消すまでは契約は有効であるが、取り消されると最初に（契約時点に）戻って無効となる
善意	知らないこと 未成年者であることを知らずに取引した人→善意の相手方
悪意	知っていること 未成年者であることを知っていて取引した人→悪意の相手方
対抗（する）	自己の権利を主張すること

■**例外**■ 下記の行為は取り消せない！＝1人でできる！
① 単に権利を得るだけの行為や義務を免れる行為
　　たとえば ただで土地をもらう契約など　　たとえば 借金をなしにしてもらう契約など
② 法定代理人から処分を許された財産を処分する行為
　　たとえば 学費や小遣いなど
　　　　　目的を定めて処分を許した財産　目的を定めないで処分を許した財産
③ 法定代理人から営業を許された特定の行為
　　たとえば 法定代理人の許可を得て行う宅建業の業務など

例題　H20−問1②

未成年者は、婚姻をしているときであっても、その法定代理人の同意を得ずに行った法律行為は、取り消すことができる。ただし、単に権利を得、又は義務を免れる法律行為については、この限りではない。

✕　未成年者でも、婚姻をした者は成年者とみなされるので、法定代理人の同意を得ずに行った法律行為を取り消すことはできない。

II 成年被後見人の保護

　成年被後見人の財産上の行為は、原則として成年後見人（法定代理人）が**代理**して行います。

　　成年被後見人は、「ほとんど判断できない人」なので、成年後見人が「同意」してもそのとおりに行動しない可能性が高いため、「同意」ではなく、「代理」としているのです。

　成年被後見人が、法定代理人の代理によらずに行った行為は、原則として取り消すことができます。

板書 成年被後見人の保護

■**原則**■

成年被後見人が、法定代理人の代理によらずに行った行為は**取り消す**ことができる
→注 「同意」ではなく「代理」

ポイント

☆ 法定代理人の同意を得て行った行為も、取り消せる
→注 未成年者の場合…取り消せない
　　成年被後見人の場合…取り消せる
→同意があっても、そのとおりに契約できるかわからないから

☆ 本人(成年被後見人)、法定代理人のいずれも取り消せる
→未成年者と同じ

☆ 取消しは、第三者(善意・悪意を問わない)に対して対抗できる

■**例外**■ **下記の行為は取り消せない!**

☆ 日用品の購入その他日常生活に関する行為
→たとえば 食料品を買うなど

Ⅲ 被保佐人の保護

　被保佐人が重要な財産上の行為を行うには、保佐人の**同意**(またはこれに代わる家庭裁判所の許可)が必要です。

　被保佐人が、保佐人の同意なし(または家庭裁判所の許可なし)に行った重要な財産上の行為は、取り消すことができます。

[板書] 被保佐人の保護

■原則■
被保佐人は、保佐人の同意がなくても有効な契約を結べる
　↳ ある程度、判断能力がある人だから

■例外■
重要な財産上の行為を 保佐人の同意 なしに行った場合には、取り消すことができる

　重要な財産上の行為（例）
　① 借金をしたり、保証人になること
　② 不動産、その他重要な財産の売買をすること
　③ 新築、改築、増築、大修繕をすること
　④ 長期賃貸借をすること　など
　　　↳ 土地の場合：5年超
　　　　建物の場合：3年超

ポイント
☆ 被保佐人が、保佐人の同意なしに重要な財産上の行為を行った場合は本人（被保佐人）、保佐人のいずれも取り消せる
　↳ つまり 重要な財産上の行為以外の行為を行った場合は、保佐人の同意がなかったとしても、取り消せない！

☆ 被保佐人が、重要な財産上の行為を制限行為能力者の法定代理人としてする場合でも、保佐人の同意が必要

☆ 取消しは、第三者（善意・悪意を問わない）に対して対抗できる

ひとこと
　保佐人には、原則として代理権は与えられていませんが、被保佐人または保佐人等が望めば、特定の法律行為について、家庭裁判所の審判によって保佐人に代理権を与えることができます。

Ⅳ 被補助人の保護

被補助人が家庭裁判所の審判で定めた特定の法律行為を行うときには、補助人の**同意**（またはこれに代わる家庭裁判所の許可）が必要です。

被補助人が、補助人の同意が必要な行為を、補助人の同意なし（またはこれに代わる家庭裁判所の許可なし）に行った場合は、その行為を取り消すことができます。

板書 被補助人の保護

■ 原則 ■
被補助人は、補助人の同意がなくても有効な契約を結べる
　↳ ほとんど判断能力がある人だから

■ 例外 ■
重要な財産上の行為のうち、家庭裁判所の審判によって、補助人の同意を得なければならないとされた特定の行為を、被補助人が**補助人の同意**なしに行った場合には、**取り消す**ことができる

ポイント
☆ 被補助人が、同意が必要な行為を補助人の同意なしに行った場合は、本人（被補助人）、補助人のいずれも取り消せる
☆ 取消しは、第三者（善意・悪意を問わない）に対して対抗できる

ひとこと

補助人には、原則として代理権は与えられていませんが、被補助人または補助人等が望めば、特定の法律行為について、家庭裁判所の審判によって補助人に代理権を与えることができます。

Ⅴ 制限行為能力者が他の制限行為能力者の法定代理人となった場合

制限行為能力者（同意を要する旨の審判を受けた被補助人など）である親権者が未成年者を代理した場合など、制限行為能力者が他の制限行為能力者の法定代理人としてした行為については、取り消すことができる場合があります。

3 制限行為能力者の相手方の保護

制限行為能力者と取引をした場合、取引の相手方は、いつ取り消されてしまうかわからない状況におかれてしまいます。

そこで、以下のような、制限行為能力者の相手方を保護する制度が用意されています。

板書 制限行為能力者の相手方の保護

ココみて！ 1-2！

1 制限行為能力者の詐術（さじゅつ）

制限行為能力者が、「自分は行為能力者である」と信じさせるために詐術を用いたときは、取り消すことはできなくなる

…とは？ → ウソをつくこと
ウソをつくような人を保護する必要はない！

2 催告権

制限行為能力者と取引をした相手方は、**1**カ月以上の期間を定めて、追認するかどうかを催告することができる

法律用語
追認…取消し可能な行為等を、事後的に認めて確定させること
催告…相手方に対して、一定のことを行うように催促すること

	誰に催告する?	催告したけど確答がない場合は…
未成年者	法定代理人	追認したとみなされる
成年被後見人	法定代理人	追認したとみなされる
被保佐人	保佐人 または 本人	保佐人に催告した場合 →追認したとみなされる 本人に催告した場合 →取り消したとみなされる
同意を要する旨の審判を受けた被補助人	補助人 または 本人	補助人に催告した場合 →追認したとみなされる 本人に催告した場合 →取り消したとみなされる
行為時には制限行為能力者であったが、催告時は行為能力者となっている場合	本人	追認したとみなされる

たとえば 取引時は19歳だったけど、催告時は20歳になっていた場合など

例題 —————————————— H20-問1④

被保佐人が、保佐人の同意又はこれに代わる家庭裁判所の許可を得ないでした土地の売却は、被保佐人が行為能力者であることを相手方に信じさせるため詐術を用いたときであっても、取り消すことができる。

× 制限行為能力者が詐術を用いて、行為能力者であることを相手方に信じさせたときは、取り消すことはできなくなる。

SECTION 02 意思表示

CHAPTER 02
権利関係

このSECTIONで学習すること

1. 意思表示とは —「これください」「は〜い」で契約は成立する
2. 詐欺 — 相手をだますこと
3. 強迫 — 相手をおどすこと
4. 虚偽表示（通謀虚偽表示）— 相手方と組んでウソをつくこと
5. 錯誤 — カン違いのこと
6. 心裡留保 — 冗談をいうこと（本心ではない意思表示をすること）

1 意思表示とは

意思表示とは、自分の意思を相手に対して表すことをいいます。

契約は、原則として**申込み**と**承諾**の2つの意思表示が合致して成立します。

>
> **ひとこと**
> たとえば、買主が「この土地を買いたい」と申込みの意思表示をし、売主が「では、売りましょう」と承諾の意思表示をすることによって、売買契約が成立します。

意思表示は、その通知が相手方に到達した時から効力が生じます。

ただし、相手方が正当な理由なく、通知が到達することを妨げたときは、その通知は、通常到達すべきであった時に到達したものとします。

なお、意思を表示した者が死亡した場合でも原則としてその効力は有効となります。

板書 意思表示の効力発生時期等

■原則■

その通知が相手に到達した時から効力が生じる

　↳ **たとえば** ポストに投函されるなど

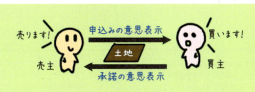

■例外■

相手方が正当な理由なく、通知が到達することを妨げたときは、その通知は、通常到達すべきであった時に到達したものとみなす

表意者が通知を発した後に死亡等した場合

以下の場合でも、原則としてその効力は失われない

① 死亡する
② 意思能力を喪失する
③ 行為能力の制限を受ける

しかし、だまされて契約してしまった場合(詐欺)や、おどされて契約してしまった場合(強迫)、ウソの意思表示で契約をした場合(虚偽表示、心裡留保)などもあります。

ここでは、このような場合における契約の有効性についてみていきます。

2 詐 欺

詐欺とは、相手をだまして、カン違いさせることをいいます。

詐欺によってなされた意思表示は、原則として取り消すことができます。

板書 詐欺

この近くにゴミ処理施設ができるから
アンタの土地、2年後には価値が
1,000万円くらいになってしまいまっせ。
いまだったら、ウチが5,000万円で買いまっせ。
(全部、ウソだけどな!)

えっ?
それなら、いま5,000万円で
売ります!!

時価1億
土地

詐欺者

■原則■
詐欺による意思表示は**取り消す**ことができる
↳なかったことにできる

ポイント
☆ この取消しは、善意無過失の第三者には対抗することができない

■例外■
第三者の詐欺によってなされた意思表示は、相手方が善意無過失の場合には、取り消すことができない

ココみて！2-1

ということは… 悪意または有過失の場合には、取り消すことができる

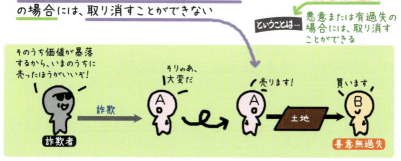

❓ 例題　　　　　　　　　　　　　　　　　　　　H23−問1②

【前提】A所有の甲土地につき、AとBとの間で売買契約が締結された。
Bは、第三者であるCから甲土地がリゾート開発される地域内になるとだまされて売買契約をした場合、AがCによる詐欺の事実を知っていたとしても、Bは本件売買契約を詐欺を理由に取り消すことはできない。

✕　第三者の詐欺によってなされた意思表示は、**相手方が悪意または有過失**の場合には、**取り消すことができる**。

3　強　迫

強迫とは、相手をおどすことをいいます。
強迫によってなされた意思表示は、取り消すことができます。

板書 強迫

強迫による意思表示は**取り消す**ことができる
　　　　　　　　　　　↳なかったことにできる

ポイント

☆ この取消しは、**善意の第三者にも対抗することができる**
　　　　↳注：詐欺の場合…善意無過失の第三者には対抗できない
　　　　　　　　　　だまされた人にも落ち度はある
　　　　　　　　　　→善意無過失の第三者のほうを保護
　　　　　強迫の場合…善意無過失の第三者にも対抗できる
　　　　　　　　　　圧倒的に強迫された人のほうがかわいそう
　　　　　　　　　　→強迫された人のほうを保護

☆ 第三者の強迫によってなされた意思表示は、**相手方が善意の場合でも、悪意の場合でも、取り消すことができる**
　　　　↳注：詐欺（第三者の詐欺によってなされた意思表示）の場合との違いに注意！
　　　　　　詐欺の場合は、相手方が**善意無過失**のときには取り消すことができない！

4　虚偽表示（通謀虚偽表示）

虚偽表示（通謀虚偽表示）とは、相手方と示し合わせてウソの意思表示をすることをいいます。

ひとこと

虚偽表示の例としては、多額の借金をかかえたAさんが、債権者による土地の差押えを免れるために、Bさんとグルになって、その土地をBさんに売ったように見せかける場合などがあります。
Aさん：「土地を売ったことにしておくれ」←実際には売る気はない
Bさん：「よし、買った（ことにしよう）！」←実際には買う気はない

虚偽表示による意思表示は、当事者間では**無効**となります。
ただし、その無効を善意の第三者に対抗することはできません。

板書 虚偽表示（通謀虚偽表示）

当事者間…虚偽表示による意思表示は**無効**
　　　　　　　　　↳そもそもはじめから効力がない

対第三者…善意の第三者に対しては、その無効を対抗できない

ポイント
☆「第三者」には転得者も含まれる
　　　↳…とは？　第三者からさらに土地等を譲り受けた人

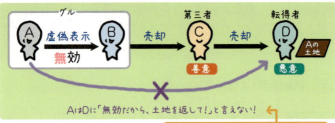

☆要するに「いったん善意が現れたら、それ以降の人が悪意でも保護される」ということ！

5 錯　誤

錯誤とは、勘違いで意思表示をすることをいいます。

ひとこと
少し難しい言葉でいうと「錯誤とは意思と表示が不一致であり、それを表意者（意思表示をした人）が知らないで行った意思表示」ということになります。

I 取消しの対象となりうる錯誤

次の錯誤による意思表示をした場合、その錯誤が法律行為の目的および取引上の社会通念に照らして重要なもの(要素の錯誤)であるときは、**取り消す**ことができます。

取消しの対象となりうる錯誤

❶ 意思表示に対応する意思を欠く錯誤(表示の錯誤)
❷ 表意者が法律行為の基礎とした事情についてその認識が真実に反する錯誤(動機の錯誤)

ひとこと

たとえば、甲土地を売るつもり【意思】であったが、勘違いして「乙土地を売る」といってしまった【表示】という場合、甲土地と乙土地は全く異なるものであるため、その錯誤は法律行為の目的および社会通念に照らして重要なものである(要素の錯誤がある)ことになります。したがって、この契約は取り消すことができます。

ただし、表意者に重大な過失がある場合には、原則として、取り消すことはできません。

板書 錯誤

■**原則**■

要素の錯誤に該当する一定の錯誤による意思表示は取り消すことができる

→ …とは? 法律行為の目的および取引上の社会通念に照らして重要なもの

■例外■
表意者に重大な過失があった場合には、次に掲げる場合を除き、表意者は取り消すことができない

…とは？ 意思表示をした人

① 相手方が表意者に錯誤があることを知り、または重大な過失によって知らなかったとき
② 相手方が表意者と同一の錯誤に陥っていたとき

ポイント
☆ この取消しは、善意無過失の第三者には対抗することができない

II 動機の錯誤

「取消しの対象となりうる錯誤」には、「**動機の錯誤**」というものがあります。

動機の錯誤とは、意思と表示は一致しているが、意思を形成する過程（動機）に錯誤があることをいいます。

たとえば、いま売れば課税されないと思って【動機】、甲土地を売ろうと思い【意思】、「甲土地を売ります」といって【表示】、甲土地の売買契約を結んだけど、実際にはカン違いで課税された、という場合です。

ココみて！ 2-2

この場合には、表意者は、錯誤による取消しをすることができません。

動機の錯誤による取消しが認められるためには、少なくとも、動機となった事情が法律行為の基礎とされていることが表示されて（「いま売れば課税されないから、甲土地を売ります」と言うなどして）いる必要があります。

ひとこと

相手方への動機の表示は明示的なもの（口で言う）だけでなく、黙示的なもの（しぐさなど）も含まれます。

? 例題　　　　　　　　　　　　　　　　　　　H23-問1①

【前提】A所有の甲土地につき、AとBとの間で売買契約が締結された。
Bは、甲土地は将来地価が高騰すると勝手に思い込んで甲土地の所有者Aと売買契約を締結したところ、実際には高騰しなかった場合、動機の錯誤を理由に本件売買契約を取り消すことができる。

× その事情が法律行為の基礎として表示されていなければ、動機の錯誤を理由に取り消すことができない。

6 心裡留保

心裡留保とは、表意者が本心ではないことを自分で知っていて意思表示をすること（冗談を言ったり、ウソをつくこと）をいいます。

心裡留保による意思表示は、原則として**有効**となります。

板書 心裡留保

■**原則**■
心裡留保による意思表示は**有効**

↳ **たとえば** 売る気なんてないのに、冗談で「売るよ」と言ったら、相手が真に受けて「買うよ」と言った！
→冗談を言ったほうが悪い →意思表示は有効

■**例外**■
以下の場合には、**無効**となる

↳ ① 相手方が**悪意**であった場合
　　　↳ 冗談だと知っていた
　② 相手方が**善意有過失**であった場合
　　　↳ 冗談だとは知らなかったけど、注意すればわかったはず…

> **ポイント**
> ☆ 心裡留保による意思表示の無効は、善意の第三者には対抗できない

CHAPTER 02
権利関係

SECTION 03

代 理

このSECTIONで学習すること

1 代理の基本
有効な代理行為の要件を確認しておこう

2 代理権の濫用、自己契約・双方代理等
代理人が自分の利益を優先してしまうような行為は制限されている

3 復代理
代理人がさらに代理人を選任すること！

4 無権代理
代理権がない人が、代理行為をしてしまった場合は…？

5 表見代理
代理権がないけど、代理権があるっぽくふるまった場合は…？

1 代理の基本

Ⅰ 代理とは

代理 とは、本人に代わって契約の締結等をすることをいいます。

Ⅱ 代理行為の効果

代理人が行った行為の効果は、直接本人に生じます。

板書 代理行為の効果 🖊

代理行為の効果

代理人が本人に代わって行った行為
の効果は、直接本人に生じる

こうなるためには、
次の要件を満たす
必要がある

効果は本人に
直接生じる

本人 A
代理権 ↓
代理人 B ⟷ 契約 ⟷ C 相手方

有効な代理行為の要件

① 代理人が **代理権** を有していること
② 代理人が「本人の代理人である」ことを相手方に示していること
　（顕名）

代理人が顕名をせずに契約した場合は…?

■原則■
　代理人自身が契約したものとみなす

　　「本人の代理人」と言われなければ、相手方は目の前にいる人（代理人）が
　　契約の本人だと思うはずだから…

180

■例外■
以下の場合には、有効な代理行為となる＝本人に効果が生じる
① 相手方が**悪意**であった場合
　→ 本人の代理人であることを知っていた
② 相手方が**善意有過失**であった場合
　→ 注意すれば、本人の代理人であるとわかったはず…

Ⅲ 代理行為に瑕疵があった場合

　代理人の相手方に対する意思表示の効力が、意思の不存在（心裡留保など）、錯誤、詐欺、強迫、ある事情について善意か悪意か、過失の有無によって影響を受ける場合、その事実の有無は、原則として**代理人**を基準に判定します。

　また、相手方の代理人に対する意思表示の効力が、意思表示を受けた者がある事情について善意か悪意かや過失の有無によって影響を受けるべき場合、その事実の有無も、原則として**代理人**を基準に判定します。

　なお、特定の法律行為を委託された代理人がその行為をしたときには、**本人**は自らが悪意または善意有過失である事情について、代理人が善意または無過失であることを主張することができません。

ひとこと
代理人がだまされたなら、原則として本人は取り消すことができます。

Ⅳ 代理人が制限行為能力者であることを理由とする取消し

　未成年者等の制限行為能力者であっても、本人はこれらの人を代理人とすることが**できます**が、本人は、代理人が制限行為能力者であることを理由に代理人の行為を取り消すことは原則として**できません**。

　しかし、制限行為能力者が他の制限行為能力者の法定代理人としてした行

為については、一定の要件を満たしていれば取り消すことができます。

本人が代理人を選ぶ場合には、制限行為能力者を選任した本人が責任を負えばよいのですが、仮に、親が制限行為能力者である場合、その代理行為の責任を未成年者である子供に負わせるのはかわいそうですよね…

? 例題　　　　　　　　　　　　　　　　　　　　　　　H24-問2①改

未成年者が委任による代理人となって締結した契約の効果は、当該行為を行うにつき当該未成年者の法定代理人による同意がなければ、有効に本人に帰属しない。

× 未成年者も代理人となることはできるので、未成年者が代理人となってした契約の効果は本人に帰属する。

Ⅴ 代理権の消滅

代理権は、次の場合に消滅します。

板書 代理権の消滅 ✏

委任等の契約にもとづいて、
本人が代理権を与えることに
よってはじまる代理

民法の規定にもとづいて
はじまる代理
（本人の意思によらずに発生）

	任意代理	法定代理
本 人	☆ 死亡 ☆ 破産手続開始の決定 　破産したら、代理人に 　お金を払えないから…	☆ 死亡
代理人	☆ 死亡 ☆ 破産手続開始の決定 　自分のお金の管理もできない人には任せられないよね… ☆ 後見開始の審判 　事理弁識能力が欠けている人には任せられないよね…	

2　代理権の濫用、自己契約・双方代理等

Ⅰ 代理権の濫用

代理権の濫用とは、代理人が自己または第三者の利益を図る目的で代理権の範囲内の行為をすることをいいます。

代理権を濫用した代理行為の効果は、原則として本人に帰属します。

183

板書 代理権の濫用の効果

■原則■
本人に帰属する
↳ 代理権を濫用する行為も代理権の範囲内の行為

■例外■
以下の場合には、**無権代理人**がした行為とみなす
↳ 追認、無権代理人への責任の追及など
無権代理と同様の扱いが可能

代理人が自己または第三者の利益を図る目的であることについて
① 相手方が**悪意**であった場合
② 相手方が**善意**だが**有過失**であった場合

❓例題　　　　　　　　　　　　　　　　　　　H30−問2①

【前提】Aが、所有する甲土地の売却に関する代理権をBに授与し、BがCとの間で、Aを売主、Cを買主とする甲土地の売買契約(以下この問において「本件契約」という。)を締結した。

Bが売買代金を着服する意図で本件契約を締結し、Cが本件契約の締結時点でこのことを知っていた場合であっても、本件契約の効果はAに帰属する。

❌ Bが売買代金を着服する意図で本件契約を締結したことをCが本件契約締結時点で知っているので、その効果はAに帰属しない。

Ⅱ 自己契約・双方代理

自己契約とは、代理人が自ら契約の相手方となって、本人と契約をすることをいいます。また、**双方代理**とは、同じ人が契約の両当事者の代理人とな

ることをいいます。

自己契約・双方代理は原則として無権代理人がした行為とみなします。

ひとこと

自己契約・双方代理は、代理権の範囲内の行為ですが、原則として、無権代理行為とみなすことで、無権代理と同様の扱いになります。たとえば、本人が追認したり、相手方が本人に対して追認をするかどうかを求める催告をしたりすることができます。

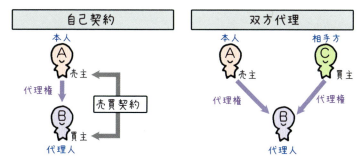

例題 H24-問2③

不動産の売買契約に関して、同一人物が売主および買主の双方の代理人となった場合であっても、売主および買主の双方があらかじめ承諾しているときには、当該売買契約の効果は両当事者に有効に帰属する。

○ 売主および買主の両方からあらかじめ承諾がある場合は、双方代理は無権代理とみなされず、当該売買契約の効果は両当事者に有効に帰属する。

III 利益相反行為

利益相反行為とは、代理人と本人との利益が相反する行為をいいます。利益相反行為は原則として無権代理人がした行為とみなします。

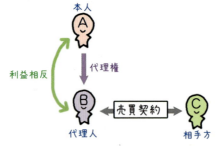

3 復代理

Ⅰ 復代理とは

復代理 とは、代理人が自分に与えられた権限の範囲内の行為を行わせるために、さらに代理人を選ぶことをいいます。

復代理人を選ぶのは代理人ですが、復代理人の行った行為の効果は**本人**に帰属します。

Ⅱ 復代理人の選任と代理人の責任

復代理人は、一定の場合に選任することができます。この場合の代理人の責任は以下のとおりです。

板書 復代理人の選任と代理人の責任

	任意代理 ココみて! 3-4	法定代理
復代理人を選任できる場合	① **本人**の許諾があるとき または ② **やむを得ない事由**があるとき	法定代理人は、自己の責任において復代理人を選ぶことができる
復代理人の選任における代理人の責任 ココみて! 3-4	債務不履行責任(→SEC.05)の要件を満たす場合にその責任を負う	■原則■ 法定代理人は復代理人のすべての責任を負う ■例外■ やむを得ない事由によって復代理人を選任したときは、選任・監督についてだけ責任を負う

例題 H19−問2②

【前提】Aは不動産の売却を妻の父であるBに委任し、売却に関する代理権をBに付与した。

Bが、Bの友人Cを復代理人として選任することにつき、Aの許諾を得たときは、Bはその選任に関し過失があったとしても、Aに対し責任を負わない。

× 本人の許諾を得て復代理人を選任した場合でも、代理人は、債務不履行の一般原則に基づき、責任を負うことがある。

Ⅲ 復代理人の選任と代理人の代理権

復代理人を選任しても、代理人の代理権は消滅しません。

4 無権代理

Ⅰ 無権代理とは

無権代理 とは、代理権がないのに、代理人として行った行為をいいます。また、無権代理行為を行った者を 無権代理人 といいます。

Ⅱ 無権代理行為の効果

無権代理人が行った契約の効果は、原則として本人に生じません。

　本人の知らないところで代理行為が行われたのに、その効果が本人に生じたら本人はたまりません。そのため、無権代理人が行った契約の効果は、原則として本人に生じないのです。

　ただし、本人が追認した場合には、契約の時にさかのぼって有効な代理行為があったことになります。

板書 無権代理行為の効果

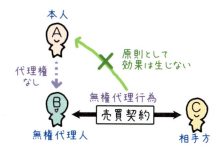

■原則■
契約の効果は本人に対して生じない

■例外■
本人が追認した場合は、契約時にさかのぼって有効な代理行為となる

ポイント
☆ 追認は**無権代理人**に対して行ってもよいし、**相手方**に対して行ってもよい

Ⅲ 無権代理の相手方の保護

無権代理人と契約を行った相手方を保護するため、相手方には以下の権利が認められています。

ひとこと

「契約をしたけど、無権代理人だったから、その契約は無効」となったら、こんどは契約の相手方がたまりません。そこで、相手方を保護するためにいくつかの権利が認められているのです。

板書 無権代理の相手方の保護

1 催告権　　　　　　　　　　　　善意 も 悪意 もOK

無権代理人と契約した相手方は、**本人**に対して、「追認するかどうか
を確答して」と**催告**することができる

ポイント

☆ 確答がない場合には、**追認を拒絶**したものとみなす

☆ 催告権は、相手方が無権代理行為について 善意 でも 悪意 でも
認められる

2 取消権　　　　　　　　　　　　善意 ならOK

無権代理人と契約した**善意**の相手方は、本人が追認しない間は、
契約を取り消すことができる　　　　　悪意 の場合は×

ポイント

☆ 本人が追認したあとは、契約を取り消すことができない

3 無権代理人に対する責任追及権

以下の場合には、相手方は**無権代理人**に対して、**契約の履行**または
損害賠償の請求をすることができる

> 無権代理人に代理権がないことについて
> ① 相手方が**善意無過失**の場合
> ② 相手方が**善意有過失**だが、無権代理人が**悪意**の場合

ポイント

☆ 無権代理人が制限行為能力者であるときは、責任を追及することは
できない

190

IV 無権代理と相続

無権代理行為があったあとに、本人または無権代理人が死亡した場合の法律関係は以下のとおりです。

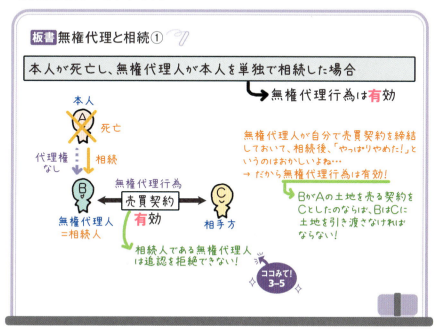

板書 **無権代理と相続②**

┃無権代理人が死亡し、本人が無権代理人を単独で相続した場合┃

→ 本人は追認を拒絶する
　ことができる

本人の意思とは関係なく、無権代理人が勝手に締結した売買契約を相続人だからという理由で本人が追認を拒絶できないとするのは酷
→ だから本人は追認を拒絶することができる

追認すれば有効
追認しなければ原則無効

ポイント

☆ ただし、追認を拒絶した場合において、無権代理人に代理権がない事について、①相手方が**善意無過失**のとき、または②相手方が善意有過失だが無権代理人が悪意のときには、前述の**無権代理人の責任**が生じる

→ 本人は無権代理人を
　相続しているから

? 例題　　　　　　　　　　　　　　　　　　　　　H24−問4②

【前提】A所有の甲土地につき、Aから売却に関する代理権を与えられていないBが、Aの代理人として、Cとの間で売買契約を締結した。なお、表見代理は成立しないものとする。

Aの死亡により、BがAの唯一の相続人として相続した場合、Bは、Aの追認拒絶権を相続するので、自らの無権代理行為の追認を拒絶することができる。

　✗　無権代理人が単独で本人を相続した場合には、自らの無権代理行為の追認の拒絶をすることはできない。

5 表見代理

表見代理とは、無権代理行為であっても、表面上、正当な代理権があるようにみえる場合には、有効な代理行為があったものとする制度をいいます。

表見代理が成り立つには、相手方は**善意無過失**でなければなりません。

> **ひとこと**
> あたかも代理権があるような外観で、さらに「注意して取引をしたけど、目の前の人が無権代理人だとはわからなかったよ」という場合に、表見代理が成立し、正当な代理行為があったとされます。

板書 表見代理が成立する場合

以下の①～③のいずれかに該当し、相手方が**善意無過失**である場合には、表見代理が成立し、有効な代理行為となる！

① 「代理権を与えたよ」という表示をした場合

実際には代理権を与えていないのに、本人が「代理権を与えたよ」という表示をした場合

> 例 本人(A)が代理権を与えていない人(B)に委任状を渡し、Bはその委任状を相手方(C)に見せて、A所有の土地の売買契約をCと締結した

② 権限外の代理行為をした場合

本人から代理権を与えられているが、その代理権の範囲を超えて、代理人が代理行為をした場合

> 例 本人(A)から、賃貸借契約の締結の代理権しか与えられていない人(B)が、A所有の土地の売買契約をCと締結した

③ 代理権消滅後に代理行為をした場合

本人が、以前代理権を与えており、その代理権が消滅したあとにもかかわらず、代理人として代理行為を行った場合

> 例 Bは、本人(A)から土地の売却について代理権を与えられていたが、その後、Bが破産者となったため、Bの代理権は消滅した。それにもかかわらず、BはA所有の土地の売買契約をCと締結した

また、以下のいずれかに該当し、相手方が**善意無過失**である場合にも、表見代理が成立し、有効な代理行為となる！

④ ①と②を重ねて適用するケース

実際には代理権を与えていないのに、本人が「代理権を与えたよ」という表示をしたところ、代理人とされた者が表示された代理権の範囲を超えて代理行為をした場合

⑤ ②と③を重ねて適用するケース

本人が、以前代理権を与えており、その代理権が消滅したあとにもかかわらず、代理人であった者が、代理人として、以前与えられていた代理権の範囲外の代理行為を行った場合

上記板書の①～⑤は、多少なりとも本人に落ち度があって、無権代理人に代理権があるようにみえてしまう行為です。

①→代理権を与えていないのに委任状を渡してしまった本人が悪いよね…
②→代理権の範囲を間違えて契約してしまう人を代理人に選んだ本人が悪いよね…
③→代理権が消滅しているなら、すぐに委任状を回収すべきだよね…
④→①と②に類似する状況
⑤→②と③に類似する状況

したがって、このような場合には、本人よりも相手方（善意無過失の相手方）を保護しようというのです。

CHAPTER 02
権利関係

SECTION 04 時効

このSECTIONで学習すること

1 時効とは
「もう時効だね」など、日常会話でもよく使うのでなんとなくイメージがわくかな？

2 取得時効
一定期間、他人のものを持っていたら、自分のものになる！

3 消滅時効
一定期間、権利を行使しないと、権利が消えてしまう！

4 時効の完成猶予・更新
時効の完成を猶予するケースと、時効期間をリセットしてゼロから進行を進めるケース

5 時効の効力・援用・利益の放棄
時効の利益は時効完成前には放棄できない！

1 時効とは

時効とは、ある状態が一定期間続いた場合に、権利を取得したり（取得時効）、権利が消滅する（消滅時効）といった効果を認めることをいいます。

2 取得時効

取得時効とは、ある状態が一定期間続いた場合に、権利を取得できる制度をいいます。

> **ひとこと**
> 時効によって取得できる権利には、所有権のほか、地上権、永小作権、地役権、賃借権などがあります。

I 所有権の取得時効が完成するための要件

所有権の取得時効が完成するための要件は、次のとおりです。

板書 所有権の取得時効が完成するための要件

下記の期間、**所有の意思**をもって、**平穏**かつ**公然**に他人のものを**占有**すれば、その所有権を取得することができる＝自分のものになる

占有の開始時に
- **善意**＆**無過失**であった場合……**10年間**
- **善意**＆**有過失**であった場合……**20年間**
- **悪意**であった場合………………**20年間**

> **法律用語**
> 占有…物を、自分のものとして、事実上支配すること。自主占有と他主占有がある
> 自主占有…所有の意思がある占有
> （例：土地の買主が土地を占有している場合など）
> 他主占有…所有の意思のない占有
> （例：賃貸アパートの一室を借主が占有している場合など）

所有権の取得時効の要件である「占有」は「自主占有」

ポイント
☆「善意・悪意」、「有過失・無過失」は、占有の開始時で判定する

注 占有の開始時に「善意無過失」なら、途中で「悪意」に変わっても10年間で取得時効が完成！

☆ 実際に自分で占有せず、誰かに占有させていても取得時効は完成する

たとえば Aが善意無過失で土地の占有を開始し、6年後、その土地をBに貸し付けた場合は、Bがあと4年占有すれば、取得時効が完成！

II 占有の承継

　売買や相続があった場合、占有は承継されます。なお、前の占有者の占有期間を合計する（承継する）場合には、前占有者の善意・悪意も承継します。

197

板書 占有の承継

たとえば、善意無過失のAが甲土地の占有を開始し、6年後、悪意のBに売却した場合は…

BはAの「善意無過失」を引き継ぐ
→Bは甲土地を4年間占有すれば所有権を取得できる！

例題　　　　　　　　　　　　　　　　　　H16－問5②

A所有の土地の占有者がAからB、BからCと移った場合において、Bが所有の意思をもって5年間占有し、CがBから土地の譲渡を受けて平穏・公然に5年間占有した場合、Cが占有の開始時に善意・無過失であればBの占有に瑕疵があるかどうかにかかわらず、Cは10年の取得時効を主張できる。

ココみて！ 4-1

✗　土地の譲渡があった場合、前の占有者(B)の占有期間を合計することができるが、前占有者の善意・悪意も承継する。そのため、Bの占有開始時にBが善意・無過失であれば、CはBの占有開始から10年で取得時効を主張できるが、Bが悪意または善意・有過失であれば、Cは、Bの占有開始から20年経過しないと取得時効を主張できない（ただし、Cは善意無過失なので、自分の占有期間が10年であれば取得時効を主張できる）。

3　消滅時効

消滅時効とは、一定期間、権利を行使しないと、その権利が消滅する制度

をいいます。消滅時効のポイントは次のとおりです。

板書 消滅時効のポイント

消滅時効の期間・起算点（時効の期間がスタートする点）

以下の期間、権利を行使しなかったら、その権利は消滅する

1 通常の債権

① 主観的起算点
　…債権者が権利を行使することができることを知った時から**5**年
② 客観的起算点
　…権利を行使することができる時から**10**年

2 債権または所有権以外の財産権

権利を行使することができる時から**20**年
☆地上権、永小作権、地役権など

3 人の生命または身体の侵害による損害賠償請求権

① 主観的起算点
　…債権者が権利を行使することができることを知った時から**5**年
② 客観的起算点
　…権利を行使することができる時から**20**年
☆不法行為による損害賠償請求権
　①主観的起算点…被害者またはその法定代理人が損害および加害者を知
　　った時から**3**年（人の生命・身体を害する不法行為の場合は
　　5年）
　②客観的起算点…不法行為の時から**20**年

4 確定判決または確定判決と同一の効力を有するものによって確定した権利

10年より短い時効期間の定めがあるものであっても**10**年
☆確定の時に弁済期の到来していない債権は除く

ポイント
☆ **所有**権は消滅時効にかからない！

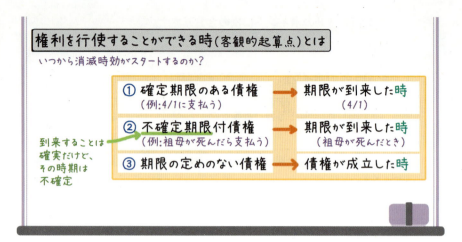

4 時効の完成猶予・更新

時効の完成猶予とは、一定の期間が経過するまで時効の完成が猶予されることをいいます。猶予事由が発生しても時効期間の進行自体は止まりませんが、本来の時効期間の満了時期を過ぎても、一定の期間が経過するまでは時効は完成しません。

時効の更新とは、更新事由の発生によって進行していた時効期間の経過が無意味になり、新たにゼロから進行がスタートすることをいいます。

完成猶予事由に該当するものと、更新事由に該当するものをまとめると、次のとおりです。

板書 主な時効の完成猶予・更新事由①

1 裁判上の請求等 【完成猶予】【更新】

裁判上の請求、支払督促など

→ …とは？ 督促手続で、裁判所書記官が債務者の言い分を聞かずに金銭等の支払いを命じること

【完成猶予】
☆ 上記の場合、原則としてその事由が終了するまでの間は時効は完成しない
☆ 確定判決または確定判決と同一の効力を有するものにより、権利が確定することなくその事由が終了した場合、その終了の時から6カ月を経過するまで時効は完成しない

【更新】
確定判決または確定判決と同一の効力を有するものによって権利が確定したときは、時効はその事由が終了した時から新たにその進行を始める
→ たとえば 裁判上の和解

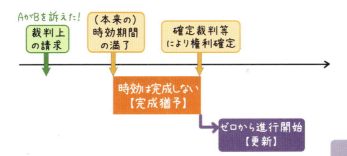

板書 主な時効の完成猶予・更新事由②

2 強制執行等 【完成猶予】【更新】

強制執行、財産開示手続など

…とは？ 債権者の申立てにより執行裁判所の決定を受け、債務者が財産を開示する手続き

【完成猶予】
☆ 上記の場合、原則としてその事由が終了するまでの間は時効は完成しない
☆ 申立ての取下げ、取消しによって上記の手続きが終了した場合、その終了の時から6カ月を経過するまでの間は時効は完成しない

【更新】
時効はその事由が終了した時から新たにその進行を始める（申立ての取下げ、取消しによって上記の手続が終了した場合を除く）

3 仮差押え、仮処分 【完成猶予】

【完成猶予】
☆ 仮差押えや仮処分の場合、その事由が終了した時から6カ月を経過するまでの間は時効は完成しない

4 催告 【完成猶予】

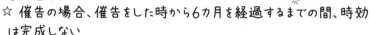
ココみて！ 4-2

【完成猶予】
☆ 催告の場合、催告をした時から6カ月を経過するまでの間、時効は完成しない
☆ 催告による時効の完成猶予中に再度催告をしてもダメ

板書 **主な時効の完成猶予・更新事由③**

5 権利についての協議を行う旨の合意 【完成猶予】

当事者間で権利をめぐる争いを自発的に解決するための協議

【完成猶予】
☆ 以下のうちいずれか**早い**時までの間、時効は完成しない

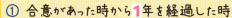

① 合意があった時から**1**年を経過した時
② 合意において当事者が協議を行う期間(1年未満に限る)を定めたときは、その期間を経過した時
③ 当事者の一方から相手方に対して協議の続行を拒絶する旨の通知が書面(電磁的記録でもよい)でされたときは、その通知の時から**6**カ月を経過した時

ポイント
☆ 合意は**書面**または**電磁的記録**でする
☆ 合意によって時効の完成が猶予されている間になされた再度の合意はOK → 時効の完成が猶予されなかったとしたら時効が完成したはずの時から通じて5年が限度
☆ 催告によって時効の完成が猶予されている間に合意をしてもダメ、合意によって時効の完成が猶予されている間に催告をしてもダメ

6 承認 【更新】

【更新】
☆ 債務者が(そのまま待っていれば時効となり、消滅時効を援用できるのに)、債権者に対して債務の一部を弁済したなど、時効は権利の承認があった時から新たに進行を始める

例題 H21-問3③改

AはBに対し建物を賃貸し、月額10万円の賃料債権を有している。この場合において、Aが、Bに対する賃料債権につき、内容証明郵便により支払いを請求したときであっても、消滅時効の完成は猶予されない。

> **ココみて！4-2**
> ✗ 内容証明郵便による支払いの請求は、裁判外の請求であり、催告に該当するので、催告をした時から6カ月を経過するまでの間は完成しない（時効の完成猶予）。

5 時効の効力・援用・利益の放棄

I 時効の効力

時効の効力は、その起算日（時効の期間がスタートする日）にさかのぼって発生します。

> **ひとこと**
> 悪意のBが、平穏かつ公然にAの甲土地を20年間、占有した結果、取得時効が完成した場合、Bは20年前にさかのぼって、甲土地の所有者であったことになります。

II 時効の援用

援用とは、時効の利益を受ける人が、時効の利益を受ける旨の意思表示をすることをいいます。

時効が完成しても、援用（主張）しなければ、時効の効力は生じません。

板書 時効の援用

ポイント

☆ 時効が完成しても、時効によって当事者(消滅時効にあっては権利の消滅について正当な利益を有する者も含む)が援用(主張)しなければ、時効の効果は生じない

消滅時効を援用できる人は…
① 債務者
② 保証人、連帯保証人 ← SEC11で学習
③ 物上保証人 ← SEC10で学習
④ 抵当不動産の第三取得者

Ⅲ 時効の利益の放棄

時効の利益は、あらかじめ放棄することは**できません**。

なお、時効の完成後であれば、時効の利益を放棄することができます。

ひとこと

たとえば、債務者が「私は時効が完成しても(借金を払わなくてもよい状態になっても)、借金を払いますよ」ということができてしまうと、契約時に、債権者から時効の利益を放棄する内容の契約を迫られ、事実上、時効制度が意味のないものになってしまいます。そのため、時効完成前は時効の利益を放棄することができないのです。

CHAPTER 02
権利関係

SECTION 05 債務不履行、解除

このSECTIONで学習すること

1 債務不履行 — 簡単にいうと、契約違反のようなもの

2 履行遅滞 — 履行しようと思えばできるのに、(期限が過ぎても)まだ履行してないよ、という状態

3 履行不能 — 履行できなくなっちゃった、という場合

4 損害賠償の請求 — 損害賠償額は先に決めておくこともできる！

5 契約の解除 — 契約を解除したら、お互い、契約前の状態に戻す必要がある

1 債務不履行

債務不履行とは、債務者が債務の（本旨に従った）履行をしないことをいいます。

要するに契約違反のことです。

債務不履行には、**履行遅滞**と**履行不能**があります。

もうひとつ、**不完全履行**（一応、履行はしたけど、不完全だったという場合）もありますが、ここでは履行遅滞と履行不能だけみておきます。

履行遅滞または履行不能に加えて、その他一定の要件を満たすときには、損害賠償請求や契約の解除をすることができます。

債務不履行による損害賠償請求をするときは、原則として、**債務者の帰責事由**（契約その他の発生原因および取引上の社会通念に照らして債務者の責めに帰することができる事由）が必要です。
一方、契約の解除では、債務者の帰責事由は不要となります。

2 履行遅滞

履行遅滞とは、債務を履行できるにもかかわらず、履行期（決められた時期）を過ぎても債務者が履行しないことをいいます。

板書 履行遅滞とは

履行が可能なのにもかかわらず、**履行期を過ぎても履行しないこと**

期限の種類	履行期
確定期限のある債務 「4/1に支払うよ」	期限が到来した時
不確定期限付債務 「祖母が死んだら支払うよ」	債務者が期限到来後に履行の請求を受けた時、または期限到来を知った時のいずれか**早い時**
期限の定めがない債務	原則として債権者が履行の請求を受けた時

なお、売主には目的物の引渡債務が、買主には代金支払債務があり、これらの債務は原則として同時履行の関係にあるので、相手が債務の履行をしない間には、自分の債務の履行を拒むことができます（**同時履行の抗弁権**）。

ひとこと
同時履行とは、「いっせーのせ！　でやるよ」ということです。

したがって、自分が債務の履行または弁済の提供をしない間は、履行期が過ぎたとしても、相手は履行遅滞にはなりません。

> **ひとこと**
> 　たとえば、売主に建物引渡債務があり、買主に代金支払債務がある場合、買主は売主の目の前に現金を積むなどして、債務の履行(の一歩手前)をしないと、売主に履行遅滞は生じません。
> 　反対に、売主は買主の目の前に建物の鍵を置くなどして、債務の履行(の一歩手前)をしないと、買主に履行遅滞は生じません。

3 履行不能

　たとえば、売り渡すつもりの建物が、売主の責任による火事で燃えてなくなってしまった場合、その建物を買主に引き渡すことができません。
　このように、債務を履行することが不可能になった状態を **履行不能** といいます。

> **ひとこと**
> 　「建物が全焼してしまった」というような物理的に履行が不能な場合だけでなく、二重譲渡で買主の一方に建物を引き渡すことができないような場合も履行不能となります。

　なお、契約にもとづく債務の履行が、契約の成立時に不能であった場合(原始的不能)も含まれます。

> **板書** 履行不能とは
>
> 債務の履行が不能であること
>
> ポイント
> ☆ 債務の履行が不能かどうかは、**契約その他の債務の発生原因**および**取引上の社会通念**に照らして判断 （ココみて! 5-1）
>   ← 債務の履行が物理的に不可能な場合に限定されない
> ☆ 契約に基づく債務の履行が契約成立時に不能であった場合（原始的不能）も含まれる

4 損害賠償の請求

債権者は、債務者の債務不履行(履行遅滞、履行不能)によって生じた損害について、債務者に対して損害の賠償を請求することができます。

> **例題** H24－問8③
> AB間でB所有の甲不動産の売買契約を締結した後、Bが甲不動産をCに二重譲渡してCが登記を具備した場合、AはBに対して債務不履行に基づく損害賠償請求をすることができる。
>
>
> ○ Cが先に登記をしているため、Aは甲不動産を手に入れることができない(履行不能)ので、損害賠償請求をすることができる。

なお、債務不履行が(契約その他債務の発生原因および取引上の社会通念に照らして)債務者の責めに帰することができない事由によるときは、債権者は、原則として、損害賠償請求をすることができません。

債務不履行の損害賠償請求は、原則として、債務者の帰責事由が必要ということです。

I 損害賠償の原則

損害賠償は、原則として**金銭**によって行います。

ひとこと
特約でモノによって行うこともあります。

また、損害賠償の範囲は、次のとおりです。

板書 損害賠償の範囲

① 債務不履行によって**通常生ずべき損害**の賠償を請求できる
② 特別の事情によって生じた損害であっても、**当事者**（債務者）がその事情を**予見すべきであったとき**は、（その事情から通常生ずべき）損害の賠償を請求できる

　　ⓐ 将来取得すべき利益（逸失利益）
　　ⓑ 将来負担すべき費用　　　　　の請求も可能

③ 上記ⓐ、ⓑについて、**中間利息**を控除するときは、その利率は、**損害賠償請求権**が生じた時点の法定利率による

　　ⓐの場合…利益を取得すべき時までの利息相当額
　　ⓑの場合…費用を負担すべき時までの利息相当額

> **ひとこと**
> 将来受け取るべき金額を前払いで受け取っている場合、本来受け取るべき時までの利息が発生します。この利息を控除することを中間利息を控除するといいます。

また、裁判所は債務不履行またはこれによる損害の発生もしくは拡大に関して債権者にも過失があった場合には、それを考慮して損害賠償の責任および損害賠償額を定めます。これを過失相殺といいます。

Ⅱ 損害賠償額の予定

損害賠償額は、契約の当事者間であらかじめ決めておくことができます。これを損害賠償額の予定といいます。

損害賠償額の予定のポイントをまとめると、次のとおりです。

板書 損害賠償額の予定のポイント

① 損害賠償額の予定がされると、実際の損害額がいくらであれ、予定した金額が損害賠償額となる
　→ たとえば 予定額を100万円と定めたら、たとえ実際の損害額が150万円でも、損害賠償額は100万円となる！

② 損害賠償額の予定は、契約と同時に行う必要はないが、すでに損害が発生したあとに予定することはできない

③ 違約金は、債務不履行による損害賠償額の予定と推定する

Ⅲ 金銭債務の特則

金銭債務とは、代金支払債務など、金銭を支払う義務をいいます。金銭債務が不履行となった場合には、以下の特則があります。

金銭債務の特則

❶ 金銭債務には、履行不能はありえないので、債務不履行＝履行遅滞となる
❷ 金銭債務については、債務者の責めに帰すべき事由がなくても債務不履行が成立する
❸ 債権者は損害の証明をせずに、損害賠償を請求できる
❹ 損害賠償の額は、債務者が遅滞の責任を負った最初の時点における法定利率によって計算する

ただし 約定利率 ＞ 法定利率 のときは
約定利率 で計算

☆法定利率は、現在は年**3**％である。3年を1期として、1期ごとに一定の指標を基準として法定利率が自動的に見直される変動性（変動は1％刻み）となっている

ひとこと
約定利率とは、当事者の契約で決めた利率のことをいいます。

5 契約の解除

Ⅰ 契約の解除とは

契約の解除とは、契約が成立したあとに、当事者のうち片方（解除権者＝解除権を有する者）の一方的な意思表示で、契約の効果を消滅させ、はじめから契約がなかったものにすることをいいます。

> **板書** 契約の解除のポイント
>
> ① いったん解除の意思表示をしたら、撤回はできない
> 　　　　　　　　　　　　　　　　└ 話がややこしくなるからね…
>
> ② 解除権者が複数いる場合は、原則として解除権者**全員**で解除の意思表示をする
> 　　　　　　　　　　　　　　　　　　　　　　└ みんなで意思表示
>
> 　■例外■
> 　　たとえば共有物の賃貸借契約の解除は、各共有者の価格にもとづいて、その過半数の同意でできる
>
> ③ 解除権者の相手方が複数いる場合は、解除権者は相手方**全員**に解除の意思表示をしなければならない
> 　　　　　　　　　　　　　　　　　　　　　　└ みんなに意思表示

> **ひとこと**
>
> 　債務不履行による契約解除は、債務者の帰責事由の有無に関係なく、することができます。…が、債務の不履行が債権者の帰責事由によるものであるときは、債務不履行による契約の解除をすることはできません。

II 債務不履行による契約の解除

　債務不履行による契約の解除をするには、履行遅滞や履行不能の要件のほかに、催告などが必要な場合と不要な場合とがあります。
　また、契約の全部を解除する場合と契約の一部を解除する場合とがあります。

> **ひとこと**
>
> 　催告は債務者に債務を履行する機会を与えるために行うものですが、債務者にその機会を与えても無意味な場合には、催告なしで解除することが認められています。

板書 履行遅滞・履行不能以外の要件

1 催告による解除 ← 基本的にはこっち

■原則■
債権者は、**相当の期間**を定めてその履行の催告をし、その期間内に履行がない場合、契約を解除できる

■例外■
その期間を経過した時点で、債務不履行が、契約および取引上の社会通念に照らして**軽微**なときは解除できない

2 催告によらない解除

全部解除 …以下の場合、催告なしで直ちに契約を解除できる
① 債務の全部の履行が不能であるとき…**全部不能**
② 債務者が債務の全部の履行を拒絶する意思を明確に表示したとき
　　　　　　　　　　　　　　　　　　　　　　　…**確定的履行拒絶**
③ 債務の**一部**の履行が不能である場合または債務者がその債務の**一部**の履行を拒絶する意思を明確に表示した場合で、残存する部分のみでは契約目的を達成できないとき
④ 契約の性質または当事者の意思表示により、特定の日時または一定の期間内に履行をしなければ契約目的を達成できない場合に、債務者が履行をしないでその時期を経過したとき…**定期行為**
⑤ 債務者がその債務の履行をせず、債権者が催告をしても契約目的を達成するのに足りる履行がされる**見込みのない**ことが**明らか**であるとき

一部解除 …以下の場合、催告なしで直ちに契約の一部を解除できる
① 債務の**一部**の履行が不能であるとき
② 債務者がその債務の**一部**の履行を拒絶する意思を明確に表示したとき

Ⅲ 解除の効果

契約が解除されると、その契約は最初からなかったものとなります。その他の解除の効果は次のとおりです。

板書 解除の効果

☆ 契約が解除されたときは、各当事者は **原状回復** 義務を負う
　→ **…とは？** 契約前の状態に戻すこと

原状回復が
- 金銭の返還である場合
  金銭を受領した時からの**利息**をつけて返す必要がある
- 金銭以外の物を返還する場合
  ☆ **受領の時以降**に生じた**果実**も返す必要がある
  ☆ **使用利益**（不動産の使用料など）も返す必要がある

☆ 各当事者の原状回復義務は**同時履行の関係にある**
　→ 同時に返さないといけない

法律上の果実とは、その本体から生み出される収益のことをいいます。たとえば、リンゴの木から生み出されるリンゴ（天然果実）や土地を貸している場合の地代（法定果実）などがあります。

なお、契約を解除した場合でも、解除権者は、損害が生じていれば損害賠償請求をすることができます。

例題　　　　　　　　　　　　　　　　　　　　　　H21−問8③

【前提】売主Aは、買主Bとの間で甲土地の売買契約を締結し、代金の3分の2の支払いと引き換えに所有権移転登記手続と引渡しを行った。その後、Bが残代金を支払わないので、Aは適法に甲土地の売買契約を解除した。

この場合において、Bは、自らの債務不履行で解除されたので、Bの原状回復義務を先に履行しなければならず、Aの受領済み代金返還義務との同時履行の抗弁権を主張することはできない。

× 解除による原状回復義務は同時履行の関係にある。

SECTION 06 危険負担

CHAPTER 02
権利関係

このSECTIONで学習すること

1 危険負担とは
危険負担の意味をおさえておこう

売買契約をした建物が、引渡し前に天災で滅失した！こういう場合、どうなるの？

2 不動産取引の危険負担

1 危険負担とは

たとえば、A（売主）とB（買主）で甲建物の売買契約を締結し、契約後引渡し前に、甲建物が滅失したとします。

この場合において、甲建物の滅失原因が売主（A）の責めに帰すべき事由によるものだとするならば、買主（B）は売主（A）の債務不履行による契約の解除や損害賠償の請求をすることができます。

債務不履行による契約の解除および損害賠償の請求については、SEC.05で学習したとおりです。
　Review　SEC.05 4 5

一方、甲建物の滅失原因が、天災や第三者による放火など、売主（A）の責めに帰すべき事由によらないものだとするならば、売主（A）の債務は消滅しますが、買主（B）は債務を履行しなければならないのかが問題になります。

これを **危険負担** といいます。

2 不動産取引の危険負担

前記の例において、引渡し前に、甲建物が天災等によって滅失した場合、売主（A）の建物引渡債務は消滅します。

引き渡すべきものがなくなっているので、当然ですよね。

また、この場合、買主（B）は債務不履行による契約の解除をすることができますが、売主（A）の責めに帰すべき事由がないため、売主（A）は債務不履行による損害賠償責任を負いません。

ひとこと
債務不履行となる要件を確認して！　　　Review SEC.05 ❷❸

　一方、買主(B)の代金支払債務は消滅しません。しかし、天災等によって目的物が滅失した場合、代金の支払いを拒むことができます。
　つまり、特定の不動産の売買契約成立後、引渡し前に、その不動産が天災や第三者による放火等、売主(A)・買主(B)双方の責めに帰することができない事由により滅失した場合には、代金支払債務は存続しますが、買主(B)は**代金支払債務の履行を拒絶**することができます(履行拒絶権)。

ひとこと
買主が代金支払債務を消滅させるためには契約の解除が必要です。

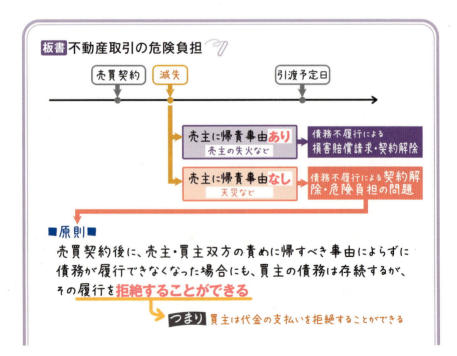

220

■例外■

買主の責めに帰すべき事由によって債務を履行することができなくなったときは、買主は、債務の履行を**拒絶することができない**

↳ **つまり** 買主は代金を支払わなければならない

ただし
売主は、自己の債務を免れたことによって**利益**を得たときは、買主に**償還**しなければならない

CHAPTER 02
権利関係

SECTION 07 弁済、相殺、債権譲渡

このSECTIONで学習すること

1 弁済
親や兄弟でも、基本的に債務者の意思に反して、弁済をすることはできない

2 相殺
相殺できる場合とできない場合をおさえておこう

3 債権譲渡
「私が新しい債権者です」といえるための要件をおさえておこう

1 弁済

I 弁済とは

弁済とは、債務者が約束どおりの給付をして、債権を消滅させることをいいます。

ひとこと

お金を借りているならお金を返すこと、不動産を売ったなら不動産を引き渡すことが弁済です。

II 弁済できる第三者

弁済は債務者のほか、一定の場合には第三者も行うことができます。

板書 弁済できる第三者

	正当な利益の**ある**第三者 物上保証人など	正当な利益の**ない**第三者 兄弟、友人など
債務者の意思に反する場合	弁済できる ○	■原則■ 弁済できない × ■例外■ 弁済できる ○ たとえば 債務者の意思に反することを債権者が知らなかったとき
債権者の意思に反する場合	弁済できる ○	■原則■ 弁済できない × ■例外■ 弁済できる ○ たとえば 第三者が債務者の委託を受けて弁済することを債権者が知っていたとき

他人の債務のために、自分のモノを担保に提供するお人好し → 物上保証人

> **ポイント**
> ☆ ただし、①債務の性質が第三者による弁済を許さないときや、たとえば著名人による講演会など
> ②当事者が第三者の弁済を禁止し、もしくは制限する旨の意思表示をしたときは、第三者弁済はすることができない

Ⅲ 弁済を受ける者

受領権者に行われた弁済は**有効**となります。

一方、受領権者以外の者に行われた弁済は原則として**無効**となります。ただし、弁済者(弁済をすることができる者)が、受領権者以外の者であって、取引上の社会通念に照らして受領権者としての外観を有する者に**善意無過失**で行った弁済については**有効**となります。

受領権者とは、債権者および法令の規定または当事者の意思表示によって弁済を受領する権限を付された第三者(代理人や破産管財人など)のことをいいます。

板書 受領者以外の者に行われた弁済

■**原則**■
受領権者以外の者に行われた弁済 → **無効** ✗

■**例外**■
受領権者以外の者で、取引上の社会通念に照らして受領権者としての外観を有する者に、**善意無過失**で弁済した場合は… → **有効** ○

ココみて！7-1

❓ 例題

H17−問7②

【前提】Aは、土地所有者Bから土地を賃借し、その土地上に建物を所有してCに賃貸している。

Aが、Bの代理人と称して借賃の請求をしてきた<u>無権限者</u>に対し債務を弁済した場合、その者に<u>弁済受領権限</u>があるかのような外観があり、Aがその権限があることについて<u>善意</u>、かつ、<u>無過失</u>であるときは、その<u>弁済は有効</u>である。

○ 受領権者以外の者であって、取引上の社会通念に照らして受領権者としての外観を有するものになされた弁済は、弁済者が善意無過失なら有効となる。

IV 弁済による代位（代位弁済）

保証人など債務者以外の人が債務者に代わって債権者に弁済した場合、債権者の保有していた「債務者に対する債権」は、弁済した人（保証人など）に移ります。これを **弁済による代位**（または **代位弁済**）といいます。

弁済による代位にあたり、債権者の承諾は不要となります。

ひとこと

債権者は、弁済をするにつき正当な利益を有しない第三者による弁済を原則として、拒むことができます。

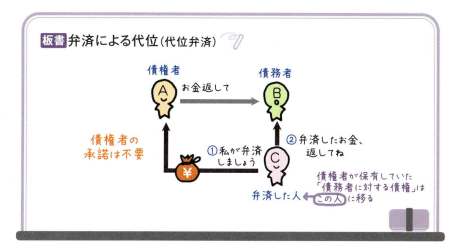

Ⅴ 代物弁済

弁済者と債権者との間で契約がある場合には、弁済者は、本来の給付の代わりに別のもので弁済することができます。これを 代物弁済 といいます。

2 相　殺

Ⅰ 相殺とは

たとえば、AがBに対して10万円を貸しており、BはAに8万円を貸している場合、AまたはBは、「10万円のうち、8万円はなかったことにしますよ」ということができます。この場合、BはAに対して差額の2万円を支払えばよいことになります。

これを 相殺 といいます。

Ⅱ 自働債権と受働債権

相殺において、「相殺します」といった側の債権を 自働債権 、「相殺します」といわれた側の債権を 受働債権 といいます。

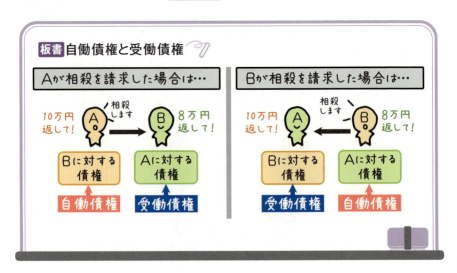

III 相殺できる場合

相殺を主張するためには、以下の4要件を満たしていなければなりません。

板書 相殺できる場合（相殺適状）

① 当事者双方がお互いに債権を有していること

② 双方の債権が有効に成立していること
　↳ いずれか一方の債権が存在しない場合には相殺できない ✗
　ただし ↳
　　自働債権が時効によって消滅していたとしても、時効完成以前に相殺適状にあった場合には、相殺できる！ ○

③ 双方の債権の目的が同種であること
　[金銭債権] と [金銭債権] ➡ 相殺できる ○
　[金銭債権] と [土地引渡請求権] ➡ 相殺できない ✗

④ 双方の債権が弁済期にあること
　☆ ただし、**自働債権**の弁済期が到来していれば、**受働債権**については<u>期限の利益</u>（ここでは、債務者は弁済期が到来するまで弁済をしなくてもよい利益）を放棄して**自働**債権を有する側から、相殺を主張することができる

ひとこと
　この4要件を満たした「相殺に適した状態」のことを相殺適状といいます。

IV 相殺できない場合

以下の場合には、相殺を主張することができません。

> **板書** 相殺できない場合
>
> ① 当事者間で相殺を禁止、または制限をする旨の意思表示がある場合
>
> **ポイント**
> ☆ 第三者に対抗するには、第三者が悪意または重過失でなければならない
>
> ② 悪意による不法行為、人の生命または身体の侵害によって生じた損害賠償請求権が**受働**債権である場合
>
> **たとえば** BさんはAさんに10万円を貸している状態で、Bさんの自動車事故によりAさんにケガをさせてしまった！ このことにより、AさんはBさんに対する損害賠償請求権10万円を有することになったという場合…
>
>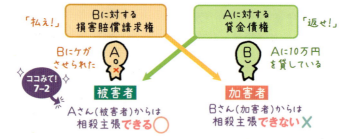
>
> ☆ ただし、②によって生じた損害賠償請求権が受働債権であっても、他人から譲り受けたものであるときは相殺できる
> ↳（受働債権の）債権者≠被害者となるため、現実の給付である必要がないから

③ 原則として、自働債権が受働債権の差押え**後**に取得したものである場合

  たとえば
  (1) AがBにお金を貸した（「債権A」が発生）
  (2) Cが「債権A」を差し押さえた
  (3) BがAにお金を貸した（「債権B」が発生）← 差押え後に成立した債権
  という場合
  (4) B（「債権B」を持っている）はAに「相殺します」と言って、相殺することは**できない**
      ↳「債権A」は受働債権（差し押えられている）
       「債権B」は自働債権

  となるが、これがもし
  (1) AがBにお金を貸した（「債権A」が発生）
  (2) BがAにお金を貸した（「債権B」が発生）← 差押え前に成立していた債権
  (3) Cが「債権A」を差し押さえた
  という場合には、
  (4) B（「債権B」を持っている）はAに「相殺します」と言って、相殺することが**できる**！

 例題 ──────────────────────────── H16-問8②改

【前提】Aは、B所有の建物を賃借し、毎月末日までに翌月分の賃料50万円を支払う約定をした。

AがBから受けた悪意による不法行為にもとづく損害賠償請求権を有した場合、Aは、このBに対する損害賠償請求権を自働債権として、弁済期が到来した賃料債務と対当額で相殺することはできない。

✕ 「AがBから受けた悪意による不法行為にもとづく損害賠償請求権を有した場合」とあるので、A＝被害者（損害賠償請求できる人）、B＝加害者（損害賠償しなければならない人）の関係となる。
この場合、加害者(B)から相殺を主張することはできないが、被害者(A)から相殺を主張することはできる。

3 債権譲渡

I 債権譲渡

　土地や建物等と同様に、債権も原則として、譲受人（ゆずりうけにん）と譲渡人（ゆずりわたしにん）の合意によって譲渡することができます。また、譲渡する債権は、現に発生していることを要しません。

II 譲渡制限の意思表示

　譲渡を禁止・制限する特約（譲渡制限の意思表示）がある場合でも、債権譲渡は原則として**有効**となります。

　この場合、譲受人その他の第三者が悪意または**重過失**であれば、債務者は、債務の履行を拒むことができ、かつ、譲渡人に対する弁済その他の債務を消滅させる事由をもってその第三者に対抗することができます。

> たとえば、AがBに対して売買代金債権を有していて、当事者間で譲渡制限の意思表示がされていたとします。この債権を、AがCに譲渡した場合、Cがたとえ悪意または重過失であっても、その債権譲渡は有効となり、Cが債権者となります。しかし、Cが悪意または重過失であるときには、Bは、Cに対する債務の履行を拒否することができるのです。

　また、債務者が債務を履行しない場合、譲受人その他の第三者が相当の期間を定めて譲渡人への履行を催告し、その期間内に履行がないときは、その債務者は、悪意または重過失の譲受人その他の第三者に対して履行を拒んだり、**相当の期間経過時以後**に生じた弁済その他の債務を消滅させる事由をもってその第三者に対抗することはできません。

III 債権譲渡を債務者に対抗するための要件

　債権の譲受人が、債務者に対して債権の譲渡があったことを対抗するためには、以下の要件を備えておく必要があります。

基本編

権利関係 CH 02

SEC 07
弁済、相殺、債権譲渡

債権譲渡

板書 債権譲渡を債務者に対抗するための要件

債務者に対して債権（現に発生していないものを含む）の譲渡があったことを対抗するには…

以下のいずれかが必要

① 譲渡人から債務者に対する**通知**
→ 口頭による通知も○

② 債務者の**承諾**
→ 口頭による承諾も○
→ 承諾は譲渡人、譲受人のいずれにしても○

ポイント
☆ 債務者は、①または②の時までに譲渡人に対して生じた事由をもって譲受人に対抗することができる ⟶ **ただし**
基準時が異なる場合もある

たとえば
(1) 譲渡制限の意思表示がされた債権が譲渡され、
(2) 債務者が債務を履行しないため、
(3) 悪意または重過失の譲受人その他の第三者が相当の期間を定めて譲渡人への履行を催告し、
(4) その期間内に履行がない

という場合は
「相当の期間を経過した時まで」
となる！

Ⅳ 債権譲渡を債務者以外の第三者に対抗するための要件

　債権譲渡があったことを、債務者以外の第三者に対抗するためには、以下の要件を備えておく必要があります。

231

板書 債権譲渡を債務者以外の第三者に対抗するための要件

債務者以外の第三者に対して債権（現に発生していないものを含む）の譲渡があったことを対抗するには…

以下のいずれかが必要

① **確定日付のある証書**による譲渡人から債務者への**通知**
　└ 内容証明郵便など
② **確定日付のある証書**による債務者の**承諾**

ポイント
☆ 二重譲渡の場合で、両方の譲渡について確定日付のある証書があるときには、**到達の早い**ほうが優先される

注「確定日付の早いほう」ではない！

Aが「Bに対する債権」をCとDの両方に譲渡したという場合

例題　H23-問5④

AがBに対して1,000万円の代金債権を有しており、Aがこの代金債権をCとDに譲渡し、Cに対する債権譲渡もDに対する債権譲渡も確定日付のある証書でBに通知した場合には、CとDの優劣は、確定日付の先後ではなく、確定日付のある通知がBに到着した日時の先後で決まる。

○ 二重譲渡の場合で、両者に確定日付のある証書で通知がされた場合には、その通知が到着した日時の早いほうが優先される。

Ⅴ 債権の譲渡における相殺権

債務者は、原則として対抗要件を具備される時より前に取得した譲渡人に対する債権による相殺をもって譲受人に対抗することができます。

債務者が通知または承諾よりも前に反対債権を有していれば、譲受人に対して相殺を主張できるということです。

CHAPTER 02
権利関係

SECTION 08 売買

このSECTIONで学習すること

1 売主の義務 — ここは基本だけど重要なところ

2 買主の救済（売主の担保責任） — 契約の内容に責任を持ってよね！

3 手付 — 解約手付の内容を確認しておこう

1 売主の義務

売買契約を締結すると、売主には**代金債権**(代金支払請求権)と売ったものの**引渡債務**が発生し、買主には、買ったものの**引渡債権**(引渡請求権)と**代金支払債務**が発生します。

> **ひとこと**
> 不動産の売買契約を例に考えてみましょう。
> 最初は「お金」か「もの」のどちらか1つに注目するとわかりやすくなります。

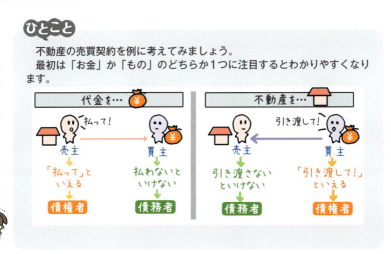

また、売主は買主に対して次のような義務を負います。

> **板書** 売主の義務
>
> **1 権利移転の対抗要件に係る義務**
> 登記や登録などの売買の目的である権利の移転についての**対抗要件**を備えさせる義務を負う
>
> **2 他人の権利の売買における義務**
> 他人の権利（全部または一部が他人のもの）を売買の目的とするときは、その権利を**取得して移転**する義務を負う
> 〔たとえば〕
> 300㎡の自分の土地の売買契約をしたが、20㎡は別の人の土地だったという場合、その人から20㎡を手に入れる必要がある

2 買主の救済（売主の担保責任）

I 買主の救済（売主の担保責任）

　売買契約によって、買主は目的物を手に入れることができますが、売主が契約の内容を間違えていたり、中途半端に済ませてしまっていることがあります。

　売主が、❹種類・品質・数量について契約の内容に適合しない目的物を買主に引き渡した場合や、❺買主に移転した権利が契約の内容に適合しない場合には、買主は、売主に対して、次のような手段をとることができます。

> **ひとこと**
> 目的物の種類・品質・数量は次のようなイメージをもってみましょう！
> 　種類が違う…牛肉を注文したのに鳥肉が届いた
> 　品質が違う…A5ランクの牛肉を注文したのにA3ランクの牛肉が届いた
> 　数量が違う…4kgを注文したのに1kgしか届かなかった

> **板書** 買主の救済（売主の担保責任）
>
> 買主の取れる手段 ─┬─ ① 追完請求
> 　　　　　　　　　├─ ② 代金減額請求
> 　　　　　　　　　├─ ③ 損害賠償請求
> 　　　　　　　　　└─ ④ 契約の解除
>
> **ポイント**
> ☆「物」の売買だけでなく「権利」の売買も基本的に同じように考える
> 　　　　　　　↓
> 　　　　一部が他人に属する場合で
> 　　　　その権利の一部を移転しないときを含む

ひとこと

　❹や❺における、売買の売主が負う①〜④についての責任を売主の**担保責任**といいます。この「担保責任」は「契約不適合責任」といういい方もあり、「契約不適合責任」という場合には、その意味する内容に幅があります。

Ⅱ 追完請求

追完請求とは、引き渡された目的物が、種類・品質・数量に関して契約の内容に適合しないものであった場合や、買主に移転した権利が契約の内容に適合しないものであった場合に、契約の内容に適合した目的物や権利となるよう売主に対して履行を求めることをいいます。

> **板書** 追完請求
>
> ■**原則**■
> ☆ 引き渡された目的物が、種類、品質または数量に関して契約の内容に適合しないもの（不適合）であるときは、買主は、売主に対して目的物の修補、代替物の引渡しまたは不足分の引渡しによる履行の追完を請求することができる

☆ 売主が買主に移転した権利が契約の内容に適合しないときも、履行の追完を請求することができる

> **たとえば**
> 契約の内容に適合しない抵当権の負担があった場合に、その抵当権を売主が消滅させるといったもの

ポイント
☆ ただし、売主は、買主に不相当な負担を課すものでないときは、買主が請求した方法と**異なる方法**による履行の追完をすることができる

■例外■
この不適合が**買主の責めに帰すべき事由**によるものであるときは、買主は履行の追完の請求をすることができない

Ⅲ 代金減額請求

たとえば、「4kg注文したのに1kgしか届いてないから、7日以内に足りない分を持ってきて！」といったにもかかわらず、7日以内に追加分の履行がされない場合、3kg分の代金を減額してもらうことができます。

板書 代金減額請求

■原則■
引き渡された目的物の種類・品質・数量が契約の内容に適合していない場合において、買主が相当の期間を定めて履行の追完の**催告**をして、その期間内に履行の追完がされなかったときは、買主は、売主に対して、その不適合の程度に応じて**代金の減額**を請求できる

☆売主が買主に移転した権利が契約の内容に適合しないときも、代金の減額を請求することができる

■例外■
以下の場合は、催告をすることなく**直ちに**代金の減額を請求できる

① 履行の追完が不能なとき
② 売主が履行の追完を拒絶する意思表示を明確に表示したとき
③ 契約の性質または当事者の意思表示により、特定の日時または一定の期間内に履行をしなければ契約をした目的を達することができない場合において、売主が履行の追完をしないでその時期を経過したとき
④ 買主が催告をしても履行の追完を受ける見込みがないことが明らかなとき

ポイント
この不適合が**買主の責めに帰すべき事由**によるものであるときは、買主は代金の減額を請求することができない

IV 損害賠償請求・契約の解除

　売主が、種類・品質・数量について契約の内容に適合しない目的物を買主に引き渡した場合や買主に移転した権利が契約の内容に適合しない場合、買主は、売主に対して、**債務不履行の一般規定**により、損害賠償の請求や契約の解除をすることができます。

損害賠償の請求と解除の方法は、SEC.05で確認してください。
Review SEC.05 **4 5**

V 抵当権等が設定されていた場合の買主による費用償還請求

　買い受けた不動産に契約の内容に適合しない先取特権、質権、抵当権が存していた場合で、買主が費用を支出してその不動産の**所有権を保存**したとき

239

は、売主に対してその**費用の償還**を請求することができます。

VI 担保責任の期間の制限

売主が、種類または品質に関して契約の内容に適合しないものを引き渡した場合でも、一定期間が過ぎたときには、買主は責任追及できなくなります。

板書 担保責任の期間の制限

■原則■
売主が種類または品質に関して契約の内容に適合しない目的物を買主に引き渡したときは、買主は、その不適合を**知った時**から**1年**以内に、その旨を売主に**通知**しなければ、契約の不適合を理由に追完請求、代金減額請求、損害賠償請求、契約の解除をすることができない

■例外■
売主が引渡しの時に、その不適合を知っていた、または**重大な過失**により知らなかったときは、この期間制限はなくなる

ポイント
☆ **数量**に関する契約の不適合や移転した権利の契約の不適合は担保責任の期間の制限の対象外
☆ 通知については、不適合の種類と大体の範囲の通知が必要
☆ 担保責任の期間の制限とは別に消滅時効にかかる

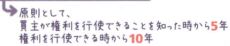
原則として、
買主が権利を行使できることを知った時から**5年**
権利を行使できる時から**10年**

VII 売主の担保責任等のまとめ

以上より、売主の担保責任等についてまとめると、次のようになります。

基本編
権利関係 CH 02

SEC 08 売買

買主の救済（売主の担保責任）

板書 売主の担保責任等のまとめ

ケース	買主が追及できること	期間の制限
目的物の種類、品質が契約内容に適合しない場合	①追完請求②代金減額請求③損害賠償請求④契約の解除	不適合を知った時から**1**年以内に売主に通知
目的物の数量が契約内容に適合しない場合		－
一部他人物売買で所有権を買主に移転できない場合（買主に移転した権利が契約の内容に適合しない場合）		－
抵当権が設定されている場合（買主に移転した権利が契約の内容に適合しない場合）		－
抵当権が設定されていることが契約の目的に適合しない場合で、抵当権が実行された場合	抵当権が実行されて買主が所有権を失ったり、目的物の全部が他人物であるため、売主が所有権を買主に移転できない場合は一般の債務不履行責任の問題となる	－
全部他人物売買	③損害賠償請求④契約の解除	－
抵当権等が設定されている場合で、買主が費用を支出し所有権を保存したとき	費用の償還請求	－

Ⅷ 担保責任を負わない旨の特約

当事者間で売主の担保責任を負わない旨の特約を結んだときには、原則として売主は担保責任を負いません。

ただし、一定の場合には、（特約を結んでいたとしても）売主は担保責任を免れ

241

ることはできません。

板書 担保責任を負わない旨の特約

■原則■

当事者間で担保責任を負わない旨の特約を結んだときは、売主は担保責任を免れる

■例外■

売主が事実（契約の内容に適合しないこと）を知っていたのに、買主に言わなかった場合などは、売主は担保責任を免れることはできない

↳ ほかに、売主が自ら第三者のために権利を設定した場合（たとえば、売主が自ら土地に地上権を設定した場合など）も、売主は担保責任を免れることはできない

IX 危険の移転

目的物が滅失・損傷した場合、どのタイミングでその不利益を負うことになるかは、売主・買主にとって重要です。

板書 危険の移転

1 買主が受け取った場合

売主による目的物の引渡しがあった時以後に、その目的物が当事者双方の責めに帰することができない事由によって滅失・損傷したときは、買主は、滅失・損傷を理由に履行の追完請求、代金減額請求、損害賠償請求、契約の解除をすることができず、買主は、代金の支払いを拒むことができない

↳ 引渡しによって危険が買主に移転する！

2 買主が受け取らなかった場合

売主が契約の内容に適合する目的物で引渡しの<u>債務の履行を提供した</u>にもかかわらず、買主がその履行を受けることを拒み、または受けることができない場合、その履行の提供があった時以後に当事者双方の責めに帰することができない事由によって目的物が滅失・損傷した場合も <u>1</u> と同じように扱う

担保責任における「目的物」は、基本的に売買の目的として特定したものに限りませんが、危険の移転における「目的物」は、売買の目的として特定したものに限ります。

3 手　付

I 手付とは

手付 とは、売買契約をしたときに買主が売主に交付する金銭のことをいいます。

手付には **証約手付** や **解約手付** などがありますが、どの手付と定めなかったときには**解約手付**と推定されます。

証約手付…契約が成立した証拠として交付される手付
解約手付…契約成立後、相手方の債務不履行がなくても解約できるという趣旨で交付される手付

II 解約手付による契約の解除

解約手付 は、契約成立後、相手方に債務不履行がなくても、自己都合で契約を解除できる趣旨で交付される手付をいいます。

243

解約手付による契約の解除のポイントをまとめると、次のとおりです。

> **板書 解約手付による契約の解除**
>
> ① 手付による契約の解除ができるのは、**相手方**が履行に着手するまでの間
>   → 自分が履行に着手していても、相手方が履行に着手していなければ、解約OK
>
>   【履行の着手】
>   売主なら…物件の引渡しなど
>   買主なら…代金、中間金の支払いなど
>
>
>
> ② 買主は手付を**放棄**すれば契約を解除できる
>   売主は手付の**倍額**を現実に提供すれば契約を解除できる
>
>   たとえば 手付が100万円であったときは…
>   買主から解約するときは、すでに交付した100万円を放棄
>   売主から解約するときは、買主に200万円を支払う
>
> ③ 手付によって契約が解除されたときは、損害賠償請求は**できない**
>   ちなみに 債務不履行による契約の解除の場合には、損害賠償請求ができる！

例題 H21-問10②

【前提】Aを売主、Bを買主として甲土地の売買契約を締結した。
BがAに解約手付を交付している場合、Aが契約の履行に着手していない場合であっても、Bが自ら履行に着手していれば、Bは手付を放棄して売買契約を解除することができない。

× 相手方(A)が履行に着手していなければ、自分(B)が履行に着手していたとしても、手付を放棄して売買契約を解除することができる。

SECTION 09 物権変動

CHAPTER 02 権利関係

このSECTIONで学習すること

1 物権と債権 — ここはさらっとみておけばOK

2 物権変動と登記 — 不動産を買った場合等には、登記しておかないと、原則としてほかの人に「自分が所有者だ」といえない！

3 取得時効と登記 — 時効完成前か時効完成後かによって取扱いが異なる

4 取消しと登記 — どういう場合に、誰が勝つかを確認しよう

5 解除と登記 — 「解除」が出てきたら、早く登記した者が勝つ！

6 賃貸不動産の譲渡と登記 — 賃貸不動産を買った人は、登記しておかないと、借主に対して「自分が大家さんだ」といえないよ

1 物権と債権

物権とは、物を直接的・排他的に支配する権利をいい、物権には、**所有権**、**地上権**、**抵当権**などがあります。

> 債権とは、債権者が債務者に一定の行為を要求する権利をいいます。
> たとえば、お金を貸した人(債権者)が、お金を借りた人(債務者)に「お金を返して」と要求できる権利が債権ですね。

2 物権変動と登記

不動産に関する物権の変動(所有権の移転、抵当権の設定など)は、**登記**がなければ原則として第三者に対抗することができません。

> **登記**とは、登記簿に一定事項を記録することをいいます。　→参照 SEC.20

板書 物権変動と登記

■原則■
不動産に関する物権の変動は、<u>**登記**がなければ**第三者**に対抗できない</u>

ということは…

ポイント
☆ 当事者間では、登記がなくても物権の変動を対抗できる
☆ 「第三者」は善意・悪意を問わない
☆ 登記は先にした者勝ち！

たとえば、Aは自分が所有する甲土地をBに売却し、さらに悪意のCにも売却した、という場合は…

AとB…当事者
登記がなくてもBはAに所有権を対抗できる

AとC…当事者
登記がなくてもCはAに所有権を対抗できる

BとC…対抗関係
売却の日付に関係なく先に登記をしたほうが所有権を対抗できる

ココみて！
9-1

■例外■
下記の者に対しては、登記がなくても所有権を対抗できる

① 詐欺・強迫によって登記を妨げた者
② 他人のために登記の申請をする義務がある者
　登記手続の委任を受けた人が、その立場を利用して自分の名義に変えちゃった…なんて許されませんよね？
③ 背信的悪意者
　買主に積極的に損害を与えるために、買主が登記をしていないうちに、売主から土地を二重に買い受けて登記を先にしてしまった、というような悪い人
④ 無権利者
　文書偽造等によって、自己名義の登記をした人や無権利者から土地を買い受けた人
⑤ 不法占有者

要するに 明らかな悪者には登記がなくても対抗できるということ！

例題

H22-問4①

【前提】AがBから甲土地を購入したところ、甲土地の所有者を名のるCがAに対して連絡してきた。

CもBから甲土地を購入しており、BC間の売買契約書の日付とBA間の売買契約書の日付が同じである場合、<u>登記がなくても</u>、契約締結の時刻が早い方が所有権を主張することができる。

× 二重譲渡の場合、先に登記を備えたほうが所有権を主張できる。

3 取得時効と登記

Ⅰ 時効完成時の当事者

　時効取得者（時効により所有権を取得した者）は、時効完成時に登記がなくても、もとの所有者に対して「自分が所有者である」と所有権を主張できます。

ひとこと

「当事者の（ような）関係」なので、登記がなくても所有権を主張できるのです。

Ⅱ 時効完成前に所有権を取得した第三者と時効取得者

　時効取得者は、時効完成時に登記がなくても、時効完成前に所有権を取得した第三者に対して「自分が所有者である」と所有権を主張できます。

板書 時効完成前に所有権を取得した第三者(C)と時効取得者(B)

BはA所有の甲土地を長年占有している。Bの取得時効が完成する前に、AがCに甲土地を売却し、登記を移転した。その後、Bの取得時効が完成した

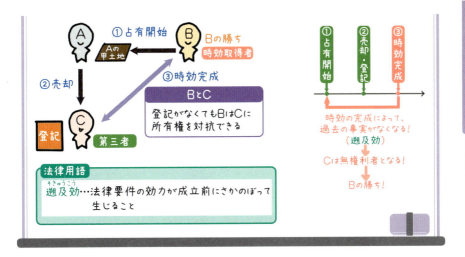

III 時効完成後に所有権を取得した第三者と時効取得者

時効完成後に所有権を取得した第三者と時効取得者は、対抗関係にあるので、**先に登記をしたほう**が所有権を主張できます。

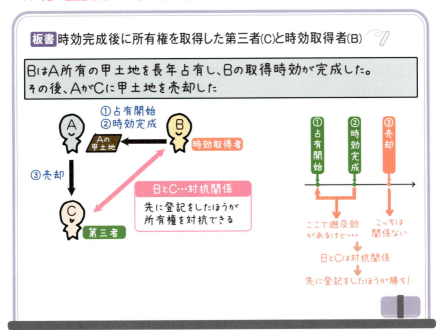

4 取消しと登記

I 取消し前に所有権を取得した第三者と取消権者

取消権者（契約を、行為能力の制限や詐欺・強迫等を理由に取り消した者）は登記がなくても、取消し前に所有権を取得した第三者に対して所有権を主張できます。

なお、制限行為能力者が行った契約が取り消された場合や強迫による契約が取り消された場合は、第三者が善意でも悪意でも、取消権者は所有権を主張できますが、錯誤・詐欺による契約が取り消された場合は、第三者が**善意無過失**のときには、取消権者は所有権を主張できません。

> **ひとこと**
>
> 制限行為能力者は弱い立場の人なので、最大限保護すべきだし、強迫によって契約させられた人もかわいそうな人なので、最大限保護すべき。だから、この2つについては第三者が善意だったとしても所有権を主張することができます。一方、錯誤・詐欺によって契約させられた人は、かわいそうな人ではあるけれど、自分に多少の落ち度もあるわけだから、第三者が善意無過失だったら所有権を主張することができないのです。

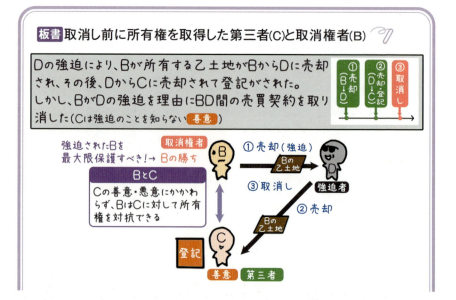

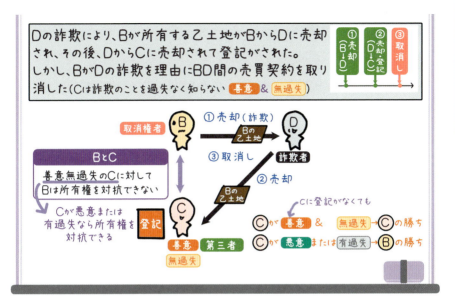

II 取消し後に所有権を取得した第三者と取消権者

取消し後に所有権を取得した第三者と取消権者は、対抗関係にあるので、**先に登記をしたほう**が所有権を主張できます。

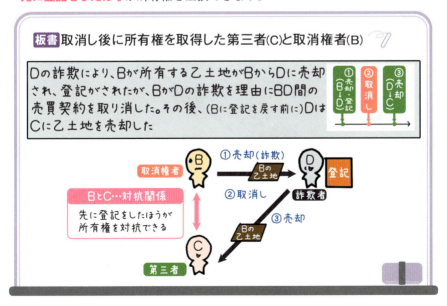

5 解除と登記

I 解除とは

解除とは、契約が成立したあとに、当事者のうち片方(解除権者＝解除権を有する者)の一方的な意思表示で契約の効果を消滅させ、はじめから契約がなかったものとすることをいいます。

II 解除前に所有権を取得した第三者と解除権者

契約が解除される前に所有権を取得した第三者がいる場合、解除前に所有権を取得した第三者と解除権者は、**先に登記をしたほう**が所有権を主張できます。

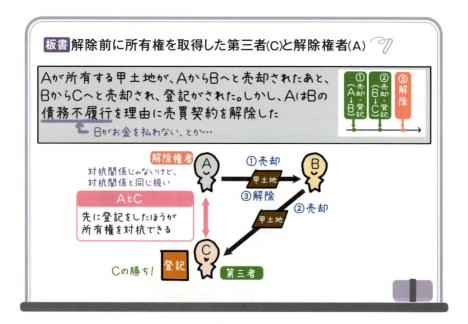

III 解除後に所有権を取得した第三者と解除権者

解除後に所有権を取得した第三者と解除権者は、対抗関係にあるので、**先に登記をしたほう**が所有権を主張できます。

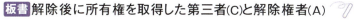

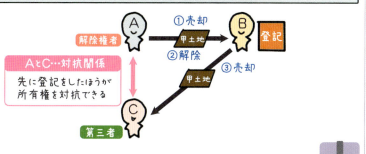

取得時効・取消し・解除と登記の関係をまとめると、次のとおりです。

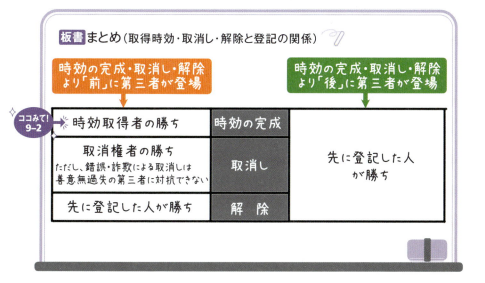

> **例題** H24-問6①
>
> A所有の甲土地について、時効により所有権を取得したBは、時効完成前にAから甲土地を購入して所有権移転登記を備えたCに対して、時効による所有権の取得を主張することができない。

> × 時効取得者(B)は、時効完成前の第三者(C)に対して、登記がなくても所有権を主張できる。

6 賃貸不動産の譲渡と登記

　賃貸不動産(賃貸マンションなど)の譲渡があった場合、賃貸不動産の譲受人は、所有権移転の登記がなければ、当該不動産の賃借人に対して賃貸人の地位が自分に移転したことを主張することができません。

> **ひとこと**
>
> 　たとえば、Aさんが賃貸マンションのオーナーだったとしましょう。このマンションを甲さんに貸していて、賃料を甲さんから受け取っていたとします。
> 　そして、AさんはこのマンションをBさんに売りました。新しいオーナーはBさんとなるのですが、ここでBさんがマンションの所有権の移転登記をしていないと、賃借人甲さんに対して、「こんどから家賃は私に支払ってね」ということができないのです。

CHAPTER 02
権利関係

SECTION 10

抵当権

このSECTIONで学習すること

1 抵当権の基本
抵当権とはどんな権利？

2 抵当権の効力
抵当権設定当時からあったクーラーや畳にも抵当権の効力が及ぶよ

3 抵当権の順位
先に抵当権の登記をした人が先順位！

4 優先弁済を受けられる額
後順位の抵当権者がいるときは利息については最後の2年分だけしか弁済を受けられない

5 抵当不動産の第三取得者がいる場合
不動産を買ったけど、抵当権がついていた、という場合は、抵当権を消したいよね…

6 法定地上権
抵当権が実行されて、土地だけ他人のものになってしまった！もうその土地上の建物には住めないの？

7 一括競売
土地にしか抵当権が設定されていない場合でも、土地＆建物を一括して競売にかけることができる！

8 賃借権との関係
抵当権と賃借権の関係は？

1 抵当権の基本

Ⅰ 抵当権とは

抵当権とは、土地や建物を債務の担保とし、債務が弁済されない場合に、その土地や建物を競売にかけ、競落代金から債権者が優先して弁済を受ける権利(担保物権)をいいます。

板書 抵当権のポイント

☆ 抵当権は、債務者の不動産のほか、物上保証人の不動産に設定することもできる

…とは？
債務者以外の人で、担保となる不動産を提供した人

☆ 抵当権は、不動産のほか、地上権や永小作権にも設定することができる

☆ 抵当権を第三者に対抗するには、**登記**が必要

ひとこと

担保物権には、抵当権のほか、留置権、先取特権、質権があります。抵当権以外の担保物権については、参考編を参照してください。

II 抵当権に関する用語

抵当権に関する用語をまとめると、次のとおりです。

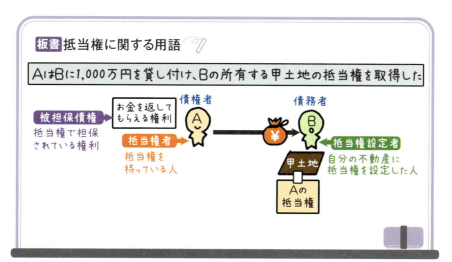

III 抵当権の性質

抵当権には、**付従性**、**随伴性**、**不可分性**、**物上代位性**といった性質があります。

　抵当権以外の担保物権(留置権、先取特権、質権)にも、これらの性質があります(ただし、留置権には物上代位性がありません)。

【板書】抵当権の性質

1 付従性

① 抵当権は被担保債権が存在してはじめて成立する
② 被担保債権が消滅すれば、それにしたがって抵当権も消滅
　　　└ 弁済や時効によって消滅

2 随伴性

抵当権は被担保債権が移転すると、それに伴って移転する

たとえば、AがBにお金を貸して、担保としてBの甲土地に抵当権を設定した。そのあと、AがCに債権（Bに対する貸金債権）を譲渡した、という場合は…

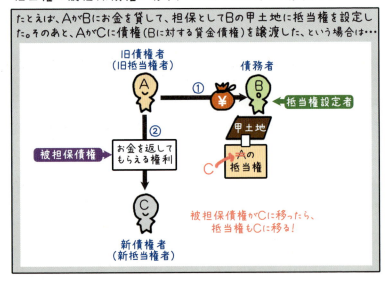

3 不可分性

抵当権は、被担保債権の全部が消滅するまで、抵当不動産の全部について効力を及ぼす

　　　債務者が1,000万円の借金のうち、200万円を返済したからといって、不動産についている抵当権のうち20％が消滅するというわけではない！

4 物上代位性

抵当権は、抵当不動産が売却されたり、滅失等してしまった場合に、抵当不動産の所有者（抵当権設定者）が受け取るべき金銭等について行使することができる

【例】抵当権が設定されている建物（火災保険が付されている）が火災によって滅失してしまった！

↓

保険会社から建物の所有者に**保険金**が支払われる

↓

抵当権者はこの**保険金**を差し押さえて、債権を回収することができる！

ただし

☆ 抵当権者が物上代位するには、抵当権設定者がその保険金等を受領する**前**に**差押え**をしなければならない

例題 　　　　　　　　　　　　　　　　　　　H22-問5②

【前提】AはBから2,000万円を借り入れて土地とその上の建物を購入し、Bを抵当権者として当該土地及び建物に2,000万円を被担保債権とする抵当権を設定し、登記した。

当該建物に火災保険が付されていて、当該建物が火災によって焼失してしまった場合、Bの抵当権は、その火災保険契約に基づく損害保険金請求権に対しても行使することができる。

○ 抵当権が設定された建物が火災等により滅失した場合、抵当権者は、火災保険契約にもとづく損害保険金請求権に対しても抵当権を行使することができる（物上代位性）。

2 抵当権の効力

抵当権の効力が及ぶ範囲は次のとおりです。

抵当権の効力が及ぶ範囲

抵当権の効力が及ぶもの	備　考
土　地　・　建　物	◆土地に設定した抵当権の効力は建物には及ばない ◆建物に設定した抵当権の効力は土地には及ばない
付　加　一　体　物	不動産に付加して一体となったもの 【例】立木、雨戸、ドアなど
（抵当権設定当時からある） 従物、従たる権利	従物 …主物に付属しているが独立性があり、独立して権利の対象となるもの （取り外せるもの） 　【例】畳、クーラーなど 従たる権利 …主物に附属した権利 　　【例】借地上の建物(主物)の借地権 ◆抵当権設定後の従物、従たる権利には、抵当権の効力は及ばない
抵当不動産の果実	被担保債権に不履行があった場合には、不履行後に生じた抵当不動産の果実にも抵当権の効力が及ぶ

3 抵当権の順位

Ⅰ 抵当権の順位
　一つの不動産に対して、複数の抵当権を設定することができます。この場合の抵当権の順位は、**登記**の前後によって決まります。

Ⅱ 抵当権の順位の変更
　複数の抵当権者がいる場合、各抵当権者の合意によって、抵当権の順位を変更することができます。そのさい、利害関係を有する人がいるときには、その利害関係者の**承諾**が必要です。

ひとこと
抵当権設定者（債務者）の同意や承諾は不要です。

　なお、抵当権の順位の変更は、**登記**をしなければ効力を生じません。

4 優先弁済を受けられる額

　抵当権者は、元本のほか利息についても優先弁済を受けられます。
　ただし、後順位の抵当権者がいる場合には、利息については最後の**2年分**だけとなります。

5 抵当不動産の第三取得者がいる場合

Ⅰ 抵当不動産の第三取得者とは
　抵当不動産の第三取得者とは、抵当権のついた不動産を取得した人のことをいいます。

Ⅱ 第三取得者が抵当権を消滅させる方法

抵当権が実行されてしまうと、せっかく不動産を取得しても、他人(買受人)の所有物となってしまいます。

これを防ぐため、第三取得者は以下の方法によって、抵当権を消滅させることができます。

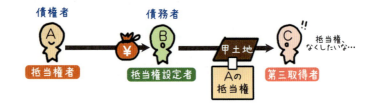

板書 第三取得者が抵当権を消滅させる方法

たとえば、BがAの抵当権がついた甲土地をCに売却した、という場合は…

債権者 A 抵当権者
債務者 B 抵当権設定者
甲土地 Aの抵当権
C 第三取得者 抵当権、なくしたいな…

1 弁済

第三取得者(C)が、債務者(B)の借金を全額弁済すれば、抵当権は消滅する

ポイント
☆ 債務者(B)の意思に関係なく、第三取得者(C)は弁済することができる
　　↳ 抵当権の第三取得者は正当な利益のある第三者だから

2 代価弁済

第三取得者(C)が抵当権者(A)の請求に応じて、抵当権者(A)に代価を支払えば、抵当権は消滅する

ポイント
☆ 債務者(B)の同意・承諾は不要

3 抵当権消滅請求

第三取得者(C)が、抵当権者(A)に対して「一定の金額を支払う代わりに抵当権を消滅して」と請求し、抵当権者(A)がそれを承諾した場合は、抵当権は消滅する

請求できる期限は?

→ 抵当権実行としての**競売**による**差押え**の**効力発生前**に請求しなければならない

抵当権者が承諾したくないときは?

→ 抵当権者(A)は、抵当権消滅請求を承諾しないときは、第三取得者(C)から請求を受けたあと**2**カ月以内に、抵当権を実行して、**競売の申立て**をすれば、抵当権消滅請求の効果は生じない

↳ 何もしないと、承諾したことになる

ポイント

☆ 債務者(B)の同意・承諾は不要
☆ 登記をした各債権者に対し、必要事項を記載した**書面**を送付する必要がある

☆ **債務者**や**保証人**は抵当権消滅請求をすることができない

↳ たとえ第三取得者となったとしても…

? 例題 H21-問6①

抵当権の被担保債権につき、保証人となっている者は、抵当不動産を買い受けて第三取得者になれば、抵当権消滅請求をすることができる。

× 保証人は第三取得者となったとしても、抵当権消滅請求をすることはできない。

6 法定地上権

I 法定地上権とは

　たとえば、土地と建物を所有するBがAからお金を借り、担保として土地にAの抵当権を設定したとしましょう。

　その後、抵当権が実行され、Cが土地を競落し、土地の所有者となったとします。

　そうすると、当初は「土地の所有者＝建物の所有者＝B」であったものが、「土地の所有者＝C、建物の所有者＝B」となります。

　このような場合、自動的にBに地上権（その土地を使える権利）を与えて、Bがその土地を使えるようにしています。これを**法定地上権**といいます。

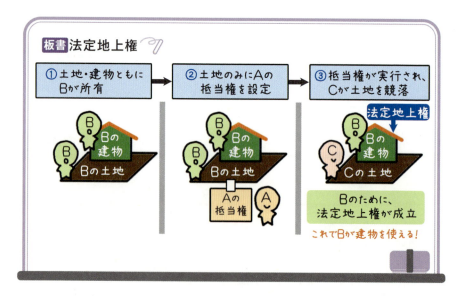

Ⅱ 法定地上権の成立要件

法定地上権は、次の要件をすべて満たしたときに成立します。

> **法定地上権の成立要件**
> ❶ 抵当権設定当時、土地の上に建物が存在すること
>   → 登記の有無は問わない　ココみて! 10-3
> ❷ 抵当権設定当時、土地の所有者と建物の所有者が同一であること
> ❸ 土地・建物の一方または双方に抵当権が設定されていること
> ❹ 抵当権の実行(競売)により、土地の所有者と建物の所有者が別々になること

例題 ――――――――――――――――――――――― H21-問7③

土地に1番抵当権が設定された当時、土地と地上建物の所有者が異なっていたとしていても、2番抵当権設定時に土地と地上建物の所有者が同一人となれば、土地の抵当権の実行により土地と地上建物の所有者が異なるに至ったときは、地上建物について法定地上権が成立する。

× 土地に1番抵当権が設定された当時に土地と建物の所有者が異なっていた場合には、法定地上権は成立しない。

7 一括競売

たとえば、Bの土地(更地)にAの抵当権を設定したあと、Bが建物を建てたとしましょう。そして、抵当権が実行され、Cが土地を競落し、土地の所有者となったとします。

この場合、法定地上権の成立要件を満たしていない(抵当権設定当時に建物はまだないので、法定地上権の成立要件を満たさない)ので、Bの法定地上権は成立しません。

そうすると、Bはせっかく建てた建物を取り壊さなければならなくなります。

ひとこと
建物が新しい場合には、非常にもったいないですね。

そこで、このような場合には、抵当権者は土地と建物を一括して競売にかけることができます。
ただし、抵当権者が優先弁済を受けられるのは、**土地**の代価についてのみです。

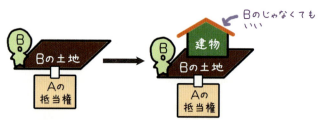

板書 一括競売のポイント

☆ 抵当権設定当時、**更地**であり、抵当権設定後に、その土地に建物を築造している場合に、一括競売が認められる

☆ 抵当権者が優先弁済を受けられるのは、土地の代価についてだけ
抵当権は土地のみについているのだから…

8 賃借権との関係

I 抵当権設定登記後の賃借権

抵当権設定登記後に設定された賃借権については、原則として、抵当権者および競売による買受人に対抗することができません。

板書 賃借権との関係

抵当権の設定登記

抵当権設定登記前の賃借権
対抗要件※を備えていれば、賃借人は賃借権を抵当権者等に対抗することが**できる**

抵当権設定登記後の賃借権
■原則■
対抗要件※を備えていたとしても、賃借人は賃借権を抵当権者等に対抗することが**できない**
■例外■
すべての抵当権者が**同意**し、その同意の**登記**がある場合には、賃借権を対抗**できる**

※ ここでいう「対抗要件」とは？
土地の賃貸借の場合→土地賃借権の登記または借地上に自己を所有者として登記した**建物**の所有
建物の賃貸借の場合→建物賃借権の登記または**建物の引渡し**
具体的には鍵の引渡しなど

II 建物の賃借人の保護

前記のように、抵当権設定登記後の賃借権は原則として抵当権者等に対抗することができません。そのため、抵当権が設定された建物を借りていた人（建物の賃借人）は、抵当権が実行されると、買受人に建物を明け渡さなければなりません（抵当権者等に賃借権を対抗できない場合）。

しかし、「直ちに出て行け」というのは賃借人にとってあまりにも酷なため、一定の場合には、買受人が建物を買い受けたときから**6カ月**を経過するまでは、その建物を買受人に引き渡さなくてもよいことになっています。

　　建物の賃借の場合、「直ちに出て行け」といわれると、賃借人は住む家がなくなってしまいます。そのため、6カ月の猶予が与えられるのです。

SECTION 11 連帯債務、保証、連帯債権

CHAPTER 02 権利関係

このSECTIONで学習すること

1 連帯債務
連帯債務の場合、債権者はすべての債務者に、同時に、全額を「返して！」といえる

2 保証債務
まずは普通の（連帯ではない）保証の内容を確認！

3 連帯保証
「連帯保証人にだけはなるな」とよくいうよね…なんでだろう？

4 連帯債権
連帯債務の真逆のイメージ

1 連帯債務

Ⅰ 連帯債務とは

連帯債務とは、債務の目的がその性質上可分である同じ内容の債務について、複数人の債務者が、各自独立して全責任を負うことをいいます。

連帯債務は、債務の目的がその性質上可分である場合に、法令の規定または当事者の意思表示によって数人が連帯して債務を負担するときに成立します。

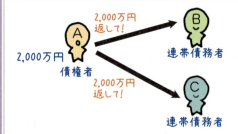

弁済と求償

① 連帯債務者の1人が弁済した場合は、他の連帯債務者の債務もその分消滅する

② 連帯債務者の1人が弁済し、その他自己の財産で共同の免責を得たときは、その連帯債務者は他の連帯債務者に対して原則、求償できる

たとえば、Bが2,000万円を弁済した場合は…

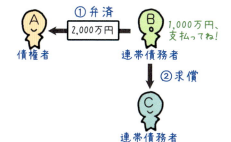

ポイント

☆ 免責を得た額が自己の負担部分を超えるかどうかにかかわらず求償できる

> **たとえば** 負担部分がBとCで各1,000万円ずつの場合、Bが800万円弁済したときでもよい

☆ 求償の額は、原則として免責を得るために支出した財産の額のうち各自の負担部分に応じる

> **たとえば** Bは弁済した800万円のうち、400万円をCに対し求償できる

II 連帯債務者間の影響

連帯債務者の1人に生じた事由は、原則として他の債務者に影響を及ぼしません。これを**相対効（相対的効力）**といいます。

なお、例外的に連帯債務者の1人に生じた事由が他の債務者に影響を及ぼす場合があり、これを**絶対効（絶対的効力）**といいます。

板書 連帯債務者間の影響（相対効と絶対効）

相対効 連帯債務者の1人について生じた下記（絶対効）以外の事由の効力は、他の債務者に影響を及ぼさない

> ココみて！ 11-2 → 請求、時効の完成、債務の免除、債務の承認、期限の猶予など

たとえば、Aが債権者で、BとCが連帯債務者（債務の額は2,000万円）である場合において、BがAに対して債務を承認した、という場合は…

A 債権者 ← 承認 ― B 連帯債務者

私は確かにあなた（A）に対する債務を負っています

債務を承認したので、Bの（債務の）消滅時効は新たに進行を始める（更新事由、ゼロに戻る）

C 連帯債務者

Bの承認の効力はCには及ばないので、Cの（債務の）消滅時効はそのまま進行する（ゼロに戻らない）

← これが相対効
Bの承認の効力はCには及ばない！

絶対効 連帯債務者の1人について生じた弁済、相殺、更改、混同の効力は、他の債務者にも影響を及ぼす

ひとこと

相対効を絶対効とする特約をすることもできます。

板書 連帯債務者間の影響（絶対効の内容）

たとえば、Aが債権者で、BとCが連帯債務者（債務の額は2,000万円、負担部分は1,000万円ずつ）である場合

1 相 殺

その① BがAに対して2,000万円の反対債権を有している場合で、Bが自ら相殺したときは…

相殺の効力はCにも及ぶ！

Cも債務を免れる
（Bが自ら相殺したときは、その分だけAの債権が減る）

↓ ちなみに、そのあと

BはCに「1,000万円（2,000万円−1,000万円）を自分に支払ってよね」といえる（求償）

その② BがAに対して1,200万円の反対債権を有している場合で、Bが自ら相殺しないときは…

→ CはBの反対債権で履行を拒むことができる！…しかし！

あくまで他人(B)の反対債権なので…

CはBの負担部分(1,000万円)の限度でしか履行を拒むことができない

2 更改 …契約を新しくすることにより、旧債権が消え、新債権が生じること

AとBの間で、2,000万円の金銭債権を消滅させて、代わりにBの土地をAに渡す契約をしたときは…

更改の効力はCにも及ぶ！

更改により、BとCの連帯債務が消滅する
(代わりにBの土地引渡債務が生じる)

↓ちなみに、そのあと

BはCに「1,000万円(2,000万円−1,000万円)を自分に支払ってよね」といえる(求償)

3 混同 …債務者(B)が債権者(A)を相続した場合のように、債権者＝債務者となること

BがAを相続して、混同が生じたときは…

混同の効力はCにも及ぶ!

混同により、BとCの債務が消滅する
(その後、BはCに「1,000万円を自分に支払ってよ」と求償できる)

4 債権者と他の連帯債務者の1人が別段の意思表示をした場合

AC間で「AがBに履行の請求をした場合には、Cにも履行の請求をしたことにする」と合意をしている場合で、AがBに「支払ってよ」と履行の請求をしたときは…

→ 請求には原則として絶対効はない!…しかし!

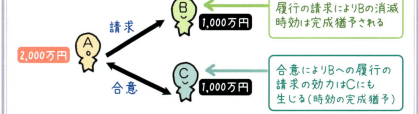

履行の請求によりBの消滅時効は完成猶予される

合意によりBへの履行の請求の効力はCにも生じる(時効の完成猶予)

履行の請求は、本来は相対効のため他の債務者には影響を及ぼさないが、別段の意思表示があればBおよびCの消滅時効は完成猶予される(裁判上なら更新事由にもなる)

2 保証債務

I 保証とは

　保証とは、債務者が弁済できなくなったときに備えて、代わりに弁済してくれる人(保証人)を立てておくことをいいます。
　また、保証人が負っている義務を保証債務といいます。

　抵当権が「物」を担保とするのに対して、保証は「人」を担保とする制度(人的担保)です。

保証契約は、書面や電磁的記録で行わなければ効力を生じません。

　電磁的記録とは、コンピュータで処理される記録をいいます。

? 例題　　　　　　　　　　　　　　　　　　　　　　　H22-問8②
保証人となるべき者が、口頭で明確に特定の債務につき保証する旨の意思表示を債権者に対してすれば、その保証契約は有効に成立する。

　　× 保証契約を口頭で行った場合には、効力は生じない。

　なお、本来の債務者を主たる債務者、主たる債務者が負っている、本来の債務を主たる債務といいます。

II 保証債務の性質

　保証債務には、付従性、随伴性、補充性といった性質があります。

1 付従性

保証債務は、主たる債務が成立してはじめて成立します。また、主たる債務が消滅すれば、それに伴って消滅します。このような性質を **付従性** といいます。

保証債務は、主たる債務に従属するものなので、主たる債務の運命に従って、成立・消滅するのです。
なお、逆の関係（保証債務が消滅すると、主たる債務が消滅する等）は成り立ちません。

付従性のポイント

❶ 主たる債務者に生じた事由の効力は、保証人にも及ぶ
　☆ 主たる債務者に時効の完成猶予・更新が生じたら、保証人にもその効果が及ぶ

❷ 保証人に生じた事由の効力は、原則として主たる債務者に及ばない
　☆ 保証人に時効の完成猶予・更新が生じても、主たる債務者にはその効果が及ばない（時効の完成猶予・更新の効果が及ばない）

❸ 主たる債務の目的・態様が保証契約の締結後に加重されたときであっても、保証人の負担は加重されない

---

2 随伴性

保証債務は、主たる債務が移転するときは、それに伴って移転します。このような性質を **随伴性** といいます。

債権の譲渡などによって債権が移転したら、保証債務もそれに伴って移転します。

3 補充性

保証人は、主たる債務者が弁済しない場合のみ弁済すればよいとされます。これを保証債務の 補充性 といいます。

補充性を担保するため、保証人には、催告の抗弁権 と 検索の抗弁権 という2つの抗弁権が認められています。

催告の抗弁権と検索の抗弁権	
催告の抗弁権	債権者がいきなり保証人に弁済を請求してきたら、「まずはあの人（主たる債務者）に請求して！」といえる
検索の抗弁権	債権者が主たる債務者に請求したうえで、保証人にも請求してきた場合には、保証人は❶主たる債務者に弁済する資力があること、❷容易に執行できる（現金などすぐに弁済できる資産を持っている）ことを証明すれば、「あの人（主たる債務者）、お金持っているから、まずはあの人の財産から弁済してもらって！」といえる

ただし、保証が連帯保証の場合（3で学習）には、連帯保証人に催告の抗弁権や検索の抗弁権はありません。

また、保証人は、主たる債務者が主張することができる抗弁をもって債権者に対抗することができます。

たとえば、主たる債務が売買代金である保証契約の場合、主たる債務者が同時履行の抗弁権を主張できるなら、保証人もそれを主張して保証債務の履行を拒むことができます。

さらに、主たる債務者が債権者に対して、相殺をすることができる場合や、取消権・解除権を有している場合には、保証人は、債権者に対して債務の履

行を拒むことができます。

この場合には、これらの権利の行使によって主たる債務者がその債務を免れるべき限度でしか債務の履行を拒むことができません。

Ⅲ 保証債務の範囲

保証債務の範囲は、主たる債務者の負っている元本のほか、そこから生じる利息・違約金・損害賠償などにも及びます。

Ⅳ 保証人の求償権

保証人が、債権者に対して(主たる債務を)弁済したときには、主たる債務者に対して求償することができます。

Ⅴ 保証人に対する情報提供義務

保証契約については、保証人を保護するために、次のような情報提供義務が課せられています。

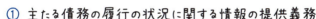

板書 保証人への情報提供義務

① 主たる債務の履行の状況に関する情報の提供義務
② 主たる債務者が期限の利益を喪失した場合の情報の提供義務
③ 契約締結時の情報の提供義務(事業に係る債務についての保証契約の場合)

ポイント
☆ 情報の提供義務者(「だれが」)以外は、①②の両義務で違う

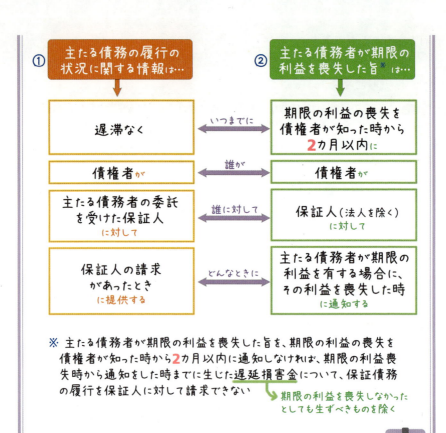

Ⅵ 共同保証

　共同保証とは、1つの主たる債務について、複数の保証人がつくことをいいます。この場合、各保証人は主たる債務を均等に分割し、その分割部分についてのみ保証債務を負います。これを **分別の利益** といいます。

　ただし、保証が連帯保証の場合（**3**で学習）には、連帯保証人に分別の利益はありません。

3 連帯保証

I 連帯保証とは

ひとこみて! 11-3

連帯保証とは、保証人が主たる債務者と連帯して債務を負う保証形態をいい、主たる債務者に生じた事由は、連帯保証人にも効力が及びます。

ひとこみて! 11-4

また、連帯保証人に生じた事由は、原則として主たる債務者には効力が及びません。

ただし、例外として主たる債務を消滅させる行為（弁済、相殺、更改など）は主たる債務者にも効力が及びます。

II 一般保証との違い

連帯保証は、先ほど学習した保証（一般保証）よりも保証人の負う責任が重くなります。

一般保証との違いは次のとおりです。

板書 一般保証と連帯保証の違い

1 連帯保証人には、催告の抗弁権がない

債権者がいきなり保証人に弁済を請求してきたら…

（一般）保証人は	連帯保証人は
「まずはあの人（主たる債務者）に請求して！」といえる	「まずはあの人（主たる債務者）に請求して！」といえない

2 連帯保証人には、検索の抗弁権がない

債権者が主たる債務者に請求したうえで、保証人にも請求してきた場合…

（一般）保証人は	連帯保証人は
一定のことを証明すれば、「あの人（主たる債務者）、お金持っているから、まずはあの人の財産から弁済してもらって！」といえる	一定のことを証明しても、「あの人（主たる債務者）、お金持っているから、まずはあの人の財産から弁済してもらって！」といえない

281

3 連帯保証人には、分別の利益がない

たとえば、保証人がA、B、Cの3人で、3,000万円の債務を保証している場合…

(一般)保証人は	連帯保証人は
1,000万円ずつ保証債務を負う	それぞれ3,000万円の保証債務を負う
債権者は各人から1,000万円ずつ回収することになる	債権者は誰に対しても、どういう順番でも3,000万円を請求できる

❓ 例題
H20-問6③改

【問題】AからBとCが負担部分2分の1として連帯して1,000万円を借り入れる場合と、DからEが1,000万円を借り入れ、Fがその借入金返済債務についてEと連帯して保証する場合とに関する次の記述は正しいか。なお、当事者間において民法第441条ただし書(同法第458条において準用する場合を含む)に規定する別段の合意はないものとする。

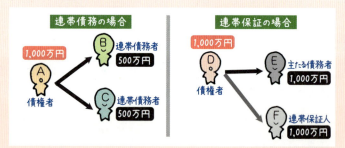

Bについて時効が完成した場合にはCが、Cについて時効が完成した場合にはBが、それぞれ500万円分の債務を免れる。Eについて時効が完成した場合にはFが、Fについて時効が完成した場合にはEが、それぞれ全額の債務を免れる。

× 連帯債務の場合…×
「時効の完成」は絶対効を有するもの(弁済、相殺、更改、混同)ではないため、連帯債務者の1人(BまたはC)について時効が完成しても、他の連帯債務者は債務を免れることはできない。

連帯保証の場合…×
E(主たる債務者)について時効が完成した場合には、F(連帯保証人)は全額の債務を免れるが、F(連帯保証人)について時効が完成した場合でも、E(主たる債務者)は債務を免れることはできない。

4 連帯債権

連帯債権とは、債権の目的がその性質上可分である(価値を損なわないで分割できる)場合、法令の規定または当事者の意思表示によって数人が連帯して債権を有するものをいいます。

各連帯債権者は、すべての債権者のために全部または一部の履行を請求することができ、債務者は、すべての債権者のために各債権者に対して履行をすることができます。

なお、連帯債権は原則として**相対効**ですが、更改、**免除**、相殺、混同については例外的に**絶対効**を有します。

> 連帯債務の真逆のイメージです。
> ここでも、絶対効・相対効の話が出てきます。それぞれの用語の意味について忘れてしまった方は、復習の意味もかねて復習しましょう。

283

板書 他の連帯債権者への影響

たとえば、Aが債務者で、BとCが連帯債権者(債権の額は2,000万円、BとCの持分は1,000万円ずつ)である場合に、BがAの債務を免除したときは…

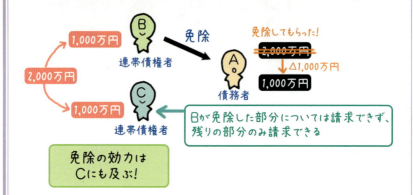

Bの債務の免除前は…BもCもAに対して「2,000万円を返して!」ということができる
Bの債務の免除後は…Bの持分1,000万円がなくなり、CはAに対して「残りの1,000万円を返して!」ということができる

ひとこと

連帯債務とは異なり、免除が絶対効を有するものとされています(これ以外は同じです)。ここは、連帯債務との比較でおさえておけばいいでしょう。

SECTION 12 賃貸借

CHAPTER 02 権利関係

このSECTIONで学習すること

1. 賃貸借とは — 簡単に意味をみておこう
2. 賃貸借の存続期間 — 民法と借地借家法では存続期間がちょっと違う
3. 賃貸借の終了 — いつ、賃貸借が終わるのか？
4. 民法における賃借権の対抗要件 — 民法では「不動産を借りているよ」とみんなに言うためには、「登記」が必要というけど…
5. 賃貸人・賃借人の権利義務 — 賃貸人と賃借人の権利および義務についてみておこう
6. 賃借権の譲渡・賃借物の転貸 — 賃借権を譲渡したり、借りているものを又貸しするときには賃貸人の承諾が必要！
7. 敷金 — 大家さんに預けた敷金、返してもらえるのはいつ？

1 賃貸借とは

賃貸借 とは、賃料を対価に物の貸し借りをすることをいいます。

2 賃貸借の存続期間

賃貸借の存続期間は **50年** を超えることができません。50年を超える期間を定めた場合には、**50年** に短縮されます。また、賃貸借契約は更新することができますが、更新後の期間も **50年** を超えることはできません。

なお、期間の定めのない賃貸借も有効です。

民法では「50年」ですが、借地借家法では修正が加えられています。
→参照 *借地借家法 SEC.13、SEC.14*

3 賃貸借の終了

I 期間の定めのある賃貸借の場合

期間の定めのある賃貸借は、原則として期間の満了をもって終了します。

ただし、期間が満了したあとも賃借人（借主）が賃借物の使用（または収益）を継続している場合で、賃貸人（貸主）がこれを知りながら異議を述べなかったときは、従前の賃貸借契約と同じ条件で更新されたものと推定されます。

II 期間の定めのない賃貸借の場合

期間の定めのない賃貸借は、当事者はいつでも解約の申入れをすることができます。解約の申入れがあったときは、土地の賃貸借については申入れの日から **1年経過後**、建物の賃貸借については申入れの日から **3カ月経過後** に終了します。

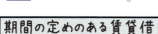

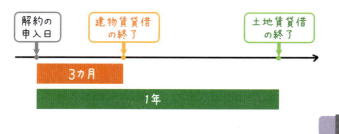

4 民法における賃借権の対抗要件

民法において、不動産の賃借権は**登記**すれば、第三者に対抗することができます。

ひとこと

不動産の賃借権の登記には、賃貸人の協力が必要です。ですが、賃貸人には「登記に協力しなければならない」という義務はないので、現実的には賃借権の登記はあまりなされません。そのため、借地借家法では登記以外の方法による対抗要件を規定しています。

→参照 借地借家法 SEC.13、SEC.14

5 賃貸人・賃借人の権利義務

賃貸人および賃借人の権利義務には、次のようなものがあります。

Ⅰ 目的物の修繕

原則として、賃貸人は賃貸物の使用および収益に必要な修繕をする義務を負っています。また、賃借人も一定の場合、修繕をすることができます。

板書 目的物の修繕 ✐

賃貸人による修繕等

■原則■
☆ 賃貸人は、賃貸物の使用および収益に必要な修繕をする義務を負う
☆ 賃貸人が、賃貸物の保存に必要な行為をするときは、賃借人は拒めない

■例外■
賃借人の責めに帰すべき事由で修繕が必要となったときは、賃貸人はその修繕をする義務を負わない

賃借人による修繕

賃貸物の修繕が必要で、かつ、一定の場合は、賃借人は修繕をすることができる

① 修繕が必要である旨を通知した、または賃貸人がその旨を知ったにもかかわらず、賃貸人が相当の期間内に必要な修繕をしないとき
② 急迫の事情があるとき

288

Ⅱ 必要費と有益費

1 必要費

必要費とは、目的物の現状を維持するために必要な支出をいいます。

ひとこと
雨漏りの修繕にかかる費用などが必要費です。

賃貸人は、原則として賃貸物の使用および収益に必要な修繕を行う義務を負うため、必要費は賃貸人が支出すべきものですが、賃借人が一時的にその費用を立て替えておくこともあります。

台風で雨漏りがするので、賃貸人に連絡したけど、賃貸人が入院していたため、賃借人がとりあえず自分でお金を払って、業者に雨漏りをなおしてもらったという場合などですね。

賃貸人が修繕義務を負う場合で賃借人が必要費を支出したときは、賃借人は賃貸人に対して、**直ちに**その費用の償還を請求することができます（**費用償還請求権**）。

2 有益費

有益費とは、目的物の価値を増加させるための支出をいいます。

ひとこと
洋式トイレにウォシュレットをつけた場合の費用などが有益費です。

賃借人が有益費を支出したときは、**賃貸借契約の終了**時に、その価値の増加分が残っていれば、賃貸人は「賃借人が支出した金額」または「賃貸借の終了時に残存する価値の増加額」のいずれかを選択し、その額を賃借人に償還しなければなりません。

Ⅲ 原状回復義務

賃借人は、賃借物を受け取った後に生じた損傷（通常の使用によるものおよび経年劣化を**除く**）がある場合、賃貸借が終了したときに、その損傷につき原状回復義務を負います。

ただし、賃借人の責めに帰することができない事由によるもののときは、原状回復義務はありません。

Ⅳ 賃料の減額等

賃借物の一部が、賃借人の責めに帰することができない事由によって滅失等により使用および収益できなくなった場合、賃料は、その滅失等の割合に応じて減額されます。

当然に減額されるので、賃借人からの請求は不要です。

また、一部が滅失等によって使用および収益することができなくなった場合、残存する部分のみでは賃借をした目的を達することができないときは、賃借人は契約の**解除**をすることができます。

この契約の解除には、賃借人の責めに帰することができない事由によることは要件とされていません。また、賃借物の全部が滅失等により使用および収益することができなくなった場合、賃貸借は、解除をするまでもなく終了します。

Ⅴ 不動産の賃借人による妨害の停止の請求等

不動産の賃借人は、民法等による賃借権の対抗要件を備えた場合、次の請求をすることができます。

賃借人による妨害の停止の請求

❶ 不動産の占有を妨害している第三者に対する占有の妨害排除請求

❷ 不動産を占有している第三者に対する返還請求

6 賃借権の譲渡・賃借物の転貸

Ⅰ 賃借権の譲渡・賃借物の転貸とは

賃借権の譲渡とは、賃借人が賃借権をほかの人に譲り渡すことをいいます。また、**賃借物の転貸**とは、賃借人が借りている物をほかの人に又貸しすることをいいます。

Ⅱ 無断譲渡・無断転貸の禁止

賃借人が賃借権の譲渡や転貸をするときは、賃貸人の**承諾**が必要です。

賃借人が賃借権を無断で譲渡等した場合には、原則として賃貸人は契約を解除することができます。

板書 賃借権の譲渡・賃借物の転貸 ✏

賃借権の譲渡や賃借物の転貸をするときは?

賃貸人の**承諾**が必要
　　↖ 黙認も含まれる

☆ 賃貸人の承諾は、賃借人・転借人の
　いずれに対するものでもOK

無断譲渡・転貸があった場合は?

■原則■
　賃貸人は契約を解除できる(現実に譲受人・転借人が使用している場合)

■例外■　　　　　　　　　→ …とは? 信頼を裏切る行為
　賃貸人に対する背信的行為と認めるに足りない特段の事情がある
　場合は、賃貸人は契約を解除することはできない

ココみて!
12-1

291

例題　H25-問11①

【前提】Aは、A所有の甲建物につき、Bとの間で期間を10年とする賃貸借契約を締結した。

BがAに無断で甲建物をCに転貸した場合には、転貸の事情のいかんにかかわらず、AはAB間の賃貸借契約を解除することができる。

✗　無断転貸の場合でも、背信的行為と認めるに足りない特段の事情がある場合は、賃貸人は契約を解除することはできない。

III 賃借権の譲渡・賃借物の転貸の効果（承諾がある場合）

1 賃借権の譲渡の効果

賃借人が賃借権を譲渡した場合には、譲受人が新賃借人となります（賃貸人と旧賃借人の関係は終了します）。

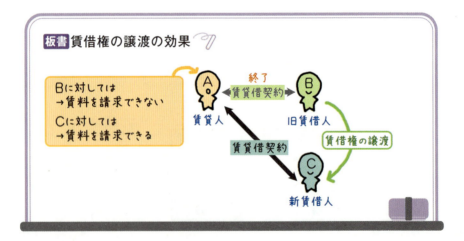

2 賃借物の転貸の効果

賃借人が賃借物を転貸した場合は、賃貸人と賃借人（転貸人）の関係は終了しません。したがって、賃貸人は賃借人に対して賃料を請求することができます。

転借人は賃借人の債務の範囲を限度として直接履行する義務を負うため、賃借人が賃料を支払わない場合には、賃貸人は転借人に対して直接賃料を請求することができます。

なお、賃貸人が転借人に対して直接賃料を請求する場合には、「賃借料」と「転借料」のうちいずれか低い金額が限度となります。

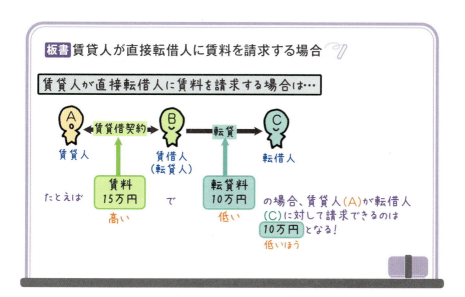

Ⅳ 賃貸借の解除と転貸借

　適法に転貸がされていた場合で、賃貸人(A)と賃借人(B)の間の賃貸借が終了した場合、賃貸人(A)は転借人(C)に明け渡しを請求できるかどうかは、賃貸人(A)と賃借人(B)との賃貸借が終了した事由によって異なります。

1 合意による解除

　賃貸人と賃借人が賃貸借契約を合意解除しても、原則として、賃貸人(A)は、転借人(C)に対抗することはできません。

　　原則として、AはCに「出ていけ」と明け渡しを請求することはできません。

　ただし、(少なくとも)賃貸人(A)が賃借人(B)の債務不履行による解除権を合意解除時に有していたときは、賃貸人(A)は転借人(C)に合意解除を対抗することができます。

2 債務不履行による解除

　賃借人(B)の債務不履行によって賃貸借契約が解除されたときは、転借人(C)は賃貸人(A)に対抗することはできません。

　　AはCに「出ていけ」と明け渡しを請求することができます。

　このとき、賃貸人(A)は、転借人(C)に対して通知等して、賃料を支払う機会を与える必要はありません。

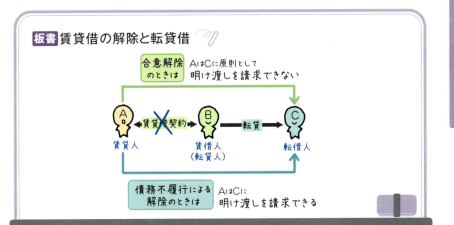

7 敷金

I 敷金とは

敷金とは、賃借人が賃料を支払わなかった場合などに備えて、名目を問わず賃借人の賃貸人に対する金銭の給付を目的とする債務の担保として、賃借人が賃貸人に差し入れる金銭をいいます。

敷金は預り金の一種なので、賃借人の賃料未払い等を控除して残額があれば、賃借人に返還されます。

> **ひとこと**
>
> なお、敷金返還債務が発生する前には、賃料の未払い等に対して敷金で充当するかどうかは賃貸人の任意なので、賃借人のほうから「未払分の賃料は敷金で充当して」ということはできません。

II 敷金の返還時期

敷金の返還は、賃貸借契約が終了し、**賃貸物を返還したあと**、または賃借人が適法に賃借権を譲り渡したときとなります。

> **ひとこと**
> 賃貸借契約が終了した場合、賃借人が賃貸物を返還したあとに、敷金が返還されます。つまり、「賃貸物の返還」と「敷金の返還」は同時履行の関係にありません。
> したがって、賃借人は「敷金を返してくれないなら、建物を明け渡さないよ！」ということはできないのです。

III 不動産の賃貸人の変更と敷金

　賃貸借の目的物が不動産であり、(その賃貸借の期間中に)その不動産が譲渡されたときは、その賃借人がその賃貸借の対抗要件を備えている場合、その不動産の賃貸人の地位は、原則として、新賃貸人(譲受人)に移転します。

> **ひとこと**
> 賃貸人の地位は、一定の特約がある場合、直ちには移転しません。

　また、その賃借人がその賃貸借の対抗要件を備えていない場合、譲渡人と譲受人との合意があれば(賃借人の承諾は不要)、その不動産の賃貸人たる地位は、譲受人に移転します。
　そして、譲受人が、賃貸人の地位の移転を賃借人に主張するには、その不動産について、所有権の移転の登記をする必要があります。
　賃貸人の地位が譲受人に移転したときの敷金との関係は、譲受人が所有権移転の登記をした場合、敷金返還債務は自動的に譲受人に承継されます。

IV 賃借人の変更と敷金

　賃借権の譲渡があり、賃借人が変わった場合(借手チェンジの場合)、敷金についての権利義務は原則として新賃借人に**承継されません**。

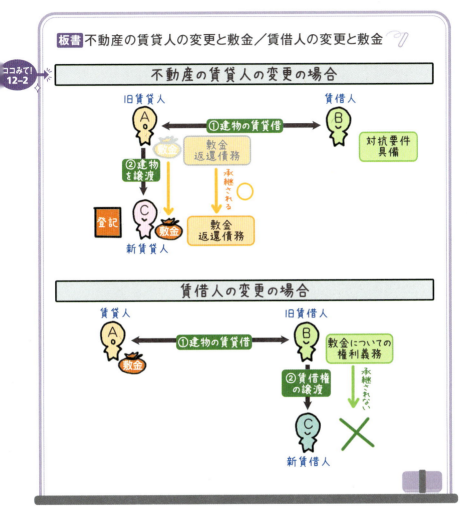

例題　　　　　　　　　　　　　　　　　　H20-問10②

【前提】Aは、自己所有の甲建物（居住用）をBに賃貸し、引渡しも終わり、敷金50万円を受領した。

Aが甲建物をCに譲渡し、所有権移転登記を経た場合、Bの承諾がなくとも、敷金が存在する限度において、敷金返還債務はAからCに承継される。

○　甲建物の賃貸借において、Bが引渡しを受けた甲建物がCに譲渡され、かつ、他の事情もないので、Cは新賃貸人となる。また、所有権移転登記を経ているため、敷金返還債務はCに承継される。

このあと、余裕がある人は、参考編の「使用貸借」を一読しておきましょう。

SECTION 13 借地借家法（借地）

CHAPTER 02 権利関係

このSECTIONで学習すること

1 借地借家法とは — 不動産の借主を保護するための法律です

2 借地借家法の適用範囲（借地） — 借地権の基本的な内容をみておこう

3 借地権の存続期間 — 民法では最長50年だったけど、借地借家法では？

4 建物買取請求権 — 借地上に建てた建物を「買い取って」と言える権利

5 建物の滅失と再築 — 借地権の存続期間中に建物が滅失してしまったら、勝手に再築できる？

6 借地権の対抗力 — 民法では「登記」が必要だったけど…？

7 借地上の建物を譲渡等する場合 — 借地上の建物を「売ろうとしている」のか、「売ってしまった」のかによって取扱いが異なる！

8 定期借地権等 — ちょっと特殊な借地権

1 借地借家法とは

借地借家法とは、土地や建物を借りる場合に適用される法律です。

借地借家法では、民法の「賃貸借」について、賃借人(借主)が不利になる部分を修正しています。

> **ひとこと**
> 土地や建物の賃借人を保護するための法律です。

借地借家法は、「借地」と「借家」に分かれますが、SECTION13では「借地」についてみていきます。

2 借地借家法の適用範囲(借地)

建物の所有を目的とする地上権または土地の賃借権を**借地権**といい、借地権については借地借家法が適用されます。

> **ひとこと**
> 地上権とは、工作物(建物など)または竹木を所有するために、他人の土地を使用する権利をいいます。

借地権がある人(土地の賃借人)を**借地権者**、借地権を設定された人(地主)を**借地権設定者**といいます。

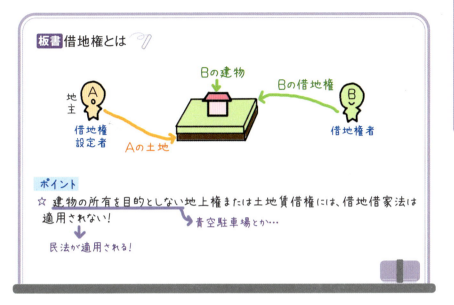

3 借地権の存続期間

I 当初の存続期間 ココみて! 13-1

　民法上の賃貸借の存続期間は**最長50年**でしたが、借地借家法における借地権の存続期間は**30年**とされています。契約でこれより短い期間を定めた場合も**30年**となります。

　なお、契約で30年より長い期間を定めた場合には、**契約で定めた期間**が存続期間となります。

例題　H20-問13①

【問題】Aが所有している甲土地を平置きの駐車場用地として利用しようとするBに貸す場合と、一時使用目的ではなく、建物所有目的を有するCに貸す場合とに関する次の記述について、正しいかどうかを判断しなさい。

AB間の土地賃貸借契約の期間は、AB間で60年と合意すればそのとおり有効であるのに対して、AC間の土地賃貸借契約の期間は、50年が上限である。

× Bは建物の所有を目的としていないため、AB間の土地賃貸借契約は民法の規定の適用を受ける。民法の規定では賃貸借の存続期間は50年を超えることができない。
Cは建物の所有を目的としているため、AC間の土地賃貸借契約は借地借家法の規定の適用を受ける。借地借家法の規定では借地権の存続期間は30年以上とされており、それ以上の期間を定めることもできる（上限はない）。

Ⅱ 契約の更新

借地契約の更新方法には、**合意更新**、**請求更新**、**法定更新**の3つがあります。なお、請求更新と法定更新は、借地上に**建物が存在する**場合に限られます。

それぞれの内容と、更新後の期間は以下のとおりです。

板書 合意更新、請求更新、法定更新

↙ 土地の上に建物がなくてもOK

合意更新	当事者で合意して更新
	■更新後の期間■ 最初の更新：**20**年以上 2回目以降の更新：**10**年以上

請求更新

← 土地の上に建物がないとダメ

借地権者が更新を請求したときは、建物がある場合に限り、契約を更新したものとみなす

ココみて！ 13-2

ただし、借地権設定者が**正当事由**をもって、遅滞なく異議を述べたときには更新されない

■更新後の期間■
最初の更新：**20**年以上
2回目以降の更新：**10**年以上

法定更新

← 土地の上に建物がないとダメ

存続期間後も借地権者が土地の使用を継続するときは、建物がある場合に限り、契約を更新したものとみなす

ただし、借地権設定者が**正当事由**をもって、遅滞なく異議を述べたときには更新されない

■更新後の期間■
最初の更新：**20**年以上
2回目以降の更新：**10**年以上

❓ 例題　　　　　　　　　　　　　　　　　　　　　　H25-問12②

借地権の存続期間が満了する際、借地権者の契約の更新請求に対し、借地権設定者が遅滞なく異議を述べた場合には、借地契約は当然に終了する。

× 「遅滞なく異議を述べた場合」ではなく、「**正当事由をもって、遅滞なく異議を述べた場合**」に借地契約は終了する。

4 建物買取請求権

借地権の存続期間が満了した場合で、借地契約の更新がないときは、借地権者は借地権設定者に対して、建物を**時価**で買い取ることを請求できます。

> **ひとこと**
> 民法の規定によると、借地権者は建物を取り壊して更地で返さなければなりませんが、まだ使える建物を取り壊してしまうのはもったいないので、借地借家法ではこのような規定が定められています。

建物買取請求権は「借地権の存続期間が満了した場合」に認められます。したがって、借地権者が地代を支払わなかった等の理由(借地権者の債務不履行)で契約が解除された場合には、借地権者に建物買取請求権は認められません。

5 建物の滅失と再築

借地権の存続期間が満了する前に建物が滅失してしまった場合、一般的には建物を建て直しますが、残っている借地権の存続期間を超えて存続すべき建物を再築する場合、借地権の存続期間が延長されるかどうかが問題になります。

借地権の存続期間が延長されるかどうかは、建物が滅失した時期と、再築について借地権設定者の承諾があるかどうかによって異なります。

板書 建物の滅失と再築

契約 — パターンA ここで滅失 — 最初の更新 — パターンB ここで滅失 →

当初の存続期間中に滅失した場合	更新後に滅失した場合
■残存期間を超えて存続すべき建物の再築について借地権設定者の承諾がある場合は… **延長する**	■残存期間を超えて存続すべき建物の再築について借地権設定者の承諾がある場合は… **延長する**
①承諾日と②建物の再築日のうち、いずれか**早い日**から**20**年間存続する※	①承諾日と②建物の再築日のうち、いずれか**早い日**から**20**年間存続する※
■再築について借地権設定者の承諾がない場合は… **延長しない**	■再築について借地権設定者の承諾がない場合は… **再築不可**
（承諾がなくても、借地権の残存期間を超えて存続すべき建物の再築はできるけど）借地権の期間は延長しない	借地権の残存期間を超えて存続すべき建物の再築はできない　再築してはダメ！
再築してもいいよ、だけど期間は延長しないよ	ただし！一定の場合には借地権者は、借地権設定者の承諾に代わる**裁判所の許可**を申し立てることができ、この許可があれば、再築できる
	無断で残存期間を超えて存続すべき建物を再築した場合、借地権設定者は地上権消滅請求または土地の賃貸借の解約の申入れをすることができる（請求・解約の申入れから3カ月経過すると借地権は消滅）

※ 残存期間が20年よりも長い場合や、契約で20年よりも長い期間を定めた場合は、借地権の存続期間はその期間となる

6 借地権の対抗力

　民法上、不動産の賃借人が第三者に対して、不動産の賃借権を対抗するためには**登記**が必要ですが、借地借家法では、借地上に借地権者が、<u>自己を所有者として</u>**登記した建物**を所有していれば、（借地権の登記がなくても）第三者に対抗することができるとしています。

ひとこと

賃借権の登記はあまり行われないため、借地借家法では「登記した建物を所有していればOK」としているのです。

板書 借地権の対抗力

民法上は…
不動産の賃借権を第三者に対抗するためには、**登記**が必要

借地借家法では…
借地権の登記がない場合は、土地の上に借地権者が**自己を所有者として登記している建物**を所有していれば、借地権を**第三者に対抗できる**

→ 建物が滅失してしまったら？
一定の内容を、その土地の見やすい場所に掲示すれば、滅失日から**2年**を経過するまでは、借地権の対抗力を維持できる

- 「こんな建物が滅失したよ」
- 「○月×日に滅失したよ」
- 「ここに建物を新たに再築するよ」

例題　H24-問11①

建物の所有を目的とする土地の賃貸借契約において、借地権の登記がなくても、その土地上の建物に借地人が自己を所有者と記載した表示の登記をしていれば、借地権を第三者に対抗することができる。

○　借地借家法では、借地権の登記がなくても、借地権者が借地上に登記している建物を所有していれば、借地権を第三者に対抗することができる。そして、この「登記」は表示の登記でもよい。

7 借地上の建物を譲渡等する場合

Ⅰ 借地上の建物を譲渡する場合の土地賃借権の譲渡・転貸

たとえば、借地権設定者(地主)がA、借地権者がBである場合、Bは借地上の建物自体を第三者(C)に譲渡することは自由にできます。しかし、建物だけ譲渡しても、それに借地権がついていなければ(土地が使用できないので)意味がありません。そこで、借地上の建物を譲渡する場合には、借地権も譲渡するか、借地を転貸する必要があります。

借地権が地上権の場合には、借地権設定者(A)の承諾なしに地上権の譲渡や土地の賃貸をすることができますが、借地権が土地賃借権の場合には、借地権の譲渡や借地の転貸をするときに、借地権設定者(A)の承諾が必要になります。

借地権は、建物の所有を目的とした❶地上権または❷土地賃借権のことでしたね。
地上権と(土地)賃借権の違いは次のとおりです。

原則として { 第三者に対抗できる→地上権←強い権利
第三者に対抗できない→(土地)賃借権←ちょっと弱い権利

そのため、Aが承諾しないと、事実上、Bは建物をCに譲渡できなくなってしまいます。これだと借地権者(B)にとって酷なので、借地借家法では、借地権設定者(A)の承諾に代わる**裁判所の許可**でもよいとしています。

板書 借地上の建物を譲渡する場合の土地賃借権の譲渡・転貸

民法上は…

賃借権の譲渡、借地の転貸をするときは、賃貸人(借地権設定者)の**承諾**が必要

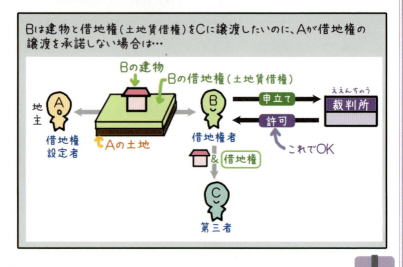

Ⅱ 借地上の建物を第三者が取得した場合の建物買取請求

　第三者（C）が、借地権者（B）から借地上の建物を取得した場合で、借地権設定者（A）が土地賃借権の譲渡または借地の転貸を承諾しないときは、第三者（C）は、借地権設定者（A）に対して**時価**で建物を買い取るべきことを請求できます。

板書 借地上の建物を第三者が取得した場合の建物買取請求

借地権者が借地上の建物を第三者に譲渡した場合で、借地権設定者が土地賃借権の譲渡または借地の転貸を承諾しないときは、**第三者**は**借地権設定者**に対して、当該建物を**時価**により買い取るべきことを請求できる

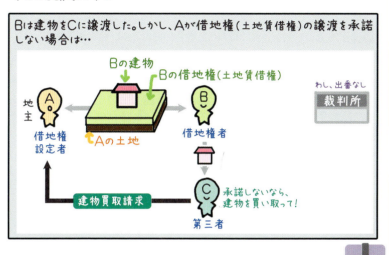

ひとこと

借地上の建物を譲渡する前なら、借地権者（B）が裁判所に申し立てて、許可を得れば第三者（C）は土地賃借権を取得することができます（Ⅰの話）。

借地上の建物を譲渡した後、借地権設定者（A）が土地賃借権の譲渡・借地の転貸を承諾しないという場合は、本来、第三者（C）は建物を取り壊して出て行かなければなりませんが、それだと建物がもったいないので、第三者（C）は借地権設定者に対して、建物の買取りを請求できるとしているのです（Ⅱの話）。

Ⅲ 借地上の建物を競売で取得した場合の許可および建物買取請求

第三者（C）が借地上の建物を競売により取得した場合で、その第三者（C）が土地賃借権を取得しても借地権設定者（A）に不利となるおそれがないにもかかわらず、借地権設定者（A）が承諾しないときは、**第三者**（C）は**裁判所**

に申し立てることにより、借地権設定者(A)の承諾に代わる**許可**を受けることができます。

　また、借地権設定者(A)の承諾も裁判所の許可も得られない場合には、第三者(C)は、借地権設定者(A)に対して**時価**で建物を買い取るべきことを請求することもできます。

板書　借地上の建物を競売で取得した場合の許可および建物買取請求

① 第三者が借地上の建物を競売により取得した場合、その第三者が土地賃借権を取得しても借地権設定者に不利となるおそれがないにもかかわらず、借地権設定者が承諾しないときは、**第三者**は**裁判所**に申し立てることにより、裁判所から承諾に代わる**許可**を受けることができる

② 第三者が借地上の建物を競売により取得した場合で、土地賃借権の譲渡について借地権設定者の承諾も裁判所の許可も得られないときは、**第三者**は**借地権設定者**に対して、当該建物を**時価**により買い取るべきことを請求できる

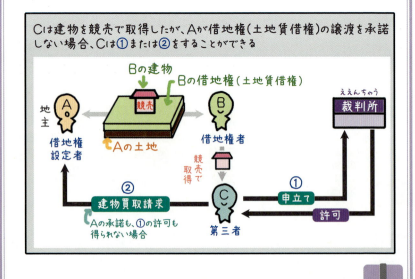

ひとこと

借地上の建物を譲渡等する場合の土地賃借権の譲渡・借地の転貸に関する許可等について、Ⅰ～Ⅲの違いをまとめると、次のとおりです。

	どの場面で？	誰が？	何をできる？
Ⅰ	借地上の建物を譲渡しようとするとき	**借地権者**は	**裁判所**に対して借地権設定者の承諾に代わる**許可**を求めることができる
Ⅱ	借地上の建物が譲渡されたとき	建物を取得した**第三者**は	**借地権設定者**に対して**建物の買取請求**をすることができる
Ⅲ	借地上の建物が競売により取得されたとき	建物を取得した**第三者**は	**裁判所**に対して借地権設定者の承諾に代わる**許可**を求めることができる ↓借地権設定者の承諾も裁判所の許可もない場合は… **借地権設定者**に対して**建物の買取請求**をすることができる

ココみて！ 13-4

例題 ──────────────── H23-問11③

借地権者が賃借権の目的である土地の上の建物を第三者に<u>譲渡しようとする場合</u>において、その第三者が賃借権を取得しても借地権設定者に不利となるおそれがないにもかかわらず、借地権設定者がその賃借権の譲渡を承諾しないときは、裁判所は、その<u>第三者の申立て</u>により、借地権設定者の承諾に代わる許可を与えることができる。

ココみて！ 13-4

× 「第三者の申立て」ではなく、「**借地権者の申立て**」である。

8 定期借地権等

これまでは一般的な借地権(普通借地権)についてみてきましたが、ここでは特殊な借地権についてみていきます。

Ⅰ (一般)定期借地権

存続期間を**50年以上**とする借地権を設定する場合には、以下の特約を定めることができます。

(一般)定期借地権で定めることができる特約
❶ 契約の更新がないこと
❷ 建物滅失時における建物の再築による存続期間の延長がないこと
❸ 建物買取請求権がないこと

なお、上記の特約を定めるときは、**書面**(公正証書でなくてもよい)で行う必要があります。

ひとこと

普通借地権が賃借人を保護しているのに対し、定期借地権は賃貸人(地主)を保護するためのものです。いつまでも自分の土地を返してもらえないのでは、地主も困ってしまうので、定期借地権では契約の更新がない等の特約をすることができるのです。

Ⅱ 事業用定期借地権

事業用定期借地権は、もっぱら事業の用に供する建物(**居住**の用に供するものを**除く**)の所有を目的とし、存続期間を**10年以上50年未満**とする借地権をいいます。このうち、存続期間を10年以上30年未満とする事業用定期借地権には、❶契約の更新、❷建物の再築による存続期間の延長、❸建物買取請求権等がありません。また、存続期間を30年以上50年未満とする事業用定期借地権には、❶〜❸がない旨の特約を定めることができます。

事業用定期借地権の設定は、**公正証書**で行わなければなりません。

Ⅲ 建物譲渡特約付借地権

建物譲渡特約付借地権とは、借地権を消滅させるため、その設定後**30年以上**経過した日に、借地上の建物を借地権設定者(地主)に相当の対価で譲渡する旨の特約を定めた借地権をいいます。この特約は書面で行う必要はありません(**口頭**でも可)。

借地権の内容をまとめると、次のとおりです。

板書 普通借地権と定期借地権 🖊

	普通借地権 普通の 借地権	定期借地権		
		一般定期 借地権 普通の 定期借地権	事業用定期 借地権 事業用の建物を 建てるために土 地を借りるという 場合の定期借 地権	建物譲渡 特約付借地権 契約期間が終 了したら建物付 で土地を返すと いう約束の定期 借地権
契約の 存続期間	**30**年以上	**50**年以上	**10**年以上 **50**年未満	**30**年以上
更 新	最初の更新は **20**年以上 2回目以降は **10**年以上	なし	なし	なし
土地の 利用目的	制限なし	制限なし	事業用建物のみ (居住用建物は×)	制限なし
契約方法	制限なし	書面による	**公正証書**に限る	制限なし
建物買取 請求権	あり	なし	なし	建物の 譲渡特約がある
契約期間 終了時	原則として 更地で返す	原則として 更地で返す	原則として 更地で返す	建物付で返す

ココみて!
13-5

313

例題　H22-問11②

存続期間を10年以上20年未満とする短期の事業用定期借地権の設定を目的とする契約は、公正証書によらなくとも、書面または電磁的記録によって適法に締結することができる。

× 事業用定期借地権の設定は、**公正証書**によって行わなければならない。

Ⅳ 一時使用目的の借地権

一時使用のために借地権を設定したことが明らかな場合には、普通借地権に関する規定（存続期間、更新、建物買取請求権、建物の滅失と再築）や定期借地権等の規定は適用されません。

CHAPTER 02
権利関係

SECTION 14 借地借家法（借家）

このSECTIONで学習すること

1 借地借家法（借家）の適用範囲
どういう借家にこの法律の適用がある？

2 借家契約の存続期間
民法は最長50年だったけど…？

3 契約の更新と解約
賃貸人から解約するときは、「正当事由」が必要

4 造作買取請求権
「この畳、買い取って」という権利

5 建物賃借権（借家権）の対抗力
民法では「登記」が必要だったけど…？

6 家賃の増減額請求権
家賃を一定期間「増額しない」という契約はできるけど、「減額しない」という契約はできない

7 建物賃借権の譲渡・借家の転貸
「借地」の場合には裁判所の介入があったけど、「借家」の場合は裁判所は、基本的には出てこない

8 定期建物賃貸借（定期借家権）等
ちょっと特殊な借家権

1 借地借家法(借家)の適用範囲

　建物の賃貸借に関しては、借地借家法が適用されます。ただし、一時使用のために建物を賃貸借した場合には、借地借家法は適用されません。

> **ひとこと**
> ちなみに、建物の賃借権を**借家権**といいます。

2 借家契約の存続期間

　民法上の賃貸借の存続期間は**最長50年**でしたが、借地借家法における借家契約の存続期間には最長期間の**制限がありません**。
　なお、期間を1年未満とする建物の賃貸借においては、**期間の定めのない賃貸借**とみなされます。

3 契約の更新と解約

I 期間の定めがある場合

期間の定めがある場合、期間満了の**1年前**から**6カ月前**までの間に、相手方に対し、「更新をしない」旨の通知をしなかったときには、従前の契約と同一の条件（ただし、期間については定めがないものとなる）で契約を更新したものとみなされます。

なお、**賃貸人**から上記の通知をする場合には、**正当事由**が必要です。また、賃貸人が正当事由をもって「更新をしない」旨の通知をした場合でも、期間が満了したあとに賃借人がその建物の使用を継続しているときは、賃貸人が遅滞なく異議を述べないと、従前の契約と同一の条件（ただし、期間については定めがないものとなる）で契約を更新したものとみなされます。

板書 期間の定めがある場合

① 期間満了の**1年前**から**6カ月前**までの間に、「更新しない」旨の通知をしないときは、更新したものとみなされる

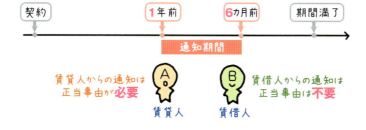

② ①の通知があった場合でも、期間が満了したあとに賃借人がその建物の使用を継続しているときは、賃貸人が遅滞なく異議を述べないと、更新したものとみなされる

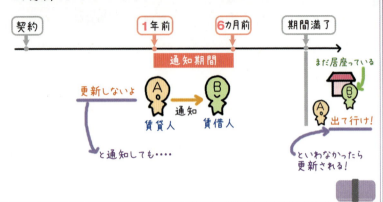

Ⅱ 期間の定めがない場合

期間の定めがない場合、解約の申入れをすると契約が終了します。

賃借人から解約を申し入れる場合には、正当事由は**不要**で、解約の申入日から**3カ月経過後**に賃貸借が終了します。

一方、賃貸人から解約を申し入れる場合には、正当事由が**必要**で、解約の申入日から**6カ月経過後**に賃貸借が終了します。

民法では、解約の申入日から3カ月経過後に賃貸借が終了することになっていますが、賃借人を保護するため、借地借家法では賃貸人からの解約申入れの場合には、「6カ月」に伸ばしているのです。

4 造作買取請求権

借地借家法では、建物の賃貸人の同意を得て取り付けた造作(畳やエアコンなど)がある場合、賃借人は契約の終了時に賃貸人に対して、造作を**時価**で買い取ることを請求できます。

ただし、造作買取請求権を認めない旨の特約は**有効**に定めることができます。

ココみて！ 14-1

例題 —————————————————— H23-問12①

Aが所有する甲建物をBに対して賃貸する場合、AB間の賃貸借契約が借地借家法に規定する定期建物賃貸借契約であるか否かにかかわらず、Bの造作買取請求権をあらかじめ放棄する旨の特約は有効に定めることができる。

○ 造作買取請求権を認めない旨の特約は有効に定めることができる (定期建物賃貸借契約については **8** を参照のこと)。

5 建物賃借権（借家権）の対抗力

　民法上、建物の賃借人が、第三者に建物賃借権（借家権）を対抗するためには、建物賃借権の**登記**が必要ですが、借地借家法では、建物賃借権の登記がない場合でも、**建物の引渡し**があった場合には、建物賃借権を第三者に対抗することができるとしています。

> 板書 建物賃借権の対抗力
>
> 民法上は…
> 建物賃借権を第三者に対抗するためには、**建物賃借権の登記**が必要
>
> 借地借家法では…
> 建物賃借権の登記がない場合でも、**建物の引渡し**があれば、建物賃借権を第三者に対抗できる
>
>

例題　H22-問12①

【前提】Aは、B所有の甲建物につき、居住を目的として、期間2年、賃料月額10万円と定めた賃貸借契約をBと締結して建物の引渡しを受けた。

本契約期間中にBが甲建物をCに売却した場合、Aは甲建物に賃借権の登記をしていなくても、Cに対して甲建物の賃借権があることを主張することができる。

 ○　建物賃借権の登記がない場合でも、建物の引渡しがあれば、建物賃借権を第三者に対抗できる。

6 家賃の増減額請求権

　借家の家賃(借賃)が、近隣の建物の家賃と比較して不相当となった場合等は、当事者(賃貸人、賃借人のいずれも)は、将来に向かって家賃の増額または減額を請求することができます。

> 「将来に向かって」というのは、「これまでの分は従来の家賃ですよ」ということです。

　なお、一定の期間、家賃を**増額**しない旨の特約がある場合には、その期間内については増額請求をすることができません。

> 「一定の期間、家賃を減額しない」旨の特約は無効です(賃借人に不利となるため)。

板書 家賃の増減額請求権

　家賃(建物の借賃)が、近隣の建物の家賃と比較して不相当となった場合等には、当事者は将来に向かって家賃の増額または減額を請求できる

↳ ただし、一定の期間、家賃を増額しない旨の特約がある場合には、その期間内については増額請求をすることができない

家賃の増額・減額について、協議が調わないときは…

増額について協議が調わないとき

賃貸人　賃借人

① 賃借人Ⓑは、増額の裁判が確定するまで、自己が相当と認める家賃を支払えばよい

② 増額の裁判が確定した場合は、支払済みの金額に不足があれば、不足額に年**1**割の支払期後利息を付して支払う

減額について協議が調わないとき

賃貸人　賃借人

① 賃貸人Ⓐは、減額の裁判が確定するまで、自己が相当と認める家賃の支払いを請求できる

② 減額の裁判が確定した場合は、受取済みの金額に超過があれば、超過額に年**1**割の受領時からの利息を付して返還する

ひとこと

　ちなみに、上記板書内の増減額請求権は、借地の場合(地代の場合)でも同様です。

例題　　　　　　　　　　　　　　　　　　　　　　H16-問14④

貸主Aおよび借主B間の建物賃貸借契約において、Aが賃料増額請求権を行使してAB間に協議が調わない場合、<u>BはAの請求額を支払わなければならないが</u>、賃料増額の裁判で正当とされた賃料額を既払額が超えるときは、Aは超過額に年1割の利息を付してBに返還しなければならない。

× B（賃借人）は、増額の裁判が確定するまで、自己が相当と認める家賃を支払えばよい。

7 建物賃借権の譲渡・借家の転貸

Ⅰ 建物賃借権の譲渡、借家の転貸をする場合

建物の賃借人が建物賃借権を譲渡したり、借家を転貸する場合には、賃貸人の**承諾**が必要です（民法の規定どおり）。

賃貸人の承諾がなく、建物賃借権の譲渡等が行われた場合には、賃貸人は賃貸借契約を解除することができます。

借地権（SEC.13）の場合と異なり、建物賃借権の場合には、裁判所の介入はありません。

Ⅱ 建物の賃貸借が終了した場合の転貸借

建物が転貸借されている場合（賃借人が又貸しした場合）で、建物の賃貸借が終了したときの転貸借関係は、次のようになります。

❶ 期間の満了または解約申入れによる終了

賃貸借が、期間の満了または解約申入れによって終了した場合、賃貸人は転借人にその旨を通知しなければ、その終了を転借人に対抗できません。

なお、通知をした場合、通知がされた日から**6カ月経過後**に転貸借が終了します。

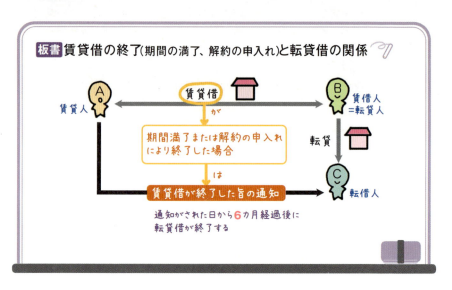

2 債務不履行による解除

　賃貸借が、賃借人(B)の債務不履行(賃料を支払わなかったなど)により解除された場合、原則として、賃貸人が転借人に対して建物の明渡しを請求した時に転貸借も終了します(賃貸人(A)は転借人(C)に対抗することができます)。

> **ひとこと**
> 賃貸人(A)は転借人(C)に「出て行け！」といえます。

　この場合、賃貸人は転借人に対して**通知**等をして、賃料を支払う機会を与える必要は**ありません**。

3 合意による解除

賃貸借が、賃貸人(A)と賃借人(B)の合意によって解除された場合でも、原則として転貸借は終了しません(賃貸人(A)は転借人(C)に対抗することができません)。

基本的に、賃貸人(A)は転借人(C)に「出て行け！」といえません。

 例題 ──────────────── H25-問11②

【前提】Aは、A所有の甲建物につき、Bとの間で賃貸借契約を締結し、Bは甲建物をさらにCに転貸した。
この場合において、Bの債務不履行を理由にAが賃貸借契約を解除したために当該賃貸借契約が終了した場合であっても、BがAの承諾を得て甲建物をCに転貸していたときには、AはCに対して甲建物の明渡しを請求することはできない。

 × 賃借人(B)の債務不履行によって契約が解除された場合には、賃貸人(A)は転借人(C)に対して建物の明渡しを請求できる。

III 借地上の建物の賃借人の保護

たとえば、借地権設定者(地主)がA、借地権者がBで、Bが借地上に建物を建てたあと、その建物をCに賃貸したとします。

この場合において、借地権の存続期間(AB間の契約)が満了すると、Cは建物を明け渡さなければなりません。しかし、Cがそのこと(借地権の期間の満了)を知らなかった場合に、Cに対して「期間が満了したから直ちに出て行け」というのは、Cにとって酷です。

そこで、借地借家法では以下の規定を設けて、借地上の建物の賃借人を保護しています。

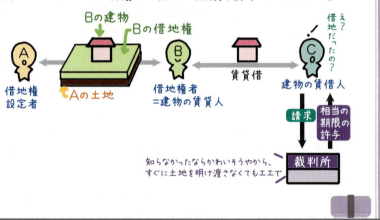

> **ひとこと**
> 「借地」がからんでいるので、この場合だけ裁判所の介入があります。

8 定期建物賃貸借（定期借家権）等

　これまでは一般的な借家権（普通借家権）についてみてきましたが、ここでは特殊な借家権についてみていきます。

Ⅰ 定期建物賃貸借（定期借家権）

　期間の定めがある建物の賃貸借を行う場合、**書面**によって契約をするときに限って、契約の更新がないこととすることができます。

ひとこと

定期借家権は「○年だけ家を貸すよ。そのあとは契約を更新しないから、家を返してね」とする賃貸借契約です。

定期借家権のポイントは次のとおりです。

板書 定期建物賃貸借（定期借家権）のポイント

① 建物の賃貸人は、定期建物賃貸借の契約締結前に、賃借人に対して、「契約の更新がなく、期間満了で終了する」旨を記載した**書面**を交付し、**説明**しなければならない ← ココみて！14-5

② 期間が1年以上の場合、期間満了の**1**年前から**6**カ月前までの間に賃借人に対して、期間満了による賃貸借の終了の**通知**をしなければならない

③ 床面積が**200**㎡未満の**居住**用建物の賃貸借においては、転勤等やむを得ない事情により、賃借人が建物を自己の生活の本拠として使用することが困難となった場合には、賃借人は解約の申入れをすることができる
　↳この場合、解約の申入日から**1**カ月経過後に賃貸借が終了する

④ 家賃の改定に関する特約がある場合、家賃の増減額請求権の規定は適用しない
　　↳家賃の増減額請求を排除したい場合、「契約期間中、家賃は増減変更しない」という特約をつければ、家賃の増減額請求ができなくなるよ、ということ

例題　　　　　　　　　　　　　　　　　　　　　　　H20-問14②

公正証書によって定期建物賃貸借契約を締結するときは、賃貸人は、賃借人に対し、契約の更新がなく、期間の満了により賃貸借は終了することについて、あらかじめ、その旨を記載した書面を交付して説明する必要はない。

× 公正証書によるか否かにかかわらず、定期建物賃貸借契約を締結するときは、あらかじめ「契約の更新がなく、期間満了で賃貸借は終了する」旨を記載した書面を交付し、説明しなければならない。

Ⅱ 取壊し予定建物の賃貸借

法令や契約によって、一定期間経過後に建物を取り壊すことが明らかな場合に、その建物の賃貸借をするときは、建物の取壊し時に賃貸借が終了する旨の特約を定めることができます。この特約は、建物を取り壊すべき事由を記載した**書面**によって行う必要があります。

9 民法と借地借家法の比較

民法と借地借家法の規定を比較すると、次のようになります。

板書 民法と借地借家法の比較 🖊

	民法の賃貸借	借地借家法（借地）	借地借家法（借家）
存続期間	【期間の定めがある場合】 最長**50**年 【期間の定めがない場合】 解約申入れから {土地は**1**年 {建物は**3**カ月 経過後に終了	【当初の存続期間】 **30**年以上 【最初の更新】 **20**年以上 【2回目以降の更新】 **10**年以上	【期間の定めがある場合】 ☆最長について制限なし ☆**1**年未満は期間の定めのない契約とみなす 【期間の定めがない場合】 ☆賃貸人から解約申入れ →正当事由必要 →**6**カ月経過後に終了 ☆賃借人から解約申入れ →正当事由不要 →**3**カ月経過後に終了 ┗民法規定

	民法の賃貸借	借地借家法（借地）	借地借家法（借家）
終了	期間の満了等	期間満了時に借地権設定者が正当事由をもって更新を拒絶した場合	【期間の定めがある場合】 期間満了の**1**年前から**6**カ月前までに更新拒絶をした場合…★ ┗賃貸人からの更新拒絶は正当事由が必要 【期間の定めがない場合】 （前ページ参照）

	民法の賃貸借	借地借家法(借地)	借地借家法(借家)
更新	①当事者の合意 ②期間満了後、賃借人が使用を継続している場合で、賃貸人がこれを知りながら異議を述べなかったときは、同一の条件で更新されたものと推定される	①合意更新(当事者の合意) ②請求更新 借地権者が更新を請求したときは、建物がある場合に限り原則として更新したものとみなす ③法定更新 存続期間満了後も借地権者が土地の使用を継続するときは建物がある場合に限り原則として更新したものとみなす	①同左 ②法定更新 【期間の定めがある場合】 ・上記の通知(★)がないときは、同一の条件で更新したものとみなす ・上記の通知(★)があった場合でも、賃借人が建物の使用を継続しているときは賃貸人が遅滞なく異議を述べないと更新したものとみなす 【期間の定めがない場合】 解約の申入れによって終了したが、賃借人が建物の使用を継続しているときは、賃貸人が遅滞なく異議を述べないと更新したものとみなす

	民法の賃貸借	借地借家法(借地)	借地借家法(借家)
対抗要件	賃借権の登記	①賃借権の登記←民法規定 ②借地上の建物の登記	①賃借権の登記←民法規定 ②建物の引渡し

	民法の賃貸借	借地借家法(借地)	借地借家法(借家)
その他	①必要費の規定 ②有益費の規定	①同左 ②同左 ③一定の場合には建物買取請求権が認められる	①同左 ②同左 ③一定の場合には造作買取請求権が認められる

※借地借家法欄は、普通借地権、普通借家権について記載

SECTION 15 請 負

CHAPTER 02 権利関係

このSECTIONで学習すること

1 請負とは —「これつくって」「ほいきた！（お金は払ってね）」という契約

2 請負人の担保責任 — つくってもらった目的物に欠陥がある場合は？

3 請負人の担保責任の制限 — 当事者間で「担保責任を負わないよ」という契約をしたら、欠陥があっても、注文者は文句をいえない

4 注文者と請負人の解除権 — 請負契約を途中で解除することはできる？

1 請負とは

請負とは、請負人が仕事を完成させ、注文者がその仕事に対して報酬を与える契約をいいます。

請負において、請負人は完成した目的物を引き渡す義務が、注文者は報酬を支払う義務が生じます。この「目的物の引渡し」と「報酬の支払い」は同時履行の関係にあります。

> **ひとこと**
> 同時履行とは「いっせーのせ！で、同時にやろうぜ」ということでしたね。ですから、請負人は注文者が報酬を支払わなければ目的物の引渡しを拒むことができますし、注文者は請負人が目的物を引き渡さなければ報酬の支払いを拒むことができます。

板書 請負契約

■**原則**■
請負人は仕事が完成していない場合には報酬を請求することができない

■**例外**■
以下の場合で、請負人のすでにした仕事が**可分**（性質や価値を損なわないで分割できること）であり、その給付によって注文者が利益を受けるときは、その部分を仕事の完成とみなし、請負人は、注文者が受ける利益の**割合に応じて**報酬を請求することができる

→「土台までできた」とかいうとき

① **注文者**の責めに帰することができない事由によって仕事を完成することができなくなったとき
② 請負が仕事の**完成前**に解除されたとき

2 請負人の担保責任

目的物に契約不適合がある場合、注文者は請負人に対して、①履行の追完請求(修補請求を含む)、②報酬減額請求、③損害賠償、④契約の解除をすることができます。

つまり、請負人の担保責任は、売買契約における売主の担保責任と同じ！
売主→請負人、買主→注文者と読み替えて理解しましょう。

3 請負人の担保責任の制限

当事者間で、(請負人は)担保責任を負わない旨の特約を結んだときには、原則として請負人は担保責任を負いません。

ただし、請負人が事実を知っていたのに、注文者に言わなかった場合には、(特約を結んでいたとしても)請負人は担保責任を免れることはできません。

アタリマエといえば、アタリマエな話ですね。

❓例題 ──────────── H18-問6④改
請負契約の目的物たる建物の欠陥について、請負人Bが担保責任を負わない旨の特約をした場合には、注文者Aは当該建物の欠陥についてBの責任を一切追及することができなくなる。

✕ 当該特約をした場合でも、請負人が契約の内容に適合しないことを知っていたのに、注文者に言わなかった場合には、注文者は請負人に対して責任を追及できる。

また、請負人が仕事をするにあたって、注文者が用意した材料を使用したり、注文者の指図があったりすることがあります。この場合、請負人の担保責任は次のようになります。

板書 請負人の担保責任の制限

■**原則**■
請負人が種類または品質に関して契約の内容に適合しない仕事の目的物を注文者に引き渡したときは、注文者は、注文者の供した材料の性質または注文者の指図によって生じた不適合を理由に、請負人の担保責任を**追及できない**

■**例外**■
請負人がその材料または指図が不適当であることを<u>知りながら告げなかったとき</u>は担保責任を**追及できる**

担保責任の期間

請負人が種類または品質に関して契約の内容に適合しない仕事の目的物を注文者に引き渡した場合、注文者が、その不適合を**知った時**から**1**年以内に請負人にその旨を**通知**しなければ、請負人に担保責任を追及することができない
↑ 不適合の種類と大体の範囲の通知が必要

☆ 請負人が不適合を知っていたときや、**重大な過失**によって知らなかったときは、この期間制限はない
☆ この期間制限とは別に消滅時効による制約がある

---

4 注文者と請負人の解除権

請負人が**仕事を完成させる前**であれば、注文者はいつでも損害賠償をして契約を解除することができます。

また、請負人が仕事を完成させる前に、注文者が破産手続開始の決定を受けたときは、請負人は、契約を解除することができます。

SECTION 16 不法行為

CHAPTER 02 権利関係

このSECTIONで学習すること

1. 不法行為とは — 交通事故のような場合ですね
2. 使用者責任 — 事業執行中の不法行為は使用者も責任を負う
3. 共同不法行為 — 複数人で不法行為を起こしたら、連帯して責任を負う
4. 工作物責任 — 賃貸アパートの塀が崩れて通行人にケガさせた場合、責任を負うのは誰？
5. 注文者の責任 — 注文者と請負人、どっちが責任を負う？

1 不法行為とは

不法行為とは、故意または過失により、他人に損害を与える行為をいいます。

> **ひとこと**
> たとえば、車の運転中、信号を無視して通行人をはねたという場合、過失によって他人（通行人）に損害を与えたといえるため不法行為となります。

不法行為をした人（加害者）は、これによって生じた損害を賠償する責任を負います。

一般の不法行為について、ポイントをまとめると、次のとおりです。

板書 不法行為のポイント

【履行遅滞の時期】
☆ 不法行為による損害賠償債務は、損害の**発生**時から履行遅滞となる
　　　　　　　　　　　　　　　└→ 不法行為のとき

【損害賠償請求権の消滅時期】
☆ 不法行為による損害賠償請求権は、以下の期間を経過すると時効によって消滅する　　ココみて！16-1

① 被害者（またはその法定代理人）が**損害**および**加害者**を知った時から**3年**（人の生命または身体を害する不法行為の場合は**5年**）
② **不法行為**の時から**20年**

> **ちなみに** 債務不履行による損害賠償請求権の消滅時効は
> ①権利を行使できることを知った時から5年
> ②権利を行使できる時から10年（人の生命または身体の侵害の場合は20年）

中間利息の控除

☆ 不法行為による損害賠償の金額を算定するにあたっては、その不法行為時の法定利率によって計算された利息相当額を控除して算出される

> たとえば たとえば損害賠償額(逸失利益)が10年間で5,000万円と決まった場合、10年後の5,000万円を現在の価値に計算して支払う

過失相殺

☆ 不法行為について、被害者にも過失があった場合は、裁判所は被害者の過失を考慮して、損害賠償額を減額することが**できる**

> たとえば 歩行者が信号を無視したため、交通事故にあった
> →歩行者(被害者)も悪いよね
> →その分、加害者(運転手)の損害賠償額を減額しようかね
> ‥‥ということが、裁判所の裁量によってできる

? 例題 ────────────────── H19-問5④

不法行為による損害賠償の請求権の消滅時効の期間は、権利を行使することができることとなった時から10年である。

× 不法行為の損害賠償請求権の消滅時効の期間は、被害者(またはその法定代理人)が損害および加害者を知った時から**3年**(人の生命または身体を害する不法行為の場合は**5年**)または不法行為の時から**20年**である。

2 使用者責任

たとえば、A社(使用者)に勤務するBさん(被用者)が、事業執行に関連してCさん(他人)に損害を与えた場合には、原則として、A社(使用者)もBさん(被用者)とともに損害賠償責任を負います(**使用者責任**)。

たとえば、A社(宅配業)に勤務するBさん(宅配ドライバー)が業務中に不注意で、Cさん(通行人)をはねたという場合、A社もBさんとともにCさんに対する損害賠償責任を負います。

使用者責任について、ポイントをまとめると、次のとおりです。

板書 使用者責任のポイント

ココみて！ 16-2

☆ 被用者が使用者の**事業執行**につき、他人に損害を与えた場合、使用者は被用者とともに**損害賠償責任を負う**

たとえば
被用者Bさんが休日にマイカーで交通事故を起こしてCさんにケガさせた、という場合は使用者責任は生じない

ただし
就業時間後、私用で会社の車を運転していて、交通事故を起こし、Cさんにケガをさせた、というように、外見上、事業執行しているように見える場合には、使用者責任が生じる

☆ 使用者責任が成立するには、被用者の行為が(一般)不法行為に該当する必要がある

☆ 被害者(Cさん)は、使用者(A社)・被用者(Bさん)のいずれにも、損害賠償を請求することができる

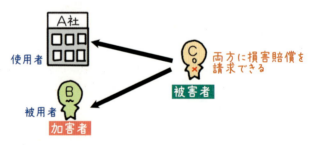

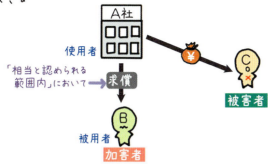

☆ 損害賠償をした使用者（A社）は、被用者（Bさん）に求償することができる

☆ 使用者が被用者の選任およびその事業の監督について相当の注意をしたとき、または相当の注意をしても損害が生ずべきであったときは、被害者は使用者に損害賠償を請求することはできない

なお、被用者が使用者の事業の執行について第三者に損害を加え、その損害を賠償したときは、被用者は、諸般の事情に照らし、損害の公平な分担という見地から相当と認められる額について、使用者に求償することができます（逆求償）。

例題　　　　　　　　　　　　　　　　　　　　　　　　H18-問11①

B（事業者Aに雇用されている従業員）の不法行為がA（事業者）の事業の執行につき行われたものであり、Aに使用者としての損害賠償責任が発生する場合、Bには被害者に対する不法行為に基づく損害賠償責任は発生しない。

× 加害者であるBは不法行為にもとづく損害賠償責任を免れることはできない。使用者責任はあくまでも、「事業の執行につき行われた不法行為」について、使用者（事業者A）が被用者（B）とともに損害賠償責任を負う旨を定めたものである。

3 共同不法行為

　数人が共同で不法行為(　共同不法行為　)を行い、他人に損害を与えたときは、各自が**連帯**して損害賠償責任を負います。

　つまり、共同不法行為があった場合、被害者は、各加害者のいずれに対しても損害賠償請求をすることができるのです。

4 工作物責任

　たとえば、A所有の建物をBが賃借していたとします。その建物の塀に瑕疵があり、塀の一部が崩れて通行人Cにケガをさせたという場合、その工作物(塀)の占有者であるBは損害賠償責任を負います(　工作物責任　)。

　ただし、占有者Bが損害防止のために必要な注意をしていた場合には、所有者Aが損害賠償責任を負います。

　工作物責任についてポイントをまとめると、次のとおりです。

板書 工作物責任のポイント

☆ 土地の工作物(壁、塀など)の設置・保存に瑕疵があり、他人に損害を与えたときは、工作物の**占有**者 が損害賠償責任を負う

☆ 占有者が損害防止のために必要な注意をしていたときには、**所有**者 が損害賠償責任を負う

ポイント
所有者は過失の有無にかかわらず責任を負う
＝無過失責任！

建物の所有者　建物の占有者　通行人

② 第2次的に責任を負う　① 第1次的に責任を負う　→必要な注意をしていたなら…

占有者・所有者の求償権

☆ 損害賠償をした占有者や所有者は、他に瑕疵を発生させた責任がある者がいる場合には、その者に対して求償することができる

 …とは？ 工作物の施工者や前の占有者など

ひとこと
所有者＝その物の本当の持ち主
占有者＝その物を実際に使っている人

5 注文者の責任

　注文者(A)が請負人(B)に対して、仕事を依頼した場合で、請負人(B)がその仕事について他人に損害を与えた場合には、**請負人**(B)のみが損害賠償責任を負います。

ひとこと
　請負人(B)が建物の建築作業中に木材を落として通行人にケガをさせた、という場合には、請負人(B)のみが責任を負い、注文者(A)は責任を負いません。

　ただし、注文者(A)の指示または注文に過失があった場合には、**請負人**(B)のほか、**注文者**(A)も責任を負います。

ひとこと
　注文者(A)が請負人(B)に指示、監督する権限を有している場合、請負人(B)の交通安全の確保等が不十分であるにもかかわらず、その指示を怠ったことにより通行人が損害を被ったときは、注文者(A)も責任を負います。

SECTION 17 相 続

CHAPTER 02 権利関係

1 相続とは

相続とは、死亡した人（被相続人）の財産（資産および負債）を、残された人（相続人）が承継することをいいます。

2 相続人

I 法定相続人

民法では、相続人の範囲を被相続人の配偶者と一定の血族に限っています（法定相続人）。

II 相続人の範囲と順位

被相続人の**配偶者**は常に相続人となります。また、血族相続人（被相続人と一定の血族関係にある相続人）には優先順位があります。

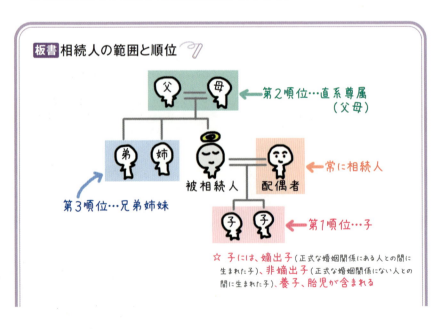

ポイント
☆ 配偶者は常に相続人となる
☆ 血族相続人は先順位がいない場合に限って、後順位が相続人となる
　↳ 子がいない場合には、直系尊属が相続人となる！
　　（子がいる場合には、直系尊属は相続人になれない）
　　子も直系尊属もいない場合には、兄弟姉妹が相続人となる！
　　（直系尊属がいる場合には、兄弟姉妹は相続人になれない）
☆ 配偶者と血族相続人は同順位で相続人となる
　↳ 配偶者、子、直系尊属、兄弟姉妹がいる場合は、配偶者と子が相続人となる

III 代襲相続

代襲相続とは、相続の開始時に、相続人となることができる人がすでに死亡、欠格、廃除によって、相続権がなくなっている場合に、その人の子（たとえば、被相続人の子が死亡している場合には被相続人の孫）が代わりに相続することをいいます。

ひとこと
欠格…被相続人を殺害したり、詐欺や強迫によって遺言書を書かせたりした場合などに、相続権がなくなること
廃除…被相続人を生前に虐待するなど、著しい非行があった場合に、被相続人が家庭裁判所に申し立てること等により、その相続人から相続権をなくすこと

板書 代襲相続のポイント

☆ 相続の**放棄**の場合には、代襲相続は認められない

☆ **子（直系卑属）**の場合、代襲、再代襲…がある
　　　　　　　　　　　　被相続人　　被相続人
　　　　　　　　　　　　の孫　　　　の曾孫

☆ **兄弟姉妹**の場合、**代襲は認められる**が、**再代襲は認めらない**
　　　　　　　　　　兄弟姉妹の子　　　　　　兄弟姉妹の孫
　　　　　　　　＝被相続人の甥・姪

☆ **直系尊属**については、代襲という考え方がない

---

3 相続分

　相続分とは、複数の相続人がいる場合の、各相続人が遺産を相続する割合をいいます。

　相続分には、指定相続分と法定相続分があります。

Ⅰ 指定相続分

　被相続人は、遺言で各相続人の相続分を指定することができます。この場合の相続分を指定相続分といい、法定相続分より優先されます。

Ⅱ 法定相続分

　法定相続分とは、民法で定められた各相続人の相続分をいいます。

　法定相続分は以下のとおりです。なお、同順位に複数の相続人がいる場合には、相続分を均分します。

板書 法定相続分

相続人が配偶者のみの場合 → 配偶者がすべて相続

相続人が配偶者と子の場合 → 配偶者: $\frac{1}{2}$　子: $\frac{1}{2}$

配偶者がいない場合には子がすべてを相続する

ポイント
☆ 養子の相続分は実子と同じ
☆ 非嫡出子の相続分は嫡出子と同じ

相続人が配偶者と直系尊属の場合 → 配偶者: $\frac{2}{3}$　直系尊属: $\frac{1}{3}$

配偶者がいない場合には直系尊属がすべてを相続する

ココみて! 17-1

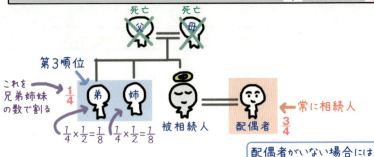

ポイント

☆ 半血兄弟姉妹(父母の一方のみ同じ兄弟姉妹)の法定相続分は、全血兄弟姉妹(父母が同じ兄弟姉妹)の2分の1になる

例題　　　　　　　　　　　　　　　　　　H24-問10③

【前提】Aは未婚で子供がなく、父親Bが所有する甲建物にBと同居している。Aの母親Cはすでに死亡している。AにはBとCの実子である兄Dがいて、DはEと婚姻して実子Fがいたが、Dはすでに死亡している。

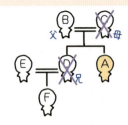

この場合において、Aが死亡した場合の法定相続分は、Bが4分の3、Fが4分の1である。

✕ Aには配偶者も子もないため、直系尊属(B)のみが相続人となる。この場合、直系尊属がすべてを相続する。

Ⅲ 対抗要件

ココみて！ 17-2

相続による権利の承継は、**自己の法定相続分**については、登記などの対抗要件がなくても第三者に対抗することができますが、法定相続分を超える部分については、登記などの対抗要件を備えなければ、第三者に対抗することができません。

> **ひとこと**
> たとえば、不動産をAとBが法定相続分2分の1ずつで相続した場合、Bが勝手に単独相続の登記をして、第三者に売却した場合は、Aは「2分の1は自分の分だ」と第三者に主張できます。
> 一方、AとBの法定相続分が2分の1だけれども、遺言や遺産分割によりAがある不動産を単独で相続することになる場合、Aは、その登記をしておかなければ、「2分の1を超える部分も自分のものだ」と第三者に主張できません。

これは債権を相続した場合も同様です。

> **ひとこと**
> なお、債権の譲受人が、債務者に対して債権の譲渡があったことを主張するための対抗要件は通知・承諾でしたよね。　*Review* SEC.07 ③

法定相続分を超えて債権を承継した共同相続人が、その債権に係る遺産分割・遺言の内容を明らかにして債務者にその承継の通知をしたときは、共同相続人の全員が債務者に通知をしたものとみなされます。

> **ひとこと**
> 一方、債務を相続する場合、ある共同相続人が法定相続分を下回る割合で債務を承継していたとしても、債権者は、法定相続分に応じて、その権利をその共同相続人に行使することが可能です。
> もっとも、債権者が共同相続人に対してその指定された相続分に応じた債務の承継を承認したときは、その割合に応じて債権者が権利行使をすることになります。

例題　　　　　　　　　　　　　　　　　　　　H30－問10②

相続財産に属する不動産について、遺産分割前に単独の所有権移転登記をした共同相続人から移転登記を受けた第三取得者に対し、他の共同相続人は、<u>自己の持分を登記なくして対抗することができる</u>。

○　共同相続人はその共同相続の登記がなくても、自分の法定相続分については第三者に所有権を対抗できる。

4 相続の承認と放棄

相続人は、被相続人の財産を相続するかどうかを選択することができます。

民法では、**単純承認**（被相続人のすべての資産および負債を承継すること）が原則ですが、**限定承認**や**相続の放棄**も認められています。

相続の承認と放棄

単純承認 【原則】	被相続人の財産（資産および負債）をすべて承継すること **ポイント** ☆　（自己のために）相続の開始があったことを知った日から**3**カ月以内に、下記の放棄や限定承認を行わなかった場合等には、単純承認したものとみなされる
限定承認	相続によって取得した被相続人の資産（プラスの財産）の範囲内で、負債（マイナスの財産）を承継すること → プラスの財産の限度でマイナスの財産を返済しますよ、ということ **ポイント** ☆　（自己のために）相続の開始があったことを知った日から**3**カ月以内に、家庭裁判所に申し出る ☆　相続人全員で申し出る必要がある
相続の放棄	被相続人の財産（資産および負債）をすべて承継しないこと **ポイント** ☆　（自己のために）相続の開始があったことを知った日から**3**カ月以内に、家庭裁判所に申し出る ☆　相続人全員で申し出る必要はない（単独でできる） ☆　放棄をした場合には、**代襲**相続は発生しない

5 遺 言

Ⅰ 遺言とは

遺言とは、生前に自分の意思を、法定の方式にしたがって表示しておくことをいいます。

遺言のポイントをまとめると、次のとおりです。

板書 遺言のポイント

☆ 満**15**歳以上で、意思能力があれば誰でも行うことができる

> **法律用語**
> 意思能力…人が有効に意思表示をする能力
> 行為能力…単独で有効な法律行為ができる能力

☆ いつでも（遺言の方式に従って）全部または一部を変更・撤回することができる

☆ 遺言者が前にした遺言と抵触する遺言をしたときは、抵触する部分について、後の遺言で前の遺言を撤回したものとみなされる

☆ 遺言は遺言者が死亡した時から効力を生じる

↳ **ただし**　←「××したときに○○をあげる」などの条件
遺言に停止条件がついている場合は、遺言者の死亡後、その条件が成就した時に効力を生じる

Ⅱ 遺言の種類

遺言（普通方式遺言）には、**自筆証書遺言**、**公正証書遺言**、**秘密証書遺言**の3種類があります。

遺言の種類

自筆証書遺言	遺言者が遺言の全文、日付、氏名を自書し、押印する…① ただし、財産目録を添付する場合には、毎葉（ページ）に署名・押印すれば、その目録は自書不要…②	
	証人 不要	
	検認 必要（法務局〈遺言書保管所〉に保管した場合は不要） ↑ 家庭裁判所が遺言書の内容を確認し、遺言書の偽造等を防止するための手続き	
	ポイント ①はパソコン作成✕ ②の目録はパソコン作成〇 ☆ 原本は**法務局**（遺言書保管所）で保管することもできる	
公正証書遺言	遺言者が口述し、公証人が筆記する	
	証人 2人以上	
	検認 不要	
	ポイント ☆ 原本は**公証役場**に保管される ☆ ①未成年者、②推定相続人や受遺者、③②の配偶者や直系血族などは証人になれない	
秘密証書遺言	遺言者が遺言書に署名・押印し、封印する。公証人が日付等を記入する←遺言の内容を秘密にして、存在だけを証明してもらう方法	
	証人 2人以上	
	検認 必要	
	ポイント ☆ パソコン作成や代筆も〇 ☆ ①未成年者、②推定相続人や受遺者、③②の配偶者や直系血族などは証人になれない	

❓ 例題 ─────────────── H22－問10①改

自筆証書遺言（これと一体のものとして添付する相続財産の全部または一部の目録を除く）は、その内容をワープロ等で印字していても、日付と氏名を自書し、押印すれば、有効な遺言となる。

✕ 自筆証書遺言の本書は、全文を自書しなければならない（自筆証書遺言に添付する相続財産の目録については毎葉に署名・押印をすれば自書不要）。

6 遺留分

Ⅰ 遺留分とは

遺言によって、被相続人の全財産を特定の人に遺贈することができますが、そうすると残された家族には何も財産が残らなくなります。

そこで、民法では、相続人のうち一定の者が最低限の財産を受け取れるように配慮されています。この、一定の相続人に最低限保障された取り分を遺留分といいます。

> **ひとこと**
>
> たとえば、被相続人が「キャバクラのAちゃんに全財産をあげる」という内容の遺言書を作成したとしましょう。通常は、遺言が最優先されるので、被相続人の遺産はAちゃんに移ってしまいますが、これだと残された家族(配偶者など)が生活に困るという事態が起こります。
> そのため、民法では遺留分を定め、配偶者や子が最低限の財産を受け取れるようにしているのです。

Ⅱ 遺留分割合

兄弟姉妹以外の相続人には、以下の割合の遺留分があります。

板書 遺留分割合

■原則■
遺留分を算定するための財産の価額の**2分の1**

■例外■
相続人が直系尊属のみのときは**3分の1**

ポイント
☆ **兄弟姉妹**には遺留分はない!

III 遺留分侵害額請求

遺言によって、遺留分が侵害された遺留分権利者は、遺留分侵害額に相当する金銭の支払いを請求することができます。これを**遺留分侵害額請求**といいます。

遺留分侵害額請求のポイントは次のとおりです。

板書 遺留分侵害額請求のポイント

☆ 遺留分侵害額請求には<u>特有の期間制限</u>がある

① 相続の開始および遺留分の侵害を知った日から**1**年
　（消滅時効）

　　または

② 相続開始から**10**年（除斥期間）

☆ 遺留分は、<u>相続開始**前**に放棄することができる</u>
　　↳ ただし
　　家庭裁判所の許可が必要

☆ <u>遺留分を放棄した者は、遺留分侵害額請求をすることはできない</u>
　　↳ だけど
　　相続を放棄したわけではないから、
　　相続人になることはできる！

SECTION 18 共 有

CHAPTER 02 権利関係

このSECTIONで学習すること

1. 共有と持分 — みんなで「共有」、私の「持分」はこれだけ
2. 共有物の使用・管理等 — 共有者はどういう場合に、どういうことができる？
3. 共有物の分割 — 共有物の分割とは？

1 共有と持分

I 共有とは

共有とは、1つの物を2人以上で共同して所有することをいいます。

II 持分とは

持分とは、各共有者の、共有物に対する所有権割合をいいます。

板書 持分とは

【持 分】
☆ 持分は各共有者の合意によって決まるが、合意がない場合や、持分が不明な場合は、均等であると推定される
☆ 各共有者は<u>自己の持分を自由に処分することができる</u>
　　　　　　　注 他の共有者の同意は不要

【持分の放棄、共有者の死亡】
- 持分を放棄したとき
- 共有者の1人が死亡し、相続人等がいないとき

→ その者の持分は他の**共有者**に帰属する

? 例題　　　　　　　　　　　　　　　　H19-問4④

A、B及びCが持分を各3分の1とする甲土地を共有している場合において、Aがその持分を放棄した場合には、その持分は所有者のない不動産として、<u>国庫に帰属する</u>。

 × 持分を放棄した者の持分は他の共有者に帰属する。

2 共有物の使用・管理等

Ⅰ 共有物の使用

共有者は、共有物の全体を、持分に応じて使うことができます。

> **ひとこと**
>
> ただし、具体的な使用方法は当事者同士の話合いで自由に決めることになります。
> たとえば、4,000万円の別荘を、Aが2,000万円、BとCが1,000万円ずつ出し合って買ったとしたなら、持分割合がA＝$\frac{1}{2}$、B＝$\frac{1}{4}$、C＝$\frac{1}{4}$となるので、1年のうち6カ月(半分)はAが使い、BとCは3カ月(4分の1)ずつ使おうか、というようにして決めます。

Ⅱ 共有物の管理等

共有物の保存行為(共有物の修繕など)は、共有者が単独で行うことができますが、管理行為や変更・処分行為は単独で行うことはできません。

板書 共有物の管理等

保存行為

☆ 各共有者が**単独**で行うことができる

■保存行為の例■
・共有物の修繕
・共有物の不法占拠者に「出て行け」という明渡し請求や損害賠償請求をする

ココみて! 18-2

ただし
自己の持分割合を超えて損害賠償請求することはできない

↳全体の損害賠償請求額が100万円で、自己の持分割合が半分なら50万円まで

管理行為

☆ 各共有者の価格にもとづいて、その**過半数**の同意で行うことができる
　　　　　　↑持分価格の

■管理行為の例■
・共有物の賃貸借契約の解除
・共有物の改良

変更・処分行為

☆ 共有者**全員**の同意がなければ行うことができない

■変更・処分行為の例■
・共有物の建替え、増改築
・共有物全体の売却
・共有物全体に抵当権を設定すること

例題　H18－問4②

【前提】A、B及びCが、持分を各3分の1として甲土地を共有している。
甲土地全体がEによって不法に占拠されているとき、Aは単独でEに対して、Eの不法占拠によってA、B及びCに生じた損害全額の賠償を請求できる。

✕　Aは自己の持分割合(3分の1)を超えて損害賠償請求をすることはできない。

Ⅲ 管理費等

　共有物の管理費等は、各共有者が持分に応じて負担します。なお、ある共有者が管理費等を**1年以上**滞納した場合には、他の共有者は、相当の償金を支払って、この滞納共有者の持分を取得することができます。

3 共有物の分割

共有物の分割とは、共有物を分けることをいい、各共有者は、原則として
いつでも共有物の分割を請求することができます。

なお、共有者**全員**の意思によって、**5年間を限度**として共有物を分割しな
い特約を結ぶこともできます。

板書 共有物の分割 ✍

■原則■

　各共有者は**いつでも**共有物の分割を請求することができる

■例外■

　共有者**全員**の意思によって、**5**年間を限度として共有物を分割しない
　特約を結ぶこともできる

分割の方法

① 分割の方法には 次の3つ がある

全員の協議で
分割するときは
どの方法でもよい

- 現物分割…現物を分割する
- 代金分割…共有物を売って、代金を分割する
- 価格賠償…共有物を誰か1人のものとして、その1人が他の
　　　　　　者にお金を支払う

② 協議が調わないときは、分割を**裁判所**に請求することができる

　☆ 裁判所による分割は**現物**分割が原則だが、現物分割ができないとき等
　　は、裁判所は競売によって**代金**分割とすることができる

　☆ 特段の事情があるときは**価格**賠償とすることもできる

CHAPTER 02
権利関係

SECTION 19 区分所有法

このSECTIONで学習すること

1 区分所有法とは — 分譲マンションに関する法律です／軽く内容をみておこう

2 専有部分と共用部分

3 敷地利用権 — マンションの下にある敷地も、当然利用できる！

4 管理 — 管理組合、管理者、管理組合法人の内容を確認しておこう

5 規約 — 規約はみんなで決めたマンション利用上のルール

6 集会 — 管理者がいる場合といない場合ではちょっと違う

7 規約・集会決議の効力 — マンションの所有者だけでなく、マンションの借主も、規約や集会決議の内容に従わないといけない！

1 区分所有法とは

Ⅰ 区分所有法とは

区分所有法(建物の区分所有等に関する法律) は、ひと言でいうと、分譲マンション(区分所有建物)に関する法律です。

Ⅱ 区分所有権と区分所有者とは

たとえばマンションの305号室をAさんが所有している場合、Aさんの305号室の所有権を**区分所有権**、Aさん(マンションの305号室の所有者)を**区分所有者**といいます。

2 専有部分と共用部分

Ⅰ 共用部分の使用

マンションは、**専有部分**と**共用部分**の2つで構成されています。

専有部分と共用部分

専有部分	区分所有権の対象となる、建物の部分(構造上区分された部分) 例：マンションの一室(305号室など) **ポイント** ☆ 区分所有権は、登記によって第三者に対抗することができる	
共用部分	専有部分以外の部分で、区分所有者が共同で使う部分	
	法定共用部分	マンションの構造上、当然に共用で使うこととされる部分 例：エントランス、エレベーター、階段、廊下など **ポイント** ☆ 法定共用部分は、共用部分である旨の登記がなくても当然に、第三者に対抗することができる ↓ 法律上、当然に共用部分となる部分なので、そもそも登記できない
	規約共用部分	本来は専有部分となる部分だが、規約により共用部分とされた部分や付属建物部分 例：集会室、倉庫など **ポイント** ☆ 規約共用部分は、その旨の登記をしなければ第三者に対抗できない

361

Ⅱ 共用部分の共有、持分

共用部分は、原則として区分所有者が全員で共有します。また、持分は、専有部分の床面積(壁その他の区画の**内側線**で囲まれた部分の水平投影面積)の割合で決まります。

板書 共用部分の共有、持分 🖋

■原則■
☆ 共用部分は、原則として区分所有者**全員**で共有する
　　↳ **ただし**
　　　一部の区分所有者のみが利用することが明らかな共用
　　　部分は、その者のみで共有することになる(一部共用部分)

☆ 持分は、**専有部分の床面積の割合**で決まる
　　　↳ 壁その他の区画の**内側線**で
　　　　囲まれた部分の水平投影面積

■例外■
規約で**別段の定めをすることもできる**
　　　　　↳ …が、
　　　　　区分所有者または**管理者**以外の者が
　　　　　共用部分を所有することはできない

Ⅲ 共用部分の費用負担

共用部分に関する費用は、規約に別段の定めがない限り、区分所有者がその持分に応じて負担します。

Ⅳ 共用部分の管理・変更行為等

共用部分について、管理行為や変更行為等を行うには、原則として、集会の決議が必要です。

ひとこと

保存行為（廊下の電球を取り換えるなど）については、各区分所有者が単独で行うことができます。

板書 共用部分の管理・変更行為

保存行為 廊下の電球がつかなくなったので、電球を取り換える　など

☆ 各区分所有者が**単独**で行うことができる

| 規約によって別段の定めができるか？ | → | できる |
| 特別の影響を受ける者の承諾は？ | → | 不要 |

↳ 共用部分を変更することによって一部の区分所有者の風通しが悪くなってしまう等

（保存行為には、そもそもそんな大きな変更はないから…）

管理行為 エレベーターに損害保険を付す　など

☆ 区分所有者および議決権の（各）**過半数**の集会決議で決める
　　↳頭数　　　　↳専有部分の床面積の割合

| 規約によって別段の定めができるか？ | → | できる |
| 特別の影響を受ける者の承諾は？ | → | 必要 |

363

変更行為①　軽微な変更 …形状または効用の著しい変更を伴わない共用部分の変更行為
階段にスロープを付ける　など

☆ 区分所有者および議決権の各 **過半数** の集会決議で決める

規約によって別段の定めができるか？	→	できる
特別の影響を受ける者の承諾は？	→	必要

変更行為②　重大な変更 …形状または効用の著しい変更を伴う共用部分の変更行為
階段をなくして、エレベーターを設置する　など

☆ 区分所有者および議決権の各 **4分の3** 以上の集会決議で決める

規約によって別段の定めができるか？	→	区分所有者の**定数**は、規約で**過半数**まで減らすことができる 頭数だけは減らすことができる
特別の影響を受ける者の承諾は？	→	必要

? 例題　　　　　　　　　　　　　　　　　　　　　　H24-問13②

共用部分の変更（その形状又は効用の著しい変更を伴わないものを除く）は、区分所有者及び議決権の各4分の3以上の多数による集会の決議で決するが、規約でこの区分所有者の定数及び議決権を各過半数まで減ずることができる。

✗　重大な変更の場合、区分所有者および議決権の各4分の3以上の集会の決議で決めるが、区分所有者の定数は規約で過半数まで減らすことができる。しかし、**議決権は減らすことはできない。**

3 敷地利用権

マンションを所有するには、その下にある敷地を利用する権利が必要です。この権利を **敷地利用権** といいます。

区分所有者は、原則として専有部分とそれに係る敷地利用権を分離して処分することはできません(例外的に、規約に別段の定めがある場合には、専有部分と分離して処分することができます)。

4 管 理

I 管理組合

管理組合 は、マンションの管理をするための団体のことをいいます。マンションを買うと、区分所有者はなんら手続を経ることなく管理組合の構成員となります。

ひとこと

区分所有者は管理組合の構成員となりますが、賃借人(マンションを借りている人)は管理組合の構成員とはなりません。

II 管理者

マンションの管理は管理組合によって行われますが、必要があれば(規約に別段の定めがない限り)、集会の決議によって **管理者** を置くことができます。

> 板書 管理者
>
> ☆ 管理者の選任・解任は、原則として、区分所有者および議決権の**各過半数**による決議によって行う
>   ↳ ただし 規約に別段の定めがあれば、それに従う
> ☆ 区分所有者以外の者を管理者に選任することもできる
>   ↳ 個人も法人も可

Ⅲ 管理組合法人

管理組合は一定の要件を満たすと、法人となることができます。

> ひとこと
>
> 「一定の要件」とは、次の要件をいいます。
> ❶ 区分所有者および議決権の各4分の3以上の多数による集会決議で、法人となる旨、その名称、事務所を定めること
> ❷ 主たる事務所の所在地で設立登記をすること

なお、管理組合法人には、必ず**理事**（業務を執行する人）および**監事**（理事の業務を監督する人）を置かなければなりません。

> ひとこと
>
> 理事と監事は、一般の事業会社でいう取締役と監査役のようなものですね。

5 規　約

Ⅰ 規約とは

　規約とは、区分所有者が決めたマンションの利用・管理に関するルールをいいます。

Ⅱ 規約の設定・変更・廃止

規約の設定・変更・廃止には、区分所有者および議決権の**各4分の3以上**の集会による決議が必要です。

なお、規約の設定・変更・廃止によって、特別の影響を受ける者がいる場合には、この者の**承諾**を得なければなりません。

規約は、原則として区分所有者がマンション購入後に設定するものですが、**最初**に専有部分の全部を所有する者（分譲会社など）は、**公正証書**によって、あらかじめ一定の項目について規約を設定することができます。

板書 規約の設定・変更・廃止

☆ 規約の設定・変更・廃止は、区分所有者および議決権の各4分の3以上の集会決議によって行う

☆ これによって、特別の影響を受ける者がいる場合には、この者の承諾が必要

☆ 最初に（途中は×）建物の専有部分の全部を所有する者（分譲会社など）は、公正証書によって、一定の事項に限り、規約を設定することができる
　① 規約共用部分の定め
　② 規約敷地の定め
　③ 専有部分と敷地利用権の分離処分を可能にする定め
　④ 専有部分にかかる敷地利用権の割合の定め

☆ 規約は書面または電磁的記録によって作成しなければならない

Ⅲ 規約の保管・閲覧

規約の保管・閲覧のポイントは次のとおりです。

板書 規約の保管・閲覧のポイント

規約の保管

☆ 規約は管理者がいるときは、管理者が保管する

→ 管理者がいないときは、以下の者で規約または集会の決議で定める者が保管する
　① 建物を使用している区分所有者
　② ①の代理人

☆ 規約の保管場所は、建物内の見やすい場所に掲示しなければならない

→ ひとりひとりに通知する必要はない！　ココみて！ 19-2

規約の閲覧

☆ 規約を保管する者は、利害関係人からの閲覧請求があったときは、正当な理由がある場合を除いて、閲覧を拒むことはできない

→ 正当な理由なく拒んだ場合は20万円以下の過料

例題　　　　　　　　　　　　　　　　　　　H19-問15④

規約の保管場所は、<u>各区分所有者に通知する</u>とともに、建物内の見やすい場所に掲示しなければならない。

× 各区分所有者への通知は不要である。

6 集 会

I 集会の招集

集会の招集については、以下のような決まりがあります。

板書 集会の招集

集 会 の 招 集

管理者がいるとき （ココみて! 19-3）

① 管理者は少なくとも毎年1回、集会を招集しなければならない

管理者が集会を招集しない場合は…

② 区分所有者の**5**分の1以上で、議決権の**5**分の1以上を有する者は、管理者に対して、会議の目的たる事項を示して集会の招集を請求することができる

この定数は規約で減ずることができる

管理者がいないとき

区分所有者の**5**分の1以上で、議決権の**5**分の1以上を有する者は、集会を招集することができる

この定数は規約で減ずることができる

覚え方 集会にいこー、いこー
$\frac{1}{5}$　$\frac{1}{5}$

招 集 通 知

この期日は、規約で伸ばすことも、縮めることもできる

☆ 集会の招集通知は、少なくとも会日の**1**週間前に、会議の目的である事項を示して、各区分所有者に発しなければならない

↓ ただし!

☆ **建替え決議**が会議の目的である場合は、少なくとも会日の**2**カ月前に招集通知を発しなければならない

この期日は、規約で伸ばすことはできるが、縮めることはできない

招集手続の省略

☆ 区分所有者の**全員**の同意があれば、招集手続を省略することができる

例題　　　　　　　　　　　　　　　　　　　H20-問15①

管理者は、少なくとも年2回集会を招集しなければならない。また、区分所有者の5分の1以上で議決権の5分の1以上を有するものは、管理者に対し、集会の招集を請求することができる。

✕ 「年2回」ではなく「**年1回**」である。

Ⅱ 集会の決議①

集会では、招集通知によって、原則としてあらかじめ通知された事項のみ決議することができます。

集会の決議について、ポイントをまとめると、次のとおりです。

板書 集会の決議①

決議事項の制限

■原則■
招集通知によって、あらかじめ通知された事項のみ決議できる

■例外■
普通決議※については、規約で別段の定めがあれば、あらかじめ通知された事項以外も決議できる
　↳特別決議※、建替え決議については、別段の定めはできない

※ 後述 Ⅲ 集会の決議②を参照

370

議決権 …議題に対して賛成や反対をする権利

☆ 各区分所有者の議決権は、**共用**部分の**持分割合**による
　　…とは？ 各区分所有者の専有部分の床面積の割合

☆ 議決権は、**書面**または**代理人**によって行使することができる

☆ 専有部分を数人で共有している場合には、議決権を行使すべき者（1人）を定めなければならない
　　…とは？ 区分所有者の部屋を借りている人（借主）など

☆ 区分所有者の承諾を得て専有部分を占有する者は、会議の目的たる事項につき利害関係を有する場合には、集会に出席して**意見を述べる**ことができる
　　だけど 議決権はない。区分所有者ではないから…

書面による決議

☆ 区分所有者**全員**の承諾がある場合には、集会を開催せずに、**書面**または**電磁的方法**による決議をすることができる

例題　H21-問13②

法又は規約により集会において決議をすべき場合において、これに代わり書面による決議を行うことについて区分所有者が1人でも反対するときは、書面による決議をすることができない。

　○　書面による決議を行うには、区分所有者**全員**の承諾が必要である。

III 集会の決議②

　集会の決議は、原則として、区分所有者および議決権の**各過半数**で行います。

板書 集会の決議②

■原則■ ← 一般的事項（普通決議）

区分所有者および議決権の各 ⓐ**過半数**で決定

■例外■ ← 重要事項

① 以下の事項については、区分所有者および議決権の各 ⓐ**4**分の**3**
以上で決定 ← 特別決議

- 規約の設定・変更・廃止
- 共用部分の重大な変更
- 管理組合法人の設立・解散
- 義務違反者に対する専有部分の使用禁止等
- 大規模滅失の復旧　など
  - 建物価格の**2**分の**1**超の滅失

ちなみに　建物価格の2分の1以下の滅失を小規模滅失といい、小規模滅失
の復旧については、普通決議で決定（規約に別段の定めがあるときを除く）

② 建物の**建替え**決議については、区分所有者および議決権
の各 ⓐ**5**分の**4**以上で決定

Ⅳ 集会の議事録

　集会の議事録は、書面または電磁的方法によって作成し、その保管場所を
建物の見やすい場所に掲示しなければなりません。

　なお、議事録には**議長**および**集会に出席した区分所有者の2人**の署名押印
（議事録が電磁的方法によって作成されているときは、法務省令で定める署名押印に代わ
る措置）が必要です。

7　規約・集会決議の効力

　規約および集会の決議は、区分所有者の包括承継人（相続人など）、特定承継
人（中古マンションの購入者）に対しても効力を生じます。また、占有者（借主な
ど）も規約および集会の決議に従わなければなりません。

SECTION 20 不動産登記法

このSECTIONで学習すること

1 登記記録

登記は、登記官が登記簿（登記記録が記載されている帳簿）に一定事項を記録することによって行います。

登記簿は、以前は紙で作られていましたが、現在は磁気ディスクによって作られています。

登記記録は、一筆の土地または1個の建物ごとに作成される電磁的記録で、**表題部**と**権利部**に区別されています。また、権利部はさらに**甲区**と**乙区**に区別されています。

板書 登記記録 ✎

表題部

表示に関する登記
↳ 土地なら
　→ 所在・地目・地積等
　建物なら
　→ 所在・種類・構造等

表題部は
登記申請義務が**ある**
猫野五右衛門さんが、新しく家を建てたら必ず表題登記をしなくてはならない

表題部に登記しても
第三者に対する対抗力は**ない**！
表題部の登記だけでは、猫野五右衛門さんは、「この家はオレのものだ」と第三者に対抗できない

権利部

権利に関する登記

甲区	乙区
所有権に関する事項	所有権以外の権利に関する事項 ↳ 抵当権など

権利部は
登記申請義務が**ない**

権利部に登記すると
第三者に対する対抗力が**ある**！

だから 所有権等を第三者に対抗するためには、(権利部の登記)をする必要がある！

ポイント

☆ 建物を新築したり、建物が滅失したときには、1カ月以内に表題登記または滅失登記の申請をする必要がある
　→ 地目や地積、建物の種類や構造等に変更があったときも、**1カ月以内**に変更登記の申請が必要

2 登記の申請手続

I 申請主義

登記は、原則として当事者の申請によって行いますが、**表示に関する登記**は、登記官が職権で行うことができます。

II 共同申請主義

登記によって直接利益を受ける人を**登記権利者**（登記の名義を受ける人＝買主など）、登記によって直接不利益を受ける人を**登記義務者**（登記の名義をなくす人＝売主など）といいます。

権利に関する登記は、原則として登記権利者と登記義務者が**共同**して申請しなければなりませんが、一定の場合には登記権利者等が単独で行うことができます。

板書 登記の申請人

表示に関する登記

表示に関する登記（家を新築したときにする最初の登記など）は、申請人が**単独**で申請する

→ ということは、この時点では登記義務者はいない
→申請人が単独で申請する

権利に関する登記

■原則■

権利に関する登記は、**登記権利者**と**登記義務者**が共同して申請する

登記によって直接利益を受ける人 ／ 登記によって直接不利益を被る人

売買なら…	買主	売主
抵当権の設定登記なら…	抵当権者	抵当権設定者

■例外■
以下の登記は、登記権利者等が単独で申請することができる

① 所有権の**保存**登記

…とは？ 表題登記後、最初にする権利部の登記。ということは、この時点では登記義務者はいない→所有者が単独で申請する

所有権の移転登記
AがBに家を売ったという場合に、家の登記名義をAからBに移すために行う登記＝AとBで共同申請

② 登記手続を命ずる確定判決による登記
③ 相続または法人の合併による権利の移転登記 ココみて！20-1
④ 登記名義人の氏名・住所の変更登記
⑤ 仮登記義務者の承諾がある場合の仮登記

ひとこと

所有権保存登記は、表題部所有者やその相続人等、一定の者のみ行うことができます。また、区分建物（分譲マンション）については、表題部所有者から直接所有権を取得した者も、所有権保存登記を行うことができます。

❓ 例題　　　　　　　　　　　　　　　　　　　H17-問16②

相続又は法人の合併による権利の移転の登記は、登記権利者が単独で申請することができる。

 ココみて！20-1

〇 相続または法人の合併による権利の移転の登記は、登記権利者が単独で申請することができる。

Ⅲ 登記の申請方法

登記の申請は、❶（インターネット等を使用した）**オンライン申請**または❷**書面**（磁気ディスク等を含む）を**登記所に提出する方法**のいずれかによって行います。

Ⅳ 登記手続に必要な情報

登記の申請は、申請情報を登記所に提供して行います。なお、申請情報とあわせて提供しなければならない情報（添付情報）もあります。

登記手続に必要な情報

	申請情報	登記の申請に必要な情報 → ・申請人の氏名・住所　・登記の目的　・土地の場合は所在・地番・地目・地積　建物の場合は所在・家屋番号・床面積　など
添付情報（主なもの）	登記原因証明情報	権利部の登記の場合、登記原因を証明する情報が必要 → 売買契約書など
	代理権限証明情報	代理人（司法書士など）によって登記するときは、その代理人の権限を証明する情報が必要 → 委任状など
	登記識別情報	登記権利者と登記義務者が共同申請する場合、**登記義務者**の登記識別情報が必要　…とは？ 登記名義人が本人であるかどうかを確認するための情報（12ケタのパスワード）

ポイント

☆　登記識別情報を紛失等した場合でも、再発行はされない
☆　登記識別情報を提供できないときは、以下のいずれかによって本人確認を行う

① **登記官による事前通知制度**

　登記官が登記義務者に対して、「こういう申請があったけど、正しい？ 正しかったら期間内に連絡してね」と通知する制度

② **資格者代理人による本人確認制度**

　司法書士など（登記申請の代理を業とできる代理人）から「申請者＝登記義務者」を確認するための情報が提供され、登記官がその内容を相当と認めた場合はそれでOK！（①の事前通知は行われない）

3 登記事項証明書等の交付

　登記情報（登記事項証明書等）は、原則として誰でも、手数料を納付すれば、交付を請求することができます。

4 仮登記

Ⅰ 仮登記とは

　仮登記 は、「要件がそろっていないため、本登記はまだできないけど、本登記の順位を確保しておきたい」というときに行う登記をいいます。

　仮登記によって、本登記の順位を確保することができますが、仮登記には対抗力はありません。

Ⅱ 仮登記ができる場合

　仮登記は以下の場合に行うことができます。

仮登記ができる場合

❶　登記を申請するために必要な情報を、登記所に提供できないとき

❷　権利の変動はまだ生じていないが、将来生じる予定があり、その請求権を保全しようとするとき

Ⅲ 仮登記の申請、仮登記にもとづく本登記の申請、仮登記の抹消申請

　仮登記の申請、仮登記にもとづく本登記の申請、仮登記の抹消申請について、ポイントをまとめると、次のとおりです。

板書 仮登記の申請、仮登記にもとづく本登記の申請、仮登記の抹消

仮登記の申請

■原則■
仮登記権利者と仮登記義務者が、共同して申請する

■例外■
以下の場合は、仮登記権利者が単独で申請することができる
① 仮登記義務者の承諾がある場合
② 仮登記を命ずる裁判所の処分がある場合

ココみて!
20-2

仮登記にもとづく本登記の申請

☆ 仮登記にもとづいて本登記が行われた場合、順位は仮登記の順位となる…★

☆ 所有権に関する仮登記にもとづく本登記については、登記上の利害関係人がある場合には、その利害関係人の承諾があるときに限って行うことができる

仮登記の抹消申請

■原則■
仮登記権利者と仮登記義務者が、共同して抹消申請する

■例外■
☆ 仮登記名義人は単独で申請できる
☆ 仮登記の利害関係人は、仮登記名義人の**承諾**があれば、単独で申請できる

【★について】
たとえば、
① Ⓐは甲建物を新築し、所有権保存登記をした
② Ⓐは甲建物をⒷに売却する契約をした
③ Ⓑは所有権移転登記に必要な情報をそろえられなかったから、とりあえず仮登記した
④ Ⓐは甲建物をⒸに売却してしまった！
⑤ ⒶとⒸで所有権移転登記（本登記）をした
という場合、権利部（甲区）には、次のように記載される

権利部（甲区）

順位	登記の目的	権利者その他の事項
① → 1	所有権保存	所有者 Ⓐ
③ → 2	所有権移転仮登記	権利者 Ⓑ
	余白	余白
⑤ → 3	所有権移転	所有者 Ⓒ

仮登記をすると、下の行に余白（本登記用）が追加される

そのあと、
⑥ Ⓑは仮登記にもとづく本登記を申請した
という場合、次のような記載となる

権利部（甲区）

仮登記の順位「2番」が本登記の順位になる

順位	登記の目的	権利者その他の事項
1	所有権保存	所有者 Ⓐ
2	所有権移転仮登記	権利者 Ⓑ
⑥ →	所有権移転	所有者 Ⓑ
3	所有権移転	所有者 Ⓒ

これは抹消される
（抹消事項には下線が引かれる）

? 例題 ——————————————— H20−問16②

仮登記の登記義務者の承諾がある場合であっても、仮登記権利者は単独で当該仮登記の申請をすることができない。

✕ 仮登記義務者の承諾がある場合には、仮登記権利者は単独で仮登記の申請をすることができる。

第2分冊
さくいん

あ行

相手方 ················· 189
悪意 ···················· 161
遺言 ···················· 351
意思表示 ·············· 169
一括競売 ·············· 265
遺留分 ················· 353
遺留分侵害額請求 ···· 354
請負 ···················· 332
援用 ···················· 204
乙区 ···················· 374

か行

解除 ···················· 252
買主の救済（売主の担保責任）· 236
解約手付 ·············· 243
確定期限のある債権 ·· 200
過失相殺 ·············· 212
仮登記 ················· 378
管理組合 ·············· 365
管理行為 ·············· 363
管理者 ················· 365
議決権 ················· 371
期限の定めのない債権 ··· 200
危険負担 ·············· 219
規約 ···················· 366
共同不法行為 ········· 340
共同保証 ·············· 280
強迫 ···················· 172
共有 ···················· 356
共有物の分割 ········· 359
共用部分 ·············· 361
虚偽表示 ·············· 173
金銭債務 ·············· 212
区分所有者 ··········· 361
区分所有法 ··········· 361
契約の解除 ··········· 213
契約不適合責任 ······ 237
欠格 ···················· 345
検索の抗弁権 ········· 278
原状回復義務 ········· 216
限定承認 ·············· 350
顕名 ···················· 180
権利部 ················· 374
合意更新 ·············· 302
更改 ···················· 274
甲区 ···················· 374

さ行

工作物責任 ··········· 340
公正証書遺言 ········· 351
混同 ···················· 275

債権 ···················· 246
債権譲渡 ·············· 230
催告権 ············ 166,190
催告の抗弁権 ········· 278
財産開示手続 ········· 202
債務不履行 ······ 207,214
詐欺 ···················· 170
錯誤 ···················· 174
詐術 ···················· 166
敷金 ···················· 295
敷地利用権 ··········· 365
事業用定期借地権 ···· 312
時効 ···················· 196
時効の完成猶予・更新 ··· 200
自己契約 ·············· 184
自主占有 ·············· 197
指定相続分 ··········· 346
自働債権 ·············· 226
支払督促 ·············· 201
自筆証書遺言 ········· 351
借地権 ················· 300
借地借家法 ··········· 300
借家権 ················· 316
集会 ···················· 369
主たる債務 ··········· 276
受働債権 ·············· 226
取得時効 ·············· 196
使用者責任 ··········· 337
承諾 ···················· 169
消滅時効 ········· 196,198
証約手付 ·············· 243
所有権 ················· 246
所有の意思 ··········· 196
心裡留保 ·············· 177
随伴性 ········· 257,276,277
請求更新 ·········· 302,303
制限行為能力者 ······ 159
成年被後見人 ········· 160
絶対効 ················· 271
善意 ···················· 161
善意無過失 ··········· 190
善意有過失 ··········· 177
占有 ···················· 197
占有者 ················· 341
専有部分 ·············· 361
相殺 ·············· 226,273
相殺適状 ·············· 227

た行

造作買取請求権 ······ 319
相続 ·············· 191,344
相続人 ················· 344
相続の放棄 ··········· 350
相続分 ················· 346
相対効 ················· 271
双方代理 ·············· 184
遡及効 ················· 249
損害賠償額の予定 ···· 212
損害賠償の請求 ······ 210

代位弁済 ·············· 225
代価弁済 ·············· 262
代襲相続 ·············· 345
代物弁済 ·············· 226
代理 ···················· 180
代理権 ················· 180
代理人 ················· 181
他主占有 ·············· 197
建替え決議 ··········· 369
建物譲渡特約付借地権 ····· 313
建物の区分所有等に関する法律
······················· 361
建物の滅失 ··········· 304
単純承認 ·············· 350
地上権 ················· 246
中間利息 ·············· 211
賃借権の譲渡 ········· 291
賃借人 ················· 288
賃貸借 ················· 286
賃貸人 ················· 288
追認 ···················· 166
通謀虚偽表示 ········· 173
定期借地権 ······· 312,313
定期建物賃貸借 ······ 326
抵当権 ··········· 246,256
抵当権消滅請求 ······ 263
抵当不動産の第三取得者 ··· 205,261
手付 ···················· 243
電磁的記録 ··········· 276
転貸 ···················· 291
転得者 ················· 173
登記 ·············· 246,373
登記義務者 ··········· 375
登記権利者 ··········· 375
動機の錯誤 ··········· 176
同時履行の抗弁権 ···· 208
取消し ············ 161,250
取消権 ················· 190

は行

廃除	345
背信的悪意者	247
被相続人	344
必要費	289
被保佐人	160
被補助人	160
秘密証書遺言	351
表意者	175
表見代理	193
表題部	374
付加一体物	260
不確定期限付債権	200
不可分性	257
不完全履行	207
復代理	187
復代理人	187
付従性	257,276,277
普通借地権	312,313
物権	246
物権変動	246
物上代位性	257
物上保証人	205,223,256
不法行為	336
分別の利益	280
弁済	223,262
弁済による代位	225
法定更新	302,303
法定相続分	346
法定代理人	160
法定地上権	264
法定利率	213
補充性	276,278
保証	276
保証債務	276
保証人	205,276
保存行為	363

ま行

未成年者	160
無権代理	188
無権代理人	188
申込み	169
持分	356

や行

約定利率	213
家賃の増減額請求権	321
有益費	289
要素の錯誤	175

ら行

利益相反行為	186
履行遅滞	207,208
履行不能	207,209
連帯債権	283
連帯債務	270
連帯保証	281

1 都市計画法の目的と都市計画の内容

都市計画法は、住みよい街をつくるための法律です。
都市計画には次のものがあります。

板書 都市計画の内容

ⓐ 都市計画区域の整備、開発および保全の方針
　マスタープラン

ⓑ 区域区分…4で学習
　市街化区域と市街化調整区域

ⓒ 地域地区…5で学習
　用途地域とか

ⓓ 都市施設…6で学習
　道路、水道、学校とか…

ⓔ 地区計画等…7で学習
　小さな街づくり。だから市町村で決める

ⓕ 都市再開発方針等
ⓖ 促進区域
ⓗ 遊休土地転換利用促進地区
ⓘ 被災市街地復興推進地域
ⓙ 市街地開発事業
ⓚ 市街地開発事業等予定区域

　　これらについては、試験での重要性が低いため、本書では説明を省略します

↳ 市街地開発事業等予定区域の区域内における建築等の規制のみ
　13で学習

---

2 都市計画区域

　住みよい街をつくるために最初に行うのは、「どの区域について街づくりをするか」を決め、区域を指定することです。この指定された区域を**都市計画区域**といい、都市計画法は原則として都市計画区域内のみに適用されます。

なお、都市計画区域は、複数の市町村・都府県にわたって指定することもできます。

　都市計画区域の指定は、原則として**都道府県**が行いますが、複数の都府県にまたがって都市計画区域を指定する場合は、**国土交通大臣**が行います。

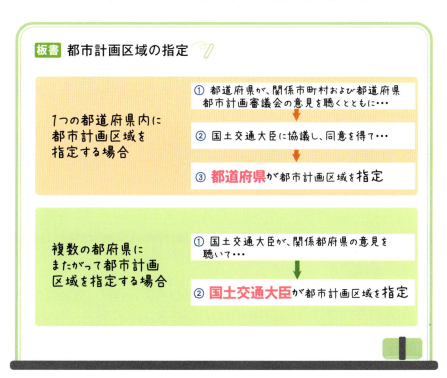

　すべての都市計画区域について、都市計画に**マスタープラン**（都市計画区域の整備、開発および保全の方針）が定められます。

ひとこと
マスタープランは、街づくりの基本方針です。

3 準都市計画区域

都市計画区域外の区域には、原則として都市計画法は適用されません。しかし、都市計画区域外だからといって、放置しておくと将来の街づくりに問題が生じるおそれがある区域もあります。そこで、そのような区域を準都市計画区域に指定し、必要な規制をかけられるようにしています。

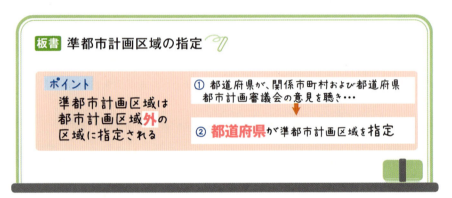

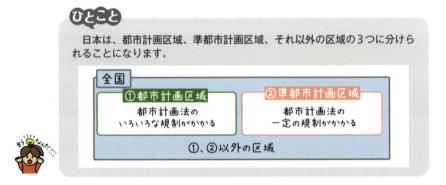

4 区域区分

区域区分とは、計画的に街をつくるため、都市計画区域を市街化区域と市街化調整区域に分けることをいいます。また、都市計画区域を市街化区域と市街化調整区域に分けることを線引きといいます。

板書 **区域区分**

市街化区域	① **すでに市街地を形成している区域** ② おおむね**10**年以内に優先的かつ計画的に市街化を図るべき区域 にぎやかな場所
市街化調整区域	市街化を抑制すべき区域 のどか〜な場所

ポイント

ココみて！1-1 ☆ 区域区分は必要があるときに、**都道府県**が定めることができる

　　　→ つまり 必ず定めなくてはならないわけではない！

ただし 以下の都市計画区域には区域区分を定めなくてはならない

要するに、大都市圏
① 首都圏整備法・近畿圏整備法・中部圏開発整備法に規定する既成市街地等または近郊整備地帯（区域）
② ①のほか、大都市に係る都市計画区域として政令で定めるもの

☆ 区域区分を定めない都市計画区域を**非線引き区域**（非線引き都市計画区域）という

ひとこと

ここまでの内容をまとめると、次のようになります。

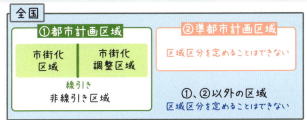

> **? 例題**　　　　　　　　　　　　　　　　　　　　H23-問16④
>
> 都市計画区域については、無秩序な市街化を防止し、計画的な市街化を図るため、都市計画に<u>必ず</u>市街化区域と市街化調整区域との区分を定めなければならない。

　✗　区域区分は「**必要があるときに**」定めることができる。

5 地域地区

I 地域地区

　地域地区は、土地の利用目的を決めて、それに沿った街づくりをする都市計画をいいます。

　地域地区は、**用途地域**（基本的地域地区）と**補助的地域地区**に区分されます。

地域地区（一部）

基本的地域地区	補助的地域地区	
用途地域…★	❶ 特別用途地区…★	❼ 特例容積率適用地区
	❷ 特定用途制限地域…★	❽ 特定街区
	❸ 高層住居誘導地区	❾ 景観地区…★
	❹ 高度地区…★	❿ 風致地区…★
	❺ 高度利用地区	⓫ 居住環境向上用途誘導地区
	❻ 防火地域・準防火地域	

★…準都市計画区域に定めることができる地域

388

Ⅱ 用途地域

1 用途地域とは

用途地域とは、建物の用途や建蔽率、容積率などを規制する地域をいいます。

ひとこと

用途地域は、住居系・商業系・工業系を合わせて13種類あります。

住居系	
第一種低層住居専用地域	低層住宅に係る良好な住居の環境を保護するため定める地域 ☆ 閑静な住宅街
第二種低層住居専用地域	主として低層住宅に係る良好な住居の環境を保護するため定める地域 ☆ 閑静な住宅街&コンビニなどの小さい店舗もあり
田園住居地域	農業の利便の増進を図りつつ、これと調和した低層住宅に係る良好な住居の環境を保護するために定める地域 ☆ 低層住居専用地域をベースに、農業用施設の立地を限定的に可能とする地域
第一種中高層住居専用地域	中高層住宅に係る良好な住居の環境を保護するため定める地域 ☆ 3階建て以上の中高層マンションがある地域
第二種中高層住居専用地域	主として中高層住宅に係る良好な住居の環境を保護するため定める地域 ☆ マンション&大きめの事務所などがある地域
第一種住居地域	住居の環境を保護するため定める地域 ☆ 住居と中規模の店舗(スーパー、ホテルなど)がある地域
第二種住居地域	主として住居の環境を保護するため定める地域 ☆ 第一種住居地域よりも店舗や事務所が多め。パチンコ屋、カラオケボックスなどもある
準住居地域	道路の沿道として、地域の特性にふさわしい業務の利便の増進を図りつつ、これと調和した住居の環境を保護するため定める地域 ☆ 幹線道路沿いの地域。自動車のショールームなどがある

商業系

近隣商業地域	近隣の住宅地の住民に対する日用品の供給を行うことを主たる内容とする商業その他の業務の利便を増進するため定める地域 ☆ いわゆる商店街
商 業 地 域	主として商業その他の業務の利便を増進するため定める地域 ☆ 都心部の繁華街やオフィスビル街

工業系

準 工 業 地 域	主として環境の悪化をもたらすおそれのない工業の利便を増進するため定める地域 ☆ 町工場など
工 業 地 域	主として工業の利便を増進するため定める地域 ☆ 準工業地域よりも工場多め
工業専用地域	工業の利便を増進するため定める地域 ☆ 港のコンビナートなど

板書 用途地域のポイント

☆ **市街化区域**には、必ず用途地域を定める
　　積極的に市街化していく区域だから

☆ **市街化調整区域**には、原則として用途地域を定めない
　　のどか〜なままにしておきたい区域だから

☆ 非線引き区域には、用途地域を定めることができる

☆ 準都市計画区域には、用途地域を定めることができる

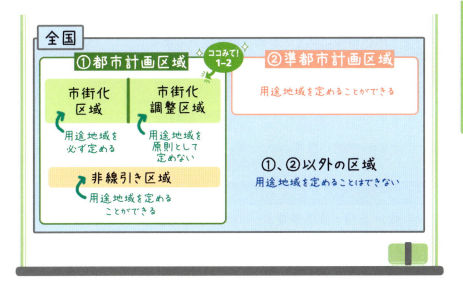

> **例題** ──────────────────────────── H23-問16③
> 都市計画区域については、区域内のすべての区域において、都市計画に、用途地域を定めるとともに、その他の地域地区で必要なものを定めるものとされている。

✕ 都市計画区域のうち、市街化区域については必ず用途地域を定めるが、市街化調整区域については原則として用途地域を定めない。

2 用途地域に関する都市計画に定める事項

用途地域に関する都市計画には、以下の事項を定めます。

> **板書** 用途地域に関する都市計画に定める事項
>
> ### 必ず定める事項
> ☆ 建築物の**容積**率 ← すべての用途地域
> ☆ 建築物の**建蔽**率 ← 商業地域以外
> ☆ 建築物の**高さ**の限度 ← 第一種・第二種低層住居専用地域・田園住居地域のみ
>
> ### 必要に応じて定める事項
> ☆ 敷地面積の最低限度 ← すべての用途地域
> ☆ 外壁の後退距離の限度 ← 第一種・第二種低層住居専用地域・田園住居地域のみ

Ⅲ 補助的地域地区

補助的地域地区には、次のようなものがあります。

ひとこと
用途地域がベースとなり、これに地域の特性を出すため、トッピングとして補助的地域地区が用意されているのです。

補助的地域地区 準都市OK …準都市計画区域の都市計画に定めることができる地区
▲印…重要性が低いので、後回しでOK

用途地域内のみに定めるもの	
特別用途地区 文教地区とか、商業地区とか、特別の目的のために定める地区	用途地域内の一定の区域において、当該地区の特性にふさわしい土地利用の増進、環境の保護等の特別の目的のために、当該用途地域の指定を補完して定める地区　　準都市OK
	ポイント ☆ 特別用途地区内では、条例で用途地域に定める建築物の用途制限を加重または緩和することができる

ココみて! 1-3

高度地区 建築物の高さを定める地区	用途地域内において市街地の環境を維持し、または土地利用の増進を図るため、建築物の**高さ**の**最高**限度または**最低**限度を定める地区　　　準都市OK
高度利用地区 土地の高度利用を目的とした地区	**用途地域**の市街地における土地の合理的かつ健全な**高度利用**と都市機能の更新を図るため、以下 を定める地区 ❶ 容積率の最高限度、最低限度 ❷ 建蔽率の **最高** 限度 ❸ 建築面積の **最低** 限度 ❹ 壁面の位置の制限 小さい建物が密集している地域を再開発して、大きい建物を建てよう！など 注「高度」といっても、建物の「高さ」は関係ない！
高層住居誘導地区 街に人を集めるため、高層マンションを建てよう、という地区	住居と住居以外の用途とを適正に配分し、利便性の高い高層住宅の建設を誘導するため、一定の用途地域（第一種住居地域、第二種住居地域、準住居地域、近隣商業地域、準工業地域）で、建築物の容積率が$\frac{40}{10}$または$\frac{50}{10}$と定められた地域において、以下 を定める地区 ❶ 容積率の最高限度 ❷ 建蔽率の最高限度 ❸ 建築物の敷地面積の最低限度 ココみて！1-4 ポイント ☆ 第一種・第二種中高層住居専用地域には定められない！
特例容積率適用地区…▲	一定の用途地域（第一種・第二種中高層住居専用地域、第一種・第二種住居地域、準住居地域、近隣商業地域、商業地域、準工業地域、工業地域）内の適正な配置および規模の公共施設を備えた土地の区域において、建築物の容積率の限度からみて未利用となっている建築物の容積の活用を促進して土地の高度利用を図るため定める地区
居住環境向上用途誘導地区	立地適正化計画に記載された、居住誘導区域（都市の居住者の居住を誘導すべき区域）のうち、その居住誘導区域に係る居住環境向上施設（病院、店舗など都市の居住者の日常生活に必要な施設で、居住環境の向上に資するもののこと）を有する建築物の建築を誘導する必要があると認められる区域に定める地区

用途地域の内外を問わず定めることができるもの

特定街区	市街地の整備改善を図るため街区の整備または造成が行われる地区について、以下 を定める街区
西新宿のビル群のような、超高層ビルを建てるための都市計画	❶ 容積率 ❷ 建築物の高さの最高限度 ❸ 壁面の位置の制限
防火地域・準防火地域	市街地における火災の危険を防除するため定める地域
景観地区…▲	市街地の良好な景観の形成を図るために定める地区 　準都市OK
風致地区	都市の風致(自然美)を維持するために定める地区 　準都市OK
鎌倉の大仏様の近辺とか、京都の清水寺の近辺とか	ポイント ☆ 建築物の建築や木竹の伐採等について、地方公共団体の条例で必要な規制をすることができる

用途地域外のみに定めることができるもの

特定用途制限地域	用途地域が定められていない土地の区域(市街化調整区域を除く)内において、良好な環境の形成・保持のために、地域の特性に応じて合理的な土地利用が行われるよう、制限すべき特定の建築物等の用途の概要を定める地域 　準都市OK
ココみて!1-3	用途地域が定められていない区域 →好き勝手にされてしまうおそれがある! →そうならないために、規制を加えることができる

❓ 例題　　　　　　　　　　　　　　　　　H22-問16④

特定用途制限地域は、用途地域内の一定の区域における当該区域の特性にふさわしい土地利用の増進、環境の保護等の特別の目的の実現を図るため当該用途地域の指定を補完して定めるものとされている。

✗　特定用途制限地域は、**用途地域が定められていない土地の区域内**に定められるものである。本問は「特別用途地区」の説明である。

例題　　　　　　　　　　　　　　　　　　H17-問19④

高層住居誘導地区は、住居と住居以外の用途を適正に配分し、利便性の高い高層住宅の建設を誘導するため、第一種中高層住居専用地域、第二種中高層住居専用地域等において定められる地区をいう。

× 高層住居誘導地区は、第一種・第二種中高層住居専用地域には定められない。

6 都市施設

都市施設とは、道路、上下水道、公園など、都市生活で必要な施設をいいます。

都市計画区域については、都市計画に都市施設を定めることができます。また特に必要がある場合は都市計画区域外においても定めることができます。

板書　都市施設のポイント

- ◀人がいっぱい住んでいる　　◀生活するのに必要なものだよね…
  市街化区域、非線引き区域 には、**道路、下水道、公園** を必ず定めなければならない

- ◀子どもがいる　　◀必要！
  住居系の用途地域 には、**義務教育施設**も必ず定めなければならない

- ◀準都市計画区域など
  都市計画区域外 には、特に必要な場合には、都市施設を定めることが**できる**

7 地区計画等

Ⅰ 地区計画とは

　これまでみてきた区域区分、地域地区、都市施設は、「大きな街づくり計画」でしたが、これからみていく 地区計画 は、小規模な地区を対象とした、いわば「小さな街づくり計画」です。

　　地区計画は、より細かい都市計画（市町村単位の都市計画）です。

　地区計画は、都市計画区域において、用途地域が定められている土地の区域には、どこでも定めることができます。また、用途地域が定められていない土地の区域でも、一定の区域については定めることができます。

　　地区計画を定めることができる区域を図にすると、次のとおりです。

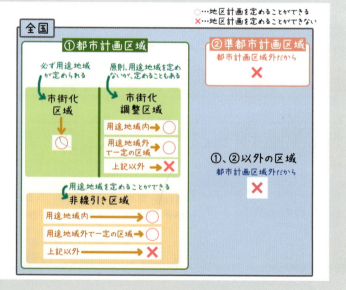

Ⅱ 地区整備計画

地区計画に関する都市計画には、地区計画の種類・名称・区域等を定めるとともに、**地区整備計画**を定め、地区計画の目標、区域の整備・開発・保全の方針を定めるよう努めなければなりません。

ひとこと

地区整備計画には、道路や公園をどこに配置するか、建物の用途の制限など、具体的な規制が盛り込まれます。なお、地区整備計画によって定めることができる事項については、**参考編**で説明します。

Ⅲ 再開発等促進区、開発整備促進区

一定の条件に該当する土地の区域における地区計画には、**再開発等促進区**や**開発整備促進区**を定めることができます。

再開発等促進区、開発整備促進区

再開発等促進区 市街地の再開発または開発整備を実施すべき区域	土地の合理的かつ健全な高度利用と都市機能の増進とを図るため、一体的かつ総合的な市街地の再開発または開発整備を実施すべき区域
開発整備促進区 大規模な集客施設を建てることができる地区	劇場、店舗等、大規模な建築物(特定大規模建築物)の整備による商業その他の業務の利便の増進を図るため、一体的かつ総合的な市街地の開発整備を実施すべき区域

Ⅳ 届出

一定の地区計画の区域内で、下記の行為をしようとする者は、当該行為に着手する日の**30日前**までに、一定の事項を**市町村長**に**届け出**なければなりません。

板書 届出

どこで？
一定の地区計画の区域内 で
- 再開発等促進区※
- 開発整備促進区※
- 地区整備計画が定められている地区

※ 道路、公園等の配置・規模が定められているものに限る

試験では、
「地区計画の区域（再開発等促進区若しくは開発整備促進区（いずれも道路、公園その他の政令で定められる施設の配置および規模が定められているものに限る）または地区整備計画が定められている区域内）において〜」

のように、なんだかカッコ内に長い設定がついていたら、この話だと思ってOK！

何を？
① 土地の区画形質の変更
② 建築物の建築
③ 工作物の建設

を行おうとする者は、原則として

いつまでに？
行為に着手する日の30日前 までに

ココみて！1-5

どんなことを？
一定の事項 を
（行為の種類、場所、設計・施行方法、着手予定日、完了予定日）

誰に？ 市町村長 に **どうするの？** 届け出 なければならない

勧告
☆ 上記の届出の行為が、地区計画に適合しないときは、市町村長は設計の変更等の**勧告**をすることができる

例題　H24-問16④

地区計画の区域のうち地区整備計画が定められている区域内において、建築物の建築等の行為を行った者は、一定の行為を除き、当該行為の完了した日から30日以内に、行為の種類、場所等を市町村長に届け出なければならない。

✗ 「当該行為の完了した日から30日以内」ではなく、「**当該行為に着手する日の30日前まで**」である。

8 都市計画の決定手続

I 都市計画を定める者

都市計画は、原則として**都道府県**（大規模なもの）および**市町村**（小規模なもの）が定めます。なお、2つ以上の都府県の区域にわたる都市計画区域に係る都市計画は、都道府県が定めるものについては**国土交通大臣**が定めます（市町村が定めるものについては市町村のままです）。

都市計画を定める者（主な都市計画のみ抜粋）

都道府県（国土交通大臣）が定めるもの	市町村が定めるもの
ⓐ 都市計画区域の整備、開発および保全の方針（マスタープラン）	
ⓑ 区域区分	
ⓒ 地域地区 ・一の市町村の区域を超える広域の見地から決定すべき地域地区（10ha以上で2以上の市町村にわたる風致地区など）	ⓒ 地域地区 ・用途地域　・特別用途地区 ・高度地区　・高度利用地区 ・高層住居誘導地区 ・特例容積率適用地区 ・特定街区　・防火・準防火地域 ・景観地区　・特定用途制限地域 ・左記に該当しない風致地区など
ⓓ 都市施設 ・一の市町村の区域を超える広域の見地から決定すべき都市施設	ⓓ 都市施設 ・左記以外
	ⓔ 地区計画等

II 市町村の都市計画が都道府県の都市計画と抵触する場合

市町村の都市計画が、都道府県の都市計画と抵触する場合は、**都道府県**の都市計画が優先します。

III 都市計画の決定手続

都市計画の決定手続の流れは次のとおりです。

ひとこと　試験における重要性は低いので、余裕のある人だけ見ておいてください。

板書 都市計画の決定手続

都道府県が定める場合

原案の作成

↓ 必要に応じて

公聴会等を開催して住民の意見を反映

↓

都市計画案の公告、縦覧
- ☆ 縦覧期間は公告の日から**2週間**
- ☆ 縦覧期間中、住民等は意見書を提出することができる

↓

都市計画の決定
- ☆ 関係市町村の意見を聴き、かつ、都道府県都市計画審議会の議を経て決定する
- ☆ 国の利害に重大な関係がある都市計画の場合には、国土交通大臣に協議し、その同意を得なければならない

↓

都市計画が決定した旨の告示・縦覧
- ☆ 告示があった日から効力を生ずる

市町村が定める場合

原案の作成

↓ 必要に応じて

公聴会等を開催して住民の意見を反映

↓

都市計画案の公告、縦覧
- ☆ 縦覧期間は公告の日から**2週間**
- ☆ 縦覧期間中、住民等は意見書を提出することができる

↓

都市計画の決定
- ☆ 市町村都市計画審議会の議を経て決定する（これが置かれていないときは、その市町村がある都道府県都市計画審議会）
- ☆ 都道府県知事に協議しなければならない

↓

都市計画が決定した旨の告示・縦覧
- ☆ 告示があった日から効力を生ずる

Ⅳ 都市計画の決定等を提案できる者

都市計画区域または準都市計画区域のうち、一体として、整備・開発・保全すべき土地の区域としてふさわしい一定の土地の区域について、その**土地所有者等**は、都道府県または市町村に対して、都市計画の決定または変更を提案することができます。

ひとこと

土地所有者等とは、土地所有者のほか、借地権を有する者も含まれます。なお、街づくりの推進を図ることを目的としたＮＰＯなども提案することができます。

この提案を行う場合、対象となる土地の区域内の土地所有者等の**3分の2以上**の同意を得ている必要があります。

9 開発許可❶ 全体像

Ⅰ 開発許可

開発行為を行おうとする場合、原則として**都道府県知事**の許可（ 開発許可 ）が必要となります。

用語の意味

開発許可に関する用語の意味は次のとおりです。

板書 用語の意味

開発行為 とは?
主として、建築物の建築または<u>特定工作物</u>の建設の用に供する目的で行う<u>土地の区画形質の変更</u>
　　　　　　　　└ 建物を建てる等の目的で土地を整備すること（地ならし）

特定工作物 とは?

第一種特定工作物	コンクリートプラント、アスファルトプラントなど
第二種特定工作物	☆ <u>ゴルフコース</u> 　　└ これは1ha未満でも特定工作物に該当する！ ☆ <u>1ha以上の運動・レジャー施設</u> 　　　　　└ 野球場、庭球場、遊園地など ☆ <u>1ha以上の墓園</u>

だから「1ha未満の野球場を建設するための、土地の区画形質の変更」などは、開発行為に該当しないため、開発許可は不要となる

ひとこと
1ha（ヘクタール）は、10,000㎡です。

? 例題 　　　　　　　　　　　　　　　　　　　　　　　H16-問18②

開発行為とは、主として建築物の建築の用に供する目的で行う土地の区画形質の変更をいい、建築物以外の工作物の建設の用に供する目的で行う土地の区画形質の変更は<u>開発行為には該当しない</u>。

　　✗　特定工作物の建設の用に供する目的で行う土地の区画形質の変更も開発行為に該当する。

Ⅲ 開発許可が不要となる場合

以下の開発行為については、開発許可が不要となります。

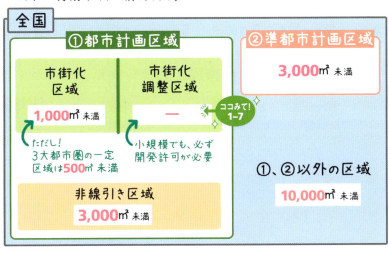

板書 開発許可が不要となる場合

グループA　小規模な開発行為

以下の規模未満の開発行為

全国

①都市計画区域
- 市街化区域　1,000㎡未満
  - ただし！3大都市圏の一定区域は500㎡未満
- 市街化調整区域　―
  - 小規模でも、必ず開発許可が必要
  - ココみて！1-7
- 非線引き区域　3,000㎡未満

②準都市計画区域　3,000㎡未満

①、②以外の区域　10,000㎡未満

グループB　農林漁業用の建築物

市街化区域以外の区域内において行う、以下の開発行為

☆ 農林漁業用の建築物を建築するために行う開発行為
　└ 畜舎（牛小屋とか）、温室（ビニールハウス）、サイロ、農機具収納施設など

☆ 農林漁業を営む者の居住用建築物を建築するために行う開発行為

ポイント

☆ この例外は、市街化区域内の開発行為には適用されない
　└ 新宿に突然、牛小屋を建てられても困るよね…
　　だから、市街化区域内についてはこの例外はない
　　（許可が必要）

グループC その他

☆ 公益上必要な建築物を建築するための開発行為
　→ 駅舎、図書館、公民館、変電所など

☆ 都市計画事業、土地区画整理事業、市街地再開発事業、住宅街区整備事業、防災街区整備事業の施行として行う開発行為
　本試験問題で「〜事業の施行として行う開発行為」とあったら、開発許可不要と考えてOK

☆ 非常災害のため必要な応急措置として行う開発行為

☆ 通常の管理行為、軽易な行為等
　…とは？ 仮設建築物の建築、車庫を建設するための開発行為など

ひとこと

開発許可が不要となる場合を図にまとめると、次のとおりです。

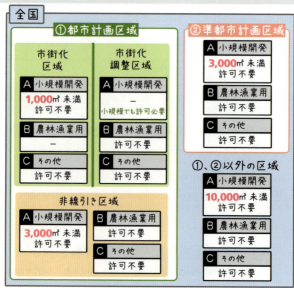

板書 開発許可の要否の判定

step1 開発行為に該当するか？ → NO → 開発許可不要
- 建築物の建築または特定工作物の建設の用に供するものか？
- 土地の区画形質の変更か？

YES ↓

step2 許可不要の例外に該当するか？ → YES → 開発許可不要
- グループA　小規模な開発行為
- グループB　農林漁業用の建築物
- グループC　その他

ひとつでもあてはまれば

NO ↓

開発許可必要

たとえば①
市街化区域内で8,000㎡の野球場を建設する目的で行う土地の区画形質の変更

step1 開発行為に該当するか？ → NO → 開発許可不要

8,000㎡の野球場は特定工作物に該当しない

たとえば②
市街化区域内で1,500㎡の畜舎を建築する目的で行う土地の区画形質の変更

step1 開発行為に該当するか？
YES　畜舎は建築物に該当する

step2 許可不要の例外に該当するか？
NO
- 市街化区域内では、農林漁業用の建築物にかかる例外はない
- 市街化区域内では、1,000㎡以上の開発行為は許可必要

開発許可必要

例題 ──────────────── H25−問16②

市街化調整区域において行う開発行為で、その規模が300㎡であるものについては、常に開発許可は不要である。

> ココみて！
> 1-7
> ✗ 市街化調整区域においては、開発行為の規模にかかわらず、開発許可が必要である。

例題 ──────────────── H25−問16④

非常災害のため必要な応急措置として行う開発行為であっても、当該開発行為が市街化調整区域において行われるものであって、当該開発行為の規模が3,000㎡以上である場合は、開発許可が必要である。

> ココみて！
> 1-8
> ✗ 非常災害のため必要な応急措置として行う開発行為については、区域・規模にかかわらず、開発許可は不要である。

10 開発許可❷ 開発許可の手続の流れ

開発許可の手続の流れは、次のとおりです。

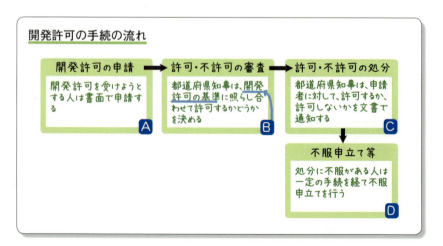

ひとこと
Ⓐ～Ⓓについて、順番に説明していきます。

Ⓐ 開発許可の申請

開発許可の申請は、以下の手順で行います。

板書 開発許可の申請

Step1 事前手続

開発許可を申請しようとする者は、あらかじめ下記の協議・同意が必要となる

①	②	③
開発行為に関係がある公共施設の管理者との **協議・同意**	開発行為により設置される公共施設を管理することとなる者との **協議**	開発区域内の土地等の権利者の相当数の **同意**

①既存の公共施設　②これから設置される公共施設

Step2 申請書の提出

<u>一定事項</u>を記載した開発許可申請書を都道府県知事に提出する

- 開発区域の位置、区域、規模
- 予定建築物等の**用途** ← 構造などは記載する必要なし！
- 開発行為に関する設計 ← 1ha以上の開発行為の場合は、一定の資格を有する者が作成した設計図書でなければダメ！
- 工事施行者 など

ポイント
☆ 必ず書面で申請する
☆ Step1における同意を得たことを証する書面（同意書）、協議の経過を示す書面（協議書）を添付する

B 許可・不許可の審査（開発許可の基準）

都道府県知事は、開発許可の基準に照らし合わせて、許可・不許可を決定します。

開発許可の基準には、すべての区域について適用される基準（技術基準、33条の基準）と、市街化調整区域について適用される基準（立地基準、34条の基準）があります。

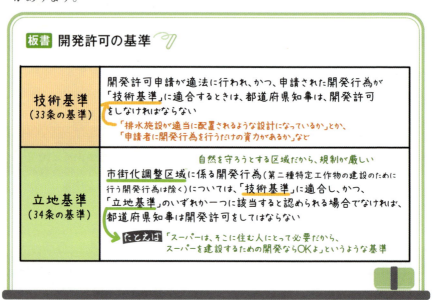

C 開発許可・不許可の処分

都道府県知事は、開発許可の申請があったときは、**遅滞なく**、許可または不許可の処分を**文書**によってしなければなりません。

ひとこと

「遅滞なく」、「文書によって」の2つをおさえておこう。

また、都道府県知事は、用途地域が定められていない区域における開発行為について開発許可をする場合、（必要ならば）当該開発区域内について、建築物の建蔽率等の制限を定めることができます。

> **板書** 開発許可・不許可の処分

許可・不許可の処分

☆ 都道府県知事は、**遅滞なく**、**文書**をもって申請者に通知する
☆ 開発許可をしたときは、都道府県知事は、許可にかかる土地について一定事項を<u>開発登録簿</u>に登録しなければならない
　　　　　　　　　↳ 誰でも閲覧できるし、写しの交付の請求もできる

建蔽率等の制限の指定

☆ 都道府県知事は、<u>用途地域の定められていない区域</u>の開発行為について、開発許可をする場合は、<u>当該区域</u>の土地について、<u>下記の制限</u>を定めることができる

> ・建蔽率
> ・建築物の高さ
> ・壁面の位置
> ・その他（建築物の敷地・構造・設備に関する制限）

↳ この制限が定められた場合、都道府県知事の許可がなければ、制限に違反する建築物を建築することはできない

D 不服申立て等

開発許可制度に関する処分に不服がある場合には、**開発審査会**に対して審査請求（不服申立て）をすることができます（不作為についての審査請求は、開発審査会に代えて、当該不作為に係る都道府県知事に対してすることもできます）。

11 開発許可❸　開発許可が出たあとの手続の流れ

開発許可が出たあとの手続の流れは、次のとおりです。

板書 開発許可が出たあとの手続の流れ ✐

開発許可

開発登録簿に登録

都道府県知事は、開発許可をしたときは、一定の事項を開発登録簿に登録する

・開発許可の年月日 ・建築物等の用途 ・公共施設の種類、位置、区域 など

開始！

開発行為

変更の許可等

開発許可を受けた者が開発許可申請書に記載した事項を変更するときは…

■**原則**■
都道府県知事の許可が必要

■**例外**■
次の場合には変更の許可は不要
① 軽微な変更 → ただし！届出が必要
② 開発許可を要しない開発行為への変更 → 許可も届出も不要

開発行為の廃止

開発許可を受けた者は、当該工事を廃止したときは、**遅滞なく、都道府県知事に届け出**なければならない

ココみて！
1-9

地位の承継

【一般承継の場合】
開発許可を受けた者の相続人等は、なんら手続をすることなく、開発許可にもとづく地位を承継する

【特定承継の場合】
開発許可を受けた者から開発区域内の土地の所有権その他開発行為に関する工事を施行する権原を取得した者は、**都道府県知事の承認**を受けて、開発許可にもとづく地位を承継することができる

終了！

工事完了の届出

開発許可を受けた者は、工事が完了したら都道府県知事に届け出る

> **完了検査、公告**
> 都道府県知事は、
> ① 工事が開発許可の内容に適合しているかを**検査**する
> ② 検査がOKなら、**検査済証**を交付し、工事完了の**公告**を行う

 例題 ───────────────── H18-問20③

開発許可を受けた者は、開発行為に関する工事を廃止したときは、その旨を都道府県知事に報告し、その同意を得なければならない。

　× 「報告」ではなく、「**届出**」である。また、「同意」は不要である。

Ⅰ 公共施設の管理

　開発行為に関する工事によって、公共施設（公園など）が設置された場合、その公共施設は、工事完了の**公告の日の翌日**に、公共施設の存在する**市町村**の管理に属するものとなります。

ただし、他の法律で管理者が別に定められているときや、事前の協議によって管理者が別に定められたときは、その定められた者の管理に属します。

12 開発許可❹　建築行為の制限

Ⅰ 開発区域内における建築の制限

　開発許可を受けた開発区域内では、工事完了の公告前と公告後において、以下のような建築の制限があります。

板書 開発区域内における建築の制限 🖉

```
開発許可                    工事完了      ←「地ならしが終わったよ」
   │                       の公告
   ↓                          ↓
────────────────────────────────────────────→
   │  工事完了の公告前   │   工事完了の公告後   │
```

工事完了の公告前は…

■**原則**■
　開発許可を受けた開発区域内では、<u>工事完了の公告</u>があるまでは
建築物の建築等はできない
　　　　　　　　　　　　「地ならしが終わったよ」

■**例外**■
　以下の場合には、工事完了の公告前でも建築物の建築等ができる

> ① 工事のための**仮設建築物**を建築または特定工作物を建設するとき
> ② **都道府県知事**が支障がないと認めたとき
> ③ 開発行為に同意していない土地所有者等が、その権利の
> 　行使として建築するとき

ココみて！
1-10

工事完了の公告後は…

■**原則**■
　開発許可申請書に記載した<u>予定建築物等以外</u>のものは建築等ができない

■**例外**■
　以下の場合には、予定建築物等以外のものでも建築等ができる

> ① **都道府県知事**が**許可**したとき
> 　　> 国または都道府県等が行う建築行為については、当該国の
> 　　　機関または都道府県等と都道府県知事の協議が成立した
> 　　　ことをもって、都道府県知事の許可があったとみなされる
> ② 開発区域内の土地について、**用途地域等**が定められているとき
> 　　> 建築基準法の規制がかかる

❓ 例題　　　　　　　　　　　　　　　　　　　　H18−問20④

開発許可を受けた開発区域内の土地においては、開発行為に関する<u>工事完了の公告があるまでの間</u>であっても、<u>都道府県知事の承認</u>を受けて、<u>工事用の仮設建築物</u>を建築することができる。

× 工事用の仮設建築物は都道府県知事の承認なく、建築することができる。

Ⅱ 開発区域以外の区域内における建築の制限

　開発行為（地ならし）をしない場合は、開発許可を受ける必要がないため、このような土地に建築物を建築等するときは、建築に関する許可を受ける必要はありません。

　しかし、開発許可を受けた区域以外の区域でも、**市街化調整**区域内に建築物を建築等するときは、**都道府県知事**の**許可**が必要となります。

　市街化調整区域は、自然を守ろうとする区域なので、「たとえ開発許可が不要な場合（大規模な地ならしをしない場合）でも、建築物を建てるときには都道府県知事の許可を受けてね」としているのです。

板書 開発区域以外の区域内における建築の制限

都市計画区域

市街化区域	市街化調整区域
開発許可を受けた開発区域 / 開発区域以外	開発許可を受けた開発区域 / 開発区域以外

ここの話。
ここに建築物を建築等するときは、原則として都道府県知事の許可が必要だよ

非線引き区域
開発許可を受けた開発区域 / 開発区域以外

市街化調整区域で開発区域以外の区域にかかる建築の制限

■原則■
都道府県知事の**許可**がなければ、建築物の新築・改築・用途変更、第一種特定工作物の新設はできない

■例外■
以下の場合には、許可は不要
- 農林漁業用の建築物の新築
- 農林漁業を営む者の居住用建築物の新築
- 駅舎、図書館、公民館等、公益上必要な建築物
- 都市計画事業の施行として行うもの
- 非常災害のため必要な応急措置として行うもの
- 仮設建築物の新築　など

そもそも開発許可が不要なものとか、許可がなくても建築しちゃっていいんじゃないの?というもの

Ⅲ 田園住居地域内における建築等の規制

田園住居地域では、農地の開発に規制があります。

板書 田園住居地域内における建築等の規制

■原則■

　田園住居地域内の農地（耕作目的の土地）の区域内で、以下のいずれかを行おうとする者は、**市町村長の許可**を受けなければならない

　→違反したときは、50万円以下の罰金

①土地の形質の変更
②建築物の建築その他工作物の建設
③土石などの物件の堆積

■例外■

　以下の場合には許可が不要

①通常の管理行為、軽易な行為その他の行為で政令で定めるもの
②非常災害のため必要な応急措置として行う行為
③都市計画事業の施行として行う行為またはこれに準ずる行為として政令で定めるもの

④国または地方公共団体が行う行為
　→あらかじめ市町村長に協議する必要あり

■許可をしなければならない場合■

以下の行為について、許可の申請がされた場合、市町村長は許可をしなければならない

① 土地の形質の変更、その規模が一定未満(★)の場合
② 建築物の建築または工作物の建設で次のいずれかに該当する場合

◆ 許可を受けて土地の形質の変更が行われた土地の区域内において行う場合
◆ その敷地の規模が一定未満(★)の場合

③ 土石などの物件の堆積で、その土地の規模が一定未満(★)の場合

堆積をした物件の飛散の防止の方法その他の事項に関し、政令で定める要件に該当するものに限る

★…一定未満の規模とは？
農業の利便の増進および良好な住居の環境の保護を図る上で支障がないものとして政令で定める規模(300㎡)未満

13 都市計画事業制限

Ⅰ 都市計画事業とは

都市計画事業とは、認可または承認を受けて行われる「都市計画施設の整備に関する事業」および「市街地開発事業」をいいます。

「ここに公園をつくろう！（都市計画施設の整備）」とか、「ここ一体を市街地として開発していこう！（市街地の開発）」といったことを行う事業が都市計画事業です。

都市計画施設と市街地開発事業

都市計画施設	都市計画で具体的に定められた施設 公園、交通施設、水道やガスの供給施設、学校、図書館など
市街地開発事業	市街化区域、非線引き区域内で一体的に開発し、または整備する必要がある土地の区域に定める 土地区画整理事業、市街地再開発事業、新住宅市街地開発事業などがある

II 都市計画事業にかかる制限①

　都市計画法では、都市計画事業がスムーズに進むように、事業施行の妨げになる行為について、一定の制限を課しています。

> ひとこと
> 　要するに、スムーズに公園をつくれるように、スムーズに市街地の開発が進むようにしたいから、その場所(公園となるべき場所、市街地の開発をしようとする場所)に余計なもの・邪魔なものはつくらないでね、ということです。

　都市計画事業にかかる制限には、都市計画の決定から工事開始までのものと、工事開始後のものがあります。

> 　工事開始前の制限は比較的ゆるいですが、工事が始まってしまったら、制限が厳しくなります。

板書 **都市計画事業にかかる制限①**

「ここに公園をつくろう！」
「ここを市街地として開発しよう！」
→ 都市計画の決定の告示

「公園をつくってもいいですよ」
「市街地として開発していいですよ」
→ 都市計画事業の認可・承認の告示 → ここから工事開始！

都市計画施設の区域または市街地開発事業の施行区域内の制限
← 工事開始前の呼び名

都市計画事業地内の制限
← 工事開始後の呼び名
「〜区域」が「事業地」に変わる！

①たとえば、「ここに公園をつくろう！」という場合は…
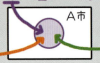
A市

② 都市計画事業の認可・承認の告示 前は
「都市計画施設の区域」というが…

③ 都市計画事業の認可・承認の告示 後は
「事業地」という！

都市計画施設の区域または市街地開発事業の施行区域内の制限

■原則■
都市計画施設の区域または市街地開発事業の施行区域内で、**建築物の建築**をしようとする場合は、**都道府県知事**等の**許可**が必要
← 施行予定者が定められていない場合はこれだけ
　↳ 施行予定者が定められている場合は、
　　① 建築物の建築
　　② 土地の形質の変更
　　③ 工作物の建設
　　の場合に都道府県知事等の許可が必要
※市の区域内にあっては当該市の長

■例外■
以下の場合には許可が不要
① 軽易な行為
② 非常災害のために必要な応急措置として行う行為
③ 都市計画事業の施行として行う行為　など

ココみて！1-11

[許可基準]

許可の申請にかかる建築物が下記の要件を満たしているときは、都道府県知事等は許可をしなければならない

① 都市計画施設、市街地開発事業に関する都市計画に適合する建築物
② 「階数が2以下（地階を有しない）」かつ「主要構造部が木造、鉄骨造、コンクリートブロック造等の構造」で、容易に移転・除却ができるもの　　など

都市計画事業地内の制限

都市計画事業の認可または承認の告示があったあとは、事業地内において、都市計画事業の施行の障害となるおそれがある以下の行為を行おうとする者は、**都道府県知事**等の**許可**を受けなければならない

ココみて！
1-12

① 建築物の建築
② 土地の形質の変更
③ 工作物の建設
④ 重量5トン超の物件の設置・堆積

[ポイント]

☆ 例外規定はない！
　→たとえ非常災害のための応急措置としての行為だとしても、許可が必要

ひとこと

前記Ⅱの制限は、中小規模の都市計画事業を前提とした制限です。大規模な都市計画事業の場合には、下記Ⅲの制限が適用されます。

例題　　　　　　　　　　　　　　　　　　　　H25-問15①

都市計画施設の区域又は市街地開発事業の施行区域内において建築物の建築をしようとする者であっても、当該建築行為が都市計画事業の施行として行う行為である場合には都道府県知事(市の区域内にあっては、当該市の長)の許可は不要である。

○ 都市計画施設の区域または市街地開発事業の施行区域内において建築物の建築をしようとする者であっても、**都市計画事業の施行として行う行為**については**都道府県知事等の許可は不要**である。

例題　　　　　　　　　　　　　　　　　　　　H20-問18②

都市計画事業の認可の告示があった後、当該認可に係る事業地内において当該事業の施行の障害となるおそれがある土地の形質の変更、建築物の建築、工作物の建設を行おうとする者は、当該事業の施行者の同意を得て、当該行為をすることができる。

× 「施行者の同意」ではなく、「**都道府県知事等の許可**」が必要である。

Ⅲ　都市計画事業にかかる制限②
（市街地開発事業等予定区域内における制限）

　前記Ⅱで学習したように、都市計画事業が決定したあとに、「その区域に建築物を建築するときには都道府県知事等の許可が必要」といった制限が生じますが、都市計画事業が決定する前に制限をつける必要がある場合があります。

　たとえば、ニュータウンや工業団地をつくるといった、大規模な都市計画事業を行う場合、都市計画事業の計画が決定するまでに相当な時間がかかります。

　そのため、大規模な都市計画事業については、計画が決定する前でも、何かしらの制限をしておかないと、いざ計画が決定したけど、その区域にすで

に建築物が建築されていた、ということが起こり得るのです。

Ⅱの制限だと、「都市計画事業の計画が決定する前」には、建築物の建築について、なんら制限がかからないからです。

そこで、大規模な事業計画の場合には、早い段階から、予定区域（市街地開発事業等予定区域）を定め、予定区域に事業の妨げになるような建築物が建築されないようにしておく必要があるのです（市街地開発事業等予定区域内における制限）。

いわゆる「場所取り」ですね。

市街地開発事業等予定区域が定められた場合の制限は、次のようになります。

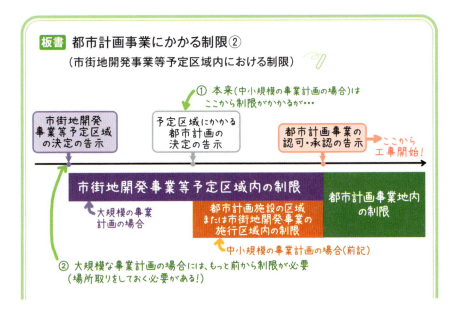

市街地開発事業等予定区域内の制限

■原則■
市街地開発事業等予定区域内で、以下のいずれかの行為を行おうとする場合は、**都道府県知事**等の**許可**が必要

① 建築物の建築
② 土地の形質の変更
③ 工作物の建設

■例外■
以下の場合には許可が不要

① 軽易な行為
② 非常災害のために必要な応急措置として行う行為
③ 都市計画事業の施行として行う行為

ポイント
☆ 市街地開発事業等予定区域に関する都市計画には、必ず施行予定者を定める

都市計画事業にかかる制限についてまとめると、次のとおりです。

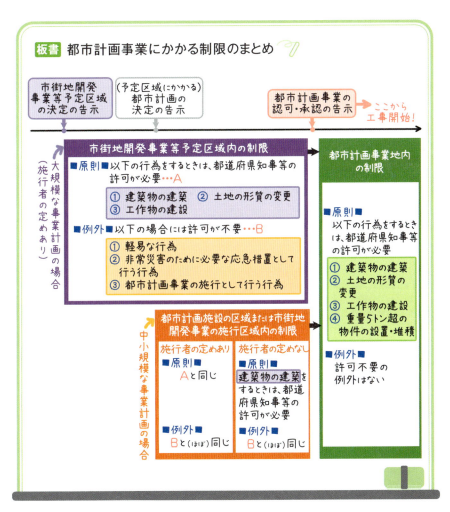

SECTION 02

建築基準法

CHAPTER 03
法令上の制限

このSECTIONで学習すること

1 建築基準法の全体像
全体像をサラッと読んでおいて

「住宅の居室には一定面積の窓が必要」など、個々の建築物が満たすべき基準

2 単体規定

集団規定は、建築物が集まって、形成している区域（都市）の環境を整えるための基準！

3 集団規定の全体像

4 集団規定❶ 道路に関する制限

建築基準法上「道路」とは、原則として幅が4m以上の道をいうが、例外もある！

5 集団規定❷ 用途制限

「この地域には病院を建ててもよい」とか「この地域にはカラオケボックスは建てちゃダメ」とか…

敷地いっぱいに建築物を建てられるわけではない！

6 集団規定❸ 建蔽率

1 建築基準法の全体像

I 建築基準法の目的

<u>建築基準法</u>は、国民の生命、健康、財産の保護を図るため、建築物の敷地、構造、設備、用途に関する最低基準を定めた法律です。

Ⅱ 建築基準法の内容

建築基準法の主な内容は下記のとおりです。

板書 建築基準法の内容

ⓐ **単体規定** … 2 で学習
　…個々の建築物に必要な基準。全国どこでも適用される
　→ たとえば 居室には窓が必要だよ、とか…

ⓑ **集団規定** … 3～10 で学習
　…秩序ある都市の形成に沿った建築物が建てられるようにするための基準。
　原則として、**都市計画**区域内&**準都市計画**区域内のみ適用される

ⓒ **建築確認** … 11 で学習
　…工事が法令等に適合しているかをチェックするシステム

ⓓ **建築協定** … 12 で学習
　…土地所有者等によって締結される契約。建築基準法よりも厳しい基準
　を定めることができる

Ⅲ 建築基準法が適用されない建築物

　国宝や重要文化財等に指定された建築物(仮指定されたものを含む)については、建築基準法は**適用されません**。

> **ひとこと**
> 　ちなみに、建築基準法の施行・改正時にすでに存在していた建築物については、建築基準法の施行・改正によって、規定に適合しない建築物となってしまった場合でも、それは違反建築物には該当しません(建築基準法に適合していないからといって壊す必要はありません)。一般的にこのような建築物を「既存不適格建築物」といいます。

2 単体規定

単体規定は、個々の建築物が満たすべき基準で、(都市計画区域内かどうかにかかわらず)全国の建築物に適用される規定です。

単体規定の主な内容は次のとおりです。

単体規定の主な内容
1. 敷地について
2. 構造について …Ⅰで学習
3. 防火・避難について …Ⅱで学習
4. 衛生について …Ⅲで学習
5. 条例による制限の付加・緩和 …このうち「災害危険区域」についてⅣで学習

ひとこと
ここでは、❷～❺のうち、試験でよく出題されるものについてみていきます。

Ⅰ 構造について

1 構造耐力

建築物は、さまざまな重さ、圧力、地震等の振動、衝撃に耐えられる、安全な構造にしなければなりません。

また、一定の大規模建築物の構造方法は、一定の基準に従った構造計算によって安全性が確認されたものでなければなりません。

2 大規模建築物の主要構造部

以下の建築物については、一定の基準に適合していなければなりません。

板書 大規模建築物の主要構造部

※ いずれも床・屋根・階段を除く一定の主要構造部の全部または一部に、木材、プラスチックその他の可燃材料を用いたものに限る

対象となる建築物※	主要構造部が適合すべき基準
① **4**階建て以上（地階を除く） ② 高さが**16**m超 ③ 倉庫・自動車車庫等で高さが**13**m超	通常火災終了時間が経過するまでの間、その火災による倒壊・延焼を防止するための一定の技術的基準に適合し、国土交通大臣が定めた構造方法を用いるもの等 ただし その周囲に一定の基準に適合した延焼防止上有効な空き地がある場合は除く
延べ面積が**3,000**㎡超の建築物	次のいずれかの基準に適合していなければならない ① 耐火構造であること ② 屋内の火災に対して、一定の耐火基準を満たしていること ③ 壁・柱・床その他の建築物の部分等のうち、一定のもので有効に区画し、かつ、各区画の床面積の合計がそれぞれ**3,000**㎡以内としていること

> **ひとこと**
> 主要構造部とは、壁、柱、床、屋根、階段、はりのことをいいます。
> このうち、壁、柱、はりについて燃えやすい素材を使っていたら、耐火構造（鉄筋コンクリート造等の燃えにくい構造）などにしてくださいね、ということです。

Ⅱ 防火・避難について

防火・避難に関する規定では、以下の点をおさえておきましょう。

板書 防火・避難について

一定の主要構造部のうち、床、屋根、階段以外の部分が木材、プラスチックその他の可燃材料で作られたもの

1 大規模な木造建築物等の外壁等

延べ面積が **1,000㎡超** の木造建築物等は…

同一敷地内に2つ以上の木造建築物等がある場合は、その延べ面積の合計

→ **外壁、軒裏**で延焼のおそれがある部分を**防火構造**とし、

一定の基準を満たす鉄鋼モルタル塗等の構造

→ **屋根**の構造を火災に関する性能について一定の技術的基準に適合するもので、国土交通大臣の認定を受けたもの等にしなければならない

2 防火壁・防火床

延べ面積が **1,000㎡超** の建築物は…

耐火建築物または準耐火建築物等を除く

→ 防火上、有効な構造の防火壁・防火床によって有効に区画し、各床面積の合計をそれぞれ **1,000㎡以下** にしなければならない

3 避雷設備

高さが **20m超** の建築物には、有効な避雷設備を設けなければならない

4 非常用の昇降機

ココみて！2-1

高さが **31m超** の建築物には、非常用の昇降機を設けなければならない

エレベーター

ひとこと

避雷設備…**20m超**、エレベーター…**31m超**は、どちらがどっちか忘れやすいです。

まずは❶「20m」「30m」をおさえ、❷高いほう（30m）はさらにプラス1m（31m）と覚えておきます。そして、「健康のためには階段を使おう。だから高いほう（31m）がエレベーター」と、こじつけておさえておきましょう。

もしくは、「低くても避雷針が必要（低いほう＝20m）」でもOK。

❓ 例題　　　　　　　　　　　　　　　　　　　　　　H25-問17エ

高さが20mを超える建築物には原則として非常用の昇降機を設けなければならない。

❌　非常用の昇降機は高さが**31m超**の建築物に設けなければならない。
なお、高さが20m超の建築物には避雷設備を設けなければならない。

ひとこと

耐火構造と防火構造、とってもよく似ていますが…。耐火構造というのは、建物の内部で火災が起きたときに、建物が燃えて倒壊したり、周囲に火が広がらないような構造をいいます。一方、防火構造というのは、建物の外部で火災が起きたときに、建物の内部に火が広がらないような構造をいいます。

Ⅲ 衛生について

居室の採光や換気等、衛生に関する規定では、以下の点をおさえておきましょう。

板書　衛生について

1　居室の採光、換気

☆ 住宅の居室、学校の教室、病院の病室などには、原則として採光のための **一定面積** の窓その他の開口部を設けなければならない

　住宅の場合…採光に有効な部分の面積＝居室の床面積× $\frac{1}{7}$ 以上

　住宅以外の場合…採光に有効な部分の面積＝居室の床面積×一定割合 以上
　　　　　　　　　　　　　　　　　　　　　　　　　　$\frac{1}{5} \sim \frac{1}{10}$

☆ 居室には、原則として換気のための**一定面積**の窓その他の開口部を設けなければならない

> 換気に有効な部分の面積＝居室の床面積×$\frac{1}{20}$ 以上

覚え方 居室は最高にいいな、換気に十分気をつけて
　　　　　　採光　$\frac{1}{7}$　　　　20分(の1)

2 石綿その他の物質の飛散・発散に対する衛生上の措置

建築物は、石綿（アスベスト）その他の物質の建築材料からの飛散・発散による衛生上の支障がないよう、**下記の基準**に適合するものでなければならない

① 建築材料に石綿等を添加しないこと
② 石綿等をあらかじめ添加した建築材料（一定のものを除く）を使用しないこと
③ 居室のある建築物では、①②のほか、石綿等以外の物質で、居室内において衛生上の支障を生ずるおそれがあるものとして政令で定める物質の区分に応じて、建築材料および換気設備について政令で定める技術的基準に適合すること

…とは？
クロルピリホス、ホルムアルデヒド

3 地階における住宅等の居室

住宅の居室、学校の教室、病院の病室などで、地階に設けるものは壁および床の防湿の措置その他の事項において衛生上必要な政令で定める技術的基準に適合するものでなければならない

4 便　所

下水道法に規定する処理区域内においては、便所は、一定の水洗便所とする

Ⅳ 災害危険区域

地方公共団体は、**条例**で、津波、高潮、出水等による危険の著しい**区域**を災害危険区域として指定することができます。また、災害危険区域内における住宅用建築物の建築の禁止等で、災害防止上必要なものは、条例で定めます。

3 集団規定の全体像

　集団規定は、原則として**都市計画区域**および**準都市計画区域内**において適用されます。

集団規定の適用範囲

■原則■

　都市計画区域および準都市計画区域内

■例外■

　都市計画区域および準都市計画区域外であっても、都道府県知事が関係市町村の意見を聴いて指定する区域内においては、**地方公共団体**は、**条例**で、一定の事項（道路に関する制限、建蔽率、容積率、建築物の高さ、斜線制限、日影規制）について、必要な制限を定めることができる

　集団規定の主な内容は次のとおりです。

集団規定の主な内容

❶　道路に関する制限 … 4 で学習

❷　用途制限 … 5 で学習

❸　建蔽率 … 6 で学習

❹　容積率 … 7 で学習

❺　高さ制限（斜線制限、日影規制）… 8 で学習

❻　低層住居専用地域等内の制限 … 9 で学習

❼　防火・準防火地域内の制限 … 10 で学習

❽　敷地面積の最低限度 … 参考編 で学習

432

4 集団規定❶ 道路に関する制限

I 建築基準法上の道路

建築基準法では、道路を次のように定義しています。

板書 建築基準法上の道路

■原則■
幅員 **4**m 以上の道路法による道路など
　↳ 火災のときなどに消防活動が
　　スムーズにできるように、一定の広さが必要
　　　↳ 雪深い地方などは4mでは足らないことも！
　　　　だから、地方の気候、風土の特殊性等により、必要と認めて
　　　　都道府県都市計画審議会の議を経て指定する区域内では
　　　　「幅員 **6**m 以上」となる！

■例外■
（ココみて! 2-2）都市計画区域・準都市計画区域の指定や条例の制定等により、集団規定が適用されることとなった時、すでに存在し、現に建築物が立ち並んでいる幅員が **4**m 未満の道で、**特定行政庁**が指定したもの
　↳「2項道路」という

ポイント

☆ 2項道路の場合、道路の**中心線から2**m下がった線が道路の境界線とみなされる
　　　　　　　　　　　　　　　↳「セットバック」という

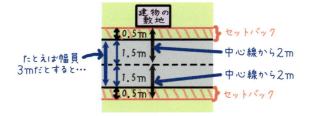

☆ 2項道路の場合で、道路の反対側が川、崖地等のときは、川・崖地等の線から **4m** 下がった線が道路の境界線とみなされる

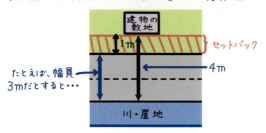

特定行政庁 とは、建築申請の確認をしたり、違反建築に対して是正命令を出すなど、建築全般を司る機関をいいます。建築主事を置く市町村では市町村長が、それ以外の市町村では都道府県知事が特定行政庁となります。
　なお、建築主事 とは、建築確認等の事務を行う公務員をいいます。政令で指定する人口25万人以上の市と都道府県については建築主事を置かなければなりませんが、それ以外の市町村は建築主事を置くかどうかは任意です。

例題　　　　　　　　　　　　　　　　　　　　　H23-問19②
建築基準法が施行された時点で現に建築物が立ち並んでいる幅員4m未満の道路は、特定行政庁の指定がなくとも建築基準法上の道路となる。

× 特定行政庁の指定がなければ2項道路とならない。

II 接道義務

　建築物の敷地は、原則として、建築基準法上の道路（幅員 **4m** 以上の道路や2項道路）に **2m** 以上接していなければなりません。

板書 接道義務

■原則■
建築物の敷地は建築基準法上の道路に**2m以上**接していなければならない

ただし 自動車専用道路等は除く

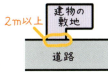

■例外■

☆ 4m以上の道に2m以上接する建築物のうち、利用者が少数であるものとして、用途および規模に関して(国土交通省令に適合するもので)、**特定行政庁**が(交通上、安全上、防火上、衛生上支障がないと)認めるものは道路に2m以上接していなくてもよい

（道路に該当するものを除き、避難および通行の安全上必要な基準を満たすものに限る）

☆ 周囲に広い空き地がある場合等で、**特定行政庁**が(交通上、安全上、防火上、衛生上支障がないと認めて)、建築審査会の同意を得て**許可**したものについては、道路に2m以上接していなくてもよい

☆ **地方公共団体**は、特殊建築物や3階以上の建築物、延べ面積が1,000㎡超の建築物、敷地が袋路状道路のみに接する延べ面積が150㎡超の建築物(一戸建て住宅を除く)などについて、**条例**で必要な接道義務の制限を**付加**することができる

← デパートなど大きい建築物

←「緩和」はできない！

? 例題　　　　　　　　　　　　　　　　H18-問21④

敷地が建築基準法第42条に規定する道路に2m以上接道していなくても、特定行政庁が交通上、安全上、防火上及び衛生上支障がないと認めて<u>利害関係者の同意</u>を得て許可した場合には、建築物を建築してもよい。

× 「利害関係者の同意」ではなく、「**建築審査会の同意**」である。

建築審査会 は、建築物の審査請求の裁決や特定行政庁が例外的な許可をする際の同意等を行う機関です。

Ⅲ 道路内の建築制限

道路内には、原則として建築物や敷地を造成するための擁壁を建築することはできません。

板書 道路内の建築制限

■原則■
道路内に、建築物や敷地を造成するための擁壁を建築してはならない

■例外■
以下の建築物について、道路内に建築することができる

① 地盤面下に設ける建築物(地下商店街など)
② 公衆便所、巡査派出所など公益上必要な建築物で、特定行政庁が通行上支障がないと認めて建築審査会の同意を得て許可したもの
③ 公共用歩廊(アーケード街)などで、特定行政庁があらかじめ建築審査会の同意を得て、安全上、防火上、衛生上他の建築物の利便を妨げ、その他周囲の環境を害するおそれがないと認めて許可したもの　など

Ⅳ 壁面線の建築制限

特定行政庁は、必要があると認める場合には、建築審査会の同意を得て、壁面線を指定することができます。

壁面線とは、建物の並びをそろえるための線をいいます。

壁面線が指定されたときは、建築物の壁や柱等は(一定のものを除いて)壁面線を超えて建築することはできなくなります。

5 集団規定❷　用途制限

Ⅰ 用途制限とは

　SECTION01で学習したように、市街化区域には必ず用途地域(住居系・商業系・工業系)が定められます。そして、建築基準法ではそれぞれの用途地域に「この地域には病院を建築してもいい」とか「この地域には工場を建築してはダメ」といった、建築物の制限を設けています。

　なお、神社・寺院・教会、保育所・診療所・公衆浴場、巡査派出所・公衆電話所などは全部の用途地域で建築することができます。

ひとこと
　次のページの表が用途地域別の用途制限となります。試験では頻出の内容ですが、全部覚えるのは難しいですし、成果が労力に見合わないので、問題集を解いていて、出てきたところを中心にチェックすればいいかと思います。
　また、用途制限によって建築することができない建築物であっても、一定の要件を満たして特定行政庁が許可(特例許可)した場合には、建築することができます。

【用途地域内の用途制限】

●…建築できる　✕…原則建築できない

ココみて！2-4

建築物の用途	第一種低層住居専用	第二種低層住居専用	田園住居	第一種中高層住居専用	第二種中高層住居専用	第一種住居	第二種住居	準住居	近隣商業	商業	準工業	工業	工業専用
全部 神社、寺院、教会／保育所、診療所、公衆浴場／巡査派出所、公衆電話所	●	●	●	●	●	●	●	●	●	●	●	●	●
住宅 住宅、共同住宅、寄宿舎、下宿	●	●	●	●	●	●	●	●	●	●	●	●	✕
兼用住宅で、非住宅部分の床面積が、50㎡以下かつ建築物の延べ面積の2分の1未満のもの	●	●	●	●	●	●	●	●	●	●	●	●	✕
教育 幼稚園、小学校、中学校、高等学校	●	●	●	●	●	●	●	●	●	●	●	✕	✕
大学、高等専門学校、専修学校	✕	✕	✕	●	●	●	●	●	●	●	●	✕	✕
図書館	●	●	●	●	●	●	●	●	●	●	●	●	✕
自動車教習所	✕	✕	✕	✕	✕	▲1	●	●	●	●	●	●	●
医療 病院	✕	✕	✕	●	●	●	●	●	●	●	●	✕	✕
老人ホーム、福祉ホーム	●	●	●	●	●	●	●	●	●	●	●	●	✕
店舗・飲食店 一定の店舗・飲食店①（150㎡以下）	✕	2F	2F	2F	2F	●	●	●	●	●	●	●	※1
一定の店舗・飲食店②（150㎡超500㎡以下）	✕	✕	■1	2F	2F	●	●	●	●	●	●	●	※1
一定の店舗・飲食店③（500㎡超1,500㎡以下）	✕	✕	✕	✕	2F	●	●	●	●	●	●	●	※1
一定の店舗・飲食店④（1,500㎡超3,000㎡以下）	✕	✕	✕	✕	✕	●	●	●	●	●	●	●	※1
一定の店舗・飲食店⑤（3,000㎡超）	✕	✕	✕	✕	✕	✕	●	●	●	●	●	●	※1
一定の店舗・飲食店⑥（10,000㎡超）	✕	✕	✕	✕	✕	✕	✕	✕	●	●	●	●	✕
事務所 事務所①（1,500㎡以下）	✕	✕	✕	✕	2F	●	●	●	●	●	●	●	●
事務所②（1,500㎡超3,000㎡以下）	✕	✕	✕	✕	✕	●	●	●	●	●	●	●	●
事務所③（3,000㎡超）	✕	✕	✕	✕	✕	✕	●	●	●	●	●	●	●

▲1…3,000㎡以下

2F…2階以下
※1…物品販売店舗、飲食店を除く
■1…農産物直売所、農家レストラン等のみ。2階以下

2F…2階以下

建築物の用途 \ 用途地域	住居系								商業系		工業系		
	第一種低層住居専用	第二種低層住居専用	田園住居	第一種中高層住居専用	第二種中高層住居専用	第一種住居	第二種住居	準住居	近隣商業	商業	準工業	工業	工業専用
ホテル・旅館	×	×	×	×	×	▲1	●	●	●	●	●	×	×

▲1…3,000㎡以下

建築物の用途	第一種低層住居専用	第二種低層住居専用	田園住居	第一種中高層住居専用	第二種中高層住居専用	第一種住居	第二種住居	準住居	近隣商業	商業	準工業	工業	工業専用
レジャー・娯楽：ボーリング場、スケート場	×	×	×	×	×	▲1	●	●	●	●	●	●	×
カラオケボックス、ダンスホール	×	×	×	×	×	▲2	▲2	●	●	●	●	▲2	▲2
麻雀屋、ぱちんこ屋	×	×	×	×	×	▲2	▲2	●	●	●	●	▲2	×
劇場、映画館、演芸場、観覧場、ナイトクラブ	×	×	×	×	×	×	▲3	●	●	●	●	×	×
キャバレー、料理店	×	×	×	×	×	×	×	×	●	●	●	×	×

▲1…3,000㎡以下　▲2…10,000㎡以下
▲3…客席200㎡未満

建築物の用途	第一種低層住居専用	第二種低層住居専用	田園住居	第一種中高層住居専用	第二種中高層住居専用	第一種住居	第二種住居	準住居	近隣商業	商業	準工業	工業	工業専用
自動車関連：単独車庫（付属車庫を除く）	×	×	×	※3	※3	※3	※3	●	●	●	●	●	●
自動車修理工場	×	×	×	×	×	×	◎1	◎1	◎2	◎3	◎3	●	●

※3…300㎡以下かつ2階以下
（または都市計画として決定されたもの）
作業場の床面積
◎1…50㎡以下、◎2…150㎡以下、◎3…300㎡以下
原動機の制限あり

建築物の用途	第一種低層住居専用	第二種低層住居専用	田園住居	第一種中高層住居専用	第二種中高層住居専用	第一種住居	第二種住居	準住居	近隣商業	商業	準工業	工業	工業専用
工場・倉庫：倉庫業倉庫	×	×	×	×	×	×	×	×	●	●	●	●	●
自家用倉庫	×	×	■2	×	※4	▲1	●	●	●	●	●	●	●
危険性や環境を悪化させるおそれが非常に少ない工場	×	×	■3	×	×	◎1	◎1	◎1	◎2	◎2	●	●	●
危険性や環境を悪化させるおそれが少ない工場	×	×	×	×	×	×	×	×	◎2	◎2	●	●	●
危険性や環境を悪化させるおそれがやや多い工場	×	×	×	×	×	×	×	×	×	×	●	●	●
危険性が大きいかまたは著しく環境を悪化させるおそれがある工場	×	×	×	×	×	×	×	×	×	×	×	●	●

■2…農産物および農業の生産資材を貯蔵するものに限る
※4…2階以下かつ1,500㎡以下
▲1…3,000㎡以下
◎1…作業場の床面積50㎡以下*
◎2…作業場の床面積150㎡以下*
■3…農産物を生産、集荷、処理および貯蔵するものに限る*
＊…著しい騒音を発生するものを除く

例題　　　　　　　　　　　　　　　　　　　　　R1-問18②
工業地域内においては、幼保連携型認定こども園を建築することができる。

○　幼保連携型認定こども園は、「保育所」と同じ扱いをするので、すべての地域に建築することができる。

例題　　　　　　　　　　　　　　　　　　　　　H20-問21②
第一種住居地域において、カラオケボックスで当該用途に供する部分の床面積が500㎡であるものは建築することができる。

×　第一種住居地域にはカラオケボックスは建築することができない。

Ⅱ　建築物の敷地が2つの用途地域にまたがる場合

建築物の敷地が2つの用途地域にまたがる場合は、**広**いほう（敷地の**過半**が属するほう）の用途制限が適用されます。

6　集団規定❸　建蔽率（ぺい）

Ⅰ　建蔽率とは

建蔽率とは、敷地面積に対する建築面積の割合をいいます。

$$建蔽率 = \frac{建築面積}{敷地面積}$$

Ⅱ　建蔽率の最高限度（指定建蔽率）

建蔽率の最高限度は、次のように決められています。

地域・区域	建蔽率の最高限度
第一種低層住居専用地域 第二種低層住居専用地域 第一種中高層住居専用地域 第二種中高層住居専用地域 田園住居地域 工業専用地域	$\frac{3}{10}$、$\frac{4}{10}$、$\frac{5}{10}$、$\frac{6}{10}$ のうち都市計画で定めたもの
第一種住居地域 第二種住居地域 準住居地域 準工業地域	$\frac{5}{10}$、$\frac{6}{10}$、$\frac{8}{10}$ のうち都市計画で定めたもの
近隣商業地域	$\frac{6}{10}$、$\frac{8}{10}$ のうち都市計画で定めたもの
商業地域	$\frac{8}{10}$
工業地域	$\frac{5}{10}$、$\frac{6}{10}$ のうち都市計画で定めたもの
用途地域の指定のない区域	$\frac{3}{10}$、$\frac{4}{10}$、$\frac{5}{10}$、$\frac{6}{10}$、$\frac{7}{10}$ のうち特定行政庁が都道府県都市計画審議会の議を経て定めるもの

Ⅲ 建蔽率の適用除外

次の建築物については、建蔽率の制限は適用されません。

板書 建蔽率の適用除外

- 建蔽率の最高限度が $\frac{8}{10}$ とされている地域内でかつ**防火**地域内にある**耐火**建築物等
- 巡査派出所、公衆便所、公共用歩廊など
- 公園、広場、道路、川などの内にある建築物で、特定行政庁が安全上、防火上、衛生上支障がないと認めて建築審査会の同意を得て許可したもの

→これらについては、建蔽率100％で建築することができる！

Ⅳ 建蔽率の緩和①

次の建築物については、建蔽率の制限が緩和されます。

板書 建蔽率の緩和①

①防火地域・準防火地域内の緩和

ⓐ 建蔽率の最高限度が $\frac{8}{10}$ とされている地域**外**で、かつ**防火**地域内にある**耐火**建築物等

ⓑ 準防火地域内にある建築物で、
耐火建築物等
または
準耐火建築物等

→ **ⓐ ⓑ** どちらかを満たせば $+\frac{1}{10}$

②角地等の緩和

街区内の角地等のうち、特定行政庁が指定したものの内にある建築物

→ $+\frac{1}{10}$

ポイント

☆ **①** と **②** の両方を満たす場合には $+\frac{2}{10}$ となる！

☆ 建築物の敷地が<u>防火地域の内外にわたる</u>場合で、建物が<u>耐火建築物等</u>であるときは、その敷地はすべて**防火地域**としてみなされる
→ **①ⓐ** や「建蔽率の適用除外」の適用あり

☆ 建物の敷地が<u>準防火地域</u>と<u>防火・準防火地域以外</u>の区域にわたる場合で、建物が<u>耐火建築物等・準耐火建築物等</u>であるときは、その敷地はすべて**準防火**地域としてみなされる → **①ⓑ** の適用あり

☆ 耐火建築物等・準耐火建築物等の「等」は、その建築物と<u>同等以上の延焼防止性能を有する建築物</u>をいう

ひとこと

たとえば、建蔽率の最高限度が$\frac{6}{10}$の地域で、①を満たした場合は、建蔽率の最高限度は$\frac{7}{10}$となります。

V 建蔽率の緩和②

次の建築物についても、建蔽率の制限が緩和されます

板書 建蔽率の緩和②

① 一定の建築物 で、②特定行政庁が安全上・防火上・衛生上支障がないと認めて(あらかじめ建築審査会の同意を得て)許可したものの建蔽率はその許可の範囲内において、建蔽率の限度を超えることができる

主なもの
- ☆ 隣地境界線から後退して壁面線の指定がある場合、その壁面線の限度を超えない建築物※
- ☆ 特定行政庁が街区における避難上、消火上必要な機能の確保を図るため必要と認めて前面道路の境界線から後退して壁面線を指定した場合、その壁面線を超えない建築物※

※ ひさしなど一定のものは壁面線を超えてもよい

 ひとこと

なお、Ⅲの建蔽率の適用除外に該当する場合には、そちらが優先します。

VI 建蔽率の異なる地域にまたがって敷地がある場合

建蔽率の異なる地域にまたがって建築物の敷地がある場合は、建蔽率は**加重平均**で計算します。

板書 建蔽率の異なる地域にまたがって敷地がある場合

商業地域（指定建蔽率80%）と準住居地域（指定建蔽率60%）にまたがって建物を建てたい場合は…

商業地域	準住居地域
敷地面積:160㎡	敷地面積:40㎡
指定建蔽率:80%	指定建蔽率:60%

■建蔽率の計算■

$$80\% \times \frac{160㎡}{200㎡} + 60\% \times \frac{40㎡}{200㎡} = 76\%$$ ←加重平均で求める!

■最大建築面積■

$$200㎡ \times 76\% = 152㎡$$ ← ちなみに
160㎡×80%+40㎡×60%=152㎡
で計算しても同じ

---

7 集団規定❹ 容積率

I 容積率とは

容積率とは、敷地面積に対する建築物の延べ面積の割合をいいます。

$$容積率 = \frac{延べ面積（各階の面積の合計）}{敷地面積}$$

II 容積率の最高限度（指定容積率）

容積率の最高限度は、次のように決められています。

地域・区域	容積率の最高限度
第一種低層住居専用地域 第二種低層住居専用地域 田園住居地域	$\frac{5}{10}$、$\frac{6}{10}$、$\frac{8}{10}$、$\frac{10}{10}$、$\frac{15}{10}$、$\frac{20}{10}$ のうち都市計画で定めたもの
第一種中高層住居専用地域 第二種中高層住居専用地域 第一種住居地域 第二種住居地域 ⎫ 準住居地域 ⎬ ★1 近隣商業地域 ⎭ 準工業地域	$\frac{10}{10}$、$\frac{15}{10}$、$\frac{20}{10}$、$\frac{30}{10}$、$\frac{40}{10}$、$\frac{50}{10}$ のうち都市計画で定めたもの …★2
商業地域	$\frac{20}{10}$、$\frac{30}{10}$、$\frac{40}{10}$、$\frac{50}{10}$、$\frac{60}{10}$、$\frac{70}{10}$、$\frac{80}{10}$、$\frac{90}{10}$、$\frac{100}{10}$、$\frac{110}{10}$、$\frac{120}{10}$、$\frac{130}{10}$ のうち都市計画で定めたもの
工業地域 工業専用地域	$\frac{10}{10}$、$\frac{15}{10}$、$\frac{20}{10}$、$\frac{30}{10}$、$\frac{40}{10}$ のうち都市計画で定めたもの
高層住居誘導地区内の建築物で、その住宅の用途に供する部分の床面積の合計がその延べ面積の3分の2以上であるもの	当該建築物がある★1に関する都市計画において定められた★2に定める数値から、その1.5倍以下で当該建築物の住宅の用途に供する部分の床面積の合計の延べ面積に対する割合に応じて政令で定める方法により算出した数値までの範囲内で、当該高層住居誘導地区に関する都市計画において定められたもの
居住環境向上用途誘導地区内の建築物で、その全部または一部を当該居住環境向上用途誘導地区に関する都市計画において定められた誘導すべき用途に供するもの	当該居住環境向上用途誘導地区に関する都市計画において定められた数値
特定用途誘導地区内の建築物であって、その全部または一部を当該特定用途誘導地区に関する都市計画において定められた誘導すべき用途に供するもの	当該特定用途誘導地区に関する都市計画において定められた数値
用途地域の指定のない区域	$\frac{5}{10}$、$\frac{8}{10}$、$\frac{10}{10}$、$\frac{20}{10}$、$\frac{30}{10}$、$\frac{40}{10}$ のうち特定行政庁が都道府県都市計画審議会の議を経て定めるもの

445

Ⅲ 前面道路の幅員による容積率の制限

前面道路の幅員が **12m未満** の場合は、容積率に制限があります。

前面道路の幅員が12m以上の場合には、指定容積率が用いられます。

板書 前面道路の幅員による容積率の制限①

前面道路の幅員が **12m** 以上の場合の容積率
→ 指定容積率

前面道路の幅員が **12m** 未満の場合の容積率
→ 次のうち、**小さい** ほう
　① 指定容積率
　② 前面道路の幅員 × **法定乗数**
　　　→ 一般的に住居系は $\frac{4}{10}$、それ以外は $\frac{6}{10}$
　　　　（詳細は下記）

法定乗数 は、次のとおりです。

地域・区域	法定乗数
第一種低層住居専用地域 第二種低層住居専用地域 田園住居地域	$\frac{4}{10}$
第一種中高層住居専用地域 第二種中高層住居専用地域 第一種住居地域 第二種住居地域 準住居地域	$\frac{4}{10}$ （特定行政庁が都道府県都市計画審議会の議を経て指定する区域内は $\frac{6}{10}$）
上記以外	$\frac{6}{10}$ （特定行政庁が都道府県都市計画審議会の議を経て指定する区域内は $\frac{4}{10}$ または $\frac{8}{10}$）

なお、建築物の敷地面積が2つ以上の道路に面している場合には、最も幅員の**広**い道路が前面道路となります。

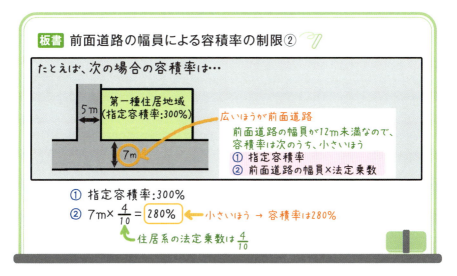

Ⅳ 容積率の特例

容積率の計算において、一定の場合には、建築物の一部の床面積を延べ面積に算入しないとする特例があります。

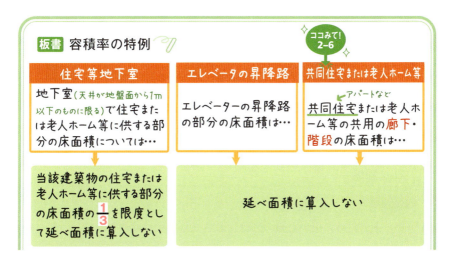

> **周囲に広い空き地あり**
> 周囲に広い公園等がある建築物で、特定行政庁が（交通上、安全上、防火上、衛生上支障がないと認めて）建築審査会の同意を得て許可したものは…
>
> → その許可の範囲内で容積率の限度が緩和される

例題 H20-問20③

容積率を算定する上では、共同住宅の共用の廊下及び階段部分は、当該共同住宅の延べ面積の3分の1を限度として、当該共同住宅の延べ面積に算入しない。

✗ 共同住宅の共用の廊下及び階段部分は、**容積率を算定するさいの延べ面積に算入しない**。「3分の1を限度として算入しない」のは、住宅等地下室の場合である。

V 容積率の異なる地域にまたがって敷地がある場合

容積率の異なる地域にまたがって建築物の敷地がある場合は、容積率は**加重平均**で計算します。

ひとこと
加重平均の計算の仕方は建蔽率の場合と同様です。

8　集団規定❺　高さ制限（斜線制限、日影規制）

I 斜線制限

斜線制限とは、建築物の高さの制限の一つで、建築物の高さは道路の境界線等から上方斜めに引いた線の内側におさまらなければならないというもの

です。

　斜線制限には、**道路斜線制限**、**隣地斜線制限**、**北側斜線制限**の3つがあります。

板書 斜線制限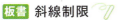

1 道路斜線制限…道路および道路上空の空間を確保するための制限

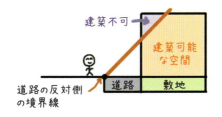

2 隣地斜線制限…高い建物間の空間を確保するための制限

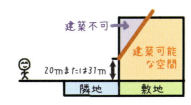

3 北側斜線制限…住宅地における日当たりを確保するための制限

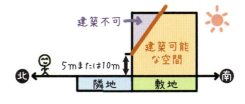

各斜線制限が適用される区域は次のとおりです。

すべての区域で適用

高い建物間の空間を確保するためのもの
→ 低層住居、田園住居地域には適用なし

住宅地における日当たりを確保するための制限

●…適用あり　✕…適用なし

	道路斜線制限	隣地斜線制限	北側斜線制限
第一種低層住居専用地域	●	✕	●
第二種低層住居専用地域	●	✕	●
田園住居地域	●	✕	●
第一種中高層住居専用地域	●	●	●※
第二種中高層住居専用地域	●	●	●※
第一種住居地域	●	●	✕
第二種住居地域	●	●	✕
準住居地域	●	●	✕
近隣商業地域	●	●	✕
商業地域	●	●	✕
準工業地域	●	●	✕
工業地域	●	●	✕
工業専用地域	●	●	✕
用途地域の指定のない区域	●	●	✕

※…日影規制を受けるものを除く

Ⅱ 日影規制

日影規制とは、建築物の高さの制限の一つで、北側（隣地の南側）の敷地の日当たりを確保するための制限です。

具体的には、冬至日の真太陽時（太陽の南中時を基準として決めた時刻）の午前8時から午後4時まで（北海道は午前9時から午後3時まで）の間において、敷地外（お隣さんの敷地など）の一定範囲に一定時間以上の日影を生じさせてはならない、という規制です。

1 対象区域と対象建築物

以下の区域内にある対象建築物には、日影規制が適用されます。

	対象建築物
第一種低層住居専用地域	Ⓐ ・軒の高さが**7**mを超える建築物 または ・地階を除く階数が**3**以上の建築物
第二種低層住居専用地域	
田園住居地域	
第一種中高層住居専用地域	Ⓑ 高さが**10**mを超える建築物
第二種中高層住居専用地域	
第一種住居地域	
第二種住居地域	
準住居地域	
近隣商業地域	
商業地域	日影規制なし
準工業地域	Ⓑ と同じ
工業地域	日影規制なし
工業専用地域	日影規制なし
用途地域の指定のない区域	Ⓐ、Ⓑ のうち、地方公共団体が条例で定めるもの

> **ひとこと**
> 商業地域・工業地域・工業専用地域は、日影規制の適用はありません。
>
> | 覚え方 | 商業 高校には日影がない！ |
> |---|---|
> | | 商業地域　工業地域　工業専用地域 |

2 日影規制対象外にある建築物について

　日影規制の対象区域外にある建築物でも、高さが **10m** を超え、冬至日において、対象区域内に日影を生じさせるものには、日影規制が適用されます。

9　集団規定❻　低層住居専用地域等内の制限

　第一種・第二種低層住居専用地域、田園住居地域のみに適用される規制には、次のようなものがあります。

> **ひとこと**
> 第一種・第二種低層住居専用地域、田園住居地域は、よりよい住環境が求められるので、特別な規制があるのです。

【板書】低層住居専用地域等内の制限

絶対高さの制限

■原則■
この地域内では、建築物の高さは、**10m** または **12m** のうち、都市計画で定めた高さを超えてはならない

■例外■
① 周囲に広い公園等がある建築物で、低層住宅に係る良好な住居の環境を害するおそれがないと特定行政庁が認めて許可したもの
② 学校等、その用途によってやむを得ないと特定行政庁が認めて許可したもの

外壁の後退距離の限度

☆ この地域内では、建築物の外壁から敷地境界線までの距離(外壁の後退距離)は<u>都市計画で定めた限度以上でなければならない</u>

　→外壁の後退距離は必ず定められるものではなく、必要があれば定められるもの

☆ 都市計画において<u>外壁の後退距離を定めるときは、その限度は**1.5m**または**1m**とする</u>

10 集団規定❼　防火・準防火地域内の制限

I 防火地域と準防火地域

建築物が密集している地域では、火災の延焼が発生しやすくなります。そのため、このような地域を **防火地域** または **準防火地域** に指定し、建築物の構造に一定の制限を設けています。

> **ひとこと**
>
> 特に何も指定されていない地域を **無指定地域** といいます。
> 規制が厳しい順番に並べると、**防火**地域→**準防火**地域→**無指定**地域 となります。

II 防火地域・準防火地域内の制限

防火地域・準防火地域内の制限をまとめると、次のとおりです。

板書 防火地域・準防火地域内の制限

建築物

建築物は、階数または延べ床面積によって、原則として次の建築物※1※2※3にしなければならない

規模 階数	防火地域 100㎡以下	防火地域 100㎡超	準防火地域 500㎡以下	準防火地域 500㎡超 1,500㎡以下	準防火地域 1,500㎡超
4階建て以上	耐火建築物	耐火建築物	耐火建築物	耐火建築物	耐火建築物
3階建て	耐火建築物	耐火建築物	準耐火建築物	準耐火建築物	耐火建築物
2階建て	準耐火建築物	耐火建築物	防火構造の建築物※4	準耐火建築物	耐火建築物
平屋建て	準耐火建築物	耐火建築物	防火構造の建築物※4	準耐火建築物	耐火建築物

※1 本表中の建築物には、いずれも同等以上の延焼防止性能が確保された建築物を含む
※2 準防火地域の建築物は地階を除く階数
※3 門・塀で高さ2m以下のもの、準防火地域内の木造建築物以外の建築物に附属するものを除く
※4 木造建築物以外の場合は一定の防火設備を設けた建築物

門または塀

門または塀は、高さ2mを基準にして、附属する建築物により次のようにしなければならない

	防火地域 木造建築物等	防火地域 左記以外	準防火地域 木造建築物等	準防火地域 左記以外
高さ2m超	延焼防止上支障のない構造	延焼防止上支障のない構造	延焼防止上支障のない構造	
高さ2m以下	制限なし	制限なし	制限なし	制限なし

Ⅲ 看板等の防火措置

防火地域内にある**看板**、**広告塔**、装飾塔等で一定のものは、その主要部分を**不燃**材料で造り、または覆わなければなりません。

一定のものとは、以下の①②です。

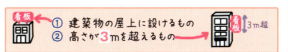

① 建築物の屋上に設けるもの
② 高さが3mを超えるもの

また、試験では、「不燃材料」を「難燃材料」として出題していることがある（誤りの肢）ので、しっかり問題文を確認しましょう。

❓ 例題 ──────────────── H23－問18②改

防火地域内においては、3階建て、延べ面積が200㎡の住宅は耐火建築物、準耐火建築物又はこれらと同等以上の延焼防止性能が確保された建築物としなければならない。

✕ 防火地域内においては、「**3階建て以上**」または「**延べ面積が100㎡超**」の建築物は**耐火建築物**（またはこれと同等以上の延焼防止性能が確保された建築物）にしなければならない。

Ⅳ 防火地域と準防火地域に共通する制限等

防火地域と準防火地域に共通する制限等をまとめると、次のとおりです。

防火地域と準防火地域に共通する制限等

屋　　根	防火地域内または準防火地域内の建築物の屋根の構造は、一定の技術的基準に適合するものでなければならない
外壁の開口部の防火措置	防火地域内または準防火地域内にある建築物は、その外壁の開口部で延焼のおそれがある部分に、防火戸その他の防火設備を設けなければならない
外　　壁	防火地域内または準防火地域内にある建築物で、外壁が**耐火構造**のものは、その外壁を隣地境界線に接して設けることができる →民法では建物を築造する場合には、境界から50cm以上離さなければならないが、外壁が耐火構造である場合には境界に接して設けることができる！

Ⅴ 建築物が複数の地域にまたがる場合

建築物が複数の地域にまたがる場合は、原則として、建築物の全部に対して**最も厳しい規定**が適用されます。

板書 建築物が複数の地域にまたがる場合

1 建築物が防火地域と無指定地域にまたがる場合

■原則■
建築物の全部について、**防火**地域の規定が適用される
　　　　　　　　　　厳しいほう

■例外■
建築物が防火地域外において、防火壁で区画されている場合は、その防火壁外の部分は防火地域の規定は適用されない

2 建築物が準防火地域と無指定地域にまたがる場合

■原則■
建築物の全部について、**準防火**地域の規定が適用される
　　　　　　　　　　　厳しいほう

■例外■
建築物が準防火地域外において、防火壁で区画されている場合は、その防火壁外の部分は準防火地域の規定は適用されない

3 建築物が防火地域と準防火地域にまたがる場合

■原則■
建築物の全部について、**防火**地域の規定が適用される
　　　　　　　　　　↑厳しいほう

■例外■
建築物が防火地域外において、防火壁で区画されている場合は、その防火壁外の部分は準防火地域の規定が適用される

---

11 建築確認

I 建築確認とは

　建築主は、建築物の工事前に、その建築物が法律に適合しているものかどうかのチェックを受けなければなりません。このチェックを **建築確認** といいます。

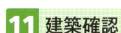
建築主とは、以下の者をいいます。
❶ 建築物に関する工事の請負契約を注文した者
❷ 請負契約によらないで、自ら工事をする者
要するに、「建築物を建てたいな〜、と思っている人」のことです。

II 建築確認が必要な建築物

　建築確認が必要となる建築物は次のとおりです。

457

板書 建築確認が必要となる建築物 🖋

適用区域	建築物の種類等	工事の種類		
		建築		大規模の・修繕・模様替え
		新築	増築改築移転	
全国	① 特殊建築物で、その用途部分の床面積が**200㎡**超のもの ★1 ★2	○	○ ★3 ★4	○
	② 木造建築物で次のいずれかに該当するもの ・地階を含む階数が**3**以上 ・延べ面積が**500㎡**超 ・高さが**13**m超 ・軒の高さが**9**m超	○	○ ★3 ★4	○
	③ 木造以外の建築物で次のいずれかに該当するもの(木造以外の大規模建築物) ・地階を含む階数が**2**以上 ・延べ面積が**200㎡**超	○	○ ★3 ★4	○
一定の区域	④ 上記①～③以外の建築物	○	○ ★4	✕

・都市計画区域
・準都市計画区域
・準景観地区
・知事指定区域

覚え方 とっくに サンゴのとうさん、くにに帰った
- ① 特殊建築物 200㎡超
- ② 3階以上 500㎡超 13m超
- ③ 9m超 2階以上 200㎡超
- ☆ 階数のみ「以上」、それ以外は「超」

ポイント

★1 **特殊建築物**とは、劇場・映画館、病院、ホテル・旅館、共同住宅、学校、図書館、百貨店、飲食店などをいう ➡ **つまり** 不特定多数の人が集まる場所

★2 建築物の用途を変更して、①の建築物(特殊建築物&200㎡超)にする場合は建築確認が必要 ➡ **ただし!**
一定の類似の用途相互間への変更の場合は、建築確認は不要 ➡ **たとえば** 劇場から映画館への変更や、旅館からホテルへの変更など

★3 「増築」の場合は、増築後に①～③に該当すれば建築確認が必要
★4 防火地域および準防火地域**外**で、建築物を増築・改築・移転しようとする場合、その増築・改築・移転の床面積合計が**10㎡**以下であれば、建築確認は不要

ということは… 防火地域および準防火地域**内**の場合は、床面積が10㎡以下であっても、建築確認が必要

ひとこと

一定の区域 では、大規模建築物以外の建築物でも「建築」の場合には、建築確認が必要です。したがって、試験では、「都市計画区域(または準都市計画区域)」で「新築」や「建築」ときたら、「建築確認が必要」と答えましょう。

? 例題
H21－問18ア

準都市計画区域(都道府県知事が都道府県都市計画審議会の意見を聴いて指定する区域を除く。)内に建築する木造の建築物で、2の階数を有するものは、建築確認は必要としない。

× 準都市計画区域では、特殊建築物や大規模建築物以外の建築物についても、「建築」の場合は建築確認が必要となる。

Ⅲ 構造計算適合性判定

建築主は、確認の申請に係る建築物の計画が特定構造計算基準等に適合するかどうかの確認審査を要するときは、原則として、**都道府県知事の構造計算適合性判定**を受けなければなりません。

ただし、当該建築物の計画が特定構造計算基準等(確認審査が比較的容易にできるものに限ります)に適合するかどうかを、一定の構造計算に関する高度の専門的知識および技術を有する建築主事が確認審査をする場合には、都道府県知事の構造計算適合性判定を受ける必要はありません。

Ⅳ 建築確認の手続

建築確認は、 建築主事 のほか、 指定確認検査機関 も行うことができます。

建築主事………建築確認や工事の完了検査を行う公務員
指定確認検査機関…国土交通大臣等の指定を受けた機関
　なお、建築主事や指定確認検査機関は、申請に係る建築物の計画が構造計算適合性判定を要するものであるときは、建築主から適合性判定通知書（またはその写し）の提出を受けた場合に限って、建築確認をすることができます。

建築主事が行う場合の建築確認の手続は、次のとおりです。

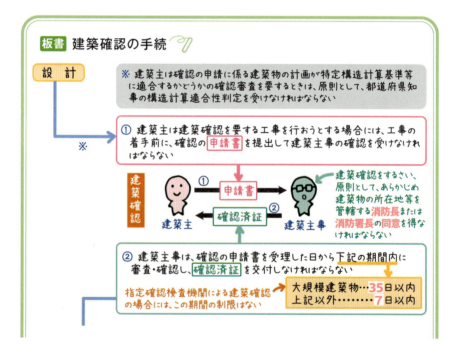

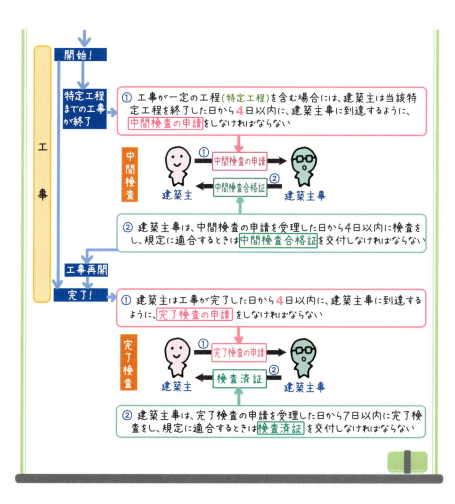

Ⅴ 建築物を使用開始できる時期

特殊建築物、大規模建築物(P458 板書 建築確認が必要となる建築物の①～③)の新築その他一定の工事の場合については、原則として **検査済証の交付後** でなければ使用することができませんが、例外として検査済証の交付前でも仮使用することができる場合があります。

板書 建築物を使用開始できる時期

適用区域		建築物の種類等	使用開始時期
全国	①	特殊建築物で、その用途部分の床面積が200㎡超のもの	■**原則**■ 検査済証の交付後 ■**例外(仮使用)**■ ☆ **特定行政庁**が安全上、防火上、避難上支障がないと認めたとき ☆ 建築主事または指定確認検査機関が、安全上、防火上、避難上支障がないものとして国土交通大臣が定める基準に適合していることを認めたとき ☆ 完了検査の申請が受理された日（指定確認検査機関が検査の引受けをした場合、工事が完了した日または引受けを行った日のいずれか遅い日）から**7日**を経過したとき
	②	木造建築物で次のいずれかに該当するもの ・地階を含む階数が**3**以上 ・延べ面積が**500㎡**超 ・高さが**13m**超 ・軒の高さが**9m**超	
	③	木造以外の建築物で次のいずれかに該当するもの（木造以外の大規模建築物） ・地階を含む階数が**2**以上 ・延べ面積が**200㎡**超	
一定の区域	④	上記①～③以外の建築物	いつからでも使用可能

12 建築協定

建築協定とは、住民全員で自主的に決めた、建築物の敷地、位置、構造、用途、形態、意匠、建築設備に関するルールをいいます。

ひとこと

「建物は木造に限る」とか「外壁には原色は使わない」とか「この区域には店舗は建てない」などです。

建築協定のポイントは次のとおりです。

板書 建築協定のポイント 🖊

建築協定を締結することができる区域
市町村が条例で定めた一定区域内

建築協定を締結できる者
土地の所有者、借地権を有する者 ➡ 土地の所有者等

建築協定の締結手続
土地の所有者等の**全員**の合意によって、建築協定書を作成し、これを
特定行政庁に提出して、その**認可**を受ける

建築協定の変更と廃止
① 建築協定を変更するときは、
　　土地の所有者等の**全員**の合意 & 特定行政庁の認可 が必要

② 建築協定を廃止するときは、
　　土地の所有者等の**過半数**の合意 & 特定行政庁の認可 が必要

ポイント
☆ 建築協定の効力は、認可の公告があった日以後に土地の所有者
　 等になった者**にも及ぶ**

SECTION 03 国土利用計画法

CHAPTER 03
法令上の制限

このSECTIONで学習すること

1 国土利用計画法の全体像
許可制と届出制があるけど、重要なのは届出制（事後届出制）！

許可・届出が必要となる「土地売買等の契約」とは？

2 土地売買等の契約とは

国等と契約する場合や一定の面積未満の場合には、許可・届出が不要となる！

3 許可・届出が不要な場合

4 事後届出の手続等

事後届出の審査対象は「土地の利用目的」

5 事前届出の手続等

事前届出の審査対象は「土地の利用目的」と「予定対価の額」

必要な許可・届出をしなかったら罰せられるけど、勧告を無視しても処罰はない！

6 罰則

464

1 国土利用計画法の全体像

Ⅰ 国土利用計画法の目的

国土利用計画法は、地価の高騰を抑制して、土地の有効利用を図ることを目的とした法律です。

Ⅱ 許可制と届出制

国土利用計画法では、土地売買等の契約を締結するさいには、許可または届出（事前届出または事後届出）を必要としています。

1 許可制

規制区域にある土地について、売買等の契約を締結しようとする場合には、**都道府県知事**の**許可**が必要です。

2 届出制

規制区域以外の区域にある土地について、売買等の契約を締結する場合には、**都道府県知事**に**届出**が必要です。

なお、**監視区域**と**注視区域**にある土地について、売買等の契約を締結する場合には、土地取引契約の締結**前**に届出が必要です（**事前届出制**）。

また、監視区域と注視区域以外の、なんの指定も受けていない区域（**無指定区域**）では、土地取引契約の締結日から**2週間以内**に**都道府県知事**に**届出**をしなければなりません（**事後届出制**）。

465

2 土地売買等の契約とは

　許可または届出が必要となる「土地売買等の契約」とは、次の3つの要件を満たした取引をいいます。

板書 土地売買等の契約とは

要件1
土地に関する権利の移転または設定であること【権利性】

☆「土地に関する権利」とは、所有権、地上権、賃借権およびこれらの権利の取得を目的とする権利をいう
　ということは… 地役権、永小作権、抵当権の移転・設定については許可・届出は不要

要件2
対価の授受を伴うものであること【対価性】

☆「対価」は金銭に限られない
　↳「交換」は対価の授受があるものとされる

要件3
土地に関する権利の移転または設定が契約によって行われるものであること【契約性】

☆ 予約、停止条件付契約も含まれる
　↳・契約時に許可・届出が必要
　　・実際の取引時(予約完結権の行使時、条件の成就時)にあらためて許可・届出を行う必要はない

停止条件付契約…ある条件をクリアしたら、契約の効力が生じる契約

土地売買等の契約に該当するもの(例)	・売買契約、売買の予約　・交換　・譲渡担保　・代物弁済 ・停止条件付・解約条件付の契約　など
土地売買等の契約に該当しないもの(例)	・地役権、永小作権、抵当権などの設定、移転 ← 「土地に関する権利」に該当しない ・贈与、信託の引受け ← 「対価の授受」がない ・形成権(予約完結権、買戻権など)の行使 ← 「契約」ではない ・相続、法人の合併、遺産分割 ・時効、土地収用 ← 「対価の授受」がない＆「契約」ではない

3 許可・届出が不要な場合

I 許可・届出が不要な場合

「土地売買等の契約」に該当する場合でも、以下の場合には、例外的に許可・届出が不要となります。

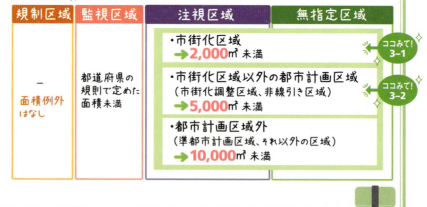

板書 許可・届出が不要な場合

① 当事者の一方または双方が国、地方公共団体、地方住宅供給公社等である場合
② 農地法3条1項の許可を受ける必要がある場合
　→農地を農地のまま売る場合等は、農業委員会の許可が必要だよ、という規定
③ 民事調停法による調停にもとづく場合
④ 非常災害にさいして、必要な応急措置を講ずる場合（一定の場合）
⑤ 次の面積未満の土地

規制区域	監視区域	注視区域	無指定区域
― 面積例外はなし	都道府県の規則で定めた面積未満	・市街化区域 →2,000㎡未満 ・市街化区域以外の都市計画区域 （市街化調整区域、非線引き区域） →5,000㎡未満 ・都市計画区域外 （準都市計画区域、それ以外の区域） →10,000㎡未満	

ココみて! 3-1
ココみて! 3-2

ひとこと

「2,000㎡未満、5,000㎡未満、10,000㎡未満」は「2×5＝10」で覚えておきましょう。
「2×5＝10」ってなんのゴロだっけ？となるようなら、「国語（国土利用計画法）と算数」で「2×5＝10」と、少々強引ですが、こんな感じで覚えておけばよいかと思います。

例題 ─────────────────── H20-問17①

宅地建物取引業者Aが所有する<u>市街化区域内</u>（無指定区域）の<u>1,500㎡</u>の土地について、宅地建物取引業者Bが購入する契約を締結した場合、Bは、その契約を締結した日から2週間以内に<u>事後届出</u>を行わなければならない。

　× 市街化区域については、**2,000㎡未満**の土地売買契約の締結には、届出が不要である。

例題 ─────────────────── H24-問15②

<u>市街化調整区域</u>（無指定区域）においてAが所有する面積<u>4,000㎡</u>の土地について、Bが一定の計画に従って、2,000㎡ずつに分割して順次購入した場合、Bは事後届出を行わなければならない。

　× 市街化調整区域では、**5,000㎡未満**の土地売買契約の締結には、届出は不要である。

Ⅱ 分譲（分割して売却）の場合における「面積」

　前述のように、規制区域以外の区域では、一定面積未満の土地の売買等の契約については、届出が不要となります。

　ここで、1つの土地を2つに分割して売却する場合、どの面積（分割前の面積か、分割後の面積か）で届出の要否をチェックするのかが問題になります。

　分譲の場合における、届出の要否をまとめると、次のとおりです。

板書 **分譲（分割して売却）の場合**

1 監視区域 と 注視区域 （事前届出）の場合

→ 分譲前（売主）の面積をチェック！　　2,000㎡ 未満は届出不要

たとえば、Aが**市街化区域・注視区域**内に所有する甲土地2,000㎡をBとCに1,000㎡ずつ売り渡した、という場合は…

この面積をチェック！ → 2,000㎡以上（届出必要）

注視区域では、届出義務者は「当事者」

A・B間の取引　→ A、Bが届出必要
A・Cの取引　→ A、Cが届出必要

2 無指定区域 （事後届出）の場合

ココみて！ 3-3

→ 分譲後（買主）の面積をチェック！　　2,000㎡ 未満は届出不要

たとえば、Aが**市街化区域・無指定区域**内に所有する甲土地2,000㎡をBとCに1,000㎡ずつ売り渡した、という場合は…

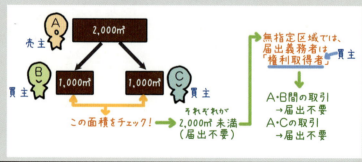

この面積をチェック！　それぞれが 2,000㎡ 未満（届出不要）

無指定区域では、届出義務者は「権利取得者」買主

A・B間の取引　→ 届出不要
A・Cの取引　→ 届出不要

例題 H15-問16③

Fが所有する市街化区域（無指定区域）に所在する面積5,000㎡の一団の土地を分割して、1,500㎡をGに、3,500㎡をHに売却する契約をFがそれぞれGおよびHと締結した場合、Gは事後届出を行う必要はないが、Hは事後届出を行う必要がある。

ココみて! 3-3

○ 市街化区域では、2,000㎡未満の土地売買契約の締結には、届出が不要なので、1,500㎡を取得したGは事後届出を行う必要はないが、3,500㎡を取得したHは事後届出を行う必要がある。

Ⅲ 買い集める場合における「面積」

次は、複数の土地を「**一団の土地**」（各土地が、一体として利用できる等の要件を満たしたひとまとまりの土地）として買い集めた場合についてみてみましょう。

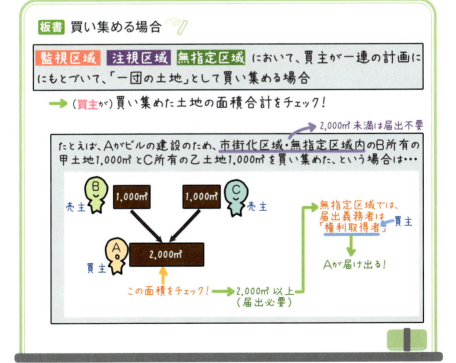

4 事後届出の手続等

I 事後届出の手続

無指定区域における事後届出の手続の流れは次のとおりです。

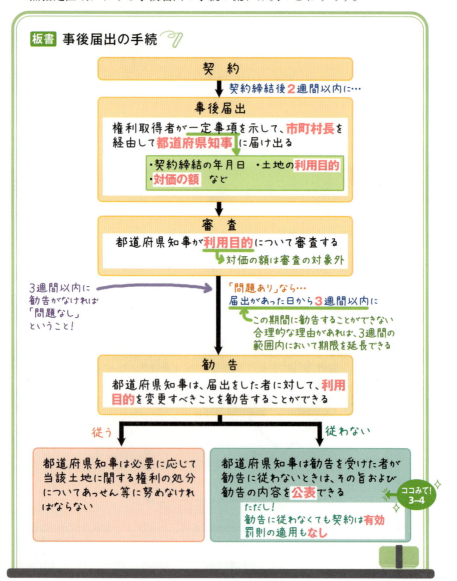

例題　　　　　　　　　　　　　　　　　　　　　H22−問15④

事後届出に係る土地の利用目的について、丁県知事から勧告を受けた宅地建物取引業者Eが勧告に従わなかった場合、丁県知事は、その旨およびその勧告の内容を公表しなければならない。

× その旨および勧告の内容を公表することが「**できる**」のであって、必ず公表しなければならないものではない。

II 助言

都道府県知事は、届出をした者に対して、土地の利用目的について必要な助言をすることができます。

助言制度は、無指定区域のみの制度です。また、助言に従わなくても、公表されることはありません。

5 事前届出の手続等

I 事前届出の手続

監視区域、注視区域における事前届出の手続は次のとおりです。

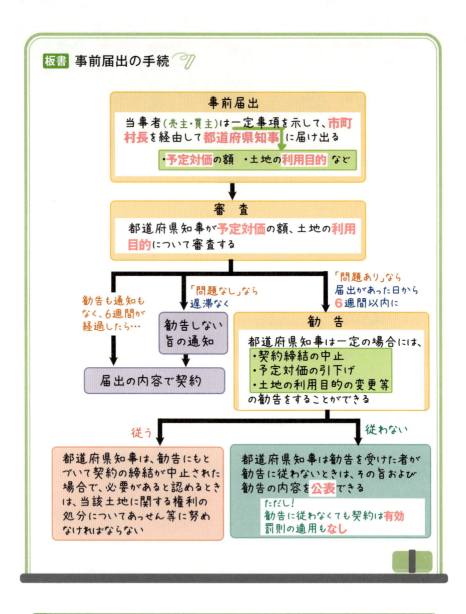

II 再度の届出

届出後、予定対価の額を増額、または土地の利用目的を変更して契約を締結しようとするときは、再度、届出が必要となります。

ひとこと
予定対価の額を「減額」するときは、再度、届出をする必要はありません。

6 罰則

必要な許可、届出をしなかった場合の罰則規定は以下のとおりです。

罰則

許可制度に違反した場合	
必要な許可を得ずに土地売買等の契約を締結した場合	3年以下の懲役または200万円以下の罰金

届出制度に違反した場合	
届出をしないで土地売買等の契約を締結した場合	6カ月以下の懲役または100万円以下の罰金
事前届出をしたが、6週間を待たずに土地売買等の契約を締結した場合	50万円以下の罰金

 ひとこと
必要な許可を受けなかった場合…罰則の適用あり、契約は 無 効
必要な届出をしなかった場合……罰則の適用あり、契約は 有 効
勧告に従わなかった場合…………罰則の適用なし（契約は有効）

CHAPTER 03
法令上の制限

SECTION 04 農地法

このSECTIONで学習すること

1 農地法の全体像

農地…田や畑など
採草放牧地…牧場など

許可が不要となる場合をしっかりおさえておこう！

2 3条、4条、5条の規制のポイント

1 農地法の全体像

Ⅰ 農地法の目的

農地法は、農地を守るための法律です。

Ⅱ 農地と採草放牧地

農地とは、耕作の目的に使われる土地をいいます。また、**採草放牧地**（さいそうほうぼくち）とは、農地以外の土地で、主として耕作や家畜の放牧、家畜用の飼料等にするための草を採る目的で使われる土地をいいます。

板書 農地と採草放牧地

農地 ← 田、畑など
…耕作の目的で使われる土地

採草放牧地 ← 牧場など
…農地以外の土地で、主として耕作や家畜の放牧、家畜用の飼料等にするための草を採る目的で使われる土地

ポイント

☆ 農地・採草放牧地に該当するかは、<u>土地の現況</u>によって判断する
　→ 登記簿上の地目が「山林」でも、現況が「農地」なら、農地法上は「農地」となる！

☆ 農地・採草放牧地に該当するかは、<u>継続的な状態</u>で判断する
　→ ・一時的に休耕している土地は農地法上の「農地」となる
　　・一時的な家庭菜園なら、農地法上の「農地」とならない

477

例題　H25-問21②

雑種地を開墾し、現に畑として耕作されている土地であっても、土地登記簿上の地目が雑種地である限り、農地法の適用を受ける農地には当たらない。

✗ 現況が「畑」なら、土地登記簿上の地目にかかわらず、農地法上の農地となる。

III 権利移動と転用の規制

農地法(3条、4条、5条)では、農地・採草放牧地の **権利移動** および **転用** について、一定の許可を要することを定めています。

板書 権利移動と転用の規制

権利移動と転用の意味

権利移動 ← 使用する人が変わること。「Aさんが農地をBさんに売った」など
…所有権の移転または地上権、永小作権等の使用収益権の設定・移転
☆ 抵当権の設定は、(使用する人が変わるわけではないから)権利移動に該当しない

転　用 ← 使用方法が変わること。「農地を宅地に変えた」など
…農地を農地以外の土地にすること、採草放牧地を採草放牧地以外の土地にすること

権利移動・転用の制限

3条 権利移動

農地・採草放牧地の権利移動は **農業委員会** の許可が必要

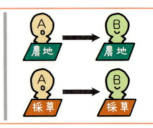

4条 転用

農地の転用は**都道府県知事**の許可が必要
↳ 指定市町村※の区域内にあっては**指定市町村長**

☆ 採草放牧地→農地・宅地への転用は規制なし

5条 転用目的の権利移動

農地・採草放牧地の転用目的の権利移動は**都道府県知事**の許可が必要
↳ 指定市町村※の区域内にあっては**指定市町村長**

使用する人も、使用方法も変わるパターン ココみて! 4-2

☆ 採草放牧地→農地の場合は3条規制

※ 指定市町村…農地または採草放牧地の農業上の効率的かつ総合的な利用の確保に関する施策の実施状況を考慮して農林水産大臣が指定する市町村

例題 ─────────────── H22-問22②改

宅地に転用する目的で市街化区域外の農地を購入する場合は、農地の権利移動に係る農地法第3条1項の許可のほか、農地転用に係る農地法第4条第1項の都道府県知事の許可を受ける必要がある。

× 「使用する人の変更(所有者→購入者)」＆「使用方法の変更(農地→宅地)」なので、本問の場合は**5条許可**を受ける必要がある。

2 3条、4条、5条の規制のポイント

農地法3条、4条、5条の規制について、ポイントをまとめると、次のとおりです。

板書 3条、4条、5条の規制のポイント 🖊

		3条 権利移動	4条 転用	5条 転用目的の権利移動
許可権者		農業委員会	都道府県知事 等 → 指定市町村長	
		※ 許可にあたって条件をつけることができる		
許可が不要となる場合（主なもの）		◆土地収用法等によって収用・使用（転用）される場合		
		◆権利を取得する者が国・都道府県の場合 ◆民事調停法による農事調停によって権利が設定・移転される場合 ◆相続、遺産分割等によって、権利が設定・移転される場合 ↪ただし！農業委員会へ届出が必要	◆国・都道府県等が道路、農業用排水施設等の地域振興上、農業振興上等の必要性が高い施設に供するために転用（4条）・転用目的の権利移動（5条）する場合 ◆あらかじめ農業委員会に届け出て市街化区域内で次の①②をする場合 **市街化区域内の特例** ココみて！4-3 ①農地を転用（4条） ②農地・採草放牧地の転用目的の権利移動（5条）	
			◆5条許可を受けた農地をその目的で転用する場合 ◆耕作者（農家）が、農地（2a未満）を農業用施設に供する場合 **2a未満の特例** ココみて！4-4	
許可なしの場合	効力	無効	————	無効
			※ 原状回復や工事の停止等の命令がされることがある	
	罰則	3年以下の懲役または300万円以下の罰金		

ポイント

☆ 3条には、**市街化区域内の特例**はない

☆ **2a未満の特例**は4条のみ

☆ 4条、5条の例外に該当しない場合には、たとえ国・都道府県が行うことでも4条・5条の許可が必要

→ **ただし** 国・都道府県と**都道府県知事**との協議が成立すれば4条・5条の許可があったとみなす

例題　　　　　　　　　　　　　　　　　　H21-問22③

市街化区域内において2ha（ヘクタール）の農地を住宅建設のために取得する者は、農地法第5条第1項の都道府県知事の許可を受けなければならない。

× 市街化区域内の農地を転用目的で権利取得する場合は、あらかじめ**農業委員会に届出**をすれば、5条許可は不要となる。

例題　　　　　　　　　　　　　　　　　　H18-問25④

農業者が、自ら農業用倉庫として利用する目的で自己の所有する農地を転用する場合には、転用する農地の面積にかかわらず、農地法第4条第1項の許可を受ける必要がある。

× この場合、面積が**2a未満**であれば4条許可は不要となるが、面積が2a以上であれば4条許可が必要となる。

CHAPTER 03
法令上の制限

SECTION 05 宅地造成等規制法

このSECTIONで学習すること

1 宅地造成等規制法の全体像

「宅地造成」に該当するのは…『人気のイモリが同時にメンコした』場合

災害が生じるおそれが大きい区域で、宅地造成を行う場合には、原則として許可が必要！

2 宅地造成工事規制区域内の規制

許可が不要な場合でも、一定の行為については届出が必要！

3 工事等の届出

4 宅地の保全義務等

災害が生じないように、安全な状態にしておきましょうね、という話

5 造成宅地防災区域

「宅地造成工事規制区域」ほどじゃないけど、ソコソコ危険な区域

1 宅地造成等規制法の全体像

宅地造成等規制法は、宅地造成に伴う崖崩れや土砂流出による災害を防止するための法律です。

学習に先立って、**宅地**および**宅地造成**の意味を確認しておきましょう。

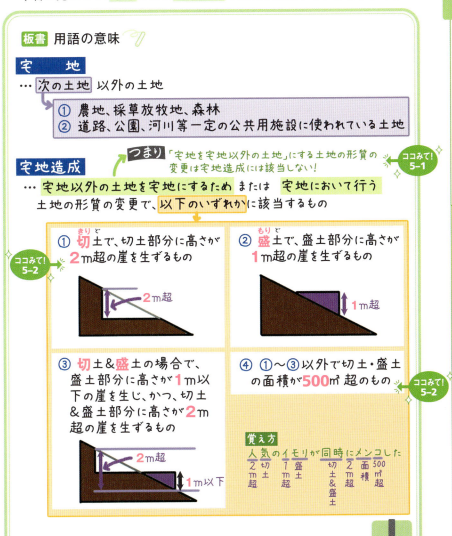

例題　H16-問23①

宅地を宅地以外の土地にするために行う土地の形質の変更は、宅地造成に該当しない。

○　「宅地を宅地以外の土地」にするために行う土地の形質の変更は、宅地造成に該当しない。

例題　H21-問20②

宅地造成工事規制区域内において、切土であって、当該切土をする土地の面積が400㎡で、かつ、高さ1mの崖を生ずることとなるものに関する工事を行う場合には、都市計画法第29条第1項又は第2項の許可を受けて行われる当該許可の内容に適合した工事を除き、都道府県知事の許可を受けなければならない。

✗　切土によって生じた崖が2m以下で、切土をする土地の面積が500㎡以下なので、宅地造成に該当しない。したがって、都道府県知事の許可は不要である。

2 宅地造成工事規制区域内の規制

Ⅰ 宅地造成工事規制区域の指定

都道府県知事（指定都市、中核市の区域内の土地については、それぞれの長）は、宅地造成に伴う災害が生じるおそれが大きい市街地または市街地となろうとする土地の区域で、宅地造成に関する工事について規制が必要であるものを 宅地造成工事規制区域 として指定することができます。

Ⅱ 工事の許可

宅地造成工事規制区域内で、宅地造成工事を行う場合には、原則として、造成主は、工事着手前に、都道府県知事の許可を受けなければなりません。

ひとこと

造成主とは、以下の者をいいます。
❶ 宅地造成に関する工事の請負契約を注文した者
❷ 請負契約によらないで、自ら宅地造成に関する工事をする者
要するに、「土地をきれいに整えたいな〜、と思っている人」のことです。

板書 工事の許可

■原則■
宅地造成工事規制区域内で宅地造成工事を行う場合、**造成主**は、工事着手**前**に**都道府県知事**の**許可**を受けなければならない

■例外■
都市計画法の開発許可を受けた工事については許可不要

ポイント
☆ 都道府県知事は、許可するにあたって**条件**を付すことができる

「許可するけど雪がいっぱい降る冬の間は工事を避けてね」とか

☆ 許可・不許可の処分は**文書**によって申請者に対して通知する

Ⅲ 技術的基準等

　宅地造成工事規制区域内で行われる宅地造成工事は、一定の技術的基準に従って、宅地造成に伴う災害を防止するために必要な措置が講ぜられたものでなければなりません。

> **板書** 技術的基準等
>
> **技術的基準**
> 宅地造成工事規制区域内で行われる宅地造成に関する工事は、政令で定める技術的基準に従って、**擁壁**、**排水施設**等の設置、その他宅地造成に伴う災害を防止するために必要な措置が講ぜられたものでなければならない
>
> **設計者の資格**
> 以下の工事については、一定の資格を有する者が設計したものでなければならない
> ① 高さが**5m**を超える**擁壁**の設置
> ② 切土・盛土をする土地の面積が**1,500㎡**超の土地における**排水施設**の設置

Ⅳ 変更の許可

　許可を受けた工事の計画を変更するときには、原則として、都道府県知事の**許可**が必要となります。ただし、軽微な変更については変更の**届出**ですみます。

> **ひとこと**
> 軽微な変更とは、次の変更をいいます。
> ❶ 造成主や設計者、工事施行者の変更
> ❷ 工事の着手予定年月日、完了予定年月日の変更

Ⅴ 工事完了の検査

　許可を受けた工事が完了した場合には、**都道府県知事**の検査を受けなければなりません。

　検査の結果、工事が技術的基準に適合している場合には、都道府県知事から**検査済証**が交付されます。

3 工事等の届出

宅地造成工事規制区域内では、工事の許可が不要である場合でも、以下の行為については、都道府県知事に**届出**が必要となります。

板書 工事等の届出

	対象者	期限	内容
①	宅地造成工事規制区域の指定のさい、その区域内で宅地造成に関する工事を行っている造成主 は	宅地造成工事規制区域の指定があった日から**21日以内**に	当該工事について届出が必要
②	宅地造成工事規制区域内の宅地において一定の擁壁※1や排水施設※2等の除却工事を行おうとする者 は	工事に着手する日の**14日前**までに	その旨の届出が必要
③	宅地造成工事規制区域内で、宅地以外の土地を宅地に転用した者 は	転用した日から**14日以内**に	その旨の届出が必要

※1 高さ2m超の擁壁
※2 雨水等の地表水を排除するための排水施設

例題 H22-問20③

宅地造成工事規制区域内の宅地において、地表水等を排除するための排水施設の除却の工事を行おうとする者は、宅地造成に関する工事の許可を受けた場合を除き、工事に着手する日までに、その旨を都道府県知事に届け出なければならない。

✕ 「工事に着手する日まで」ではなく、「工事に着手する日の**14日前**まで」である。

4 宅地の保全義務等

Ⅰ 宅地の保全義務

　宅地造成工事規制区域内の宅地の**所有**者、**管理**者、**占有**者は、宅地造成(宅地造成工事規制区域の指定前に行われたものも含む)に伴う災害が生じないように、その宅地を常時安全な状態に維持するように努めなければなりません。

Ⅱ 勧告

　都道府県知事は、宅地造成工事規制区域内の宅地について、宅地造成(宅地造成工事規制区域の指定前に行われたものも含む)に伴う災害の防止のため必要があると認める場合には、宅地の**所有**者、**管理**者、**占有**者、**造成主**、**工事施行者**に対し、必要な措置(擁壁・排水施設等の設置や改造など)をとることを**勧告**することができます。

> **ひとこと**
> 勧告に従わなくても、罰則の適用はありません。

Ⅲ 改善命令

　都道府県知事は、宅地造成工事規制区域内の宅地で、宅地造成(宅地造成工事規制区域の指定前に行われたものも含む)に伴う災害の防止のため必要な擁壁等が設置されておらず(または極めて不完全であるために)、これを放置すると、宅地造成に伴う災害の発生のおそれが大きいと認められる場合には、宅地または擁壁等の**所有**者、**管理**者、**占有**者に対し、相当の期限を設けて、必要な工事(擁壁・排水施設等の設置や改造または地形等の改良工事)を行うことを**命ずる**ことができます。

改善命令に従わなかったときは、罰則の適用(6カ月以下の懲役または30万円以下の罰金)があります。

Ⅳ 報告の徴取

都道府県知事は、宅地造成工事規制区域内における宅地の所有者、管理者、占有者に対し、宅地または宅地において行われている工事の状況について、報告を求めることができます。

5 造成宅地防災区域

Ⅰ 造成宅地防災区域の指定

都道府県知事は、必要があると認めるときは、関係市町村長の意見を聴いて、宅地造成に伴う災害で、相当数の居住者その他の者に危害を生ずるものの発生のおそれが大きい一団の造成宅地の区域であって、一定の基準に該当するものを **造成宅地防災区域** として指定することができます。

造成宅地防災区域は、宅地造成工事規制区域 **以外** の区域に指定されます。

例題　　　　　　　　　　　　　　　　　　　　　　　H24-問20④

都道府県知事は、関係市町村長の意見を聴いて、宅地造成工事規制区域内で、宅地造成に伴う災害で相当数の居住者その他の者に危害を生ずるものの発生のおそれが大きい一団の造成宅地の区域であって一定の基準に該当するものを、造成宅地防災区域として指定することができる。

× 造成宅地防災区域は、宅地造成工事規制区域**以外**の区域に指定される。

Ⅱ 造成宅地防災区域の指定の解除

　擁壁・排水施設等の設置・改造等といった必要な措置を講じたことにより、造成宅地防災区域（の全部または一部）に指定する事由がなくなったときは、その指定が解除されます。

Ⅲ 造成宅地の保全義務等

❶ 造成宅地の保全義務

　造成宅地防災区域内の造成宅地の**所有**者、**管理**者、**占有**者は、宅地造成に伴う災害が生じないように、災害を防止するための措置（擁壁・排水施設等の設置や改造など）を講ずるように努めなければなりません。

❷ 勧告

　都道府県知事は、造成宅地防災区域内の造成宅地について、災害の防止のため、必要があると認める場合には、造成宅地の**所有**者、**管理**者、**占有**者に対し、必要な措置（擁壁・排水施設等の設置や改造など）を**勧告**することができます。

❸ 改善命令

　都道府県知事は、造成宅地防災区域内の造成宅地で、災害の防止のため必要な擁壁等が設置されておらず、（または極めて不完全であるために）これを放置すると、災害の発生のおそれが大きいと認められる場合には、造成宅地または擁壁等の**所有**者、**管理**者、**占有**者に対し、相当の期限を設けて、必要な工事（擁壁・排水施設等の設置や改造または地形等の改良工事）を行うことを**命ずる**ことができます。

板書 宅地造成工事規制区域と造成宅地防災区域のまとめ

都道府県知事が指定

- 宅地造成工事規制区域
- 造成宅地防災区域

2～4 で学習
宅地造成に伴い、災害が生じるおそれが大きい市街地など

☆ この区域で宅地造成をするときは、原則として都道府県知事の許可が必要
☆ 許可を要しないときでも、一定の行為については届出が必要
☆ 宅地の所有者・管理者・占有者には宅地の保全義務がある
☆ 都道府県知事は必要に応じて、勧告や改善命令を出せる

5 で学習
「宅地造成工事規制区域」よりは危険性が低いけど、ちょっと危険、という区域

☆ 造成宅地の所有者・管理者・占有者には造成宅地の保全義務がある
☆ 都道府県知事は必要に応じて、勧告や改善命令を出せる

CHAPTER 03
法令上の制限

SECTION 06 土地区画整理法

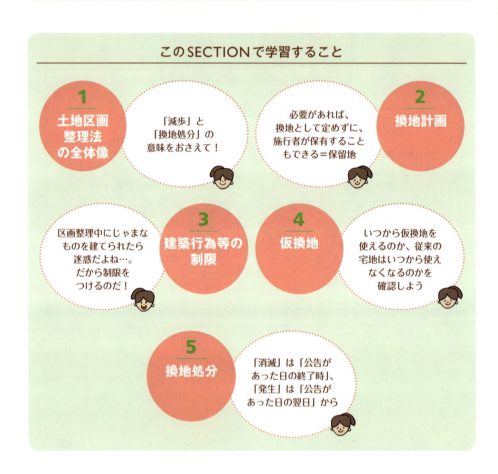

このSECTIONで学習すること

1 土地区画整理法の全体像 ― 「減歩」と「換地処分」の意味をおさえて！

2 換地計画 ― 必要があれば、換地として定めずに、施行者が保有することもできる＝保留地

3 建築行為等の制限 ― 区画整理中にじゃまなものを建てられたら迷惑だよね…。だから制限をつけるのだ！

4 仮換地 ― いつから仮換地を使えるのか、従来の宅地はいつから使えなくなるのかを確認しよう

5 換地処分 ― 「消滅」は「公告があった日の終了時」、「発生」は「公告があった日の翌日」から

1 土地区画整理法の全体像

I 土地区画整理法の目的

土地区画整理法は、宅地の形を整えたり、公園等をつくるなどして、整理された街並みをつくるための法律です。

II 土地区画整理事業とは

土地区画整理事業とは、都市計画区域内の土地について、公共施設の整備改善、宅地の利用増進を図るために行われる土地の区画形質の変更、公共施設の新設・変更に関する事業をいいます。

土地区画整理事業は、**減歩**や**換地処分**という方法で行われます。

板書 土地区画整理事業

減歩
…公共施設の整備等の目的で、土地の所有者から土地の一部を無償で提供してもらうこと

換地処分
…土地区画整理事業の工事終了後、従前の宅地に換えて新しい土地（換地）を交付すること

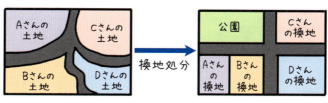

Ⅲ 土地区画整理事業の施行者

土地区画整理事業の施行者（土地区画整理事業を施行する者）になれるのは、次の者です。

板書 土地区画整理事業の施行者

個人施行者…宅地の所有者、借地権者、これらの者の同意を受けた者
☆ 規準（一人施行の場合）または規約（共同施行の場合）と事業計画を定め、その施行について都道府県知事の認可を受けなければならない

土地区画整理組合
↑試験の出題はほとんどコレ
…宅地の所有者、借地権者が**7**人以上で共同して設立する組合

ココみて！6-1

☆ （一定の場合を除いて）定款と事業計画を定め、その組合の設立について都道府県知事の認可を受けなければならない
☆ 事業計画の決定に先立って組合を設立する必要がある場合には、定款と事業基本方針を定め、その組合の設立について都道府県知事の認可を受けることができる→この方法で設立したときは都道府県知事の認可を受けて事業計画を定める
☆ 組合設立の認可にあたって、定款・事業計画（または事業基本方針）について施行地区となる区域内の宅地の所有者、借地権者の各 $\frac{2}{3}$ 以上の同意が必要
☆ 施行地区内の宅地の所有者、借地権者は**全員**、組合員となる（強制加入）

区画整理会社…宅地の所有者、借地権者を株主とする株式会社で、一定の要件に該当するもの
☆ 規準と事業計画を定め、その施行について都道府県知事の認可を受けなければならない

民間施行

公的施行…地方公共団体、国土交通大臣、独立行政法人都市再生機構、地方住宅供給公社

ポイント

☆ 土地区画整理事業には、①都市計画事業であるものと、②都市計画事業でないものがある

民間施行	・個人施行者 ・土地区画整理組合 ・区画整理会社	の場合…①、②ともに施行できる ➡都市計画区域内であればどこでも施行可
公的施行	地方公共団体等	の場合…①のみ施行できる ➡土地区画整理事業について都市計画に定められた施行区域内のみ施行可

例題 ────── H19-問24①

土地区画整理組合を設立しようとする者は、事業計画の決定に先立って組合を設立する必要があると認められる場合においては、<u>5人以上</u>共同して、定款及び事業基本方針を定め、その組合の設立について都道府県知事の認可を受けることができる。

✗ 「5人以上」ではなく、「**7人以上**」である。

2 換地計画

　施行者は、換地処分を行うための**換地計画**を定めなければなりません。

　また、施行者が都道府県、国土交通大臣以外であるとき（個人施行者、土地区画整理組合、区画整理会社、市町村、機構等であるとき）には、換地計画について**都道府県知事**の**認可**を受けなければなりません。

施行者が、都道府県や国土交通大臣のときは、都道府県知事の認可は不要です。

換地計画で定めるものには、次のようなものがあります。

板書 換地計画で定めるもの

換地	換地は、従前の宅地と条件(位置、地積、環境等)が同じようなものでなければならない＝換地照応の原則 ☆ 宅地の所有者の申出または同意があった場合には、換地計画に換地を定めないことができる
清算金	換地に関して(換地を定めない場合も含む)、不均衡が生ずる場合には、金銭により清算 ➡ その額を換地計画に定める ↳ 換地を定めることによって、損をする人には清算金が交付され、得をする人からは清算金を徴収
保留地	施行者は 次の目的 のため、保留地を定めることができる ← 換地として定めずに、施行者が保有している土地 民間施行 の場合 … ① 土地区画整理事業の施行費用に充てるため 　② 規準、規約、定款で定める目的のため 公的施行 の場合 … 土地区画整理事業の施行費用に充てるため ↳ ただし！ 施行前の宅地の価額 ＜ 施行後の宅地の価額 となる場合に限る！

施行者（個人施行者を除く）が換地計画を定めようとする場合は、その換地計画を**2週間**、公衆の縦覧に供しなければなりません。そして、縦覧に供された換地計画について意見がある利害関係者は、縦覧期間内にその施行者に意見書を提出することができます。

意見書の提出があった場合は、その施行者は、その内容を審査して、意見書の意見を採択すべきと認めるときは、換地計画に必要な修正を加えなければなりません。

3 建築行為等の制限

土地区画整理事業が開始すると、事業が円滑に進むように、その区域内における建築行為等が規制されます。

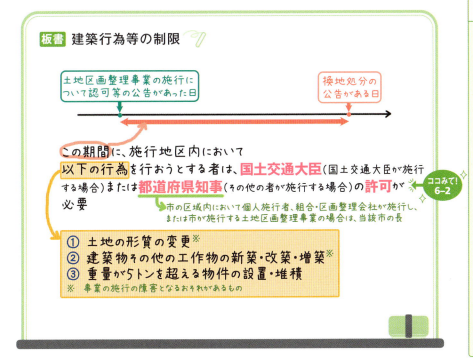

例題　　　　　　　　　　　　　　　H23-問21①

土地区画整理組合の設立の認可の公告があった日後、換地処分の公告がある日までは、施行地区内において、土地区画整理事業の施行の障害となるおそれがある土地の形質の変更を行おうとする者は、当該<u>土地区画整理組合の許可</u>を受けなければならない。

✕　「土地区画整理組合の許可」ではなく、「**都道府県知事等の許可**」である。

4 仮換地

Ⅰ 仮換地の指定

施行者は、必要がある場合には、換地処分を行う前に**仮換地**(仮の換地)を指定することができます。

仮換地の指定は、その仮換地の所有者と従前の宅地の所有者に対して、一定の事項(仮換地の位置・地積、仮換地の指定の効力発生日)を**通知**して行います。

なお、仮換地を指定するさいに必要な手続は次のとおりです。

仮換地を指定するさいに必要な手続

施行者	手続
個人施行者	従前の宅地の所有者や仮換地となるべき宅地の所有者等の同意が必要
土地区画整理組合	総会等の同意が必要
区画整理会社	施行地区内の宅地について **所有権を有するすべての者** および **借地権を有するすべての者** の各**3**分の**2**以上の同意が必要
公的施行者(地方公共団体等)	土地区画整理審議会の意見を聴く

Ⅱ 仮換地が指定された場合の効果

仮換地が指定された場合の効果は、以下のとおりです。

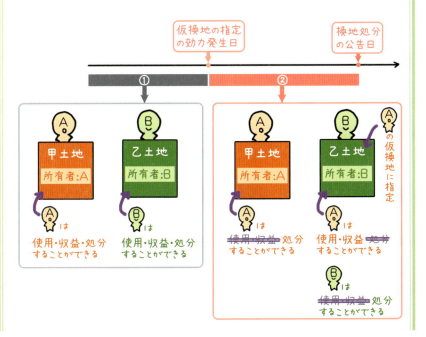

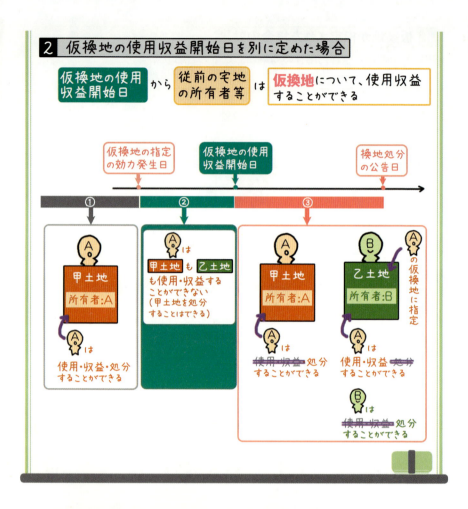

5 換地処分

I 換地処分とは

換地処分とは、土地区画整理事業の工事終了後、従前の宅地に代わる新しい土地(**換地**)を交付することをいいます。

換地処分のポイントをまとめると、次のとおりです。

板書 換地処分のポイント

換地処分の時期

■原則■
換地処分は、換地計画に係る区域の**全部**について、工事が完了した**後**に、遅滞なく行う

■例外■
規準、規約、定款、施行規程に別段の定めがある場合は、工事の完了前でも換地処分を行うことができる

通知・公告

☆ 換地処分は、施行者が関係権利者に対して、換地計画で定められた事項を**通知**して行う
☆ 換地処分があった場合、**都道府県知事**は、換地処分があった旨を**公告**しなければならない
　→ 国土交通大臣が施行する場合は国土交通大臣

Ⅱ 換地処分の効果

都道府県知事等から換地処分の公告があると、換地処分の効果が生じます。換地処分の効果は、公告の日(が終了した時)から生じるものと、公告の日の翌日から生じるものがあります。

板書 換地処分の効果

① 換地計画において定められた**換地** は 換地処分の公告があった日の翌日 から 従前の宅地とみなされる
　（従前の宅地に存在した所有権、地上権、抵当権等が換地に移動する）

② 換地を定めない従前の宅地に存する権利 は 換地処分の公告があった日が終了した時 に 消滅する

ココみて！6-3

③ 地役権 は　換地処分の公告があった日の翌日以降も従前の宅地上に存する

　　　　　従前の宅地に存在した所有権、地上権、抵当権等は
　　　　　換地処分の公告があった日の翌日に換地に移動する…①
　　　　　だけど、地役権は…

ただし

事業の施行により行使する利益がなくなった地役権 は　換地処分の公告があった日が終了した時　に消滅する

④ 保留地 は　換地処分の公告があった日の翌日　に　施行者が取得する

⑤ 清算金 は　換地処分の公告があった日の翌日　に　確定する

ひとこと

要するに、「消滅するもの」は「換地処分の公告があった日が終了した時」になくなり、「新たに生じるもの」は「その翌日」に発生する、ということです。

例題　　　　　　　　　　　　　　　　　　　　H21-問21④

換地処分の公告があった場合においては、<u>換地計画において定められた換地</u>は、<u>その公告があった日の翌日から従前の宅地とみなされ</u>、換地計画において換地を定めなかった従前の宅地について存する権利は、その<u>公告があった日が終了した時</u>において消滅する。

○　換地計画において定められた換地は換地処分の公告があった日の翌日から従前の宅地とみなされる。
　　換地計画において換地を定めなかった従前の宅地について存する権利は換地処分の公告があった日が終了した時に消滅する。

502

SECTION 07 その他の法令上の制限

CHAPTER 03 法令上の制限

このSECTIONで学習すること

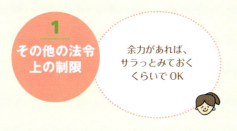

1 その他の法令上の制限／余力があれば、サラッとみておくくらいでOK

1 その他の法令上の制限

SECTION06までにみてきた法律以外にも、土地等に関する法律(その他の法令上の制限)があります。

その他の法令上の制限では、試験において、「(一定の行為を行う場合に)誰の許可が必要なのか」という点が出題されますので、その点をまとめておきます。

> 「国立公園の特別地域内に工作物を新築する場合には、環境大臣の許可が必要だよ」とか、そういう話です。

その他の法令上の制限

法　　律	許可権者等
自然公園法	**国立公園**…普通地域以外は環境大臣の **許可** 　　　　　　普通地域は環境大臣への **届出** **国定公園**…普通地域以外は都道府県知事の **許可** 　　　　　　普通地域は都道府県知事への **届出**
文化財保護法	文化庁長官の **許可**
都市緑地法	**緑地保全地域**…都道府県知事等への **届出** **特別緑地保全地区**…都道府県知事等の **許可**
地すべり等防止法	都道府県知事の **許可**
急傾斜地の崩壊による 災害の防止に関する法律	都道府県知事の **許可**
土砂災害警戒区域等 における土砂災害防止 対策の推進に関する法律	都道府県知事の **許可**
森林法	都道府県知事の **許可**
土壌汚染対策法	**要措置区域内** 　…原則として土地の形質の変更は不可 **形質変更時要届出区域内** 　…都道府県知事への **届出**
道路法	道路管理者の **許可**
河川法	河川管理者の **許可**
海岸法	海岸管理者の **許可**
港湾法	港湾管理者の **許可**
生産緑地法	市町村長の **許可**
景観法	**景観計画区域内での建築物の新築、増改築、移転** 　…景観行政団体の長への **届出**
津波防災地域づくりに関 する法律	**津波防護施設区域内の土地の掘削** 　…津波防護施設管理者の **許可**

基本編

CHAPTER 04

税・その他

SECTION 01 不動産に関する税金

このSECTIONで学習すること

1 不動産に関する税金の全体像
ここは軽く読み流そう

2 不動産取得税
有償・無償にかかわらず、不動産を取得したときは、原則として不動産取得税がかかる！

3 登録免許税
不動産の登記等を受ける場合に課される税金

4 印紙税
契約書に金額が記載されていなくても、課税文書ならば印紙税200円がかかる！

5 固定資産税
課税標準の特例と税額軽減の特例を確認しておこう

6 所得税（譲渡所得）
特例を重複して適用できる場合をおさえておこう

1 不動産に関する税金の全体像

Ⅰ 不動産に関する税金

不動産に関する税金（試験で出題されるもの）には、**不動産取得税**、**登録免許税**、**印紙税**、**固定資産税**、**所得税** などがあります。

不動産に関する税金

不動産を取得したときにかかる税金

◆不動産取得税… 2　◆登録免許税… 3　◆印紙税… 4

不動産を保有しているとかかる税金

◆固定資産税… 5

不動産を売却したときにかかる税金

◆所得税（譲渡所得）… 6　◆住民税

Ⅱ 国税と地方税

誰が課税するのかといった面から、税金は **国税**（国が課税）と **地方税**（地方公共団体が課税）に分かれます。

上記 Ⅰ の税金を国税と地方税に分けると、次のようになります。

国税と地方税

	税　金	内　容
国　税	所得税… 6	不動産を売却し、所得を得たときに課される税金
	登録免許税… 3	不動産の登記等を受けるときに課される税金
	印紙税… 4	不動産の売買契約書等（課税文書）を作成したときに課される税金
地方税	不動産取得税… 2	不動産を取得したときに課される税金
	固定資産税… 5	不動産を保有していると課される税金

2 不動産を取得したときにかかる税金❶ 不動産取得税

不動産を取得した場合（購入したときや増改築したとき、贈与されたとき）、**不動産取得税**がかかります。

なお、**相続**や**法人の合併**等によって不動産を取得した場合には、不動産取得税はかかりません。

I 不動産取得税の基本的な内容

不動産取得税の基本的な内容は次のとおりです。

板書 不動産取得税の基本的な内容 ✏️

課 税 主 体 誰が税金を課すのか？

↳ 不動産がある都道府県（**地方**税）

納税義務者 誰が税金を払うのか？

↳ 不動産の取得者

課 税 客 体 何に対して税金がかかるのか？

↳ **不動産の取得**に対して税金がかかる

有償・無償を問わない

具体的には、売買、交換、贈与、新築、改築などによる取得

注 価格が増加した場合のみ

不動産の取得とみなされるもの

① 新築家屋の場合、最初の使用または譲渡が行われた日に家屋の取得があったものとみなされる

② ①の場合で、家屋が新築された日から**6カ月**を経過しても最初の使用または譲渡が行われないときは、**6カ月**を経過した日に家屋の取得があったものとみなされる

注 宅建業者等が売り渡す新築住宅については、「6カ月」ではなく、「1年」に延長される

508

| 非課税 | 税金がかからない場合は？ |

↳ ① 取得者が国・地方公共団体等であるとき
　② 相続、法人の合併等によって不動産を取得したとき

| 課税標準 | 税金の計算のベースとなる金額は？ |

↳ 固定資産課税台帳の登録価格（固定資産税評価額）

| 税額の計算 | 税率はいくら？ |

↳ 不動産取得税＝固定資産税評価額×　税率

土地・住宅の場合：**3**％
住宅以外の建物の場合：**4**％

| 納付方法 | 税金の納め方は？ |

↳ 普通徴収 → …とは？
　　国や地方公共団体が税額を計算して、納税者に
　　通知し、それにもとづいて納税者が税金を納付する方法

II 免税点

課税標準額が以下の場合には、不動産取得税はかかりません（ 免税点 ）。

板書 免税点

土地		**10万円未満**
建物	新築・増改築	1戸につき**23万円未満**
	その他（中古住宅の売買など）	1戸につき**12万円未満**

Ⅲ 課税標準の特例

一定の不動産については、課税標準について次の特例があります。

板書 課税標準の特例 🖋

宅地の課税標準の特例 宅地を取得した場合、課税標準額が $\frac{1}{2}$ に引き下げられる

$$不動産取得税＝固定資産税評価額 \times \frac{1}{2} \times 3\%$$

住宅の課税標準の特例 一定の住宅（建物）の場合、課税標準額から一定額を控除することができる

新築住宅の場合

$$不動産取得税＝（固定資産税評価額－1,200万円※）\times 3\%$$

※長期優良住宅の場合は1,300万円

ココみて！
1-1

| 要件 | 床面積：**50**㎡（一戸建以外の賃貸住宅の場合は40㎡）以上 **240**㎡ 以下
築年数：新築
その他：自己居住用も賃貸住宅も適用可能
　　　　法人も個人も可 |

中古住宅の場合

$$不動産取得税＝（固定資産税評価額－控除額）\times 3\%$$

新築された時期によって異なる（最大1,200万円）

| 耐震基準
適合既存住宅
の場合 | 要件 | 床面積：**50**㎡ 以上 **240**㎡ 以下
築年数：昭和57年1月1日以後に新築されたもの
　　　　　　　　または
　　　　一定の耐震基準に適合するもの
その他：個人が自己の居住用に取得したもの
　　　　個人のみ可　　　賃貸住宅は適用不可 |

| 耐震基準
不適合既存住宅
の場合 | 要件 | 床面積：**50**㎡ 以上 **240**㎡ 以下
築年数：昭和56年12月31日以前に新築されたもの
その他：平成26年4月1日以後に取得。取得後6カ月以内に
　　　　次の3つが行われていること
　　　　①耐震改修工事
　　　　②工事後、耐震基準に適合している証明を受ける
　　　　③工事後、取得者が居住する |

❓ 例題 ─────────────── H24-問24②改

2021年（令和3年）4月に取得した<u>床面積250㎡</u>である新築住宅に係る不動産取得税の課税標準の算定については、当該新築住宅の価格から1,200万円が控除される。

× 課税標準から1,200万円を控除できるのは、**床面積が50㎡以上240㎡以下**の新築住宅を取得した場合である。

3 不動産を取得したときにかかる税金❷ 登録免許税

登録免許税は、不動産の登記等を受けるときにかかる税金です。

Ⅰ 登録免許税の基本的な内容

登録免許税の基本的な内容は次のとおりです。

板書 登録免許税の基本的な内容

課税主体 誰が税金を課すのか？
↳ 国（国税）

納税義務者 誰が税金を払うのか？
↳ 登記を受ける者

課税客体 何に対して税金がかかるのか？
↳ 不動産の登記に対して税金がかかる

非課税 税金がかからない場合は？
↳ ① 国・地方公共団体等が自己のために受ける登記
② 表示に関する登記（土地の分筆、合筆等による表示の変更登記等、一定のものを除く）

511

課税標準 税金の計算のベースとなる金額は?
→ 固定資産課税台帳の登録価格（固定資産税評価額）
　　　　　　　　　　　　　　→ 抵当権設定登記は債権金額

☆ 不動産の上に借地権などの所有権以外の権利が存在するときは、その権利がないものとした価額となる
　　　　　　　　　　　　→ 更地価額

納付方法 税金の納め方は?
→ 現金納付（納付額が3万円以下のときは印紙納付も可能）

II 登録免許税の税率

登録免許税の税率は次のとおりです。

登録免許税の税率

登記の内容		本則	軽減税率	
			土地	(一般)住宅用家屋…A
所有権保存登記…★		0.4%	—	0.15%
所有権移転登記…★	売買	2 %	1.5%	0.3 %[※2]
	相続	0.4%	—	—
	法人の合併	0.4%	—	—
	贈与・遺贈[※1]	2 %	—	—
配偶者居住権の設定登記…★		0.2%	—	—
抵当権設定登記		0.4%	—	0.1 %
地上権・賃借権設定登記…★		1 %	—	—
仮登記		上記★の税率の$\frac{1}{2}$	—	—

※1 遺贈が相続人に対するものの場合は0.4%
※2 一定の要件を満たした家屋を宅建業者から取得した場合は0.1%

Ⅲ （一般）住宅用家屋の軽減税率の特例の適用要件

（一般）住宅用家屋の軽減税率の特例（前記A）の適用要件は次のとおりです。

板書 （一般）住宅用家屋の軽減税率の特例（A）の適用要件 〜ココみて！1-3〜

注　売買または競落の場合に限る

所有権保存登記	所有権移転登記	抵当権設定登記
軽減税率：0.15%	軽減税率：0.3%	軽減税率：0.1%

適用要件	☆ 自己居住用であること ☆ **個人**が受ける登記であること ☆ 家屋の床面積が**50㎡**以上であること ☆ 新築または取得後**1**年以内に登記を受けること　など
新築住宅のみ適用可能	既存住宅の場合は、築20年以内（耐火建築物の場合は25年以内）または新耐震基準に適合しているものであること

ココみて！1-2

❓ 例題　　　　　　　　　　　　　　　　　　　　　　　　　　H21-問23①

住宅用家屋の所有権の移転登記に係る登録免許税の税率の軽減措置の適用対象となる住宅用家屋は、床面積が<u>100㎡以上</u>で、その住宅用家屋を取得した個人の用に供されるものに限られる。

　× 「100㎡以上」ではなく、「**50㎡以上**」である。

❓ 例題　　　　　　　　　　　　　　　　　　　　　　　　　　H15-問27③

住宅用家屋の所有権の移転登記に係る登録免許税の税率の軽減措置は、<u>贈与</u>により取得した住宅用家屋について受ける所有権の移転の登記にも適用される。

　× 所有権移転登記については、取得原因が**売買または競落**の場合に限って軽減措置の特例を受けることができる。

4 不動産を取得したときにかかる税金❸ 印紙税

印紙税は、一定の文書(課税文書)を作成した場合に課される税金(国税)で、契約書等に印紙を貼り、消印することによって納税します。

1つの課税文書を2人以上で作成した場合には、**連帯**して納付する義務を負います。

I 印紙税の基本的な内容

印紙税の基本的な内容は次のとおりです。

板書 印紙税の基本的な内容

課 税 主 体 誰が税金を課すのか？
↳ 国(国税)

納税義務者 誰が税金を払うのか？
↳ 課税文書の作成者

課 税 客 体 何に対して税金がかかるのか？
↳ 課税文書に対して税金がかかる

非 課 税 税金がかからない場合は？
↳ 国・地方公共団体等が作成する文書

> たとえば 個人と国等が共同で作成した文書の場合は、
> 個人が保存している文書(国等が作成したもの)は非課税となるが、
> 国等が保存している文書(個人が作成したもの)は課税される！

納 付 方 法 税金の納め方は？
↳ 原則として、印紙を貼付して消印する方法によって納付

> 注 消印は、課税文書の作成者だけでなく、代理人、使用人等の印鑑・署名によって行うことができる！

514

Ⅱ 課税文書に該当するもの

課税文書には、一定の契約書、受取書(領収証)などが該当します。

板書 課税文書に該当するもの

契約書

① 不動産の譲渡に関する契約書
→ 不動産の売買契約書、土地交換契約書など

② 地上権または土地の賃借権の設定・譲渡に関する契約書
→ 土地賃貸借契約書など

③ 消費貸借に関する契約書
→ 金銭消費貸借契約書など

④ 請負に関する契約書
→ 工事請負契約書など

ちなみに課税文書に該当しない契約書は…

① 土地以外の賃借権の設定・譲渡に関する契約書
→ 建物の賃貸借契約書など

② 抵当権、永小作権、地役権、質権の設定・譲渡に関する契約書
→ 抵当権の設定契約書など

③ 委任に関する契約書
→ 媒介契約書、委任状など

④ 使用貸借に関する契約書

ポイント

☆ 契約金額が**1万円未満**の契約書は原則非課税

☆ 一時的に作成する仮文書(後日、正式文書を作成するもの)であっても、課税文書に該当する

☆ 同一内容の契約書を2通以上作成した場合は、各契約書に印紙税が課される

受取書

⑤ 金銭等の受取書
→ 領収証

ポイント

☆ 記載された金額が**5万円未満**の受取書、営業に関しない受取書は非課税となる

たとえば 個人が自宅を売却した際の、売買代金が記載された受取書には印紙税は課税されない

Ⅲ 課税標準

印紙税の課税標準は、文書に記載された金額(記載金額＝契約書の場合は契約金額、受取書の場合は受取金額)です。なお、契約金額の記載がない契約書についても印紙税が一律**200円**かかります。

具体的な記載金額は次のようになります。

板書 記載金額(課税標準) 🖊

契約書	記載金額
売買契約書	売買代金
交換契約書	対象物の双方の金額が記載されているとき → いずれか**高**いほう 交換差金のみが記載されているとき → その金額
贈与契約書	「記載金額のない契約書」として**200円**の印紙税が課される
土地の賃貸借契約書	契約に際して相手方に交付し、後日返還されることが予定されていない金額 →**注**地代、敷金は契約金額とならない
変更契約書	もとの契約書の契約金額と総額が変わらないとき →「記載金額のない契約書」として**200円**の印紙税が課される 増額契約の場合※ →**増額部分**のみが記載金額となる 減額契約の場合※ →「記載金額のない契約書」として**200円**の印紙税が課される

ココみて！1-4

ココみて！1-5

※ もとの契約書が作成されていることが明示され、変更後の増減額が記載されているときに限る

ポイント

☆ 一通の契約書に**売買契約**と**請負契約**の記載がある場合、原則として、全体が売買契約に係る文書となる

→ ただし 両方の金額が記載されているときには、金額が**高い**ほうが記載金額となる！

☆ 契約書に、消費税額が区分記載されている場合には、消費税額は記載金額に含めない

例題 ─────────────────────── H23−問23④

「Aの所有する土地(価額7,000万円)とBの所有する土地(価額1億円)とを交換し、AはBに差額3,000万円を支払う」旨を記載した土地交換契約書を作成した場合、印紙税の課税標準となる当該契約書の記載金額は3,000万円である。

× 交換契約書において、双方の金額が記載されている場合には、いずれか**高いほう**(本問の場合は1億円)が記載金額となる。

例題 ─────────────────────── H21−問24②

「時価3,000万円の土地を無償で譲渡する」旨を記載した贈与契約書は、記載金額3,000万円の不動産の譲渡に関する契約書として印紙税が課される。

× 贈与契約書は、「**記載金額のない契約書**」として、印紙税**200円**が課される。

Ⅳ 税率

印紙税の税率は、次のとおりです。

印紙税の税率

記載金額がある契約書	記載金額に応じて異なる （ただし、記載金額が1万円未満の場合は原則非課税）
記載金額がない契約書	**200**円

なお10万円超の「不動産譲渡契約書」および100万円超の「建設工事請負契約書」については、一定の軽減税率が適用されます。

Ⅴ 過怠税

印紙が貼られていない場合には、納付しなかった印紙税の額とその**2倍**に相当する金額の合計額（つまり印紙税額の**3倍**）が過怠税として徴収されます。

また、印紙が貼られているものの、消印がない場合には、印紙の**額面金額分**の過怠税が徴収されます。

過怠税が課される場合でも、契約自体は有効となります。

5 不動産を保有しているとかかる税金　固定資産税

不動産を保有している間は、毎年、**固定資産税**がかかります。

I 固定資産税の基本的な内容

固定資産税の基本的な内容は次のとおりです。

板書 固定資産税の基本的な内容 🖊

課税主体 誰が税金を課すのか？

↳ 不動産がある市町村（**地方**税）

納税義務者 誰が税金を払うのか？

↳ 賦課期日（**1月1日**）現在、固定資産課税台帳に所有者として登録されている者

たとえば ×2年1月1日現在、Aさんが所有している不動産を、2月1日にBさんに売却した、という場合、×2年度の固定資産税の納税義務者はAさんとなる！

ただし 下記の場合は以下の取扱いとなる

① 質権が設定されている土地の場合
　→**質権者**が納税義務者となる

② 100年より永い存続期間の定めのある地上権が設定された土地の場合
　→**地上権者**が納税義務者となる

③ 災害等により所有者が不明な場合
　→市町村は賦課期日における**使用者**を所有者とみなして納税義務者にできる

④ 市町村が相当な努力が払われたと認められる方法により探索を行ってもなお所有者の存在が不明な場合
　→市町村はその**使用者**を所有者とみなして納税義務者にできる

課税客体 何に対して税金がかかるのか？

↳ 固定資産（土地、家屋、償却資産）に対して税金がかかる

　↳ **…とは？** 事業用の機械など、減価償却を行う資産

| 非 課 税 | 税金がかからない場合は? |

↳ 所有者が国・地方公共団体等であるとき

| 課 税 標 準 | 税金の計算のベースとなる金額は? |

↳ 賦課期日(1月1日)現在、固定資産課税台帳に登録されている
価格(固定資産税評価額)
　　　↳ 原則として3年に1度、評価替えが行われる

| 税 額 の 計 算 | 税率はいくら? |

↳ 固定資産税=固定資産税評価額×1.4%

標準税率
これをベースに、市町村で
税率を決めることができる

| 納 付 方 法 | 税金の納め方は? |

↳ 普通徴収 → …とは? 国や地方公共団体が税額を計算して、
納税者に通知し、それにもとづいて
納税者が税金を納付する方法

Ⅱ 免税点

課税標準額が以下の場合には、固定資産税はかかりません。

板書 免税点

土　地	30万円未満
家　屋	20万円未満
償却資産	150万円未満

ひとこと

ただし！ 市町村長は財政上その他特別の必要がある場合には、前記の免税点に満たないとき（たとえば家屋の課税標準が15万円の場合）でも、固定資産税を課すことができます。

Ⅲ 課税標準の特例

住宅用地については、課税標準の特例があります。

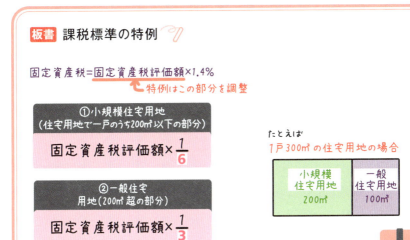

Ⅳ 税額軽減の特例

一定の条件を満たした新築住宅については、税額軽減の特例があります。

> **板書 税額軽減の特例**
>
> 床面積が50㎡以上280㎡以下
> （貸付用マンション・アパートの場合は40㎡以上280㎡以下）など
>
> 新築住宅の場合で、一定の条件を満たしたときは、新築後5年間または3年間、120㎡までの部分について税額が $\frac{1}{2}$ に軽減される
>
> 耐火造または準耐火造の中高層住宅の場合は5年間、それ以外は3年間
>
> 固定資産税＝固定資産税評価額×1.4%
> これが半分になる

Ⅴ タワーマンションの特例

　居住用超高層建築物（いわゆるタワーマンション。高さが **60**mを超える建築物のうち、複数の階に住戸が所在しているもの）に対する固定資産税については、当該タワーマンション全体に係る固定資産税額を各区分所有者に按分するさいに用いる各区分所有者の専有部分の床面積を、一定の補正率（階層別専有床面積補正率）によって補正します。

ひとこと
人の居住の用に供する専有部分に限ります。

　なお、階層別専有床面積補正率は、タワーマンションの1階を100とし、階が1つ増すごとに、$\frac{10}{39}$ を加えた数値となります。

Ⅵ 固定資産の価格決定

1 固定資産の評価、価格の決定

　固定資産の評価は、**総務大臣**が定めた固定資産評価基準にもとづいて、市町村の **固定資産評価員** が行います。そして、固定資産評価員の評価にもと

づいて、**市町村長**が毎年**3月31日**までに固定資産の価格等を決定し、**固定資産課税台帳**に登録します。

2 固定資産課税台帳

固定資産課税台帳のポイントは次のとおりです。

固定資産課税台帳のポイント

◆納税義務者等は、必要に応じて、市町村長に対して、自分の固定資産に関する部分（またはその写し）の閲覧を請求することができる

◆納税者は、固定資産課税台帳の登録価格に不服があるときは、一定期間内において、**固定資産評価審査委員会**に対して、書面によって審査の申出をすることができる

---

3 土地価格等縦覧帳簿、家屋価格等縦覧帳簿

市町村長は、毎年3月31日までに、**土地価格等縦覧帳簿**および**家屋価格等縦覧帳簿**を作成しなければなりません。

土地価格等縦覧帳簿・家屋価格等縦覧帳簿は、固定資産課税台帳の簡略版です。

土地価格等縦覧帳簿・家屋価格等縦覧帳簿のポイントは次のとおりです。

土地価格等縦覧帳簿・家屋価格等縦覧帳簿のポイント

◆市町村長は、毎年4月1日から

{ 4月20日 または 最初の納期限の日 } のいずれか遅い日までの期間、納税者の縦覧に供さなければならない

---

6 不動産を売却したときにかかる税金　所得税（譲渡所得）

I 所得税とは

所得とは、個人が1年間（1月1日から12月31日までの1年間）に得た収入から、これを得るためにかかった必要経費を差し引いた金額をいい、この所得に対してかかる税金（国税）を所得税といいます。

ひとこと
所得＝収入－必要経費 です。

所得税では、所得を下記の10種類に分けて税額を計算しますが、宅建試験で重要なのは譲渡所得です。

所得の分類
❶利子所得　❷配当所得　❸不動産所得　❹事業所得　❺給与所得
❻退職所得　❼山林所得　❽譲渡所得　❾一時所得　❿雑所得

II 譲渡所得とは

譲渡所得とは、土地、建物、株式、ゴルフ会員権、書画、骨董品などの資産を譲渡（売却）することによって生じる所得をいいます。

ひとこと
このうち本書では、土地・建物等の譲渡について学習します。

III 譲渡所得の分類

土地・建物等の譲渡によって生じた所得（土地・建物等の譲渡所得）は、所有期間（譲渡した年の1月1日時点の所有期間）が**5年以内**か**5年超**かによって、短期譲渡所得と長期譲渡所得に分類されます。

また、土地・建物等の譲渡所得の課税方法は**分離課税**（他の所得と別個で税額が計算される方法）に区分されます。

> **ひとこと**
> 10種類に分類した所得は、原則としてすべて合算されて、課税（**総合課税**）されますが、土地・建物等の譲渡所得など、一部の所得については他の所得と分離して課税（**分離課税**）されます。

板書 土地・建物等の譲渡所得

- **短期譲渡所得**：譲渡した年の1月1日における所有期間が5年以下の土地・建物等の譲渡
- **長期譲渡所得**：譲渡した年の1月1日における所有期間が5年超の土地・建物等の譲渡

→ 分離課税

IV 譲渡所得の計算

譲渡所得の金額は、以下の計算式によって算出します。

板書 譲渡所得の計算

譲渡所得 = 総収入金額 −（取得費 + 譲渡費用）

【取得費の例】
譲渡した資産の購入代金、取得時の仲介手数料、登録免許税、不動産取得税 など
☆ 取得費が不明な場合、収入金額の5%を取得費（**概算取得費**）とすることができる

【譲渡費用の例】
譲渡時の仲介手数料、印紙税、取壊費用 など

Ⅴ 譲渡所得にかかる税率

土地・建物等の譲渡所得にかかる税率は次のとおりです。

板書 譲渡所得にかかる税率

譲渡所得の税額＝譲渡所得金額×**税率**

短期譲渡所得の場合…所得税：30%　住民税：9%
長期譲渡所得の場合…所得税：15%　住民税：5%

Ⅵ 居住用財産の特例

居住用財産（自宅やその土地）を譲渡等した場合で、一定の要件を満たしたときは、次の特例を受けることができます。

1 居住用財産の3,000万円の特別控除

居住用財産を譲渡して譲渡益が生じた場合、譲渡所得の金額から最高**3,000万円**を控除することができます。

この特例の主な内容は次のとおりです。

板書 居住用財産の3,000万円の特別控除

(課税)譲渡所得の金額 ＝総収入金額－（取得費＋譲渡費用）－**3,000万円**

ポイント

☆ 譲渡した居住用財産の所有期間が短期でも長期でも利用できる

ココみて！
1-6

主な適用要件
☆ 居住用財産の譲渡であること
  ・現在居住している家屋・その敷地
  ・過去に居住していた家屋・その敷地(居住の用に供されなくなった日から**3**年を経過する日の属する年の12月31日までに譲渡されたものに限る)
☆ 配偶者、直系血族(父母、子など)、生計を一にしている親族等への譲渡ではないこと
☆ 前年、前々年にこの特例を受けていないこと
☆ 譲渡年、前年、前々年に居住用財産の買換えの特例等を受けていないこと

例題

当年の1月1日において所有期間が10年以下の居住用財産を譲渡した場合、居住用財産の譲渡所得の3,000万円特別控除(租税特別措置法第35条第1項)を適用することができない。

× 居住用財産の3,000万円の特別控除は所有期間の要件はない(**短期でも長期でも適用できる**)。

2 収用等の5,000万円の特別控除

収用等によって、土地や建物を譲渡した場合、譲渡所得の金額から最高**5,000万円**を控除することができます。

板書 収用等の5,000万円の特別控除

(課税)譲渡所得の金額 = 総収入金額 − (取得費 + 譲渡費用) − **5,000**万円

ポイント
☆ 譲渡した資産の所有期間が短期でも長期でも利用できる

主な適用要件
☆ 土地収用法、都市計画法等にもとづいて資産が収用等され、補償金等を受け取っていること
☆ 最初に買取等の申出があった日から6カ月を経過した日までに譲渡されたものであること
☆ 公共事業の施行者から最初に買取り等の申出を受けた者による譲渡であること

3 低未利用土地等を譲渡した場合の長期譲渡所得の特別控除

個人が、都市計画区域内にある低未利用土地等（低未利用土地またはその上に存する権利）であることについての市区町村長の確認がされたものを譲渡したときは、その年中の低未利用土地等の譲渡に係る長期譲渡所得の金額から最高 **100万円** を控除することができます。

空き地や空き家が建っている土地など、適正な利用がされるべき土地なのにかかわらず、長期間利用されていない土地を未利用地といいます。また、一時的な資材置き場など、周囲の利用状況と比べて利用の程度が低い土地を低利用地といいます。
低未利用土地とは、未利用地と低利用地の総称です。

板書 低未利用土地等を譲渡した場合の長期譲渡所得の特別控除

(課税)譲渡所得の金額 ＝ 総収入金額 －（取得費＋譲渡費用）－ **100**万円

ポイント
☆ 譲渡した資産の所有期間が長期であるもののみ利用できる

主な適用要件
☆ 低未利用土地等であることについて、**市区町村長の確認**がされたものであること
☆ その年の1月1日における所有期間が**5年超**であること
☆ その低未利用土地が**都市計画区域内**にあること
☆ 譲渡価額がその上にある建物等を含めて**500万円以下**であること

4 特定居住用財産の買換えの特例

譲渡した年の1月1日時点で所有期間が**10年超**で、居住期間**10年以上**の居住用財産を譲渡し、新たに床面積が**50㎡以上**の居住用財産を購入した（買い換えた）場合、譲渡益に対する税金を繰り延べることができます。

ひとこと

「繰り延べる」とは、次年度以降に持ち越すことをいいます。
通常、今年発生した譲渡益は全額、今年度の課税の対象になりますが、この特例は今年発生した譲渡益にもかかわらず、次年度以降（将来売却したとき）の課税の対象とすることができるのです。

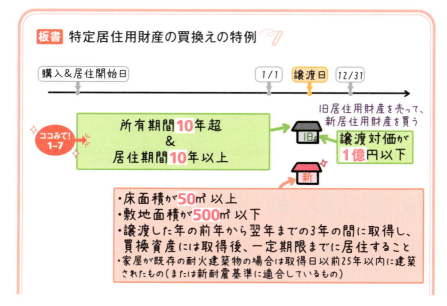

| 譲渡資産の譲渡価額 ≦ 買換資産の取得価額 | の場合
旧 を5,000万円で売って、新 を6,000万円で買ったという場合

→ 旧 の譲渡によって生じた譲渡所得（譲渡益）については（この時点では）課税されない

| 譲渡資産の譲渡価額 > 買換資産の取得価額 | の場合
旧 を5,000万円で売って、新 を4,500万円で買ったという場合

→ 旧 の譲渡価額と 新 の取得価額との差額に対応する部分の譲渡所得（譲渡益）について課税され、残りは（この時点では）課税されない

主な適用要件（上記以外）
☆ 居住用財産の譲渡であること
☆ 配偶者、直系血族（父母、子など）、生計を一にしている親族等への譲渡ではないこと
☆ 譲渡年、前年、前々年に「居住用財産の3,000万円の特別控除」や「居住用財産の軽減税率の特例」等を受けていないこと

例題　　　　　　　　　　　　　　　　　　　　　　　　H19-問26③

特定の居住用財産の買換えの場合の長期譲渡所得の課税の特例において、譲渡資産とされる家屋については、その譲渡をした日の属する年の1月1日における所有期間が5年を超えるものであることが、適用要件とされている。

✗ 所有期間は「5年超」ではなく、「**10年超**」である。

5 居住用財産の軽減税率の特例

譲渡した年の1月1日時点で所有期間が**10年超**の居住用財産を譲渡した場合、❶または❷の特別控除後の金額（ただし**6,000万円以下**の部分）について**10**％（所得税）の軽減税率が適用されます。

6,000万円を超える部分については、長期譲渡所得の税率15%（所得税）が適用されます。

6 優良住宅地の軽減税率の特例

優良住宅地の造成等のために、国や地方公共団体等に対して所有期間が**5年超**の土地等を譲渡した場合、譲渡益（ただし**2,000万円以下**の部分）について**10**%（所得税）の軽減税率が適用されます。

2,000万円を超える部分については、長期譲渡所得の税率15%（所得税）が適用されます。

7 特定居住用財産の譲渡損失の損益通算および繰越控除の特例

譲渡した年の1月1日時点で所有期間が**5年超**、一定の**住宅ローン**がある等の居住用財産を譲渡し、譲渡損失が生じた場合は、譲渡損失とその年の他の所得とを**損益通算**することができます。

損益通算とは、損失（赤字）と利益（黒字）を相殺することをいいます。

また、翌年以降**3年間**にわたって、その譲渡損失を他の所得から控除（**繰越控除**）することができます。

ただし、繰越控除を受ける年の合計所得金額が**3,000万円以下**でなければなりません。

8 特例の併用の可否

特例には併用して適用できるものと、併用して適用できないものがあります。

「特別控除」、「買換えの特例」、「軽減税率の特例」について、併用の可否をまとめると、次のとおりです。

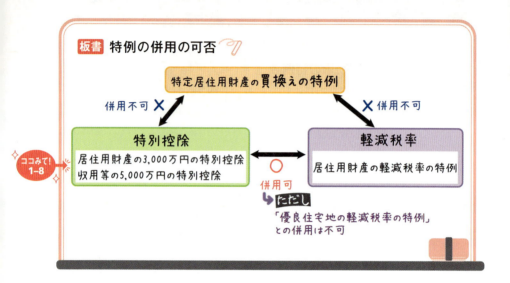

例題　　　　　　　　　　　　　　　　　　　　　　　　　H24－問23②

当年の1月1日において所有期間が10年を超える居住用財産について、収用交換等の場合の譲渡所得等の5,000万円特別控除（租税特別措置法第33条の4第1項）の適用を受ける場合であっても、特別控除後の譲渡益について、居住用財産を譲渡した場合の軽減税率の特例（同法第31条の3第1項）を適用することができる。

　　○　収用等の5,000万円の特別控除と軽減税率は併用できる。

9 空き家にかかる3,000万円の特別控除の特例

相続の開始の直前において、被相続人の居住用であった家屋で、その後空き家になっていた家屋を一定期間内に譲渡した場合には、その譲渡所得の金額から最高**3,000万円**を控除することができます。

532

> **板書** 空き家にかかる3,000万円の特別控除の特例
>
> (課税)譲渡所得の金額 ＝ 総収入金額 －（取得費＋譲渡費用）－ **3,000** 万円
>
> **ポイント**
> ☆ **相続財産**にかかる譲渡所得の課税の特例（相続税の取得費の加算）と**選択適用**となる
>
> **主な適用要件**
> ☆ 相続開始まで被相続人の居住用に供されていて、その後、相続によって空き家になったこと
> ☆ 譲渡時において、地震に対する安全性に係る規定等に適合するものであること
> ☆ 1981年(昭和56年)5月31日以前に建築された家屋であること
> ☆ マンションなど区分所有建物でないこと
> ☆ 相続開始日から**3**年を経過する年の12月31日までに譲渡したこと
> ☆ 譲渡対価が**1億**円以下であること

ひとこと

被相続人が、介護保険法に規定する要介護認定等を受けて相続開始直前まで老人ホーム等に入所していた場合であっても、その家屋が被相続人による一定の使用がなされるなどの要件を満たしたときは、控除の適用を受けることができます！

Ⅶ 住宅借入金等特別控除（住宅ローン控除）

1 住宅借入金等特別控除とは

住宅ローンを利用して住宅を取得したり、増改築した場合(省エネ改修、バリアフリー改修、一定の耐久性向上改修工事を含む)には、住宅ローンの年末残高に一定の率を掛けた金額について税額控除を受けることができます。この制度が**住宅借入金等特別控除（住宅ローン控除）**です。

533

2 控除率、控除期間等

一般の住宅と認定住宅（認定長期優良住宅、認定低炭素住宅）の控除率等は、次のとおりです。

控除率、控除期間等（★については4参照）

居住開始年月日	住宅ローン等の年末残高 ①一般住宅	②認定住宅	控除期間（★）	控除率
令和3年1月1日～令和3年12月31日	4,000万円	5,000万円	10年	1%
令和元年10月1日～令和2年12月31日	4,000万円	5,000万円	13年	1%※

※ 11年目～13年目の控除率については以下の計算のうち、次のいずれか小さい金額となる

A 住宅ローン等の年末残高＊×1%
　＊①の場合は4,000万円、②の場合は5,000万円が限度

B 建物購入価格（税抜き）×2%÷3

ひとこと
認定住宅とは、劣化対策や耐震性、省エネ機能など一定の基準を満たした住宅をいいます。

3 適用要件

住宅借入金等特別控除の主な適用要件は次のとおりです。

住宅借入金等特別控除の主な適用要件（★については❹参照）

◆返済期間が **10** 年以上の住宅ローンであること

◆原則、住宅を取得した日から **6** カ月以内に居住（★）し、適用を受ける各年の年末まで引き続き居住していること

◆控除を受ける年の合計所得金額が **3,000** 万円以下であること

◆住宅の床面積が **50** ㎡以上で、床面積の半分以上の部分が自分で居住するためのものであること

◆居住年、前2年、後3年に以下の特例を受けていないこと

- ・居住用財産の特別控除
- ・特定居住用財産の買換えの特例
- ・居住用財産の軽減税率の特例　など

---

❹ 住宅ローン控除の適用要件の弾力化（新型コロナウイルス関連）…★

　住宅ローン控除の控除期間や適用要件は前記のとおりですが、新型コロナウイルス感染拡大を受けて、住宅ローン控除の適用要件が一部緩和されました。具体的な内容は次のとおりです。

住宅ローン控除の適用要件の弾力化

	本来	緩和
控除期間の特例の要件 （控除期間10年→13年）	令和2年12月31日までの入居	一定の要件※1を満たしていれば令和3年12月31日までの入居
既存住宅を取得したさいの 入居期限の要件	取得の日から6ヵ月以内	一定の要件※2を満たしていれば増改築等完了の日から6ヵ月以内

※1 ❶一定の期日までに契約が行われていること
　　・注文住宅の新築の場合→令和2年9月末
　　・分譲住宅・既存住宅の取得、増改築等の場合→令和2年11月末
　　❷新型コロナウイルス感染症の影響によって、入居が遅れたこと
※2 ❶以下のいずれか遅い期日までに増改築等の契約が行われていること
　　・既存住宅取得の日から5ヵ月後まで
　　・令和2年6月30日まで
　　❷新型コロナウイルス感染症の影響によって、入居が遅れたこと

SECTION 02 不動産鑑定評価基準

CHAPTER 04
税・その他

このSECTIONで学習すること

1 不動産鑑定評価基準とは — ここは軽く読み流そう

2 不動産の鑑定評価によって求める価格 — 4つの価格の概略をつかんでおこう！

3 不動産の鑑定評価方式 — 3つの方法がある！

1 不動産鑑定評価基準とは

不動産鑑定評価基準とは、不動産の適正な鑑定評価を行うために用いる指針をいいます。

ひとこと
法的拘束力はありません。

2 不動産の鑑定評価によって求める価格

不動産の鑑定評価によって求める価格は、原則として **正常価格** ですが、それ以外の価格を求める場合もあります。

板書 不動産の鑑定評価によって求める価格 📎

1 正常価格 ← 原則

市場性を有する不動産 について、現実の社会経済情勢の下で合理的と考えられる条件を満たす市場で形成されるであろう市場価値を表示する適正な価格

つまり 売り急ぎや買い進みなどがない、ふつうの状態での取引で成立する価格

2 限定価格 ← 特殊な場合

市場性を有する不動産 について、市場が相対的に **限定** される場合の価格

たとえば
隣接する土地の併合を目的として売買する場合など

3 特定価格 ← 特殊な場合

市場性を有する不動産 について、法令等による社会的要請を背景とする鑑定評価目的の下で、正常価格の前提となる諸条件を満たさないことにより正常価格と同一の市場概念の下において形成されるであろう市場価値と乖離することとなる場合における不動産の経済価値を適正に表示する価格

4 特殊価格 ← 特殊な場合

市場性を有しない不動産 について、利用現況等を前提とした不動産の経済価値を適正に表示する価格
たとえば 文化財など

537

3 不動産の鑑定評価方式

不動産の鑑定評価方式には、原価法、取引事例比較法、収益還元法の3つがあります。

ひとこと

鑑定評価の手法の適用にあたっては、地域分析および個別分析により把握した対象不動産に係る市場の特性等を適切に反映した複数の手法を適用すべき（それが困難な場合においても、その考え方をできるだけ参酌するように努めるべき）とされています。

板書 不動産の鑑定評価方式①

1 原価法

価格時点における対象不動産の再調達原価を求め、それに減価修正を加えて対象不動産の試算価格（積算価格）を求める方法

→…とは？ いま買ったらいくらか

ポイント

☆ 対象不動産が 建物 または 建物＆その敷地 の場合で、再調達原価の把握、減価修正が適正にできるときに有効

　　→ 注 対象不動産が「土地」のみの場合でも、再調達原価を適切に求めることができれば、この方法を適用できる

☆ 減価修正を行う場合の「減価額」を求める方法には、耐用年数にもとづく方法と、観察減価法があり、原則として、この2つを併用する

板書 不動産の鑑定評価方式②

2 取引事例比較法

似たような取引事例を参考にして、それに**事情補正**、**時点修正**を加えて対象不動産の試算価格(比準価格)を求める方法

> セットバックがある場合はそれ(事情)を加味する…とか

> 選択した不動産の価格時点が大昔である場合はそれ(時間)を加味する…とか

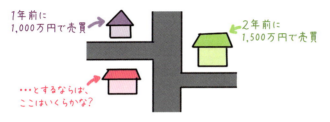

- 1年前に1,000万円で売買
- 2年前に1,500万円で売買
- …とするならば、ここはいくらかな？

ポイント

☆ 多数の事例を収集することが必要

☆ 取引事例は原則として**近隣地域または同一需給圏内の類似地域に存在する不動産に係るもの**のうちから選択する

> **ただし** 必要やむを得ない場合には、近隣地域の周辺の地域に存在する不動産に係るもののうちから選択できる

☆ 取引事例は、次の要件をすべて備えていなければならない

① 取引事情が正常なものと認められること
　　→ 投機的な取引は×
② 時点修正をすることが可能なものであること
③ **地域要因**の比較および**個別的要因**の比較が可能なものであること

- その地域内に存在する不動産の価格に全般的な影響を与える要因
- 不動産に個別性を生じさせその価格を個別的に形成する要因

板書 **不動産の鑑定評価方式③**

③ 収益還元法

対象不動産が将来生み出すであろう純収益（収益－費用）と最終的な売却価格から現在の対象不動産の試算価格（収益価格）を求める方法

ポイント
- ☆ 賃貸用不動産または賃貸以外の事業用不動産の価格を求めるときに特に有効
- ☆ 一般的に市場性のない不動産以外のものには基本的にすべて適用すべきものである ← 文化財の指定を受けた建造物など
- ☆ 収益価格を求める方法には、**直接還元法**と**DCF法**がある

ココみて！2-1 → 対象不動産が生み出す単年度の純収益を一定率で割り戻して価格を求める方法

【ディスカウント・キャッシュ・フロー法】
対象不動産の保有期間中、対象不動産が生み出す（複数年の）純収益と最終的な売却価格を現在価値に割り戻して価格を求める方法

例題 H19-問29④

収益還元法は、対象不動産が将来生み出すであろうと期待される純収益の現在価値の総和を求めることにより対象不動産の試算価格を求める手法であり、このうち、一期間の純収益を還元利回りによって還元する方法をDCF（Discounted Cash Flow）法という。

 ✗ 一期間の純収益を一定率（還元利回り）によって還元する方法は、**直接還元法**である。

SECTION 03 地価公示法

CHAPTER 04 税・その他

このSECTIONで学習すること

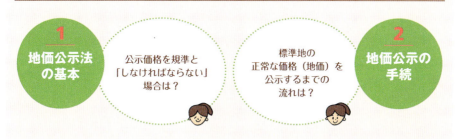

1. 地価公示法の基本 — 公示価格を規準と「しなければならない」場合は？

2. 地価公示の手続 — 標準地の正常な価格（地価）を公示するまでの流れは？

1 地価公示法の基本

I 地価公示法の目的

地価公示法は、**標準地**を選定し、その正常な価格を公示することによって、一般の土地の価格を決めるさいの指標を与え、もって適正な地価の形成に寄与することを目的としています。

II 土地の取引を行う者の責務、公示価格の効力

地価公示法では、都市およびその周辺の地域等において土地取引を行う者は、公示価格を指標とするよう努めなければならないと規定されています。

なお、一定の者が土地取引をする場合には、公示価格が強制されます。

ひとこと

一般の取引の場合は「公示価格をできるだけ**指標としてね**」ですが、一定の者が取引をする場合には、「絶対、公示価格を**規準としなさいね**」となります。

板書 土地の取引を行う者の責務、公示価格の効力

【ココみて！3-1】
- 一般の土地取引の場合 → 公示価格を指標として取引するよう、努めなければならない

- **不動産鑑定士**が公示区域内の土地について鑑定評価を行う場合で、当該土地の正常な価格を求めるとき
- **土地収用法等**によって土地を収用できる事業を行う者が、公示区域内の土地を取得する場合で、当該土地の取得価格を定めるとき

→ 公示価格を規準としなければならない

例題　　　　　　　　　　　　　　　　　H23-問25③

土地の取引を行う者は、取引の対象土地に類似する利用価値を有すると認められる標準地について公示された価格を指標として取引を<u>行わなければならない</u>。

✗ 土地の取引を行う者は、公示価格を指標として取引するよう、**努めなければならない。**

2 地価公示の手続

地価公示は**毎年1回**、以下の手続によって行います。

板書 地価公示の手続の流れ

1 標準地の選定 ← 土地鑑定委員会が行う

土地鑑定委員会が**公示区域**内から**標準地**を選定する

…とは？ 都市計画区域その他の区域で、土地取引が相当程度見込まれるものとして国土交通省令で定める区域
（国土交通大臣が定める）

ココみて！3-2

公示区域は**国土交通大臣**が定める ←→ 標準地は**土地鑑定委員会**が選定する

ポイント

☆ 標準地は、自然的および社会的条件からみて類似の利用価値を有すると認められる地域において、土地の利用状況、環境等が**通常**と認められる**一団**の土地について選定する

2 標準地の鑑定評価 ← 土地鑑定委員会が鑑定評価を求める

標準地について、**2人**以上の不動産鑑定士が鑑定評価を行う

ポイント

☆ 不動産鑑定士は鑑定評価を行うにあたって、**下記の価格**を勘案しなければならない

ココみて！3-3

① 近傍類地の**取引価格**から算定される推定の価格
　↳ 近くの似たような土地
② 近傍類地の**地代**等から算定される推定の価格
③ 同等の効用を有する**土地の造成**に要する推定の**費用**

543

3 正常な価格の判定 ← 土地鑑定委員会が行う

土地鑑定委員会は、鑑定評価の結果を審査・調整して、基準日（1月1日）における標準地の単位面積あたりの 正常な価格 を判定する

→ 自由な取引が行われるとした場合の、通常成立すると認められる価格

…とは？

土地に建物等がある場合や地上権等、土地の使用収益を制限する権利が存在する場合には、これらがないものとして通常成立すると認められる価格（更地価格）

4 正常な価格の公示 ← 土地鑑定委員会が行う

土地鑑定委員会は、標準地の単位面積あたりの正常な価格を判定したら、すみやかに 一定事項 を官報で公示する

① 標準地の所在の郡・市・区・町村、字、地番
② 標準地の単位面積あたりの価格、価格判定の基準日
③ 標準地の地積、形状
④ 標準地およびその周辺の土地の利用の現況　など

5 図書の送付 ← 土地鑑定委員会が行う

土地鑑定委員会は、公示後すみやかに、関係市町村の長に対して、 次の図書 を送付する

① 公示した事項のうち、当該市町村が属する都道府県に存在する標準地に係る部分を記載した書面
② 当該標準地の所在を表示する図面

6 図書の閲覧 ← 関係市町村の長が行う

関係市町村の長は、上記 5 の図書を市町村の事務所において、一般の閲覧に供する

例題 ─────────────── H23-問25①

公示区域とは、土地鑑定委員会が都市計画法第4条第2項に規定する都市計画区域内において定める区域である。

× 公示区域は**国土交通大臣**が定める。また、公示区域は都市計画区域外にも定めることができる。

例題 ─────────────── H21-問25②

標準地の鑑定評価は、近傍類地の取引価格から算定される推定の価格、近傍類地の地代等から算定される推定の価格および同等の効用を有する土地の造成に要する推定の費用の額を勘案して行われる。

○ そのとおりである。

SECTION 04 住宅金融支援機構法

CHAPTER 04
税・その他

登録講習修了者は免除項目

このSECTIONで学習すること

1 住宅金融支援機構とは
住宅金融支援機構は、民間金融機関をバックアップする団体

2 機構の業務
証券化支援事業が住宅金融支援機構の主要業務！

3 業務の委託
機構は一部の業務を一定の者に委託することができる！

1 住宅金融支援機構とは

住宅金融支援機構(以下「機構」といいます)は、従来の住宅金融公庫の業務を承継して設立された独立行政法人で、民間金融機関が住宅取得者等に対して資金を融資できるように支援することを主な業務としています。

> **ひとこと**
> 従来の住宅金融公庫は、住宅取得者等に対して住宅ローンの直接融資をしていましたが、機構では直接融資の範囲を限定し、あくまでも「民間金融機関の住宅ローンの提供を支援すること」を主な業務としています。

2 機構の業務

機構は、以下の業務を行っています。

Ⅰ 証券化支援事業 ←主要業務

証券化支援事業は、住宅ローン債権を証券化することによって、民間金融機関が長期固定金利の住宅ローンを提供できるよう、支援する業務です。

具体的には、次の業務(**買取型**と**保証型**)をいいます。

板書 証券化支援事業

住宅の建設または購入に必要な資金の貸付債権

これに付随する土地・借地権の取得、住宅の購入に付随する当該住宅の改良に必要な資金の貸付債権も含む

買取型

民間の金融機関の住宅ローン債権を機構が買い取って、証券化し、投資家に売却する

住宅ローン債権が発生しても、機構が買い取ってくれるので、金融機関は安心して住宅取得者にお金を貸せる

住宅取得者は住宅ローンを利用して、住宅の購入がしやすくなる！

保証型

☆ 民間の金融機関が融資する住宅ローンについて、住宅ローン利用者（住宅取得者）が返済不能となったとき、民間の金融機関に対して、機構が保険金の支払いを行う

住宅融資保険の引受け

☆ 住宅ローン債権を担保として発行された債券等に係る債務の支払いについて、投資家に対して期日どおりに元利払いの保証を行う

例題 H22-問46②

機構は、証券化支援事業（買取型）において、銀行、保険会社、農業協同組合、信用金庫、信用組合などが貸し付けた住宅ローンの債権を買い取ることができる。

○ 機構は、民間の金融機関の住宅ローン債権を買い取ることができる。

証券化支援事業の活用例として フラット35（民間の金融機関と機構が提携して提供している長期固定金利型の民間住宅ローン）があります。

フラット35のポイント
◆全期間固定金利が適用される
◆保証人や保証料は不要
◆融資金利や融資手数料は金融機関によって異なる

II 融資保険業務

融資保険業務 は、住宅ローンが返済不能となってしまった場合等に、機構が金融機関に保険金を支払う業務です。

III 情報の提供

機構は、住宅の建設や購入等をしようとする者や住宅の建築等に関する事業をしようとする者に対して、住宅ローンや住宅に関する情報の提供を行います。

また、「海外社会資本事業への我が国事業者の参入の促進に関する法律」第7条の規定による調査、研究および情報の提供も行います。

IV 直接融資

機構は、重要性は高いが、民間の金融機関では融資が困難なものに限って、直接融資を行います。

直接融資（一部）

【災害系】
◆災害復興建築物の建設・購入、被災建築物の補修に必要な資金の貸付け
◆災害予防代替建築物の建設・購入、災害予防移転建築物の移転、災害予防関連工事、地震に対する安全性強化のための住宅改良等に必要な資金の貸付け

【子ども、高齢者系】
◆子どもを育成する家庭、高齢者の家庭に適した賃貸住宅の建設・改良に必要な資金の貸付け
◆高齢者の家庭に適した住宅にするための改良に必要な資金の貸付け
◆高齢者向け返済特例制度（60歳以上の高齢者が自ら居住する住宅に行うバリアフリー工事または耐震改修工事に係る貸付けについて、毎月の返済は利息のみとし、借入金の元金は申込人が死亡したときに一括して返済する制度）

【その他】
◆合理的土地利用建築物の建設・購入のために必要な資金の貸付け
◆マンションの共用部分の改良に必要な資金の貸付け
◆勤労者財産形成促進法等による貸付け
◆住宅確保要配慮者に対する賃貸住宅の供給の促進に関する法律による貸付け・保険

Ⅴ 団体信用生命保険業務

機構は、団体信用生命保険を業務として行っています。

団体信用生命保険とは、あらかじめ住宅ローンを組んだ者と一定の契約を締結し、その者が死亡した場合に支払われる生命保険金を残りの住宅ローンの返済に充てることをいいます。

VI 住宅金融公庫の貸付債権の回収等

機構は、住宅金融公庫が貸し付けた資金に係る債権の管理・回収を行います。

3 業務の委託

機構は、業務(情報の提供は除く)の一部を次の者に委託することができます。

業務を委託できる者
- ◆一定の金融機関
- ◆一定の債権回収会社
- ◆地方公共団体その他政令で定める法人

SECTION 05 景品表示法（不当景品類及び不当表示防止法）

CHAPTER 04 税・その他

登録講習修了者は免除項目

このSECTIONで学習すること

1 景品表示法の基本 — ここは軽く読み流そう

これも軽くみておけばOK — 2 不動産業における景品類の提供の制限に関する公正競争規約

3 不動産の表示に関する公正競争規約 — いろいろな制限があって、覚えるのが大変だから、問題集を解きながら確認しよう！

1 景品表示法の基本

I 景品表示法とは

景品表示法は、「不当景品類及び不当表示防止法」の略で、豪華すぎる景品の提供や誇大広告を禁止する法律です。

ひとこと

景品が豪華すぎると、（本当はその商品を買う予定はないけど）景品目当てに商品を購入してしまうことがあるかもしれません。また、誇大広告により消費者が誤った判断をしてしまうことがあります。そこで、消費者が不測の損害を被らないように、景品表示法で景品や広告について一定の規制をしているのです。

Ⅱ 景品類とは

景品表示法でいう**景品類**とは、顧客を誘引するための手段として、事業者が提供する物品、金銭、その他の経済上の利益で、内閣総理大臣が指定するものをいいます。

ひとこと

景品表示法では、「商品の品質が実際のものよりも著しく優良に見えるような表示はしてはダメだよ」など、一般的なアタリマエの内容を定めているだけで、具体的な内容は定めていません。具体的な規制は公正競争規約に定められており、本書では試験で出題されるものにしぼって公正競争規約の内容を説明します。

2 不動産業における景品類の提供の制限に関する公正競争規約

事業者（不動産業者）は、一般消費者に対して、以下の額を超える景品類の提供をすることはできません。

景品類の提供の制限

懸賞により 提供する景品類 抽選で！	取引価額の**20倍**または**10万円**のいずれか**低**い額 （ただし、提供できる景品類の総額は、懸賞に係る取引予定総額の**100分の2**以内とする）
懸賞によらないで 提供する景品類 もれなくプレゼント！	取引価額の**10分の1**または**100万円**のいずれか**低**い額

553

3 不動産の表示に関する公正競争規約

不動産の表示(広告)に関する規制には、以下のものがあります。

I 広告の開始時期の制限

宅地の造成または建物の建築に関する工事の完了前においては、宅建業法第33条(広告の開始時期の制限)に規定する**許可**等があったあとでなければ、宅地や建物の内容や取引に関する広告をすることができません。

II 特定事項の明示義務

一般消費者が通常予期することができない物件の形質や立地等(具体的には下記)については、明瞭に表示しなければなりません。

板書 特定事項の明示義務

1 **市街化調整**区域に所在する土地については
→ 「市街化調整区域。宅地の造成および建物の建築はできません。」と16ポイント以上の文字で明示すること

2 建築基準法第42条に規定する道路に**2**m以上接していない土地については
→ 「再建築不可」または「建築不可」と明示すること

3 建築基準法第42条第2項の規定により道路とみなされる部分(セットバックを要する部分)を含む土地については
→ その旨を表示し、セットバックを要する部分の面積がおおむね10%以上である場合は、あわせてその面積を明示すること

4 土地取引において、土地上に**古家**、**廃屋**等が存在するときは
→ その旨を明示すること

5	土地の全部または一部が**高圧電線路下**にあるときは	その旨、そのおおむねの面積を表示すること この場合において、建物等の建築が禁止されているときは、あわせてその旨を明示すること
6	**傾斜地**を含む土地であって、傾斜地の割合が土地面積のおおむね**30**％以上を占める場合（マンション、別荘地等を除く）は	傾斜地を含む旨、傾斜地の割合または面積を明示すること **ただし** 傾斜地の割合が30％以上を占めるか否かにかかわらず、傾斜地を含むことにより、土地の有効な利用が著しく阻害される場合（マンションを除く）は、その旨、傾斜地の割合または面積を明示すること
7	著しい**不整形画地**、区画の地盤面が2段以上に分かれている等の著しく特異な地勢の土地については	その旨を明示すること
8	道路法または都市計画法の**道路予定区域**に係る土地については	その旨を明示すること
9	建築工事に着手したあとに、**工事**を相当の期間にわたり**中断**していた新築住宅・新築分譲マンションについては	建築工事に着手した時期、中断していた期間を明示すること
10	建築条件付土地の取引については	当該取引の対象が土地である旨、当該条件の内容、当該条件が成就しなかったときの措置の内容を明示して表示すること

Ⅲ 物件の内容・取引条件等に係る表示基準

物件の内容・取引条件等に係る表示基準には、以下のものがあります。

板書 表示基準①

取　引　態　様

取引態様は、「売主」、「貸主」、「代理」、「媒介（仲介）」の別を表示する

　　　　　　　　　　　　　注 これらの用語を用いて表示する！

交通の利便性

① 新設予定の鉄道の駅等やバスの停留所は、当該路線の運行主体が公表したものに限り、その新設予定時期を明示して表示することができる

② 電車、バス等の交通機関の所要時間を表示する場合で、乗換えを要するときは、その旨を明示する

各種施設までの距離、所要時間

☆ 徒歩による所要時間は、道路距離80mにつき1分間を要するものとして算出した数値を表示する（1分未満の端数が生じたときは、1分として算出する）

　　　　　　　たとえば 道路距離が420mの場合は…
　　　　　　　　　　　　420m÷80m=5.25分 → 6分 となる！

例題　　　　　　　　　　　　　　　　　　　　　　H23−問47③

建売住宅の販売広告において、実際に当該物件から最寄駅まで歩いたときの所要時間が15分であれば、物件から最寄駅までの道路距離にかかわらず、広告中に「最寄駅まで徒歩15分」と表示することができる。

✗　各施設までの所要時間は**道路距離80mにつき1分**として算出した数値を表示しなければならない。

板書 表示基準②

面 積

☆ 面積は、メートル法により表示する
　（1㎡未満の数値は切り捨てて表示することができる）

☆ 建物の面積（マンションの場合は専有面積）は、延べ面積を表示し、これに車庫、地下室等の面積を含むときは、その旨、その面積を表示する

　　　　　　　ただし　中古マンションについては建物登記簿に
　　　　　　　　　　　記載された面積を表示することができる

物件の形質

☆ 採光および換気のための窓その他の開口部の面積の当該室の床面積に対する割合が建築基準法の規定に適合していないため、居室と認められない納戸その他の部分については、その旨を「納戸」等と表示する

☆ 地目は、登記簿に記載されているものを表示する
　　　　　　　→ 注 現況の地目と異なるときは、現況の地目を併記する

写 真

☆ 宅地・建物の写真は、取引するものの写真を用いて表示する

☆ 建築工事の完了前である等により、その建物の写真を用いることができない場合、次のもの に限り、他の建物の写真を用いることができる。この場合は、当該写真が他の建物のものである旨を写真に接する位置に明示する

　① 取引しようとする建物と規模、形質、外観が同一の他の建物の外観写真
　② 建物の内部写真であって、写真に写される部分の規模、形質等が同一のもの

生活関連施設

☆ デパート、スーパーマーケット等の商業施設は、現に利用できるものを物件までの道路距離を明示して表示する

　　　　　　　　　　　　　　　　　　ただし
　ココみて！　工事中である等その施設が将来確実に利用
　5-2　　　　できると認められるものについては、整備予定
　　　　　　時期を明示して表示することができる

例題　H24-問47③

取引しようとする物件の周辺に存在するデパート、スーパーマーケット等の商業施設については、現に利用できるものでなければ広告に表示することはできない。

 ✕ その施設が将来確実に利用できると認められるものであれば、整備予定時期を明示して表示することができる。

板書 表示基準③

【価格・賃料】

☆ 土地の価格については、1区画あたりの価格を表示する…A
　└ 一定の場合には、1㎡あたりの価格で表示することができる

☆ 上記Aの場合で、すべての区画の価格を表示することが困難であるときは、分譲宅地の価格については、1区画あたりの最低価格、最高価格、最多価格帯、その価格帯に属する販売区画数を表示する
　└ 販売区画数が10未満であるときは、最多価格帯の表示を省略できる

☆ 住宅(マンションは住戸)の価格については、1戸あたりの価格を表示する…B

☆ 上記Bの場合で、すべての住戸の価格を表示することが困難であるときは、新築分譲住宅・新築分譲マンションの価格については、1戸あたりの最低価格、最高価格、最多価格帯、その価格帯に属する住宅または住戸の戸数を表示する
　└ 販売戸数が10戸未満であるときは、最多価格帯の表示を省略できる

☆ 賃貸される住宅(マンションやアパートにあっては住戸)の賃料については、1カ月あたりの賃料を表示する
　└ ただし　新築賃貸マンション・新築賃貸アパートの賃料について、すべての住戸の賃料を表示することが困難である場合は、1住戸あたりの最低賃料、最高賃料を表示する

☆ 管理費、共益費、修繕積立金については、1戸あたりの月額を表示する
　└ ただし　住戸により金額が異なる場合で、すべての住宅の管理費、共益費、修繕積立金を示すことが困難であるときは、最低額と最高額のみで表示することができる

住宅ローン等

☆ 住宅ローンについては、次の事項を明示して表示する

① 金融機関の名称・商号
　（または都市銀行、地方銀行、信用金庫等の種類）
② 提携ローンまたは紹介ローンの別
③ 融資限度額
④ 借入金の利率および利息を徴する方式または返済例
　┗ 固定金利型、変動金利型などの種別

☆ 割賦販売の支払条件の金利は**実質年率**を表示する

…とは？

┗ アドオン方式による利率（アドオン年率）
を併記してもOKだが、アドオン年率のみを
表示するのはダメ

当初の借入金額（元金）×利率×期間
で全期間の利息合計を計算し、
（元金+利息合計）÷返済回数
で利息を計算する方法。
実質金利よりも低い利率で表示される

Ⅳ 特定用語の使用基準

事業者(不動産業者)が物件の広告等を行うときに、以下の用語を使用する場合は、それぞれ下記の定義に即して使用しなければなりません。

特定用語の使用基準

用　語	定　義
新　築	建築後1年未満であって、居住の用に供されたことがないもの
新発売	新たに造成された宅地または新築の住宅について、一般消費者に対し、初めて購入の申込みの勧誘を行うこと ☆ 購入の申込みを受けるにさいして一定の期間を設ける場合においては、その期間内における勧誘をいう
ダイニング・キッチン(DK)	台所と食堂の機能が1室に併存している部屋をいい、住宅の居室(寝室)数に応じ、その用途に従って使用するために必要な広さ、形状、機能を有するもの
リビング・ダイニング・キッチン(LDK)	居間と台所と食堂の機能が1室に併存する部屋をいい、住宅の居室(寝室)数に応じ、その用途に従って使用するために必要な広さ、形状、機能を有するもの

? 例題　　　　　　　　　　　　　　　　　　H25-問47④

完成後8カ月しか経過していない分譲住宅については、入居の有無にかかわらず新築分譲住宅と表示してもよい。

× 新築後1年未満であっても居住の用に供された建物は「新築」と表示することはできない。

Ⅴ 不当な二重価格表示の禁止

物件の価格、賃料等について**二重価格表示**をする場合、事実に相違する広告表示または実際のものや他社のものよりも有利であると誤認されるおそれのある広告表示をしてはいけません。

ひとこと

二重価格表示とは、実際に販売する価格(実売価格)に、これよりも高い価格(比較対照価格)を併記するなどして、実売価格に比較対照価格を付すことをいいます。

VI おとり広告の禁止

下記に該当する表示(おとり広告)は禁止されています。

おとり広告の禁止

- 物件が存在しないため、実際には取引することができない物件に関する表示
- 物件は存在するが、実際には取引の対象となり得ない物件に関する表示
- 物件は存在するが、実際には取引する意思がない物件に関する表示

} は禁止されている

SECTION 06 土地・建物

CHAPTER 04 税・その他

登録講習修了者は免除項目

このSECTIONで学習すること

1 土地 — 宅地に適した土地はどんな土地？

2 建物 — 木造、鉄骨造、鉄筋コンクリート造、鉄骨鉄筋コンクリート造の特性についてみていきます

1 土地

I 土地の特性

　山麓部、丘陵地、台地、段丘、低地部、干拓地、埋立地について、これらの土地が宅地として適しているかどうかという点に注目して、特徴をみてみましょう。

板書 土地の特性

山麓部
山麓…山のふもと

☆ 地すべりや崩壊等が起こりやすいので、一般的には宅地として適さない
↳ 地層が安定している場所なら宅地に適しているといえる

☆ 土石流の堆積、地すべりでできた地形、谷の出口にあたるところは特に注意が必要
↳ …とは？ 土砂が集中豪雨などによって一気に下流に押し流される現象

☆ 山麓部の利用にあたっては、背後の地形、地質、地盤について吟味が必要

丘陵地、台地、段丘
丘陵地…なだらかな起伏や小山が続く地形
台地…頂上が平らで、周囲より高くなっている地形
段丘…河川・海・湖に沿って発達する階段状の地形

☆ 一般的に水はけがよく、地盤が安定しているため、宅地に適している
ただし
① 丘陵部や台地の縁辺部はがけ崩れの危険があるので注意が必要
② 丘陵地や台地の浅い谷にみられる小さな池沼を埋め立てたところでは、地盤沈下や液状化が生じる可能性があるので注意が必要

低地部

☆ 一般的に洪水や地震に弱いため、宅地に適していない

☆ 低地でも扇状地、自然堤防などは比較的危険性が低い
↳ ただし 谷出口に広がる扇状地は豪雨等によって発生した土石流災害の危険性がある

☆ 低地でも旧河道、自然堤防に囲まれた後背低地、三角州、谷底平野は特に危険性が高い

扇状地…河川によって、山地から運ばれた砂礫（されき）が堆積した扇形の地形
自然堤防…河川の氾濫によって、砂礫が河岸に堆積してできた堤防状の微高地
旧河道…昔は河だった土地
後背低地…自然堤防等の背後にできた低湿な地形
（後背湿地）
三角州…河川が押し流した土砂が河口付近に堆積してできた三角形の地形
（デルタ地帯）

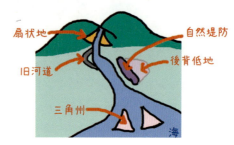

干拓地、埋立地

☆ 一般的に宅地に適していない

干拓地…海や湖を堤防で区切って、水を排出してつくった土地
埋立地…海や湖の一部を土砂や廃棄物等を積み上げてつくった土地
　　　　→ 海面よりも高くなるので、干拓地よりは安全と考えられる

? 例題　　　　　　　　　　　　　　　　　　　　　　H23-問49④

埋立地は一般に海面に対して数mの比高を持ち、干拓地より災害に対して危険である。

✗　埋立地は、海面より高くなるので、**干拓地よりは安全**と考えられる。

564

Ⅱ その他の土地の特徴、現象

その他の土地の特徴や現象をみておきましょう。

板書 その他の土地の特徴、現象

崩壊跡地

…**斜面崩壊**によってできた地形
　↳ …とは？ 豪雨や地震によって斜面が崩れる現象
　☆ 再度崩壊のおそれがあるので、安全ではない

地すべり地

…**地すべり**によってできた地形
　↳ …とは？ 降雨等によって土地の一部がすべる現象
　☆ 再発性がある
　☆ 棚田等の水田として利用される

断　　層

…ある面を境にできた地層のずれ
　☆ 断層周辺では、地盤の強度が安定していないため、崩壊、地すべりが発生する可能性が高い
　☆ 断層地形は、直線状の谷など、地形の急変する地点が連続して存在するといった特徴がみられることが多い

例題　　　　　　　　　　　　　　　　　　　　　　　H22-問49①

地すべり地の多くは、地すべり地形と呼ばれる独特の地形を呈し、棚田などの水田として利用されることがある。

 ○ 地すべり地の多くは棚田等の水田として利用される。

Ⅲ 等高線

等高線とは、等しい高さを結んだ線をいいます。
等高線のポイントは次のとおりです。

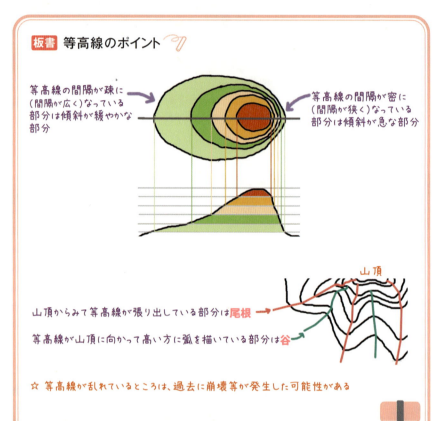

2 建　物

I 構造計算が必要な建築物

　一定の建築物については、構造計算によって安全性を確認しなければなりません。

構造計算が必要な建築物

◆高さが**60**mを超える建築物は、構造方法について、一定の構造計算によって安全性が確認されたものとして**国土交通大臣**の**認定**を受けたものでなければならない

◆高さが60m以下の建築物のうち、建築基準法6条1項2号・3号の建築物については、一定の構造計算によって安全性が確認されたものでなければならない

建築基準法 6条1項2号	木造建築物で、次のいずれかに該当するもの ・地階を含む階数が **3** 以上 ・延べ面積が **500** ㎡超 ・高さが **13** m超 ・軒の高さが **9** m超
建築基準法 6条1項3号	木造以外の建築物で、次のいずれかに該当するもの ・地階を含む階数が **2** 以上 ・延べ面積が **200** ㎡超

II 建築物の構造

　建築物の構造には、**木造**、**鉄骨造**、**鉄筋コンクリート造**、**鉄骨鉄筋コンクリート造**があります。

Ⅲ 木造

木造は、骨組みを木材でつくる構造で、木造軸組工法、枠組壁工法(ツーバイフォー工法)、集成木材工法などがあります。

板書 木材の性質

☆ 木材は含水率が小さい状態のほうが強度が大きくなる
　　　　　↳ 乾燥している状態

☆ 木材は湿潤状態では、しろありの発生や腐朽等の被害を受けやすい

☆ 辺材(へんざい)は心材(しんざい)に比べて弱い
　　　　　　　↳ 耐久性が小さい
　　　　　　　　腐朽しやすい

断面図
辺材…弱い (外側)
心材…強い (内側)

☆ 木材の強度は、繊維方向のほうが繊維に垂直方向よりも強い

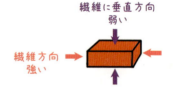
繊維に垂直方向 弱い
繊維方向 強い

---

1 木造軸組工法

木造軸組工法は、柱やはりなどで骨組みを構成する(全体を支える)構造(伝統的な構造)です。

木造建築物に関する建築基準法の規定(一部)のポイントをまとめると、次のとおりです。

板書 木造軸組工法

ココみて! 6-3

欠込み…接合するために部材を欠き取ること

はり、けた等の横架材には、中央部付近の下側に耐力上支障のある**欠込み**をしてはならない

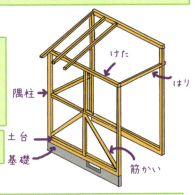

階数が2以上の建築物の**隅柱**等は原則として**通し柱**としなければならない
ただし！
接合部を通し柱と同等以上の耐力を有するように補強した場合は、通し柱にしなくてもよい

土台は原則として、基礎に緊結しなければならない

構造耐力上、主要な部分である**柱、筋かい、土台**のうち、地面から**1**m以内の部分には、有効な防腐措置を講じ、必要に応じて、しろありその他の虫による害を防ぐための措置を講じなければならない

筋かいには原則として欠込みをしてはならない
ただし！
筋かいをたすき掛けにするためにやむを得ない場合で、必要な補強を行ったときは、欠込みをすることができる

木造の**外壁**のうち、鉄網モルタル塗その他軸組みが腐りやすい構造である部分の下地には、**防水紙**等を使用しなければならない

例題　　　　　　　　　　　　　　　　　　H18-問49④

はり、けたその他の横架材の中央部付近の下側に耐力上支障のある<u>欠込みをする場合</u>は、その部分を補強しなければならない。

ココみて! 6-3

× はり、けた等の横架材の中央部付近の下側に耐力上支障のある**欠込みはしてはならない**。

❷ 枠組壁工法（ツーバイフォー工法）

枠組壁工法（ツーバイフォー工法）は、木材で組んだ枠に構造用合板などを打ち付けて壁や床をつくり、それを組み立てて建築物をつくる方法をいいます。

❸ 集成木材工法

集成木材工法は、集成木材（薄い板を接着剤で張り付けて、重ね合わせて作る木材）で骨組みを構成した構造で、体育館等に用いられる方法です。

Ⅳ 鉄骨造

鉄骨造は、骨組みを鉄鋼材でつくる構造です。

板書 鉄骨造のポイント

☆ 鉄骨造は不燃構造であるが、火熱にあうと耐力が減少する

耐火構造にするためには、
耐火材料で被覆する必要がある！

☆ 鉄骨造は自重が軽い

☆ 鋼材はさびやすい

Ⅴ 鉄筋コンクリート造

鉄筋コンクリート造は、鉄筋とコンクリートを組み合わせた材料で骨組みをつくる構造です。

板書 鉄筋コンクリート造のポイント

鉄筋コンクリート造の特徴

☆ 鉄筋コンクリート造は、耐火、耐久性が**大き**く、構造形態を自由にできる

☆ 常温における、鉄筋と普通コンクリートの熱膨張率は、**ほぼ等しい**

☆ コンクリートの引張強度は、圧縮強度よりも**小さい**

ココみて！ 6-4

鉄筋コンクリート造の規則 過去に試験で出たところを中心におさえておこう！

☆ 鉄筋コンクリート造に使用される骨材、水、混和材料は、鉄筋をさびさせ、またはコンクリートの凝結・硬化を妨げるような酸、塩、有機物、泥土を含んではならない

☆ 鉄筋の末端は、原則として**かぎ状**に折り曲げて、コンクリートから抜け出ないように定着させなければならない

☆ 鉄筋コンクリート造の柱については、原則として、主筋は**4本以上**でなければならない

☆ 主筋は、帯筋と緊結しなければならない
　↳…とは？ 柱の主筋のまわりに巻く鉄筋

☆ 鉄筋に対するかぶり厚さは、原則として**次のよう**にしなければならない
　↳…とは？ 鉄筋の表面からこれを覆うコンクリートの表面までの最短寸法

① 耐力壁以外の壁、床…2cm以上
② 耐力壁、柱、はり…3cm以上

例題 H22-問50②

コンクリートの引張強度は、圧縮強度より大きい。

ココみて！
6-4

× 引張強度は圧縮強度より小さい。

Ⅵ 鉄骨鉄筋コンクリート造

鉄骨鉄筋コンクリート造は、鉄骨造と鉄筋コンクリート造の優れた点を組み合わせた構造です。

鉄骨鉄筋コンクリート造は、優れた強度、じん性（ねばり強さ）があり、高層建築物などに用いられます。

Ⅶ 建築物の構造①

建築物の構造のうち、ラーメン構造、トラス式構造、アーチ式構造についてみておきましょう。

建築物の構造①

ラーメン構造	柱とはりを組み合わせた直方体で構成する骨組み
トラス式構造	細長い部材を三角形に組み合わせた構成の構造
アーチ式構造	アーチ型の骨組みで、スポーツ施設のような大空間を構成するのに適した構造

572

Ⅷ 建築物の構造②

地震と建築物の構造という観点から、**耐震構造**、**免震構造**、**制震構造**についてみておきましょう。

建築物の構造②

耐 震 構 造	建物の柱、はり、耐震壁などで剛性を高め、地震に対して十分耐えられるようにした構造 →建物自体を強くして、地震の揺れに耐える!
免 震 構 造	建物の下部構造と上部構造との間に積層ゴムなどを設置し、揺れを減らす構造 →ゴムがあるおかげで、あまり揺れない
制 震 構 造	制震ダンパーなどを設置し、揺れを制御する構造 →揺れを小さくしたり、早く揺れがおさまるようにした構造

参考編

参考編

CHAPTER01 宅建業法の参考論点

CHAPTER02 権利関係の参考論点

CHAPTER03 法令上の制限の参考論点

参考編
CHAPTER 01 宅建業法の参考論点

1 弁済業務保証金準備金、特別弁済業務保証金分担金 (関連テーマ…SEC.05 保証協会)

SECTION05では、保証協会について学習しました。
ここでは、弁済業務保証金準備金と特別弁済業務保証金分担金についてみておきましょう。

I 弁済業務保証金準備金

社員が還付充当金を納付しない場合、保証協会は仮払いしたままの状態（保証協会のお金が減ったままの状態）となります。
このような事態に備えて、保証協会には 弁済業務保証金準備金 が積み立てられており、社員が還付充当金を納付しない場合には、弁済業務保証金準備金が取り崩されます。

II 特別弁済業務保証金分担金

弁済業務保証金準備金を取り崩しても足りない場合には、すべての社員に対し、特別弁済業務保証金分担金 の納付を依頼(通知)します。

「足りなくなっちゃったから追加して！」ということですが、保証協会って、結構お金を持っているので、いままで足りなくなったことはないようです。

そして、この通知を受けた社員は、通知を受けた日から **1カ月以内** に納付しなければなりません。

ひとこと

「特別」なので、通常（弁済業務保証金の不足額の供託の場合は2週間）よりも長いのです。
でも、期限内に納付しない場合には、社員の地位を失いますよ。

2　8種制限について 〈関連テーマ…SEC.08 8種制限〉

SECTION08では、**8種制限**のうち試験でよく出題される6つの制限を学習しました。

ここでは、残りの2つの制限についてみておきましょう。

Ⅰ 割賦販売契約の解除等の制限…

割賦販売とは、分割払いで商品を販売すること（目的物の引渡後、1年以上の期間にわたり、かつ、2回以上に分割して代金を受領する条件で販売すること）をいいます。

ひとこと

宅地や建物の売買では、一般的にローン（金融機関からお金を借りて一括で支払う形態）が利用されるので、割賦販売はほとんど行われていません。

宅建業者が自ら売主となる割賦販売の契約において、買主が賦払金（各回ごとの支払金額）の支払いを履行しない場合には、❶**30日以上**の期間を定めて、❷その支払いを**書面**で催告し、その期間内に支払いがないときでなければ、契約の解除や残りの賦払金の支払請求をすることができません。

ひとこと

「30日以上」と「書面」を覚えておいてください。

Ⅱ 所有権留保等の禁止…8

　車の割賦販売などでは、お客さんが代金をすべて支払い終わるまで売主（ディーラー）に車の所有権を残しておくことがあります（**所有権留保**）。

　この所有権留保を宅地・建物の場合にも認めてしまうと、買主は長期間、物件の所有権を得ることができなくなってしまいます。そこで、宅建業法では、原則として所有権留保を禁止しています。

　宅建業者が自ら売主となって割賦販売を行った場合の、所有権留保等の禁止の主な内容は次のとおりです。

板書 所有権留保等の禁止の主な内容

1 所有権留保の禁止

■原則■ 所有権留保は禁止！
宅建業者は、宅地・建物の**引渡し**までに、登記の移転をしなければならない

■例外■ 所有権留保が認められる場合
下記の場合 には登記の移転をしなくてもよい

① 宅建業者が受け取った金額が代金の額の**10分の3**以下であるとき
② 買主が、所有権の登記をしたあとの代金債務について、これを担保するための抵当権や先取特権の登記の申請をする見込みがないときや、保証人を立てる見込みがないとき

2 譲渡担保の禁止

宅建業者は、宅地・建物を引き渡し、かつ、代金の額の**10分の3**を超える金額の支払いを受けたあとは、担保目的で、その宅地・建物を譲り受けてはならない

↳名義を宅建業者に戻してはいけない

CHAPTER 02 権利関係の参考論点

1 担保物権の基本 (関連テーマ…SEC.10 抵当権)

SECTION10では、**抵当権**について学習しました。

ここでは、抵当権をはじめとする担保物権の基本についてみておきましょう。

I 担保物権とは

担保物権とは、債権の回収を確実にするために、債務者等の財産を担保（債権が弁済されない場合の肩代わりになるもの）とする物権をいいます。

担保物権は、**法定担保物権**と**約定担保物権**に分けられます。

法定担保物権と約定担保物権

法定担保物権	法律上当然に成立するもの →留置権、先取特権
約定担保物権	当事者間の契約によって成立するもの →質権、抵当権

II 担保物権の性質

担保物権には、**付従性**、**随伴性**、**不可分性**、**物上代位性**といった性質があります。

579

担保物権の性質

付 従 性	❶ 担保物権は、被担保債権が存在してはじめて成立する ❷ 被担保債権が消滅すれば、それに従って担保物権も消滅する
随 伴 性	担保物権は、被担保債権が移転すると、それに伴って移転する
不 可 分 性	担保物権は、被担保債権の全部が消滅するまで、目的物の全部について効力を及ぼす
物上代位性	担保物権は、目的物が売却されたり、滅失等してしまった場合に、目的物の所有者が受け取るべき金銭等(売買代金債権、保険金請求権、賃料など)についても行使することができる ☆ 金銭等が債務者に支払われる前に差押えをする必要がある

ポイント

☆ 物上代位性は、**留置権**にはない!

	留置権	先取特権	質 権	抵当権
付 従 性	あり	あり	あり	あり※
随 伴 性	あり	あり	あり	あり※
不 可 分 性	あり	あり	あり	あり
物上代位性	**なし**	あり	あり	あり

※ 元本確定前の根抵当権は「なし」

2 抵当権以外の担保物権(関連テーマ…SEC.10 抵当権)

ここでは、抵当権以外の担保物権について簡単にみておきましょう。

Ⅰ 留置権

留置権とは、他人の物を占有している者が、その物に関して生じた債権の弁済を受けるまで、その物を留置できるという権利をいいます。

留置権のポイントは次のとおりです。

板書 留置権のポイント

☆ 物上代位性はない
☆ 動産も不動産もいずれも対象となる
☆ <u>目的物から優先弁済を受けることはできない</u>
　　→ 単に、債務の弁済を受けるまで物を留置しておけるだけ
　　→ これによって、債務の弁済を促す
☆ 留置権者は、<u>善良な管理者の注意</u>をもって目的物を占有する必要がある
　　…とは？
　　その職業、立場等から考えて、通常期待される注意義務
☆ 占有が不法行為によってはじまった場合には、留置権は成立しない
☆ 留置している物に必要な修繕をした場合、その修繕費の支払いを受けるまでその物を留置しておくことができる

Ⅱ 先取特権

先取特権とは、法律が定める一定の債権を有する者が、債務者の財産について、他の債権者より優先して弁済を受けることができる権利をいいます。

ひとこと

　たとえば、取引先に対する債務も従業員に対する給料も未払いのまま会社が倒産したとします。給料が未払いだと、従業員は生活に困りますよね。
　ですから、このような場合、従業員の未払給料について先取特権が認められ、従業員は取引先よりも優先して未払分の給料を受け取ることができるのです。

先取特権のポイントは次のとおりです。

> **板書 先取特権のポイント**
>
> ☆ 先取特権は一般の先取特権、動産の先取特権、不動産の先取特権の3種類がある
> ☆ 目的物を競売にかけて、優先弁済を受けることができる

III 質権

質権とは、債権者が債権の担保として債務者または第三者から受け取った物を、債務の弁済を受けるまで留置して(債務の弁済を間接的に強制し)、弁済がされない場合には、その物から優先的に弁済を受けることができる権利をいいます。

質権のポイントは次のとおりです。

> **板書 質権のポイント**
>
> ☆ 質権には、動産質、不動産質、権利質がある
>   - 動産質：動産が対象
>   - 不動産質：不動産が対象
>   - 権利質：その他の財産権が対象
>
> ☆ 弁済がないときは、目的物を競売にかけて、優先弁済を受けることができる
>   注 留置権はこれができない 質権はこれができる
>
> ☆ 質権者は、善良な管理者の注意をもって目的物を占有する必要がある
>   これは留置権と同じ
>
> ☆ 不動産質の場合、質権者は目的物を使用収益することができる
>   注 抵当権者は目的物を使用収益することはできない

3 根抵当権(関連テーマ…SEC.10 抵当権)

ここでは、抵当権の参考論点として、根抵当権について簡単にみておきましょう。

Ⅰ 根抵当権とは

たとえば、A商店はB問屋から日々商品を仕入れて、代金は後払い(ツケ)としているとしましょう。代金は後払いなので、A商店が代金を支払わないで、ツケを踏み倒してしまうことも考えられます。

B問屋がA商店のツケを確実に回収するためには、A商店の不動産に担保を設定すればいいのですが、取引は毎日行われるので、日々の債権額(被担保債権)が変動します。そうすると、そのつどいちいち抵当権を新しく設定しなおさなくてはならず、不便です。

そこで、変動する多数の債権を一定金額(極度額 といいます)まで担保するという制度があります。これが 根抵当権 です。

上記の例において、債権者B問屋を 根抵当権者 、債務者A商店を 根抵当権設定者 といいます。

また、根抵当権では、設定契約の際に定めた、債務者との特定の「被担保債権の範囲」に属する債権のみが担保されることになります。

たとえば、A商店(債務者)への売買取引債権を担保とする(被担保債権の範囲とすること)と定めたときは、それ以外の債権(A商店への貸金債権など)は担保されません。

Ⅱ 根抵当権のポイント

根抵当権のポイントをまとめると、次のとおりです。

板書 根抵当権のポイント

☆ 元本確定前は、被担保債権の範囲を当事者の合意で変更できる
　　↪ …とは？ 日々変動する被担保債権の額を固定すること
　　☆ 後順位の抵当権者等の承諾は不要
　　☆ 元本確定後は被担保債権の範囲を変更することはできない

☆ 後順位の抵当権者等の承諾があれば極度額の変更ができる
　　　　　　　　　　　　　　　　　　↪ 元本確定後も変更可能

☆ 優先弁済を受けられる額は**極度額**まで
　　　　　　↪ 普通の抵当権は元本と最後の2年分の利息

4 債権者代位権、詐害行為取消権(関連テーマ…なし)

Ⅰ 債権者代位権

債権者代位権とは、債権者が自己の債権を保全するために必要があるときは、債務者の第三債務者に対する権利を債務者に代わって行使することができる制度をいいます。

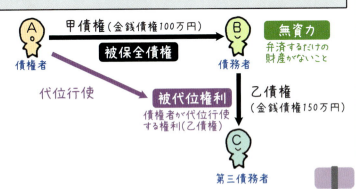

　債務者が自己の有する権利を行使しない場合、債務者の責任財産(強制執行の引き当てとなる債務者の財産)を保全して強制執行の準備をするための制度が、(本来型の)債権者代位権です。

　一方、登記(または登録)請求権を保全するために登記(または登録)請求権を代位行使する場合など、責任財産の保全を目的としないもの(転用型)もあります。

　債権者代位権の要件に関する基本的な点は次のとおりです。

> **板書** 債権者代位権の要件
>
> ① 債権者が**自己の債権を保全する必要**があること
>   ポイント
>   ☆ 本来型：被保全債権は金銭債権であること
>   債務者は無資力であること
>   ☆ 転用型：被保全債権が金銭債権ではない(ことが多い)
>   債務者は無資力でなくともよい
>
> ② **債務者が権利行使をしていない**こと
> ③ 被保全債権について
>   ⓐ <u>強制執行により実現できないものではないこと</u>
>   たとえば
>   不執行の合意(強制執行をしないとの合意)のある債権
>   ⓑ 原則、期限の到来が必要だが、<u>保存行為</u>(財産の現状を維持する行為)
>   は期限未到来でも可
>   たとえば
>   消滅時効が完成猶予・更新される行為
> ④ 被代位権利について
>   原則として代位行使の対象となるが、<u>債務者の一身に専属する権利や差押えを禁止された権利</u>は代位行使の対象とならない

また、債権者は、被代位権利を債務者に代わって行使でき、代理とは異なり、自己の名で権利行使します。被代位権利の目的が可分であるときは、**被保全債権の額の限度**になります。

> **ひとこと**
> さきほどの例では、Aが行使できるのは100万円の限度です。

Ⅱ 詐害行為取消権

詐害行為取消権とは、債務者が自己の財産を流出させた場合に、責任財産を保全して強制執行の準備をするため、債権者が、債務者が債権者を害することを知ってした行為(詐害行為)の取消しなどを裁判所に請求することができる制度です。

> たとえば、A(債権者)がB(債務者)に売買契約に基づく1,000万円の代金債権(甲債権)を有していますが、Bは、ほかにめぼしい財産がないのに、(Aを害することを認識しつつ)自己の所有する乙不動産(価値1,500万円)をC(受益者：悪意)に贈与しました。そこで、Aは、甲債権を保全するため、その贈与契約を詐害行為とし、Cを被告として裁判所に詐害行為取消請求をするという場合です。

詐害行為取消請求の基本的な要件は次のとおりです。

板書 詐害行為取消請求の基本的な要件

1 債権者(A)側の要件

① 被保全債権が存在すること

ポイント
- ☆ 詐害行為の前の原因に基づいて生じた債権であることが必要
- ☆ 債権が強制執行により実現できないものではダメ

② 被保全債権が**金銭債権**であること

ポイント
- ☆ 詐害行為時に特定物引渡請求権でもよい

→ たとえば 家屋の引渡請求権

2 債務者(B)側の要件

☆ 債務者が債権者を害すること(無資力であること)を知ってした行為
(詐害行為)であること

ポイント
- ☆ 財産権を目的としない行為は除く

→ たとえば 婚姻・離婚、相続放棄

3 受益者(C)の要件

☆ 受益者が、詐害行為時に債権者を害することを知らなかったとは
いえないこと

なお、詐害行為取消権の行使方法は、**裁判所に請求**する必要があります。

> **行使の方法のポイント**
>
> ❶ 債務者がした行為の取消しを請求でき、それとともに、債務者がした行為によって債務者以外の者に移転・転得した財産の返還（返還が困難なときは、その価額の償還）を請求できる
> ❷ 取消しの範囲は、債務者がした行為の目的が可分である場合や価額の償還を請求する場合、債権者の債権額が限度

5 債務引受（関連テーマ…なし）

Ⅰ 債務引受とは

債務引受とは、債務者が負担する債務と同一の内容の債務を契約によって第三者(引受人)が負担することをいいます。

Ⅱ 併存的債務引受と免責的債務引受

併存的債務引受とは、債務者は債務者としての地位に残りつつ、新しい債務者が元々の債務者と並んで債務を負うことです。

一方、**免責的債務引受**とは、債務者が債務を免れ、債務者以外の第三者(のみ)が代わりに引き受けることです。

> **板書 併存的債務引受のポイント**
>
> ☆ 併存的債務引受には、①債権者と引受人となる者との間で併存的債務引受契約をする方法と、②債務者と引受人となる者との間で併存的債務引受契約をする方法がある
> 　　↳ 効力発生は、債権者が引受人となる者に対して承諾した時
>
> ☆ 引受人は債務者と連帯して、債務者が債権者に対して負担する債務と同一の内容の債務を負担する → 基本的には連帯債務と同じ扱い

> **板書 免責的債務引受のポイント**
>
> ☆ 免責的債務引受には、①債権者と引受人となる者との間で免責的債務引受契約をする方法と、②債務者と引受人となる者との間で免責的債務引受契約をし、かつ債権者が引受人となる者に対して承諾をする方法がある
> 　①↳ 効力発生は、債権者が債務者に対して契約をした旨を通知した時
> 　②↳ 効力発生は、承諾時
>
> ☆ 引受人は、債務者が債権者に対して負担する債務と同一の内容の債務を負担し、債務者は、自己の債務を免れる

6 定型約款 (関連テーマ…なし)

I 定型約款とは

　定型約款とは、定型取引において、契約の内容とすることを目的として特定の者により準備された条項の総体をいいます。

また、定型取引とは、ある特定の者が不特定多数者を相手方として行う取引であって、その内容の全部または一部が画一的であることがその双方にとって合理的なものをいいます。

> **ひとこと**
> 鉄道の運送約款、電気の供給約款、保険約款、インターネットサイトの利用規約などが想定されています。

II 定型約款の合意

以下の場合、定型約款が契約の内容となります。

板書　定型約款の合意

■**原則**■

以下の①にも②にもあたる場合、原則として、定型約款の個別の条項についても合意をしたものとみなされる

① 定型取引を行うことの合意（定型取引合意）をしたこと
② 以下のいずれかにあたること
　ⓐ 定型約款を契約の内容とする旨の合意をした
　ⓑ 定型約款準備者（定型約款を準備した者）があらかじめその定型約款を契約の内容とする旨を相手方に表示していた

ポイント
個別の条項の内容を相手方は認識していなくともよい

■例外■
以下のいずれかの場合、合意をしなかったものとみなされる

① 定型約款の個別の条項のうち、相手方の権利を制限し、または相手方の義務を加重する条項であって、その定型取引の態様・実情、取引上の社会通念に照らして、信義則に反して相手方の利益を一方的に害すると認められるもの
② 定型約款準備者が定型取引合意の前に、相手方からの定型約款の内容の表示を求める請求を拒んだ場合

ただし
②の場合で、定型約款準備者が既に相手方に対して定型約款を記載した書面を交付し、またはこれを記録した電磁的記録を提供していた場合や、一時的な通信障害が発生した場合その他正当な事由がある場合は除く

7 使用貸借(関連テーマ…SEC.12 賃貸借)

SECTION12では、**賃貸借**について学習しました。
ここでは、使用貸借について簡単にみておきましょう。

I 使用貸借

使用貸借は、借主が無償で目的物を使用・収益後、返還することを約束することで成立します。

> ひとこと
> タダで借りているので、借主の立場は弱くなります。

Ⅱ 使用貸借のポイント

使用貸借のポイントをまとめると、次のとおりです。

板書 使用貸借のポイント

1 使用貸借の終了

以下の事由によって、使用貸借は終了する

> ① 期間の定めがあるときは、その期間の満了
> ② 期間の定めがなく、使用・収益の目的があるときは、借主のその目的に従った使用・収益の終了
> ③ 借主の死亡

2 使用貸借の解除

以下の場合、貸主は使用貸借契約を解除することができる

> ① 書面によらない使用貸借で、借主が目的物を受け取る前まで
> ② 期間の定めがなく、使用・収益の目的があるときで、その使用・収益をするのに足りる期間を経過したとき
> ③ 期間と使用・収益の目的を定めなかったとき
> ④ 借主が無断で転貸したとき

☆ 借主はいつでも解除できる

3 その他のポイント

☆ 貸主に修繕義務はない →通常の必要費は借主が負担する
☆ 契約違反による損害賠償請求権は、貸主が返還を受けた時から1年を経過するまでの間は、時効は、完成しない
☆ 借主は、原状回復義務を負う

8 居住用建物の賃借権の承継 (関連テーマ…SEC.14 借地借家法(借家))

SECTION14では、**借地借家法(借家)** について学習しました。

ここでは、参考論点として、「居住用建物の賃借権の承継」について簡単に
みておきましょう。

居住用建物の賃借人が死亡した場合で、相続人がいるときは、建物賃借権
は相続人に承継されます。相続人がいないときは、❶同居の内縁の妻(または
夫)や、❷事実上の養子で賃借人と同居していた者に建物賃借権が承継され
ます。

ただし、❶や❷の者が賃借人の死亡を知ったときから **1カ月以内** に賃貸人
に「承継しない」旨の意思表示をしたときは、建物賃借権は承継されません。

9 委 任 (関連テーマ…なし)

委任 とは、委任者がある法律行為を受任者に依頼し、受任者がこれを承諾
することによって成立する契約をいいます。

594

委任について、ポイントをまとめると、次のとおりです。

板書 委任のポイント

① 受任者は特約がなければ委任者に対して報酬を請求できない
　　↳ 原則は「無償」

② 委任契約では、有償・無償を問わず、受任者は善良な管理者としての注意義務を負う
　　↳ ＝善管注意義務
　　その人の立場において通常期待される注意義務

③ 委任契約は、当事者がいつでも解除することができる
　　↳ ただし 相手方にとって不利になる時期に解除した場合や委任者が受任者の利益をも目的とする委任を解除した場合は、やむを得ない事由があるときを除いて、解除した者は相手方に損害賠償をしなければならない

④ 委任契約は、次の事由によって終了する
　　委任者の 死亡 破産手続開始の決定
　　受任者の 死亡 破産手続開始の決定 後見開始の審判

10 相隣関係（関連テーマ…なし）

相隣関係とは、隣り合った不動産の利用について、それぞれの所有者が調整、協力する関係をいいます。

ひとこと
隣の家の木の枝がウチの敷地に入ってきたら、勝手に切ってもいいのか？とか、そういう話です。

相隣関係について、ポイントをまとめると次のとおりです。

> **板書 相隣関係のポイント**
>
> **1 公道に至るための他の土地の通行権**
>
> 他の土地に囲まれて公道に通じない土地の所有者は、公道に至るために、他の土地を通行する権利が認められる
>
>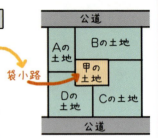
>
> ↳ ただし
> 　通行の場所・方法は、必要かつ隣地への損害が最も少なくなるようにしなければならない
>
> 損害が生じたときは、償金を支払う必要がある
> ↳ ただし
> 　袋小路が共有地の分割によって生じたときは、他の分割された土地だけを通行でき、その場合に、損害が生じても、償金を支払う必要はない
>
> **2 隣地使用権**
>
> 隣地との境界付近で、塀などの築造や修繕をする場合には、必要な範囲内で隣地の使用を請求することができる
> ↳ なお、隣家に立ち入るときには、隣人の承諾が必要
>
> **3 竹木の枝、根の切除**
>
> ☆ 隣地から境界を越えて伸びてきた竹木の<u>枝</u>は、切除を求めることができる
> 　　　　　　　　　　　　　　　↳ 自分で勝手に切ってはダメ！
> ☆ 隣地から境界を越えて伸びてきた竹木の<u>根</u>は、自ら切除することができる
> 　　　　　　　　　　　　　　　↳ 自分で勝手に切ってよい
>
> **4 その他**
>
> ☆ 土地の所有者は、隣地から水が自然に流れてくるのを妨げてはいけない
> ☆ 境界に境界標を設置することができ、その<u>設置費用は半分ずつ負担する</u>
> 　　　　　　　　　　　　　　　↳ 測量の費用は土地の広さで按分する
> ☆ 建物は境界線から**50**cm以上、離して建てなければならない
> ☆ 境界線から**1**m未満の距離に、他人の宅地を見通すことのできる窓や縁側を設けるときは、目隠しを設けなければならない

11 遺産分割 (関連テーマ…SEC.17 相続)

Ⅰ 遺産分割とは

　相続人が2人以上いて共同相続となった場合、各共同相続人は一旦相続分に応じて被相続人の権利義務を承継します。

　このとき、共同相続によって共有となったものについて共有状態を解消するためには、SECTION18で学習した共有物分割ではなく、**遺産分割**によることが必要です。

Ⅱ 遺産分割の当事者

　遺産分割は、少なくとも相続分を有する者全員(共同相続人など)が参加してしなければ、原則として効力を生じません。未成年者などの制限行為能力者がいる場合には、その法定代理人が代理して遺産分割を行うことになることもあります。

Ⅲ 遺産分割の方法

　遺産分割の手続きには、相続人の協議で分割する**協議分割**と、協議が調わないときやできないときに用いられる**審判分割**とがあり、一部の分割も可能です。

　また、被相続人は遺言で遺産分割方法の指定をすることができます(指定は、被相続人自身がしなくても、第三者に委託することもできます)。

> **ひとこと**
> 　「(一部の相続人に)(特定または全部の遺産を)相続させる」との遺言は、原則として、遺産分割方法の指定です。
> 　この原則にあたる場合、法定相続分を超える相続分を取得する者は、登記などの対抗要件を備えておかなければ、相続分を超える部分について第三者に対抗することはできません。

Ⅳ 遺産分割の対象

相続の対象とならない一身専属権や、相続によって当然に分割される債権・債務などは遺産分割の対象とはなりませんが、それ以外の被相続人の財産については遺産分割の対象となります。

なお、預貯金債権については、遺産分割の対象となるものの、一定額については、単独でその権利を行使することができます。

ひとこと
預貯金債権の場合、権利を行使した預貯金債権については、その共同相続人が遺産の一部の分割によりこれを取得したものとみなされます。

12 配偶者の居住の権利(関連テーマ…なし)

Ⅰ 配偶者居住権とは

配偶者(被相続人の配偶者。内縁関係は含まない)は、被相続人の財産に属した建物に相続開始の時に居住していた場合(生活の本拠としていた場合)、次のいずれかにあたるときは、その居住していた建物の全部について無償で使用および収益をする権利(**配偶者居住権**)を取得します。

配偶者居住権

❶ 遺産分割で配偶者居住権を取得するものとされたとき
❷ 配偶者居住権が遺贈の目的とされたとき
❸ 配偶者居住権を取得させる旨の死因贈与契約があるとき

ひとこと
被相続人が賃借していた建物については含まれません。

ただし、被相続人が相続開始の時に居住建物を配偶者以外の者と共有していた場合、配偶者居住権を取得できません。
　なお、存続期間は原則として配偶者の終身の間ですが、別段の定めをすることもできます。

Ⅱ 配偶者短期居住権とは

　配偶者は、被相続人の財産に属した建物に相続開始の時に無償で居住していた場合、その居住していた建物(居住建物)の所有権を相続または遺贈により取得した者(居住建物取得者)に対して、居住建物について無償で使用する権利(**配偶者短期居住権**)を有します。

　共有の場合は含まれますが、賃借の場合は含まれません。また、居住建物の一部のみを無償で使用していた場合は、無償で使用していた部分のみ対象となります。

　ただし、次のいずれかの場合、配偶者短期居住権は成立しません。

配偶者短期居住権が成立しない例
❶ 配偶者が相続開始時に配偶者居住権を取得した場合
❷ 配偶者が相続人の欠格事由に該当するか、廃除によってその相続権を失った場合

　なお、存続期間は次のとおりです。

配偶者短期居住権の存続期間

配偶者を含む共同相続人間で遺産分割をすべき場合	遺産分割により居住建物の帰属が確定した日と相続開始の時から**6**カ月を経過する日のいずれか遅い日まで
上記以外の場合 （相続放棄など）	居住建物取得者による配偶者短期居住権の消滅の申入れの日から**6**カ月を経過する日まで

Ⅲ 配偶者居住権と配偶者短期居住権の違い

配偶者居住権と配偶者短期居住権の違いは、次のとおりです。

板書 **配偶者居住権と配偶者短期居住権の違い**

	配偶者居住権	配偶者短期居住権
登記請求権 対抗要件	居住建物の所有者は、配偶者に配偶者居住権の設定の登記を備えさせる義務を負い、登記が第三者対抗要件となる	登記など対抗要件制度はなく、配偶者短期居住権は第三者に対抗できない
用法遵守義務、 善管注意義務	配偶者は、従前の用法にしたがい、善良な管理者の注意をもって居住建物の使用※（配偶者居住権では収益も）をする義務がある。ただし、配偶者居住権では、従前居住の用に供していなかった部分を居住の用に供することができる	
増改築、第三者の使用など	配偶者は、居住建物の所有者の承諾を得なければ、居住建物の増改築をしたり、第三者に居住建物の使用※（配偶者居住権では収益も）をさせたりできない	
譲　渡	譲渡はできない	
その他		配偶者居住権の取得は配偶者短期居住権の終了原因

※　配偶者短期居住権には収益権はない

参考編
CHAPTER 03 法令上の制限の参考論点

1 地区整備計画（関連テーマ…SEC.01 都市計画法）

SECTION01 都市計画法では、**7**で**地区計画等**について学習しました。

ここでは、**Ⅱ**で学習した地区整備計画についてもう少し詳しくみておきましょう。

地区計画では、地区整備計画を定めますが、地区整備計画に定めることができる事項は次のとおりです。

地区整備計画によって定めることができる事項（主なもの）

❶ 地区施設（道路、公園等）の配置、規模
❷ 建築物等の用途の制限
❸ 容積率の最高限度または最低限度…★
❹ 建蔽率の最高限度
❺ 敷地面積の最低限度
❻ 建築面積の最低限度…★
❼ 壁面の位置の制限
❽ 建築物等の高さの最高限度または最低限度…★

★ ただし、市街化調整区域内に定める地区整備計画については、容積率の最低限度、建築面積の最低限度、建築物等の高さの最低限度は定めることができない

 市街化調整区域なのに、「建築物の高さは最低でも○m」などと定めてしまったら、大きい建物が建ってしまい、市街化を促進してしまうから

2 集団規定❽敷地面積の最低限度（関連テーマ…SEC.02 建築基準法）

SECTION02 建築基準法では、**集団規定**について学習しました。

ここでは、集団規定の1つである敷地面積の最低限度についてみておきましょう。

建築物の敷地面積は、都市計画で定められた敷地面積の最低限度以上でなければなりません。なお、都市計画において敷地面積の最低限度を定めるときは、その最低限度は **200㎡** を超えることはできません。

> **ひとこと**
> たとえば、都心の地価が超高い区域に、「敷地面積の最低限度は1,000㎡ね」なんて定められてしまったら、そこに建物を建てられる人がいなくなってしまいます。そこで、敷地面積の最低限度を定めるときは、200㎡以下でなければならないとしているのです。

3 仮換地（関連テーマ…SEC.06 土地区画整理法）

SECTION06 土地区画整理法では、**仮換地**について学習しました。

ここでは、参考論点として、仮換地に指定されない土地の管理と仮清算についてみておきましょう。

Ⅰ 仮換地に指定されない土地の管理

仮換地の指定（または使用収益の停止）によって、使用収益することができる者がいなくなった従前の宅地については、換地処分の公告がある日まで**施行者**が管理します。

Ⅱ 仮清算

施行者は、仮換地を指定した（または使用収益を停止させた）場合で、必要があるときは、**仮清算金**を徴収または交付することができます。

第3分冊 さくいん

あ行

アーチ式構造	572
遺産分割	597
一団の土地	471
印紙税	507,514
おとり広告の禁止	561

か行

買取型	548
開発許可	401
開発行為	402
開発整備促進区	397
家屋価格等縦覧帳簿	523
加重平均	443
課税標準	510,516,521
課税文書	515
過怠税	518
割賦販売	577
仮換地	498,602
仮清算金	602
監視区域	466,468,470,471
換地	500
換地計画	495
換地処分	493,500
技術基準	408
技術的基準等	485
規制区域	466,468
既存不適格建築物	426
北側斜線制限	449
旧河道	563
居住環境向上用途誘導地区	393,445
極度額	583
切土	483
区域区分	386
繰越控除	531
景品表示法	552
原価法	538
建築確認	457
建築基準法	425
建築協定	462
建築主事	434,460
建築審査会	435,436
建築主	457
限定価格	537
建蔽率	389,392,440
減歩	493

権利移動	478
公正競争規約	553
国税	507
国土利用計画法	465
固定資産課税台帳	523
固定資産税	507,519
固定資産評価員	522

さ行

再開発等促進区	397
債権者代位権	584
採草放牧地	477
債務引受	589
詐害行為取消権	587
先取特権	579,580,581
市街化区域	387
市街化調整区域	387
事後届出制	465
事後届出の手続	472
地すべり	565
自然堤防	563
事前届出制	465
質権	579,580,582
実売価格	561
指定確認検査機関	460
斜線制限	448
収益還元法	540
集成木材工法	568,570
住宅借入金等特別控除	533
住宅金融支援機構	547
住宅ローン控除	533
集団規定	432,602
準都市計画区域	386
準防火地域	453,455
証券化支援事業	547
使用貸借	592
譲渡所得	524,525
所得	524
所得税	507,524
所有権留保	578
随伴性	579,580
正常価格	537
制震構造	573
接道義務	435
扇状地	563
線引き	386
占有者	488,490
総合課税	525
造成宅地防災区域	489
造成主	485
相続	508
相隣関係	595

損益通算	531

た行

耐震構造	573
宅地	483
宅地造成	483
宅地造成工事規制区域	484
宅地造成等規制法	483
タワーマンション	522
短期譲渡所得	525
単体規定	427
担保物権	579,580
地域地区	388
地価公示法	541
地区計画	396
地区整備計画	397,601
地方税	507
注視区域	466,468,470,471
長期譲渡所得	525
ツーバイフォー工法	568,570
定型約款	590
低層住居専用地域等内の制限	452
抵当権	579,580
低未利用土地	528
鉄筋コンクリート造	567,570
鉄骨造	567,570
鉄骨鉄筋コンクリート造	567,572
転用	478
等高線	566
登録免許税	507,511
道路斜線制限	449
特殊価格	537
特殊建築物	458
特定価格	537
特定行政庁	433,434,435
特定工作物	402
特別弁済業務保証金分担金	576
都市計画	384
都市計画区域	384
都市計画事業	416
都市計画の決定手続	399
都市計画法	384
都市施設	395
土石流	563
土地価格等縦覧帳簿	523
土地区画整理事業	493
土地区画整理法	493
土地収用法等	542
土地売買等の契約	467
都道府県知事	479
届出	397
トラス式構造	572

取引事例比較法 ·················· 539

な行

2項道路 ·························· 433
二重価格表示 ·················· 560
日影規制 ························ 451
根抵当権 ························ 583
根抵当権者 ····················· 583
根抵当権設定者 ················ 583
農業委員会 ················ 478,480
農地 ···························· 477
農地法 ·························· 477

は行

配偶者居住権 ·················· 598
配偶者短期居住権 ·············· 599
8種制限 ························ 577
比較対照価格 ·················· 561
非線引き区域 ·················· 387
標準地 ·························· 541
不可分性 ··················· 579,580
付従性 ····················· 579,580
物上代位性 ················· 579,580
不動産鑑定士 ·················· 542
不動産鑑定評価基準 ············ 536
不動産取得税 ·············· 507,508
フラット35 ····················· 549
分離課税 ························ 525
併存的債務引受 ················ 589
壁面線 ·························· 436
弁済業務保証金準備金 ·········· 576
防火・準防火地域内の制限 ······ 453
防火地域 ··················· 453,455
法定担保物権 ·················· 579
保証型 ·························· 548
保証協会 ························ 576
補助的地域地区 ············· 388,392

ま行

マスタープラン ··············· 385,399
無指定区域 ········· 466,468,470,471
無指定地域 ····················· 453
免震構造 ························ 573
免税点 ····················· 509,520
免責的債務引受 ················ 589
木造 ······················· 567,568
木造軸組工法 ·················· 568
盛土 ···························· 483

や行

約定担保物権 ·················· 579
融資保険業務 ·················· 549

容積率 ················· 389,392,444
用途制限 ························ 437
用途地域 ················· 388,389,390

ら行

ラーメン構造 ·················· 572
立地基準 ························ 408
留置権 ··················· 579,580,581
隣地斜線制限 ·················· 449

わ行

枠組壁工法 ················· 568,570